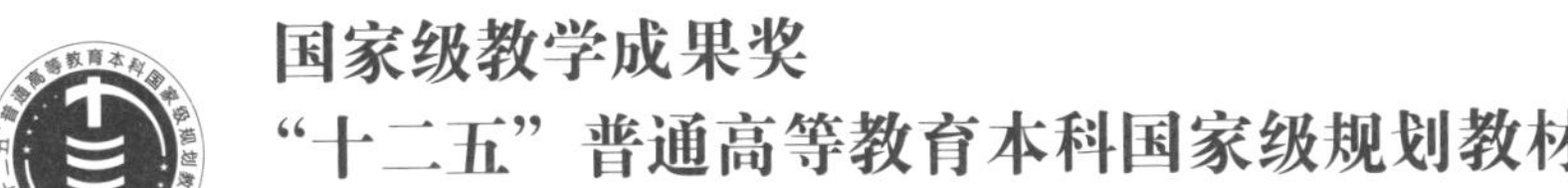

国家级教学成果奖

“十二五”普通高等教育本科国家级规划教材

中国人民大学会计系列教材

会计信息系统

（第9版·立体化数字教材版）

基于用友新道 U8+V15.0

主编　张瑞君　殷建红　蒋砚章

Accounting Information System

中国人民大学出版社

·北京·

总 序

中国人民大学会计系列教材（简称系列教材）自 1993 年推出至今，已近 30 年。这期间我国经济高速发展，会计制度与会计准则发生巨大变化，大学会计教育无论规模还是质量都有了长足进步。回顾近 30 年的发展历程，系列教材中的每一本每一版，都在努力适应会计环境和教育环境的变化，尽可能满足高校会计教学的需要。

系列教材第 1 版是由我国当时的重大会计改革催生的。编写时关注两个重点：一是适应我国会计制度的变化，遵循 1992 年颁布的“两则两制”的要求；二是教材之间尽可能避免重复。系列教材包括：《初级会计学》《财务会计学》《成本会计学》《经营决策会计学》《责任会计学》《高级会计学》《财务管理学》《审计学》《计算机会计学》。

自 1997 年 10 月起，系列教材陆续推出第 2 版。为适应各院校的课程开设需要，将《经营决策会计学》与《责任会计学》合并为《管理会计学》。

自 2001 年 11 月起，系列教材陆续推出第 3 版。根据国家修订的《会计法》、国务院颁布的《企业财务会计报告条例》、财政部修订和颁布的企业具体会计准则以及颁布的《企业会计制度》等进行修订。

自 2006 年 7 月起，系列教材陆续推出第 4 版。进一步修订了教材与 2007 年 1 月 1 日开始实施的《企业会计准则》和中国注册会计师审计准则之间的不协调之处，并将《计算机会计学》变更为《会计信息系统》。

自 2009 年 6 月起，系列教材陆续推出第 5 版。对《高级会计学》《财务管理学》《财务会计学》等的框架结构做了较大调整，新增《会计学（非专业用）》一书。

自 2012 年 6 月起，系列教材陆续推出第 6 版。针对教育部强化本科教育实务性、应用性的要求，新增“简明版”和“模拟实训”两个子系列，并为《初级会计学》和《成本会计学》配备实训资料。

自 2014 年 4 月起，系列教材陆续推出第 7 版。深入阐释了财政部自 2014 年 1 月先后发布或修订的多个会计准则。新增《财务报表分析》一书。为适应会计准则的变化，《财务会计学》修订加快，推出第 8 版。

自 2017 年 8 月起，系列教材陆续推出第 8 版。体现了营改增、会计准则、增值税税率变化等最新动态，其中《初级会计学》修订至第 10 版，《财务会计学》修订至第 12 版，并新增《政府与非营利组织会计》，在“简明版”中新增《会计学》《中级财务会计》。为适应数字化对教学的影响，《财务会计学》率先推出“立体化数字教材版”。

自2020年11月起，系列教材陆续推出第9版。根据《普通高等学校教材管理办法》《高等学校课程思政建设指导纲要》对教材的要求，以及数字时代线上线下教学相结合的特点，重点体现立体化数字教材、课程思政内容。此外，为了应对人工智能、大数据等技术对会计实践和教学的影响，拟新增《智能会计》。至此，形成了如下课程体系：

<table>
<tr><th>主教材（11本）</th><th>学习指导书（7本）</th><th>模拟实训（5本）</th><th>简明版（8本）</th></tr>
<tr><td>《会计学（非专业用）》</td><td>√</td><td></td><td>《会计学》</td></tr>
<tr><td>《初级会计学》</td><td>√</td><td>√</td><td></td></tr>
<tr><td>《财务会计学》</td><td>√</td><td>√</td><td>《中级财务会计》</td></tr>
<tr><td>《财务管理学》</td><td>√</td><td>√</td><td>《财务管理》</td></tr>
<tr><td>《成本会计学》</td><td>√</td><td>√</td><td rowspan="2">《成本与管理会计》</td></tr>
<tr><td>《管理会计学》</td><td>√</td><td>√</td></tr>
<tr><td>《审计学》</td><td></td><td></td><td>《审计学》</td></tr>
<tr><td>《会计信息系统》</td><td></td><td></td><td>《会计电算化》</td></tr>
<tr><td>《高级会计学》</td><td>√</td><td></td><td></td></tr>
<tr><td>《财务报表分析》</td><td></td><td></td><td></td></tr>
<tr><td>《政府与非营利组织会计》</td><td></td><td></td><td>《政府会计》</td></tr>
<tr><td></td><td></td><td></td><td>《会计专业英语》</td></tr>
</table>

系列教材在近30年的出版历程中，以高品质荣获众多奖项，也多次入选国家级规划教材。2001年，系列教材入选由教育部评选的“经济类、管理类专业和法学专业部分主干课程推荐教材”；2003年，系列教材入选“普通高等教育‘十五’国家级规划教材”；2005年，系列教材以“精心组织，持续探索，打造跨世纪会计精品教材（教材）”荣获“第五届高等教育国家级教学成果奖二等奖”；2008年，系列教材入选“普通高等教育‘十一五’国家级规划教材”，其中《会计信息系统》被教育部确认为2008年度普通高等教育精品教材，《审计学》被教育部确认为2009年度普通高等教育精品教材，“简明版”中的《财务管理》被教育部确认为2011年度普通高等教育精品教材；2012年，系列教材入选“‘十二五’普通高等教育本科国家级规划教材”；2014年，系列教材以“以立体化教材建设支撑会计学专业教学改革（教材）”荣获“2014年国家级教学成果奖（高教类）二等奖”。

当前中国高等教育，培养什么人、怎样培养人、为谁培养人是根本问题，立德树人成效是检验高校一切工作的根本标准。具体到会计学专业，在会计准则国际趋同的大背景下，要着力培养既能立足祖国大地又有国际视野的时代新人。基于此，系列教材积极融入习近平新时代中国特色社会主义思想，深刻把握会计专业学生培养目标，积极应对数字化对教学的冲击和挑战，更加重视学生的长远发展，以及学生基本素质和能力的培养，尤其是培养学生发现问题、分析问题和解决问题的能力。

系列教材是在我国著名会计学家阎达五教授等老一辈会计学者的精心呵护下诞生，在广大兄弟院校的大力支持下逐渐成长的。我们衷心希望系列教材能够继续得到大家的认可，也诚恳地希望大家多提改进建议，以便我们在今后的修订中不断完善。

中国人民大学会计系

前 言

近年来，信息技术在我国会计领域得到了广泛的应用，使得会计理论和实务发生了巨大变化，不仅提高了会计信息的质量、会计工作的效率，而且推动了会计模式的不断创新，会计信息系统已经成为企业信息化应用中最具有价值的信息系统之一。

会计信息系统就是从全局观、系统观、信息观的视角出发，在网络环境中研究会计信息系统的分析、设计和评价方法，研究会计数据的收集、加工、存储、控制、输出等方法，研究财务与业务信息集成的一体化策略的一门交叉学科。本书由浅入深地介绍了会计信息系统的基本概念和设计方法，使学生理解和初步掌握在计算机和网络环境中会计核算职能是如何实现和完成的；通过对账务处理、销售与应收账款、采购与应付账款、库存与存货等子系统处理流程、数据文件、总体结构的分析和讲解，使学生深刻地理解和掌握将信息技术与会计工作和流程有机融合的基本原理和方法，从全局观和系统观的视角理解会计的核算和控制职能的有效发挥；通过网络环境下的会计报表编制与分析的阐述，培养学生利用会计软件编制外部会计报表和企业内部管理报表的能力，以及对会计信息进行再利用的能力。

总之，通过本书的学习，能够培养学生在互联网时代以全局观、系统观和信息观去理解和规划会计工作；应用分析和设计工具正确地描述不同时期不同企业的会计信息的处理流程；根据会计核算和管理的需要确定会计信息系统的基本功能；应用会计信息系统处理会计工作；正确地理解和评价会计信息系统，并为不断完善和创新会计核算和管理方法打下良好基础。

本教材主要具有以下特点：

(1) 应用流程优化的思想，对总账子系统的账务处理流程和数据文件等进行分析和讲解，以此为基础阐述总账子系统的功能结构及具体功能，重点介绍记账工作由平行登记明细账和总账转化为点击鼠标的操作，优化了会计核算的基本流程，大幅提高了工作效率。

(2) 应用流程优化的思想，在采购与付款子系统、存货核算子系统、销售与收款子系统等章节中重点介绍财务业务信息一体化策略的应用，实现从手工填制记账凭证到由会计信息系统自动生成记账凭证的转变，实现财务业务信息集成，为提高会计工作效率、会计信息质量和实施管理控制奠定坚实的基础。

(3) 从提高学生的实践能力出发，每小节都增加实验案例和实验指导。第3章使用方华通讯有限责任公司的案例，帮助学生深刻理解信息技术环境下会计核算流程的优化；第3章使用长江商贸有限责任公司的案例，帮助学生深刻理解辅助核算与管理对传统会计科目体系和账簿信息的影响；第4～7章使用洁白牙膏有限责任公司的案例，帮助学生深刻理解财务业务一体化的实现机理和应用效果；第8章使用方华通讯有限责任公司和长江商贸有限责任公司的案例，帮助学生深刻理解如何在信息系统中编制财务会计报表和管理会计报表。实验案例和实验指导与理论知识有机融合，内容简单清晰，增强本书的易学易用性。

(4) 本书各小节提供与案例练习相关的讲解视频，重点介绍各子系统的核心功能，演示案例实现过程，为学生解决练习过程中遇到的困难。

与第8版相比，第9版主要修订内容如下：

(1) 为了增强实验环节的可操作性，本书基于用友新道U8+V15.0版，新增了3个贯穿全书6章内容的实验案例。具体如下：第3章新增方华通讯有限责任公司和长江商贸有限责任公司两个案例；第4～7章新增洁白牙膏有限责任公司案例；第8章新增方华通讯有限责任公司和长江商贸有限责任公司两个案例。

(2) 按照第3～7章的章节结构，重新编写了第8章，报表子系统内容更简洁，逻辑更清晰，更易于学习和实验。

(3) 增加了近70个与案例相关的视频讲解，重点介绍主要章节所涉及的核心功能及案例实验过程。

(4) 每章后新增“扫码做题”。学生可随时扫码做题，提交后可查看分数和解析。教师可在线生成试卷，线上布置作业、测试和考试，试卷自动打分。使用说明详见教材最后“立体化数字资源使用说明”。

本书由中国人民大学商学院张瑞君教授、殷建红讲师和蒋砚章副教授主编，由中国人民大学张瑞君、蒋砚章、宋云、殷建红四位教师共同编写。全书共9章，第1，6，9章由张瑞君编写，第2章由蒋砚章编写，第5章由宋云编写，第3，4章由张瑞君和殷建红共同编写，第7章由殷建红和蒋砚章共同编写，第8章由殷建红编写。第9版各章节由殷建红负责修订。全书的视频由殷建红录制讲解。

本书既可作为高等院校会计专业（包括会计学、财务管理、注册会计师、国际会计、会计电算化等专业或方向）、工商管理专业、MPAcc、金融专业等经济和管理学科的“会计信息系统”“计算机会计”“会计电算化（或信息化）”课程的教材，亦可作为会计信息化科研及实务工作者的参考读物。

本书在编写过程中得到了中国人民大学戴德明教授、朱小平教授、王化成教授、钟红山副教授等的支持，在此深表感谢。

对于书中的不当和错误之处，敬请广大读者批评指正。来信请致：yinjianhong@rmbs.ruc.edu.cn 或 chenyf@crup.com.cn。

目 录

第 1 章

Chapter 1 会计信息系统概述

学习目标

1. 了解系统、信息系统、管理信息系统的概念。
2. 掌握会计信息系统的目标及基本构成。
3. 掌握会计信息系统的功能结构、与企业资源计划（ERP）的关系。
4. 了解会计信息系统的应用架构。
5. 了解信息系统的发展动向。

信息技术正在改变一切，回顾人类社会发展的漫长历史，真正推动社会飞速发展的力量只是近几个世纪的科学技术发明。15 世纪航海技术的发明使人类发现了新大陆，从此揭开了人类文明的序幕；18 世纪蒸汽机技术的发明实现了社会的工业革命；而进入 20 世纪中后期，信息技术（IT）特别是互联网（Internet）技术的飞速发展及其广泛应用，使人类从工业经济时代跨入信息经济时代。信息技术的发展不仅会动摇整个社会的基础，而且将使社会赖以存在的经济环境发生深刻的变化，并彻底改变社会发展的运行方式，使人类进入数字化时代。

1.1 对信息的再认识

数据、信息、知识等词汇由来已久，在很长一段时间里，人们并不明确区分数据、信息、知识的概念。随着信息时代的到来，人们开始重新认识数据、信息、知识的本质。

1.1.1 数据

数据（data）是反映客观事物的性质、形态、结构和特征的符号，并能对客观事物的属性进行描述。如200平方米、红色等都是数据，数据可以是具体的数字、字符、文字或图形等形式。会计数据则是描述经济业务属性的数据。在会计工作中，从不同来源、渠道获得的各种原始资料、原始凭证、记账凭证等会计数据的载体上就有大量描述经营业务属性的数据，这些数据都称作会计数据。

1.1.2 信息

1. 信息的定义

当人类从工业社会进入信息社会，“信息”（information）这个词出现的频率非常高。但是，由于研究目的和角度不同，人们对信息的理解和解释不尽相同。《辞海》对信息的解释是，通信系统传输和处理的对象，泛指消息和信号的具体内容和意义。控制论的创始人维纳认为，信息是人们在适应外部世界并且将这种适应反作用于世界的过程中，同外部世界进行交换的内容的名称；接收信息和使用信息的过程，就是我们适应外部偶然性的过程。信息论的创始人香农说，信息是用以消除不确定性的东西。决策学的代表人物西蒙则提出，信息是影响人们改变对于决策方案的期待或评价的外界刺激。

在信息技术应用领域，一般认为，信息是经过加工的、具有一定含义的、对决策有价值的数据。由此也可看出，信息是数据加工的结果，它可以用文字、数字、图形等形式，对客观事物的性质、形式、结构和特征等方面予以反映，帮助人们了解客观事物的本质。例如，200平方米是一项数据，但这一数据除了数字上的意义，并不表示任何内容；而会计科办公室的总面积是200平方米对接收者是有意义的。接收者知道“200平方米”是表示客观实体会计科办公室的面积这一属性值。因此，“会计科办公室的总面积是200平方米”不仅有数据，更重要的是给数据以解释，接收者得到了会计科办公室面积的信息。

由此可见，数据和信息是密不可分的。如果将数据看作原料，信息就是通过信息系统加工数据得到的产品，而且在信息系统的帮助下，还可利用信息技术对信息进一步加工处理，得到不同抽象程度的信息来辅助完成不同层次的决策，如图1-1所示。

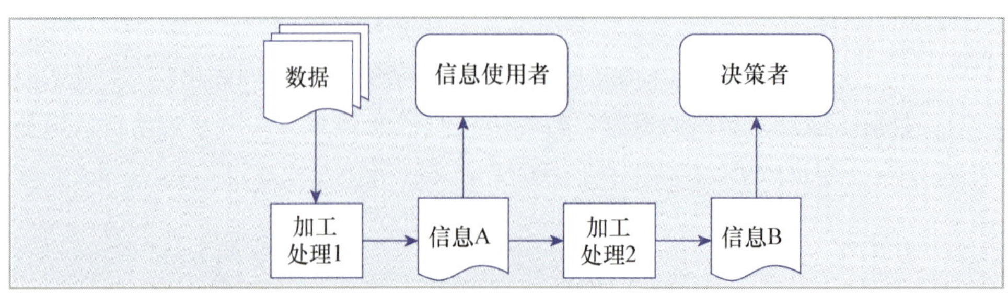

图1-1 数据被加工成信息的过程

信息必然是数据，但数据未必是信息，信息只是数据的一个子集。

2. 信息的特征

在信息社会，信息是组织的重要资源，它具有如下特征：

（1）共享性。一方面，同一内容的信息可以在同一时间被多人使用；另一方面，同一内容的信息可以多次使用，信息不会因为被使用而贬值或废弃，可通过传递和扩散达到共享。

（2）可传递性。信息是物质存在方式的直接或间接显示，它依附于一定的媒体（声、光、磁、语言、表情、文字、符号、数据、图像等）进行呈现、传递和扩散。信息是内容，信息的媒体是形式。而信息技术极大地扩展了信息的扩散范围，加快了信息的传递速度，使信息可以很容易地跨越地理界限，摆脱厂房、机器等有形要素，在全球网络上以数字化的形式迅速传播。

（3）可编码性。即信息可以用有标准意义的符号（如数字、字母等）表示。信息社会中会有更多的信息以数字形式表示，信息的生成、处理、存储、传递都是数字化的，因此信息易于识别、接收、转换、传递、存储，从而易于处理。特别是多媒体技术出现以后，计算机已经能够利用二进制数字表达相当多的信息形式。

（4）效益性。即信息是具有价值和成本的组织资源。信息的价值表现在：一方面，信息的利用会给组织带来价值；另一方面，信息的使用会增加组织其他资源的价值。在信息社会，信息的这种增值能力将表现得更为突出，但是信息使用价值的发挥含有一定的主观成分，它与利用次数、时间、使用者的能力有关。

（5）可增值性。信息不但对组织其他资源有增值作用，而且信息本身也可增值。当大量零散、片面、互不关联的信息经过信息系统过滤处理成为相关信息的有序集合时，信息本身就会增值。这也是信息咨询业得以蓬勃发展的原因之一。此外，一种信息在生产和传播的过程中，有不断丰富的可能性，因而可以不断增值。

（6）可集成性。即不同的信息之间可以进行广泛的联系和系统的综合，并由此得出全新的信息关系和内容。具体表现在：同样一条信息与不同的信息进行联系，可以得到不同的解释，而这条信息本身并没有发生变化；一条信息可以建立起多种信息联系，从而产生多种用途；信息的综合并不是对信息的简单堆砌，而是通过人与信息系统协同工作，使得不同实体的各方面信息有机地结合在一起，创造出新的信息。

（7）层次性。该特性是与组织决策的层次联系在一起的。对于信息社会的组织来说，不论是哪个组织单元（如工作小组或某个员工），利用信息的决策一般都可以有三个层次：战略层决策、战术层决策和事务决策。不同层次的决策对信息的来源、抽象程度、数量等特性的要求不同。

3. 一类特殊的信息——会计信息

会计信息是反映组织财务状况和经营成果的信息。它是对反映组织运作的数据，按照一定的要求或需要，进行加工、计算、分类、汇总而形成的有用的信息产品，如原始凭证经过数据处理系统加工处理后变成总账、明细账等。尽管数据和信息存在差别，但实际工作中，二者经常不加区别地使用。这是因为数据和信息并无严格的界限。在会计处理过程中，经过加工处理后的会计信息往往又成为后续处理的数据。例如，会计人员对原始凭证进行分析加工，用会计语言表述为具有会计信息特征的记账凭证；而记账凭证是登记账簿的依据（数据原料），经过登记账簿加工后，又生成总账和明细账等会计核算信息。同理，总账和明细账所反映的会计信息又进一步加工生成会计报表等综合信息；会计报表所反映的综合信息又进一步加工生成财务分析、投资决策等管理信息。

1.1.3 知识

知识（knowledge）是以各种方式将一个或多个信息关联在一起的信息结构，是对客观世界规律性的总结。随着人们对信息认识的逐渐加深，有关知识的概念以及知识与信息的关系问题正在引起越来越多的讨论和思考。从信息技术应用的角度来看，知识是对同类信息的积累，是为有助于实现某种特定的目的而抽象化和一般化的信息。因此，信息是知识的原料，而知识是对信息的更高一级的抽象，这种抽象可以在信息系统环境中通过寻找各信息之间的联系来完成。由此也可以看出，知识的产生需要自由地获取信息。

1.1.4 数据、信息、知识之间的关系

数据、信息和知识相互联系、相互作用：数据是信息的原料，信息又是知识的原料；而信息是数据加工的产品，知识又是信息更高一级的抽象。在信息社会，越来越多的组织在经营和决策过程中利用信息系统，将数据加工成信息，将信息转换成知识，并用知识指导行动，努力实现其经营目标。它们之间的关系如图 1-2 所示。

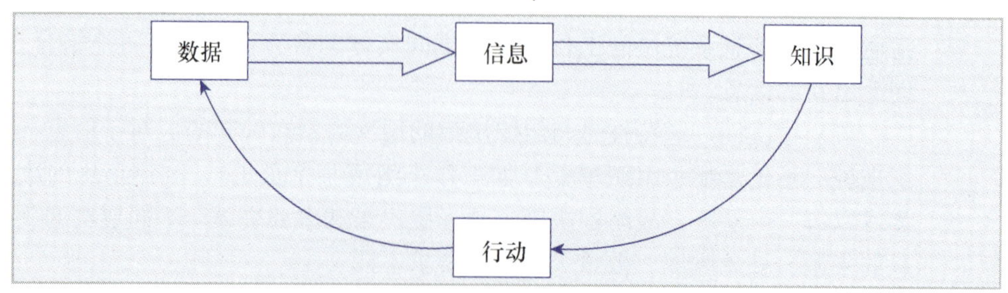

图 1-2 数据、信息、知识之间的关系

1.2　信息系统

1.2.1　系统的概念与分类

1. 系统的概念

随着科学技术的进步和社会活动的日益复杂，人类所要处理和解决的问题越来越复杂，这些问题又都表现出整体性和系统性的特征。因此，人们在一切领域中普遍用“系统”的思想来处理问题，“系统”成为常用的术语。

系统（system）是由一些相互联系、相互作用的若干要素，为实现某一目标而组成的具有一定功能的有机整体。

室内恒温系统是一个简单系统的实例，由温度监控器、温度调节器组成，目标是保持室内温度在 25℃～27℃。温度监控器在接收的输入信息——室内温度高于或低于规定的温度时，便通知温度调节器工作，输出冷气或热气，以保持室内恒温。国民经济系统是一个由工业、农业、商业、交通运输业、文教卫生业等组成的庞大系统，其目标是保证国民经济的协调发展，满足人民日益增长的美好生活需要。实际上，上至国家下至一个单位、一个家庭及人体内部的血液循环都是系统。

系统的概念不仅是实际的组织结构和概念结构，而且反映出它们之间的活动、行为以及为达到特定目标而相互产生的作用和制约。一般来说，系统具有以下四个方面的特性：

（1）整体性。一个系统由两个或两个以上的要素组成，所有要素的集合构成一个有机的整体。在这个整体中，各个要素不但具有自己的目标，而且为实现整体的目标充当必要的角色，缺一不可。

（2）目的性。任何一个系统的产生和发展都具有很强的目的性，这种目的性在某些系统中又体现出多重性。目的是一个系统的主导，它决定系统要素的组成和结构。

（3）关联性。一个系统中各要素间存在密切的联系，这种联系决定了整个系统的机制在一定时期内处于相对稳定的状态。但随着系统目标的改变以及环境的发展，系统也会发生相应的变更。

（4）层次性。一个系统必然被包含在一个更大的系统内，这个更大的系统常被称为“环境”。一个系统内部的要素本身也可能是一个个小的系统，这些小的系统常被称为这个系统的子系统（subsystem），由此形成了系统的层次性。

2. 系统的分类

系统根据其自动化的程度，可以分为人工系统、自动系统和基于计算机的系统。

（1）人工系统。大部分工作是由人工完成的系统称为人工系统，如手工会计系统等。

（2）自动系统。大部分工作是由机器自动完成的系统称为自动系统，如室内恒温系统、数控机床系统等。

（3）基于计算机的系统。大部分工作是由计算机自动完成的系统称为基于计算机的系统，如机器人系统、计算机会计信息系统等。

1.2.2 信息系统的定义与功能

1. 信息系统的定义

信息系统（information system）是以信息基础设施为基本运行环境，由人、信息技术设备、运行规程组成的，以信息为处理对象，进行信息的收集、传递、存储、加工，辅助组织进行各项决策的人机结合的系统，即基于计算机的系统。

从上述定义中可以看出：

（1）人是信息系统中的组成元素之一，对信息系统进行管理，利用信息系统提供的信息进行决策。

（2）信息技术设备按照一定的结构集成为计算机系统后，提供了组织信息系统运行的物理环境。

（3）运行规程主要规定了信息系统本身的运作规则，并明确了人与信息技术设备之间的关系。例如，系统的控制和使用规则、安全性措施、系统的访问权限等，特别是信息系统的使用者应共同遵守的规则。

2. 信息系统的基本功能

信息系统的功能可以归纳为以下五个方面：

（1）数据的收集和输入。数据的收集和输入功能是指将待处理的原始数据集中起来，转化为信息系统所需要的形式，输入到系统中。在衡量一个信息系统的性能时，以下方面十分重要：收集数据的手段是否完善，准确性和及时性如何，具有哪些校验功能，输入手段是否方便易用，数据收集和输入的组织是否严密等。

（2）信息的存储。数据进入信息系统后，经过加工或整理，得到对管理者有用的信息。信息系统负责把信息按照一定的方法存储、保管起来。

（3）信息的传输。为了让信息的使用者方便地使用信息，信息系统应能够迅速、准确地将信息传送到各个使用部门。

（4）信息的加工。信息系统对进入系统的数据进行加工处理，包括查询、计算、排序、归并等。

（5）信息的检索和分析。信息的检索和分析功能是指按照使用者的需求查询信息，利用一些模型和方法，如预测模型、决策模型、模拟模型、知识推理模型等，生成针对性较强的满足用户需求的决策信息。

1.2.3　管理信息系统的分类

管理信息系统（management information system，MIS）是在电子数据处理系统的基础上逐步发展起来的信息系统。它利用电子数据处理系统的数据和大量定量化的科学管理方法，实现对生产、经营和财务过程的预测、管理、调节、规划和控制。管理信息系统是以主要支持例行的高度结构化（可程序化）的管理问题为主的信息系统。很多组织将管理信息系统的概念应用于组织中的具体职能领域，形成各种职能性子系统。

（1）人力资源（human resources，HR）信息系统。在信息社会，组织间竞争的关键因素之一是人才，因此，为了有效地进行人力资源管理，将信息技术与人力资源管理有机融合，构建人力资源管理信息系统，进行薪酬管理、福利管理、人事信息管理等。

（2）供应链管理（supply chain management，SCM）信息系统。20 世纪 80 年代，市场中供需双方的关系出现了根本的转变，顾客在买卖关系中占据了主导地位。组织的生存与发展不再仅仅取决于供应链中各组织、部门本身，更重要的是取决于用户，所以人们将信息技术与供应链管理理论有机融合，构建供应链管理信息系统，进行供应商评估管理、采购管理、销售渠道管理、库存管理、销售管理等。

（3）制造管理（manufacturing management，MM）信息系统。在信息社会，随着技术的进步和竞争的加剧，制造业面临着巨大的挑战。人们将信息技术和先进的管理思想（如 JIT/敏捷制造的管理思想）有机融合，构建制造管理信息系统，支持主生产计划、重复生产排程、物料需求计划、订单管理等，如制造资源计划（MRPⅡ）就是典型的制造管理信息系统。

（4）客户关系管理（customer relation management，CRM）信息系统。在信息社会，随着市场竞争的加剧，加强客户关系管理对组织愈发重要。人们将信息技术与客户关系管理理论有机融合，构建了客户关系管理信息系统，进行服务管理、客户管理、机会管理、客户关怀管理等，实现实时挖掘潜在客户、实时跟踪现实客户、实时维护重点客户。

（5）会计信息系统（accounting information system，AIS）。会计信息系统是组织管理信息系统中最重要的子系统之一。随着技术的进步和会计理论的不断完善，将信息技术与会计理论有机融合，构建了会计信息系统。该信息系统能够从各个职能子系统中获取信息，动态反映组织的财务状况和经营成果，控制经营活动，并为管理和决策提供信息。

（6）决策支持系统（decision support system，DSS）。决策支持系统是在管理信息系统基础上发展起来的信息系统。它改善和加强了管理信息系统的决策支持能力，更加强调管理决策中的人工作用，支持面向决策者，处理半结构化（不可完全程序化）的管理决策问题。决策支持系统的研究方向是以不确定性的、多方案综合比较的、职能性的并充分考虑人（决策者）的因素以支持其决策的方法为主，如投资决策信息系统、生产决策信息系统等。

上述各种职能性信息子系统今天在很多组织中都能够找到，组织中任何一个特定应用领域需要进行信息化管理，组织就会建立相应的信息系统。随着组织管理的不断变革，管理信息系统不断完善和扩充，其目的是将物流、资金流、信息流有机融合，合理配置组织资源，提高组织的竞争能力和市场应变能力。值得注意的是，一个组织中的各种职能性信息子系统并不是独立存在的，而是共享组织中的通用信息系统资源，并通过信息传递与会计信息系统保持密切的联系。

1.3 会计信息系统的产生与发展

信息技术引起的变革浪潮在 20 世纪 70 年代彻底冲击了工业界，80 年代又荡涤了服务业，而到了 90 年代，会计界接受了其洗礼。信息时代的到来使会计面临的环境发生了巨大变化，会计必须适应网络信息时代的要求，不断利用新的工具和方法进行创新，才能真正适应社会的需要。

1.3.1 会计信息系统的产生与发展

管理水平的提高和科学技术的进步对会计理论、会计方法和会计数据处理技术提出了更高的要求，使会计信息系统由简单到复杂、由落后到先进、由手工到机械、由机械到计算机。会计信息系统的发展历程是不断发展、不断完善的过程。从数据处理技术来看，会计信息系统的发展可分为三个阶段。

1. 手工会计信息系统阶段

手工会计信息系统阶段是指会计人员以纸、笔、算盘等为工具，实现对会计数据的记录、计算、分类、汇总，并编制会计报表。从 20 世纪 70 年代开始，直至 20 世纪末，我国各类组织陆续摆脱手工会计信息系统阶段。

2. 机械会计信息系统阶段

19 世纪末 20 世纪初，随着科学管理理论与实务的发展和应用，会计更加受到重视，出现了相应的改进，对会计数据处理提出了更高的要求，因而不得不用机械化核算代替手工操作。会计人员借助穿孔机、卡片分类机、机械式计算机、机械制表机等机械设备，实现会计信息的记录、计算、分类、汇总和编制报表。这一阶段在计算机出现后很快结束，国外只有少数大型组织在会计中运用过机械装置，而我国几乎没有经历这一阶段。

3. 基于计算机的会计信息系统阶段

第二次世界大战后，资本主义社会竞争日益激烈，单靠垄断已难以维持资本家的高额利润，不得不转向通过加强管理来增加产量，提高质量，降低成本，提高竞争能力。特别是日本、德国等战败国，政治和经济都处于劣势，其他无可依靠，只有加强内部管理。此时会计成为加强内部管理的重要手段，出现了重大变革，对会计数据处理提出了更高的要求，计算机的产生为会计数据处理带来了根本性的变革。采用计算机进行会计信息处理后，会计数据的主要处理过程全部由计算机系统自动完成，如数据检验、分类、记账、算账、编制会计报表等，并且准确、高效。

计算机技术不是一成不变的，它随着时代的变迁而飞速发展，新的技术、新的观念、新的思想层出不穷，人们已经把“计算机”作为信息技术的代名词。只要以计算机为代表的信息技术有了新的发展，这种新技术马上就应用于会计信息系统，同时又推动会计信息系统的发展和革命，推动会计人员观念的更新。因此，人们称计算机会计信息系统的产生是继原始社会的结绳记事、封建社会早期的簿记，以及欧洲（意大利）文艺复兴时期的复式记账法之后的会计史上的第四次革命。

基于计算机的会计信息系统的发展可以细分为以下几个阶段：

（1）电子数据处理（EDP）阶段。本阶段也称为面向事务处理阶段，是会计信息系统的初级阶段。当时，以计算机为代表的信息技术处于初级阶段，会计信息系统的主要目标是用计算机替代手工操作，实现会计核算工作的自动化或半自动化，以提高会计工作效率为主。

（2）会计管理信息系统阶段。本阶段也称为面向会计管理阶段。此时，计算机技术有了突飞猛进的发展，特别是数据库技术、网络技术在会计信息系统中得到了广泛的应用。会计信息系统的主要目标是综合处理发生在组织各业务环境中的各种会计信息，并为组织管理部门提供有关管理和决策辅助信息。

（3）基于互联网的会计信息系统阶段。20 世纪末，互联网在全球 IT 领域掀起了第二次产业浪潮，发展一日千里。Intranet 作为组织内部网络，将网络技术应用于组织内部；Internet 作为国际互联网，将散布在全球各地的计算机和网络相互连接，形成全球最大的网络系统。同时，基于网络资源共享的电子商务正在全球各地刮起一阵旋风，它不仅打破了国界、距离与时间的限制，而且改变了组织经营模式和生存方式，使经营、管理和服务更及时、更迅速。为了使我国财会工作能够适应新的网络环境的需求，国内会计学术界、实务界以及会计软件公司都做出了积极反应，特别是会计软件公司纷纷行动起来，相继研制和推出互联网或电子商务时代的会计信息系统，简称基于互联网的会计信息系统。

今天，一方面会计信息系统的功能越来越强大；另一方面会计信息系统与组织管理信息系统的融合越来越紧密。特别是企业资源计划（ERP）管理思想和系统的提出，要求财务业务一体化管理，即当经济业务发生时，由业务单据驱动，根据会计分录模板，由系统自动生成会计凭证并审核后记账。这样就实现了财务账和实物账的同步生成，使会计人员从繁杂的劳动中解放出来，不断完善会计信息系统的控制功能，在会计（控制）信息系统的支持下，将控制职能延伸到业务前端，从核算角色转变为管理决策角色，并在会计决策系统的支持下辅助决策。

1.3.2 会计信息系统的定义与目标

1. 会计信息系统的定义

会计信息系统是在技术进步、管理变革和会计理论不断发展完善的基础上逐步发展的，因此，在不同时期，对会计信息系统的理解和定义也就不尽相同。

国外较早提出会计信息系统概念的组织是美国会计学会（AAA）。1966年，美国会计学会出版的《论会计基本理论》（*A Statement of Basic Accounting Theory*）明确提出会计是一个信息系统，并指出“会计是为便于信息使用者有根据地判断和决策而鉴别、计量和传输信息的过程”。所谓信息系统，就是指从数据的收集、存储、处理到传输使用的整体。会计信息系统是指对会计数据的收集、存储、处理与报告使用会计信息的管理信息系统。会计信息系统的观点从西方传入我国并被我国学者接受大约在20世纪80年代。中国人民大学王景新教授是最早研究会计信息系统的学者之一，他将信息技术与会计有机融合，在1986年撰写了《会计信息系统的分析与设计》一书，对会计信息系统的定义、分析和设计提出了有价值的观点。

美国学者鲍德纳在2002年撰写的《会计信息系统》（*Accounting Information System*）一书中给出了会计信息系统较权威的定义①：会计信息系统是基于计算机的、将会计数据转换为信息的系统，但是我们更广泛地使用会计信息系统这一概念，使其包括业务处理循环、信息技术的使用以及信息系统的开发。

我们对会计信息系统的理解是②：会计信息系统是一个面向价值信息的信息系统，是从对其组织中的价值运动进行反映和监督的角度提出信息需求的信息系统，即利用信息技术对会计信息进行采集、存储和处理，完成会计核算任务，并能提供为进行会计管理、分析、决策使用的辅助信息的系统。在信息社会，会计工作中常规的可以程序化的任务将由会计信息系统处理，同时会计信息系统还将辅助会计人员完成其他管理与决策任务。

2. 会计信息系统的目标

会计信息系统是为组织服务的，是会计工作中必不可少的组成部分，因此，会计信息系统的目标应服从于组织 、信息系统、会计三者的目标。

组织的目标是通过提供客户满意的服务，获取更多的利润；信息系统的目标是向信息系统的使用者（用户）提供决策有用的信息；会计的目标是要提高组织的经济效益以获取更多的利润。由此，会计信息系统的目标可以确定为向组织内外部的决策者提供需要的会计信息及对会计信息利用有重要影响的其他非会计信息。它确定了会计信息用户可以得到的信息内容和质量。当然，具体

---

① George H. Bodnar. Accounting Information System. 8th ed. Prentice Hall Inc., 2001.

② 杨周南，张瑞君. 会计信息系统. 北京：经济科学出版社，2000.

到不同的决策者，由于需要不同，希望获取的会计信息也会各不相同。在此目标下，会计信息系统的基本功能应是利用各种会计规则和方法，加工来自组织各项业务活动的数据，产生和反映会计信息（其中多数是价值信息），以辅助人们利用会计信息进行决策。其中，会计规则和方法是由会计人员根据信息用户的需求综合制定的，它们并不是一成不变的，而是随着外界情况的变化不断调整的。在会计信息系统中，会计规则由会计人员确定，会计方法也由会计人员提出，会计人员与信息管理人员合作将这些规则和方法转化为机器系统中的程序。当组织出现了新的业务活动或拥有新的资源需要管理时，会计人员应从会计工作的角度确定相应的解决办法和处理规则，并尽可能地将其转化为机器系统可处理的内容。

1.3.3　会计信息系统的基本构成

基于计算机的会计信息系统是一个人机结合的系统，其基本构成包括硬件资源、软件资源、信息资源和会计人员等基本要素。

1. 硬件资源

硬件资源是指会计信息系统进行会计数据输入、处理、存储、输出和传输的各种电子设备。主要包括：

（1）输入设备，如键盘、光电扫描仪、条形码扫描仪等。

（2）数据处理设备，如计算机主机等。

（3）存储设备，如磁盘机、光盘机等。

（4）输出设备，如打印机、显示器等。

（5）各种网络设备，如网卡、集线器、中继器、网桥、网关、路由器、服务器等。

要使会计信息系统能够有效运作，必须根据会计信息系统的目标配置硬件资源，并建立相应的硬件平台。

2. 软件资源

软件资源是保证会计信息系统能够正常运行的核心和灵魂。软件资源又分为系统软件和会计软件。

系统软件主要包括：（1）操作系统，即对计算机资源进行管理的系统软件，如 Windows NT；（2）数据库管理系统，即对数据进行管理的系统，如甲骨文数据库管理系统等。

会计软件是专门用于会计核算和会计管理的软件，是会计信息系统的一个重要组成部分。没有会计软件的信息系统不能称为会计信息系统，拥有会计软件是会计信息系统区别于其他信息系统的主要因素。目前会计软件非常多，国内会计软件有上百种，如用友公司、金蝶公司、安易公司、浪潮公司等都推出了不同版本的会计软件；国外会计软件在中国销售的也非常多，如甲骨文公司、JDE 公司、D&B 公司、SAP 公司等也推出了不同版本的会计软件。

3. 信息资源

数据文件就是一种非常重要的信息资源，是用来存储会计信息系统中数据和信息的磁性文件。数据文件主要包括三类：（1）基础数据文件，如组织的会计科目、人员档案、客户档案、组织机构档案等；（2）经过会计信息系统收集加工生成的文件，如凭证文件、科目文件等；（3）临时文件，在信息系统运行过程中存放临时信息的文件。

会计规范也是一种非常重要的信息资源，它是指保证会计信息系统正常运行的各种制度和控制程序，如硬件管理制度、数据管理制度、会计人员岗位责任制度、内部控制制度、会计制度等。会计规范可以保存在数据文件中，也可以保存在纸质文件中。

4. 会计人员

会计人员与会计信息系统之间有着密切的联系。会计人员既是会计信息系统的组成要素，又是会计信息系统的管理者，由其确定会计信息系统采用什么样的会计模式，并与信息系统管理者一起制定会计信息系统的运行规程，特别是会计信息系统的内部控制问题。而会计信息系统应该是服务于会计人员的，帮助会计人员更有效地处理有关信息，并向用户提供满足需要的高质量的会计信息。

此外，会计人员的工作重点还包括对企业各项业务活动及资源利用的绩效评价，对信息技术/信息系统等新技术应用的风险管理，与企业经营、发展战略密切相关的会计决策活动。由此，一方面要求未来的会计人员必须是多面手，如对会计信息系统的管理，实际上要求会计人员应具备系统分析员的部分素质；另一方面会计人员用到的很多管理方法、手段和模型，其他企业管理人员也可以做，只是加工的信息对象有差别。而在信息社会，这些对象对于所有的信息用户可能是平等的，未来的职业可能出现融合的趋势，此时，重要的是企业员工具备的知识素养。所以，要使会计这一古老的行业在未来信息社会有立足之地，就必须大力提高会计人员的素质。

1.4 会计信息系统的功能结构

会计信息系统是随着信息技术革命、会计学科的发展以及企业管理需求逐步发展和完善的。到目前为止，会计信息系统已经从核算型发展为管理型，涵盖了供产销、人财物以及决策分析等企业经济活动的各个领域，并与管理信息系统中的其他子系统有机融合，共同为提高组织运作效率和效益服务。会计信息系统的内容已经超越了传统的核算，更加体现会计和财务管理的特征，并在企业管理过程中发挥越来越重要的作用。

企业性质、行业特点以及会计核算和管理需求不同，会计信息系统所包含的内容不尽相同，其子系统的划分也不尽相同。下面从总体角度出发，阐述较完整的会计信息系统应该具备的基本功能。其功能结构如图 1-3 所示。

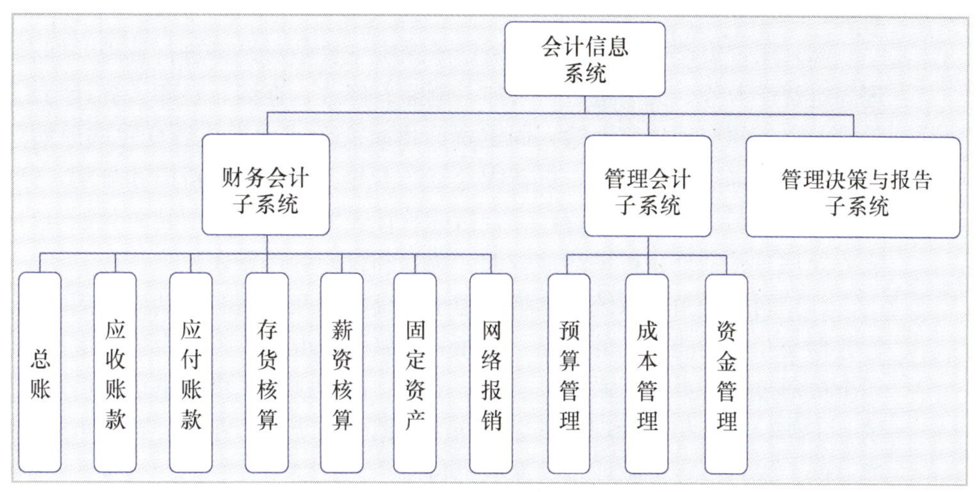

图 1-3　会计信息系统基本功能结构

会计信息系统由三大系统组成，即财务会计子系统、管理会计子系统、管理报告与管理分析子系统，每个子系统又进一步划分为若干子系统。

1.4.1　财务会计子系统

财务会计子系统主要包括总账子系统、应收账款子系统、应付账款子系统、存货核算子系统、薪资核算子系统、固定资产子系统、网络报销子系统等。

(1) 总账子系统。总账子系统是以凭证为原始数据，通过凭证输入和处理，完成记账和结账、银行对账、账簿查询及打印输出等工作。

近年来，随着用户对会计信息系统的需求不断提高和软件开发公司对总账子系统的不断完善，许多商品化总账子系统还增加了往来款核算和管理、部门核算和管理、项目核算和管理及出纳管理等功能。

(2) 应收账款子系统。应收账款子系统完成对各种应收账款的登记、收款及核销工作；动态反映各客户信息及应收账款信息；进行账龄分析和坏账估计；提供详细的客户和产品的统计分析，帮助会计人员有效地管理应收账款。

(3) 应付账款子系统。应付账款子系统完成对各种应付账款的登记、付款及核销工作，并进行应付账款的分析、预测工作；及时分析各种流动负债的数额及偿还流动负债所需的资金；提供详细的供应商和原材料（或库存产品）的统计分析，帮助会计人员有效地管理应付款项。

(4) 存货核算子系统。存货核算子系统完成对入库单、出库单的成本核算工作，并进行存货库龄分析、呆滞积压分析、存货占用资金分析以及存货周转分析等，帮助会计人员有效地管理各类存货。

(5) 薪资核算子系统。薪资核算子系统以职工个人的原始工资数据为基础，实现职工工资的计算、工资费用的汇总和分配、个人所得税的计算、各种工资表查询、统计和打印等功能。薪资核算子系统可以实现人力资源成本的核算与管理。

(6) 固定资产子系统。固定资产子系统主要是对设备进行管理，即存储和管理固定资产卡片，灵活地进行增加、删除、修改、查询、打印、统计与汇总；进行固定资产的变动核算，输入固定资产增减变动或项目内容变化的原始凭证后，自动登记固定资产明细账，更新固定资产卡片；完成计提折旧和分配，产生折旧计提及分配明细表、固定资产综合指标统计表等，费用分配转账凭证可自动转入账务处理等子系统；可灵活地查询、统计和打印各种账表。

(7) 网络报销子系统。网络报销子系统利用互联网和移动应用随时随地能进行数据交互和功能操作的特点，与相关商旅服务电子商务平台集成应用，支持公司全员通过网络报销子系统进行商旅申请、出行预订、借款申请、借款及费用报销等工作，支持相关管理人员通过网络报销子系统进行业务、财务审批，并可以通过网上银行进行借款或报销款项支付。

1.4.2 管理会计子系统

管理会计子系统可以细分为预算管理、成本管理、资金管理等子系统。

(1) 预算管理子系统。预算管理子系统根据全面预算管理的要求，针对不同企业的业务特点，构建多维（例如，部门、产品、客户、地区等维度）、模型化、个性化预算管理体系。全面预算体系不再仅仅是多张预算表的集合，而是将预算数据进行结构化管理，将日常管理中的运营模型（如MRP算法、费用管理办法、销售收款及采购付款制度、税收管理法规等）运用于预算管理体系，确保预算逻辑与实际运营逻辑的一致性，提高预算编制的科学性。

预算管理子系统支持预算目标制定与下达、预算编制、预算审批、预算调整、执行与控制、分析与反馈等管理活动；与企业业务流程相融合，全面覆盖各项经济活动，实现事前规划、事中控制和事后分析全过程管理；运用信息技术平台，全员参与预算编制、控制及执行、反馈。

(2) 成本管理子系统。成本管理子系统是根据生产成本核算的要求，完成各项初始设置：定义成本核算对象，设置成本核算对象的工艺路线和成本中心，选择成本核算方法，设置各种间接费用分摊给不同成本对象的分配方法，设置完工产品和在产品的分配方法。日常产品生产过程中，系统自动从其他系统获取材料成本、直接人工、间接人工及折旧等制造费用，实现直接成本和间接成本的归集，按初始设置的成本核算对象、核算方法、分配方法等，计算成本核算对象的生产成本。

随着企业成本管理意识的增强，很多商品化成本管理子系统还增加了成本分析和成本预测等功能，以满足会计核算的事前预测、事中控制和事后分析的需要。成本预测功能采用标准成本法等方法对产品或订单成本进行模拟，为销售定价和成本分析等提供依据。成本分析功能包括：对生产成本进行追踪分析，了解其详细的成本结构；基于生产成本，计算责任中心的内部利润；与历史成本、预测成本、预算等进行对比分析，了解实际成本差异等。

（3）资金管理子系统。资金管理子系统基于对日常资金的收取和支付业务的核算，实现对日常资金收支的预测、计划、执行控制和事后分析。日常资金管理过程中，以银行提供的单据（如收付款回执、银行对账单等）、企业内部单据（如借款单、付款申请单等）、记账凭证等为依据，记录资金收支业务；处理对内对外的收款付款等业务；提供资金收付单据的动态查询以及多角度统计分析。

资金管理子系统还支持资金预测、资金计划与付款管理、信用控制与回款管理、内部信用与内部往来、网上银行与银行存款管理等。资金预测帮助会计人员了解未来期间的资金收支情况，更好地规划资金的运用及筹措；定期编制资金计划，并根据用款计划进行付款控制，避免出现付款风险；对客户进行信用管理，提高应收账款的效率，加快应收账款的回收速度；对内部职员个人和部门进行信用管理，提高内部资金使用效率；借助网上银行，提高出纳工作效率，减少运营成本，动态掌握银行存款的真实情况等。

1.4.3　管理决策与报告子系统

管理决策与报告子系统可以归纳为三个层级的功能：报告与分析层、业绩评价层和管理决策层。

（1）报告与分析层。报告与分析层以会计信息系统和其他信息系统的数据作为数据源，支持编制对外会计报告、对内管理报告以及进行管理分析，为管理决策提供丰富的支持信息。

（2）业绩评价层。业绩评价的目标是实施企业战略，业绩评价的核心是将企业实际的结果与其计划目标相比较，因此，会计信息系统增加杜邦分析、经济增加值分析、平衡计分卡等功能模块，为企业提供综合、全面的业绩评价信息。

（3）管理决策层。管理决策层基于大数据，将决策方法与信息技术相融合，构建面向经营管理层、公司战略层的决策模型，向企业的决策者提供及时可靠的财务、业务等信息，将面临的决策问题进行量化分析和论证，帮助决策者做出科学的决策。

1.5　会计信息系统与 ERP 的关系

1.5.1　企业资源计划

企业资源计划（enterprise resource planning，ERP）是一种管理思想，它被运用于软件产品，根据企业的具体情况实施软件，就形成了服务于管理与决策的管理信息系统，即 ERP 系统。

（1）ERP 是一种管理思想。ERP 是 20 世纪 90 年代中期由美国著名的计算机技术咨询和评估集团加特纳（Gartner）提出的一整套企业管理系统体系标准，其实质是在MRP Ⅱ基础上进一步发展而成的面向企业资源管理（包括人、财、物），面向供应链（supply chain）的管理思想。

（2）ERP是软件产品。ERP是综合应用关系数据库结构、面向对象技术、图形用户界面、第四代语言（4GL）、网络通信等信息产业成果，以ERP管理思想为灵魂的软件产品。可以说，ERP是当今管理软件的代表。

（3）ERP系统。ERP是集企业管理理念、业务流程、基础数据、计算机硬件和软件于一体，实现跨越地区、部门、公司整合实时信息的管理信息系统。

ERP系统作为企业的资源计划系统，对企业的人、财、物等资源进行计划与管理。一般来说，ERP系统包括采购管理、生产制造、销售管理、资产管理、人力资源管理、会计（包括财务会计、管理会计）、质量管理、供应链管理、客户资源管理及商务智能等子系统。ERP系统将这些子系统收集的经营数据存储于同一数据库中，统筹设计数据库结构，实现各子系统之间的数据集成，实现各部门之间的信息共享。例如，当企业存货不足时，引发采购订单的生成，采购部门、检验部门、仓储部门、运输部门、财务付款部门能够共享采购订单等信息，在各个环节处理相应的业务并将信息存储在中央数据库中，各个部门在信息共享的集成环境中协同运作，完成从采购到付款的业务循环。

会计信息系统是ERP系统的重要组成部分。ERP系统强调消除信息孤岛，实现各子系统之间的信息集成。企业的财务流程与业务流程相融合，建立起财务业务一体化的核算与管理模式，实现经济活动信息数出一门、多方使用，达到企业财务和业务的协同。

业务信息和会计信息的集成意味着，系统可以根据业务信息（原始凭证）生成会计信息（记账凭证），推动记账凭证由手工填制转变为系统生成方式。此外，业务信息和会计信息的集成可以实现物流、资金流、信息流的集成，意味着系统可以将会计控制手段与管理制度融合于业务流程中，在业务流程执行过程中实现实时动态控制。

1.5.2 会计核算视角的信息集成

非集成应用状态下，会计人员一般以原始凭证作为依据填制记账凭证。首先，经济活动繁多，编制记账凭证环节难免出现专业判断错误以及数据抄录错误，无法保证会计信息的正确性。其次，业务部门将根据经济活动产生的第一手信息登记业务账，会计人员将根据业务部门传来的原始凭证填制记账凭证，登记财务账。业务账、财务账核对时，往往不一致，很难追查哪方正确、哪方错误。此外，会计信息必须在业务单据产生并传递到财务部门之后才能进行记录，会计报告的编制与披露工作难免滞后。

而在ERP系统中，业务信息与会计信息实现信息集成，系统根据原始凭证自动生成记账凭证，从源头上解决了会计核算工作中出现的会计信息正确性、部门信息一致性以及会计信息及时性等问题。采购与付款业务、销售与收款业务、生产制造的领料与完工、薪资核算、固定资产的折旧处理等业务信息都需要转化为会计信息，信息集成关系如图 1-4 所示。

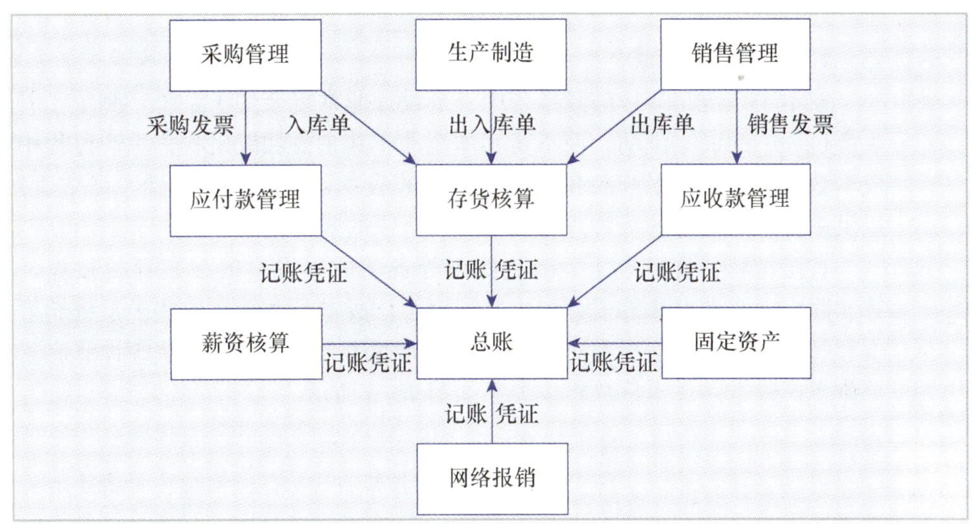

图 1-4　财务业务信息集成——会计核算视角

不同软件供应商提供的 ERP 软件的子系统划分方式存在差异，会计核算信息的具体集成过程因此不同。本节主要介绍国内软件常见的集成框架，其基本信息集成关系如下：

- 会计信息系统中，总账子系统是反映会计核算数据的子系统，主要包括记账凭证的处理以及账簿查询等功能；
- 采购管理子系统收集采购发票，应付款管理子系统与采购管理子系统共享采购发票信息，系统根据采购发票生成记账凭证，传递到总账子系统；
- 销售管理子系统收集销售发票，应收款管理子系统与销售管理子系统共享销售发票信息，系统根据销售发票生成记账凭证，传递到总账子系统；
- 采购管理子系统与存货核算子系统共享采购入库单信息，销售管理子系统与存货核算子系统共享销售出库单信息，系统根据入库单和出库单生成记账凭证，传递到总账子系统；
- 生产制造子系统收集生产领料单和产成品完工入库单，存货核算子系统与生产制造子系统共享出入库单信息，系统根据出库单及入库单生成记账凭证，传递到总账子系统；
- 薪资核算子系统将根据每月工资清单生成记账凭证，传递到总账子系统；
- 固定资产子系统将根据每月折旧清单生成记账凭证，传递到总账子系统；
- 网络报销子系统收集借款单和报销单等，系统根据借款单及报销单等生成记账凭证，传递到总账子系统。

1.5.3　会计管理视角的信息集成

ERP 系统把会计的管理职能与业务紧密联系起来，使计划、预算、控制与分析的触角延伸到企业各个部门的最末端，将各项管理制度与措施集成于业务流程中，通过成本管理、资金管理、预算管理等将其落于实处。

1. 成本信息集成

成本子系统是会计信息系统中一个设计非常复杂的子系统，侧重于管理产品生产过程中的成本流动，而不是实体流动。其主要功能是收集生产过程中的各种成本数据，计算完工产品和期末在产品的成本，控制生产耗费，评估生产绩效，提供满足企业内部各级管理者经营决策所需的成本信息。

直接材料、直接人工、制造费用等各项成本发生时，在存货核算、薪资核算、固定资产和总账等子系统中进行记录，成本子系统从这些子系统获取直接成本和间接成本，根据成本对象、成本核算方法、成本分配方法等计算完工产品的单位生产成本。成本信息集成关系如图 1-5 所示。

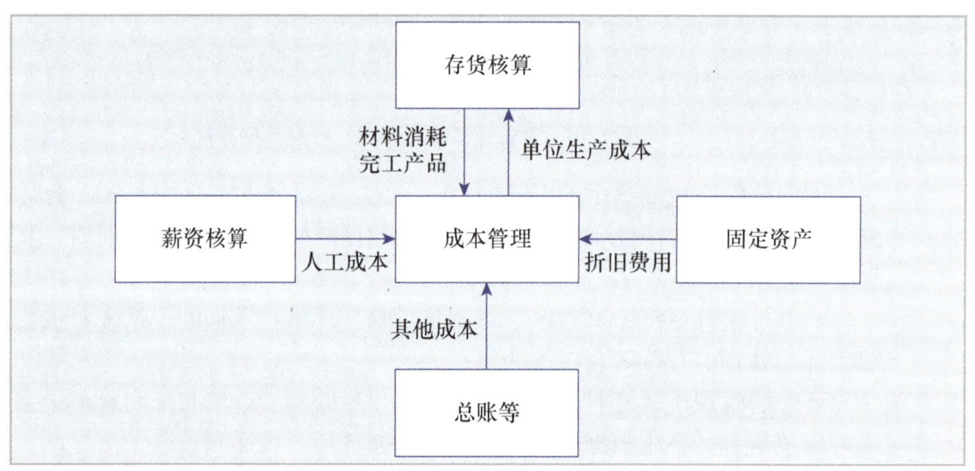

图 1-5　成本信息集成

成本管理子系统从其他子系统获取各类成本信息，集成关系如下：

- 从存货核算子系统获取记录产品消耗材料的材料出库单以及完工产品入库的完工产品入库单，成本管理子系统将完工产品的单位生产成本信息传递给存货核算子系统；
- 从薪资核算子系统获取产品消耗人工成本的信息；
- 从固定资产子系统获取产品消耗折旧费用的信息；
- 从总账等子系统获取其他制造费用的信息。

2. 资金信息集成

日常经营活动中，销售活动是资金流入企业的主要来源，采购活动、薪资支付、借款申请等是资金流出企业的主要去向。因此，资金管理子系统的资金预测、资金计划的编制与执行等功能都与 ERP 系统的其他子系统息息相关。

企业通常需要预测未来期间资金状况，以便会计人员提前进行资金规划。资金预测信息的集成关系如图 1-6 所示。

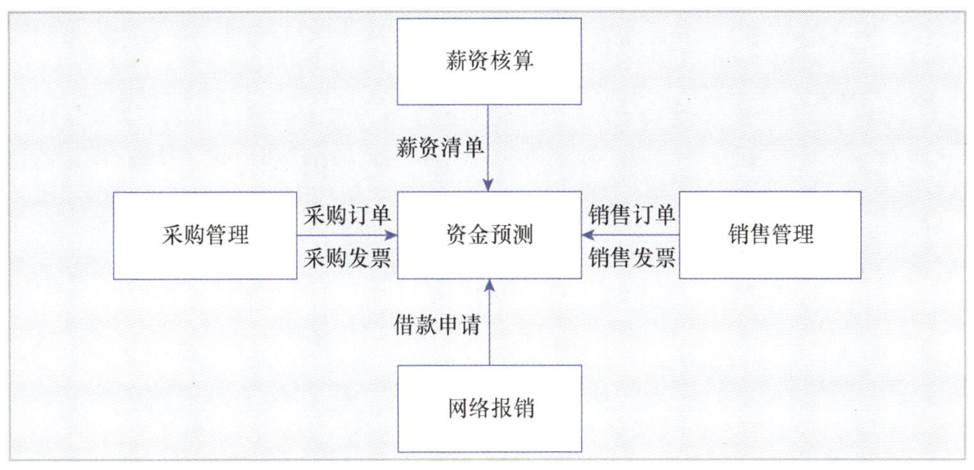

图 1-6　资金预测信息集成

资金管理子系统进行资金预测，需要从其他子系统获取未来资金流入和流出信息，资金预测信息的集成关系如下：

- 销售管理子系统的销售订单记录了未来期间将要发生的销售活动及其信用期间，销售发票记录了已经发生的销售活动的业务日期及其信用期间，二者能提供未来期间的销售回款信息；
- 采购管理子系统的采购订单记录了未来期间将要发生的采购活动及其信用期间，采购发票记录了已经发生的采购活动的业务日期及其信用期间，二者能提供未来期间的采购付款需求；
- 薪资核算系统提供每月薪资清单，提供未来期间薪资支付需求；
- 网络报销系统提供差旅、市场活动等借款申请，提供未来期间的支付需求等。

各个子系统提供的回款信息及支付需求为资金管理子系统进行合理资金预测提供了有效支持。

与资金预测相似，资金计划的编制需要从各个子系统获取资金流入和资金流出信息。资金计划的执行将控制点设置在采购管理付款申请、网络报销借款申请等业务流程的关键环节，实现对资金支付的有效控制。

3. 预算信息集成

全面预算管理基于对下一财务年度经营活动的预测编制预算，基于预算对经营过程进行控制与分析，与 ERP 系统对人、财、物等资源进行计划与管理的思想完全一致。预算管理子系统与其他子系统集成应用，将实现预算与核算的协同，实际执行情况实时传递给预算管理子系统，随时可以进行预算执行分析。此外，预算控制制度与业务流程相结合，在业务流程的关键环节触发预算控制事件，对经营过程实施事中控制。

以借款业务为例，将资金预算或费用预算控制预置于网络报销子系统的借款单审核环节，如图 1-7 所示。

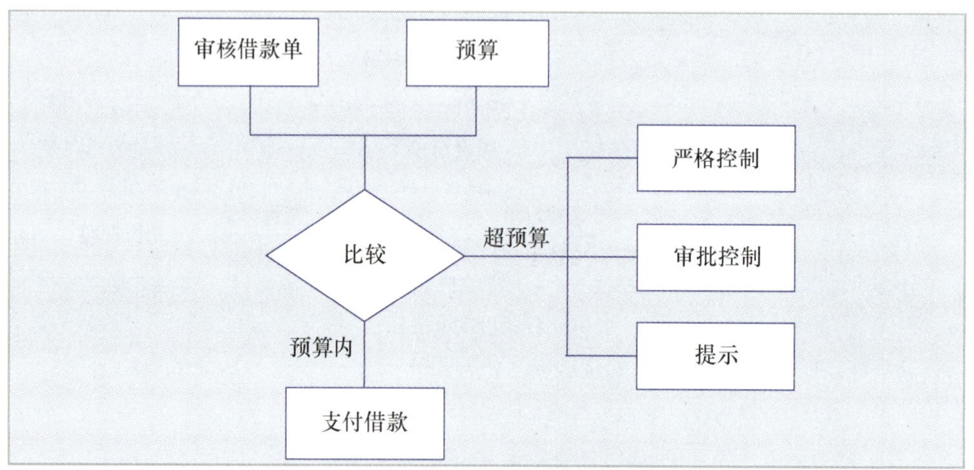

图1-7　借款预算控制信息集成

进行借款单审核时，系统自动检查借款单是否超资金预算或费用预算。如果借款金额没有超预算，系统允许借款单审核通过，会计人员可以根据审核通过的借款单支付借款。如果借款金额超预算，系统会根据企业设置的控制方式执行控制，通常有三种控制方式：严格控制（即审核不通过）、审批控制（由专人审批后才可以支付借款）、提示（系统仅提示超出预算但不控制业务进程）。

1.6　会计信息系统的应用架构

会计信息系统是一个人机结合的系统，它由硬件资源、软件资源、数据文件、会计规范和会计人员等基本要素组成。然而，并非将这些要素任意堆砌就能构建起会计信息系统，而必须对关键要素进行有机集成。因此，会计信息系统的应用架构就是指硬件资源、软件资源、数据文件等集成后的应用结构。

随着以计算机网络为代表的信息技术的发展，国内外信息系统应用体系结构也经历了发展和变迁的过程：从文件/服务器（F/S）、客户/服务器（C/S）到浏览器/服务器（B/S），目前基于云服务的应用架构开始运用于企业管理。

1.6.1　客户/服务器结构

（1）基本工作原理。随着网络技术、数据库技术等的发展，20世纪90年代一种新的分布式结构——客户/服务器结构受到越来越多的企业欢迎。这种结构的硬件环境与文件/服务器结构的硬件环境基本相同，都是通过选择一台或多台处理能力较强的计算机（微机、小型机等）作为服务器，并在数据库中存放共享数据，根据业务处理和管理的需要设置若干工作站，并把应用系统全部放在各个工作站上，构建一个局域网环境，但会计管理软件的分布结构及数据库对共享数据管理的结构却是不同的。客户/服务器结构不仅在服务器上存了共享信息资源及其数据库管理系统（DBMS），而且将部分会计管理软件（对数据库中共享数据的增、删、改等操作）也存在服务器上；在客户终端也存了部分会计管理软件，主要是会计管理软件中对共享数据操作以外的其他操作部分（如输入/输出界面操作等）。当客户发出请求时，客户端会计管理软件对其进行处理，并将请求传送到服务器端；服务器端对其进行处理并将结果传送到工作站；客户端会计管理软件完成显示、打印或对结果数据的进一步处理工作。其工作原理如图 1－8 所示。

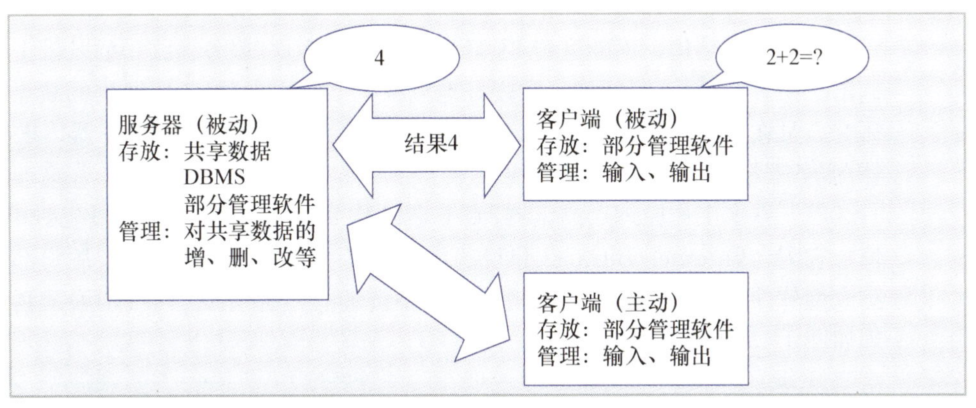

图 1－8　客户/服务器结构工作原理

（2）客户/服务器结构的主要优点。

1）提高了系统的安全性、可靠性。对共享的数据进行集中管理，增强了数据的安全性、可靠性、一致性控制，增加了系统的稳定性。

2）提高了系统的运行效率。在网络通信上只传递请求服务和结果数据的信息，大大减轻了通信线路的负荷，提高了系统的运行效率。

3）较强的开放性。客户端与服务器端可以选择不同的平台。例如，在客户端可以选择 Windows 环境下的各种软件工具，如 VB，VC 等，而在服务器端可以选择各种 DBMS，如 Foxpro，Access，Oracle 等。

（3）客户/服务器结构的主要缺点。随着应用的深入，人们发现客户/服务器结构也有不少致命的弱点。

1）在实施二层客户/服务器结构（只有客户端和服务器端）时，如何在客户机和服务器之间合理分工，以提高整体性能、降低网络传输负荷，是一个十分复杂的问题。如果会计管理软件中大量处理程序留在客户端，处理复杂应用时客户端仍显臃肿，当访问数据量增大和业务复杂时，客户端往往就会变成瓶颈。如果放太多的应用在服务器上，则会影响响应速度，当大量用户访问时，易造成网络瓶颈。

2）维护成本高。在二层客户/服务器结构方式下，当客户机很多时，系统的维护和升级就相当复杂。维护人员需要维护、升级所有客户机上的会计管理软件，维护成本很高。

3）应用局限性大。在二层客户/服务器结构方式下，客户端配置复杂。客户软件随服务器软件的不同而不同，访问不同的服务器需要不同的客户软件。随着功能的扩展，客户端越来越复杂，系统的维护管理也越来越复杂，广泛应用的局限性大，限制了大企业、大集团的数据实时传递和共享的程度。

4）灵活性、扩展性差。由于用户界面与业务处理是做在一起的，其中有一方发生改变，客户端会计软件就需要重做。另外，该结构不支持 Internet。

1.6.2 浏览器/服务器结构

为了改进结构，不断完善 IT 环境，在二层客户/服务器结构的基础上，又研制出三层客户/服务器结构，它较好地克服了二层客户/服务器结构的缺点。随后研究人员在客户端采用 Internet 浏览器，后台增加 Internet 服务器，推出浏览器/服务器结构成为 IT 环境的主流。

（1）基本工作原理。浏览器/服务器结构是目前世界范围内最先进的 IT 环境，它配合 Internet/Intranet 建设的最佳方案，最大限度地方便了用户部署和维护大型软件系统，大大降低了用户目标系统的总体拥有成本（TCO）。其工作原理如图 1－9 所示。

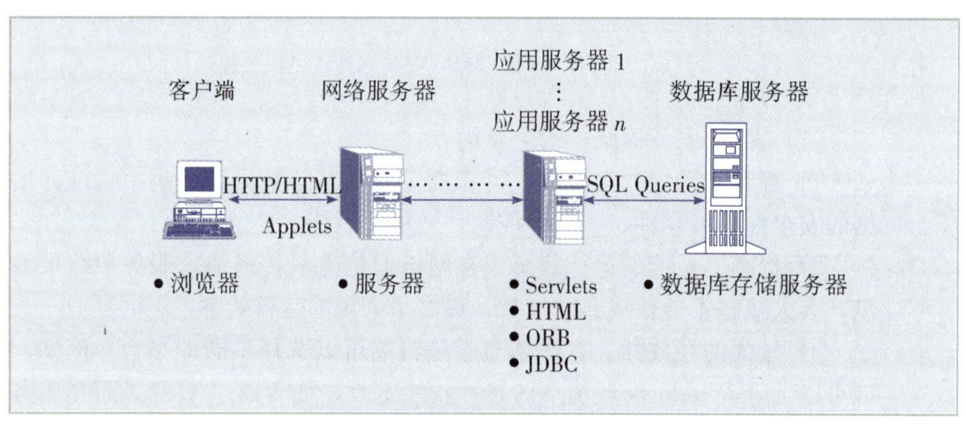

图 1－9 浏览器/服务器结构工作原理

可以看到，浏览器/服务器结构从逻辑上分为四个层次：客户端、网络服务器、应用服务器、数据库服务器。

1）客户端。客户端主要负责人机交互，包括一些与数据和应用有关的图形和界面运算。客户端一般由微机担任，客户可以在千里之外通过网络在客户机上完成各项任务。

2）网络服务器。网络服务器主要负责对客户端应用的集中管理。

3）应用服务器。应用服务器主要负责会计管理软件中逻辑结构和数据关系等事务处理。应用服务器又可以根据处理的具体业务不同而分为多个。

4）数据库服务器。数据库服务器主要负责数据的存储和组织、分布式管理、备份和同步等。

下面以一个简化的账务处理系统为例来说明浏览器/服务器结构的特点，如图 1－10 所示。

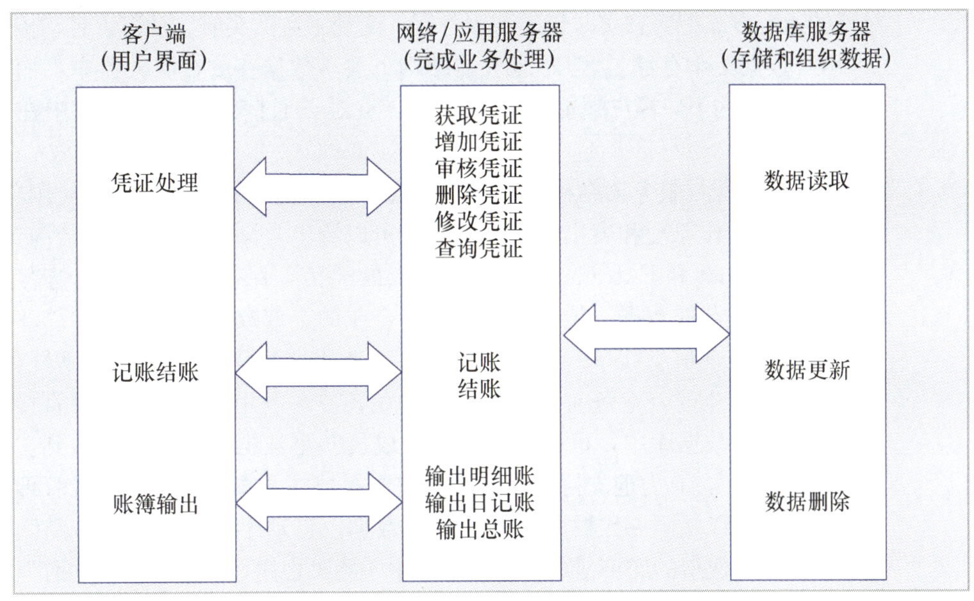

图1-10　浏览器/服务器结构账务处理系统

某分公司会计人员在远离总部的其他城市登上网络，通过客户端发出请求，如凭证处理；网络/应用服务器通过对数据服务器中的凭证数据进行读取、更新、删除等，完成获取凭证、增加凭证、删除凭证等业务任务。

采用浏览器/服务器结构之后，原来客户/服务器结构中运行在客户端的部分会计管理软件将移植到服务器端，也就是说，会计管理软件完全集中在服务器端，这将永久地简化实际应用，意味着用户完全可以通过浏览器来执行应用程序；随着数据库数据容量的逐渐增加，数据将统一集中在少数大型数据库服务器上；客户端只存放与会计管理软件无关的浏览器应用程序。通过使用低成本的网络，以及利用浏览器传递网上众多的数据，应用将从局域网扩展到广域网。

（2）浏览器/服务器结构的优点。浏览器/服务器结构与客户/服务器结构相比，其主要优点如下：

1）实施速度快且易部署。在实施二层客户/服务器结构时，如何在客户端和服务器之间合理分工，以提高整体性能、降低网络传输的负荷，是一个十分复杂的问题。而浏览器/服务器结构下，客户端、应用服务器、数据库服务器之间分工清楚、合理，解决了客户/服务器结构的上述问题，同时服务器安装完成后，客户端没有实施的工作量，因此，浏览器/服务器模式实施速度快，易部署。

2）维护成本低。客户/服务器的维护工作量等于（服务器$+n$客户端）的维护量，即维护工作主要集中在客户端，客户端越多，维护量越大，维护量是随着客户端的增加而增加的。浏览器/服务器的维护工作量主要在服务器端，而客户端的维护可以称得上零成本维护，在大规模应用浏览器/服务器模式时，节约的维护成本是相当可观的。

3）点对点的实时通信。浏览器/服务器模式提供了点对点的通信方式，即支持分布在不同地区和城市的客户端进行业务数据的输入、输出和处理请求，并通过点对点的通信方式把信息实时传递到服务器，实现了数据实时、动态、自动传递。

4）数据集中存储。客户/服务器结构下共享数据存放在服务器中，而在浏览器/服务器结构下，客户端能够通过网络、点对点通信将全部数据集中在数据库服务器中。

（3）浏览器/服务器结构是支持协同商务集中管理的基础。通过对浏览器/服务器结构的工作原理和突出优点进行分析可以看出，浏览器/服务器结构支持 Internet，Intranet 和 Extranet，支持点对点的通信，保证了核心企业与客户和供应商之间实时获取数据、传递数据，并将企业的全部数据集中存储在总部数据库服务器中，实现信息共享。对于大企业、企业集团来说，无论组织成员在何处，当经济业务发生时，业务人员和会计人员在客户端利用会计管理软件直接将业务信息输入同一数据库中，可以使得网络中成员共享数据更加全面，做到“数出一门，信息集中”，有力地支持了事中实时控制对数据共享的需求；各级管理者无论在何处，都可以从同一数据库中实时获取数据，自动生产出“信息产品”支持决策，控制组织成员的经济活动，做到“集中于咫尺之内，监控于天涯之外”。此外，浏览器/服务器结构实施速度快、易部署和维护成本低等优点保证了企业所有成员的低成本投入，因此，浏览器/服务器结构是支持协同商务集中管理的基础。

1.6.3 基于云服务的应用结构

随着移动互联网的迅速发展，人们通过移动互联网智能终端（如智能手机、智能传感器等）传递图片、音频、视频进行交流与沟通。微博、短信、微信、脸书、电子商务等每时每刻都在产生大量数据，各种数据迅速膨胀，形成大数据。这些数据有四大特征：大量化、多样化、快速化、价值密度低，如图 1-11 所示。

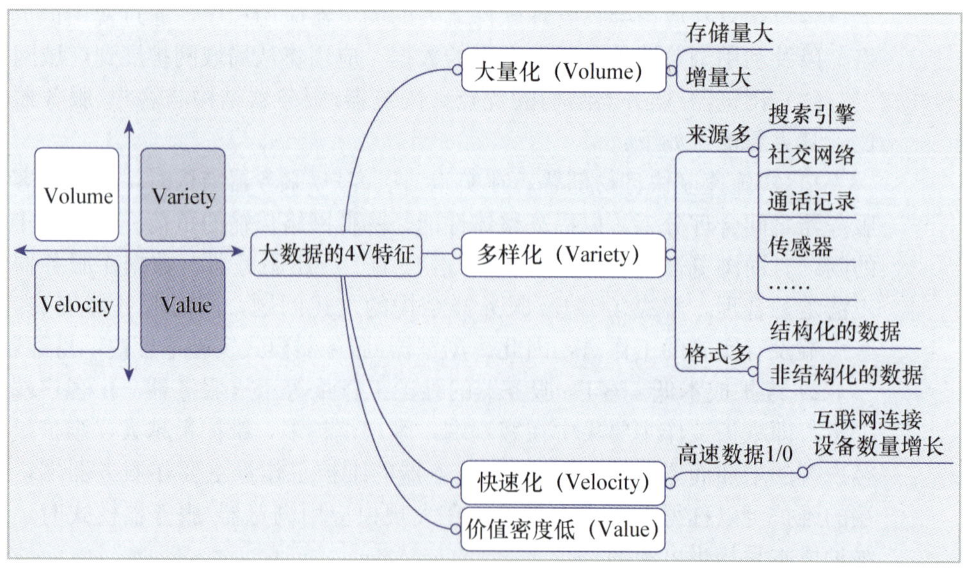

图 1-11 大数据的特征

互联网上汇聚的计算资源、存储资源、数据资源和应用资源正随着互联网规模的扩大而不断增加。为了适应移动互联网大数据的发展，形成承接互联网资源和互联网应用的一体化服务环境，信息技术领域的创新者开始研究云计算技术，个人、企业从孤立的网络平台转向互联网，有效地共享和利用开放网络上的云服务平台，基于云服务的技术架构诞生了。

（1）云服务技术构架的工作原理。与客户/服务器结构相比，云—端架构在服务器架构、云应用、客户端方面都进行了革新和发展，如图 1-12 所示。

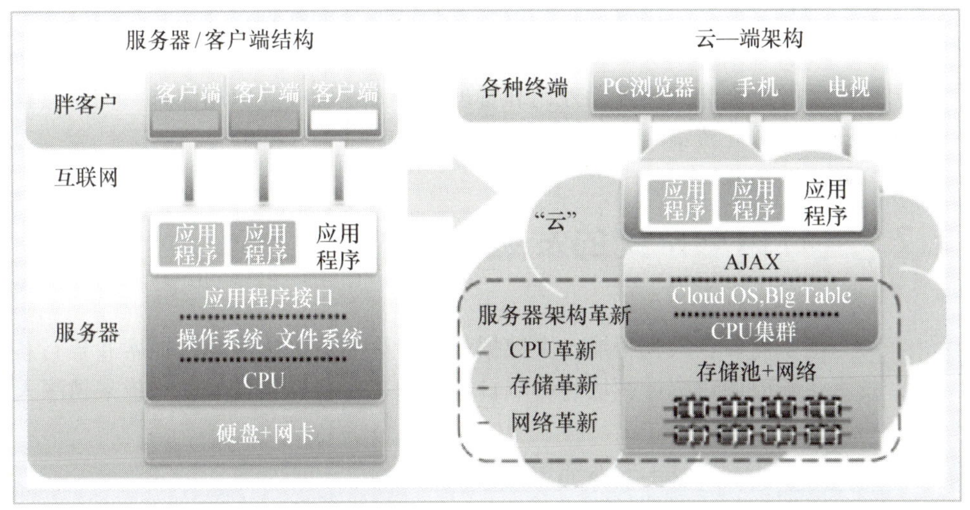

图 1-12　基于云—端架构的 IT 环境

服务器架构的革新利用专属 CPU、内存及保存空间配置云端服务器数量，规划最适合业务运作的服务器网络架构。根据营运需要，在不同云端服务器内随意增减 CPU、内存、磁盘大小及 IP 用量，优化 IT 经费管理。

（2）云计算与服务。云计算（cloud computing）是基于互联网相关服务的增加、使用和交付模式，通常涉及通过互联网来提供动态易扩展且经常是虚拟化的资源。目前广为接受的是美国国家标准与技术研究院（NIST）的定义：云计算是一种按使用量付费的模式，这种模式提供可用的、便捷的、按需的网络访问，进入可配置的计算资源共享池（资源包括网络、服务器、存储、应用软件、服务等），这些资源能够被快速提供，只需投入很少的管理工作，或与服务供应商进行很少的交互。NIST 明确了三种服务模式：

● 软件即服务（SaaS）：消费者使用应用程序，但并不掌控操作系统、硬件或运作的网络基础架构。它以服务观念为基础，软件服务供应商以租赁的概念提供客户服务，而非购买，比较常见的模式是提供一组账号密码，如 Microsoft CRM 与 Salesforce. com。

● 平台即服务（PaaS）：消费者使用主机操作应用程序。消费者掌控运作应用程序的环境（也拥有主机部分掌控权），但并不掌控操作系统、硬件或运作的网络基础架构。平台通常是应用程序基础架构，如 Google App Engine。

● 基础架构即服务（IaaS）：消费者使用“基础计算资源”，如处理能力、存储空间、网络组件或中间件。消费者能掌控操作系统、存储空间、已部署的应用程序及网络组件（如防火墙、负载平衡器等），但并不掌控云基础架构，如Amazon AWS，Rackspace。

（3）客户端变革。过去客户端只能接入计算机终端，随着移动互联网和移动智能设备在经营管理中应用的需求不断增加，云端技术架构支持PC浏览器、智能手机、电视等各种移动智能设备的接入，使得IT环境更加广泛地支持企业各种移动智能设备在管理创新中的应用，支持企业管理过程中的计算资源、存储资源、数据资源和应用资源得到最有效和低成本的配置。

在会计信息系统的建设过程中，需要构建会计信息系统运行的IT平台，此时就需要根据会计核算、控制和管理的需要，确立其应用体系结构、会计软件和数据文件的配置策略。

1.7 会计信息系统的发展动向

电子商务、人工智能、大数据和云计算的数字化浪潮已经席卷各行各业，新技术、新应用对会计领域的影响日益明朗，对会计领域的影响越来越深入。

1.7.1 电子票据与外部信息集成

电子商务以电子技术为手段，以商务为核心，打破国家与地区的壁垒，企业从注重内部资源利用转向注重内外部资源整合，从企业内部的财务业务集成转向企业间的业务协同，帮助企业提高在整个产业链的竞争力。电子商务大大加快了供应链上下游信息的流动，第三方物流和电子支付方式又保证了物流和资金流能与信息流保持一致。

电子商务虽然已经对企业供应链管理和客户资源管理产生了巨大的影响，但对财务会计领域的影响尚不显著。究其原因，主要在于企业之间交易的原始凭证必须是纸质发票。电子发票的诞生打破了这一局面。2015年9月国务院发布《关于加快构建大众创业万众创新支撑平台的指导意见》，明确电子发票能作为报销凭证。2015年11月国家税务总局发布第84号公告，于2016年1月1日起，在全国推行通过增值税电子发票系统开具的增值税电子普通发票。

ERP系统与电子商务环境下的电子发票的集成关系如图1-13所示。

电子发票平台是联系企业和供应商、客户的纽带，提供开具电子发票、接收电子发票和管理电子发票等功能。销售与收款子系统将通过电子发票平台开出电子发票，并传送给客户；供应商开出的电子发票将通过电子发票平台进入ERP系统；采购与付款子系统接收来自材料、产品和固定资产等供应商开具的电子发票；网络报销子系统接收来自携程、滴滴等第三方电商平台开具的电子发票。这些电子发票将依据系统中设置的转账规则自动生成记账凭证，传递到总账子系统，等待审核和记账。

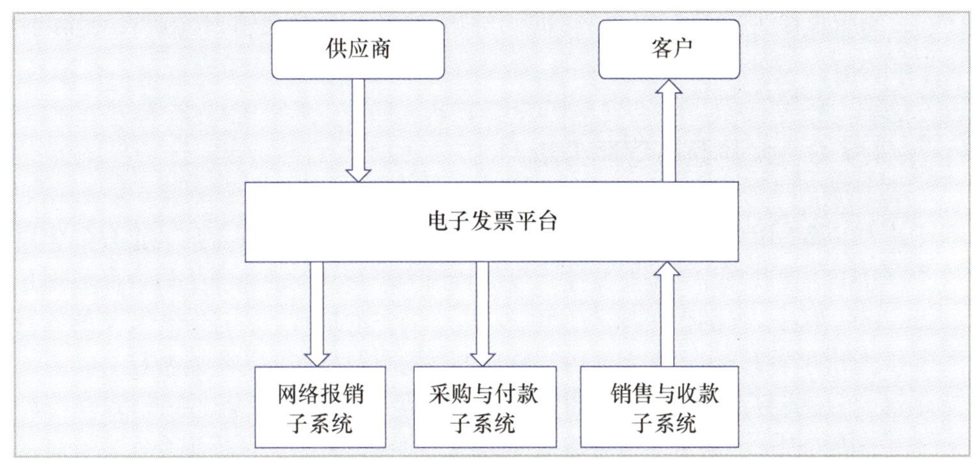

图 1-13　会计信息与电子发票集成

1.7.2　人工智能与智能财务

人工智能（artificial intelligence，AI）是计算机科学的一个分支，用于模拟和延展人类智能。例如，广为人知的阿尔法狗在围棋领域模拟人类，在 2017 年的人机大战中战胜世界排名第一的柯洁。近年来，人工智能在游戏、自然语言处理、专家系统、视觉系统、语音识别、手写识别、智能机器人等领域开始推广应用。

其中，智能机器人能够执行人类交付的任务，会计人员可以将部分适合机器人处理的工作交给财务机器人，机器人流程自动化技术（robotic process automation，RPA）开始应用于会计、税务及审计等众多领域。财务机器人能够自动完成会计流程处理，模拟会计人员执行重复操作，出错风险明显降低，工作效率显著提升。例如，人工每人每天大概能处理 150 张银行回单，而财务机器人每天能处理 5 000～20 000 张银行回单，工作效率大幅提升，而且工作成果零差错。

在会计事务性流程和报告流程中，财务机器人能够代替人工完成高重复、标准化、规则明确且大批量的工作。例如，定期执行银行对账任务，财务机器人登录银行网站下载相关账号银行流水，登录会计信息系统下载银行存款日记账，执行银行对账，将对账结果通过邮件发送给相关会计人员。财务机器人能够全天 24 小时不间断地确保大量耗时的会计流程的自动化及监督管理，有效提升企业会计工作效率和效果。

除流程自动化技术用于财务领域提高财务流程自动化程度外，计算机视觉技术、语音识别技术、机器学习技术等在财务领域不断深入应用。计算机视觉技术用于身份认证、业务单据的识别与转换，实现高效、准确采集原始凭证数据等；语音识别技术用于查询账簿与报表、激活财务功能应用等；机器学习技术用于财务流程优化、财务预测、风险识别以及智能分析等。人工智能技术融合于 ERP 体系中，构建基于数字化工具的全方位智能管理平台，进一步优化管理流程，提高流程自动化，从预测、控制和分析等层面，增强管理控制力，挖掘管理信息价值。

1.7.3 大数据与管理分析

数据作为一种信息资产，在企业经营与发展中发挥着日益重要的作用。管理分析一直以来都是企业监控、评价和预测经营活动的重要手段，而数据是管理分析的基石。伴随数据技术的发展和电子商务的推行，管理分析基于的数据源具有了新的特征，由专注企业内部管理的结构化数据扩展为海量数据。

麦肯锡全球研究所给出定义：大数据是一种规模大到在获取、存储、管理、分析方面大大超出了传统数据库软件工具能力范围的数据集合，具有海量的数据规模、快速的数据流转、多样的数据类型和价值密度低四大特征。大数据的收集及大数据技术的应用为管理分析注入了新的生命力，大数据分析能够帮助企业更高效地解读企业的绩效，实时洞察未来发展趋势，帮助管理层通过大数据追溯分析已知问题和预测探索未知风险。

大数据分析的主要目的在于对其进行专业化处理，通过对数据的加工，实现数据的增值，增强企业的核心竞争力。大数据分析主要包括数据采集、数据预处理与存储、统计分析、数据挖掘和可视化分析等五个方面。

（1）数据采集。企业通常使用不同的数据库存储不同来源的数据，例如电子商务公司有的数据库用于存储来自交易网站的相关数据，有的数据库用于存储来自移动互联 App 的数据，有的数据库用于存储来自 ERP 系统客户端的数据。

（2）数据预处理与存储。大数据包括结构化、半结构化和非结构化数据，非结构化数据越来越成为数据的主要部分。语义引擎通过解析非结构化文档，从中提取信息并转化为结构化数据。此外，将不同来源的数据存储于一个大型分布式数据库，并且对数据进行清洗，保证数据质量。

（3）统计分析。根据管理决策的需要，构建分析框架、分析主题与分析模型，利用分布式数据库进行常规数据统计与管理分析。

（4）数据挖掘。在不预设主题的前提下，通过算法探索数据背后的高价值信息。数据挖掘主要包括预测（通过分类或估值得出模型，用于对未知变量的预测）、聚类（把相似的记录分在一个聚集里）、相关性分组（分析哪些事情会同时发生）和复杂数据类型挖掘（如文本、图形图像、视频、音频等）。

（5）可视化分析。通过图像和交互技术对大量高密度数据集进行探索和展示，让数据直观地传递信息，将数据转化为有助于决策的信息。

思考题

1. 阐述数据、信息、知识的区别与联系。
2. 什么是系统？结合你所在的学校阐述学校系统的基本功能。

3. 调查几个企业，分析和对比其会计信息系统的总体结构。它们有何相同之处？有何不同之处？为什么？

4. 服务企业的经营活动主要是向社会提供各种服务，并收取服务费用，如科技服务、运输服务、信息咨询等。

要求：

(1) 构建服务企业会计信息系统，并画出结构图。

(2) 描述结构图中每个子系统的功能。

(3) 说明你构建的服务企业会计信息系统中为什么要包括这些子系统。

5. 行政事业单位包括政府部门、学校等，它们主要靠国家财政拨款来开展工作，本身不创造价值或不以创造价值为主要目的，不需要进行成本、材料核算和管理，但需要按照部门或科研项目管理各种费用，控制支出。

要求：

(1) 构建行政事业单位会计信息系统，并画出结构图。

(2) 描述结构图中每个子系统的功能。

(3) 说明你构建的行政事业单位会计信息系统中为什么要包括这些子系统。

6. 会计信息系统是 ERP 系统的一个子系统，这种关系对会计核算和会计管理有什么作用？

7. 从企业应用角度分析，基于云服务的应用结构有哪些优势？

8. 请举例说明人工智能可以运用于具有哪些特征的会计工作。

扫码做题

第 2 章

Chapter 2 会计信息系统的规划、分析与设计

学习目标

1. 掌握业务流程图、数据流程图及功能结构图的绘制与应用。
2. 理解会计信息系统的规划、分析与设计方法。
3. 了解会计信息系统的开发方式。

2.1 会计信息系统开发概述

会计信息系统的建立是企业的一项重要财务活动。会计信息系统的开发如同企业产品的生产，必须经过设计、授权和过程控制。会计人员应该关注会计信息系统开发过程的完整性。

会计信息系统用于向企业内部和外部提供会计信息，会计信息的质量直接取决于建立会计信息系统的开发活动。会计人员和审计人员参与会计信息系统的开发活动，能够使系统开发专业人员明确他们的问题和需求，确保会计信息系统遵循会计准则、财务会计制度和相关法律法规的规定，建立健全、执行恰当的控制，保证会计信息系统留有充分的审计线索。

企业通常以两种主要方式获得会计信息系统：一是购买软件供应商的商品化软件；二是通过正式的系统开发活动，由企业内部自行开发。

目前，软件市场上出现了针对不同行业的软件开发商，与专用软件相比，获得通用商品化软件的费用较低，但是，由于用户需要依赖开发商进行系统维护，用户面临的风险是开发商可能会停止对系统的支持。内部开发最主要的优势在于定制系统与企业独特的业务操作高度协调，避免了通用商品化软件功能的冗余和不灵活等缺陷，但是，定制系统的开发时间会很长。

选择商品化软件和内部自行开发系统的方式各有利弊。企业可以通过购买商品化软件满足某些需求，再通过内部开发其他系统满足另外的需求。系统开发生命周期（system development life cycle）通常与内部开发相关，但系统开发生命周期的某些阶段，特别是系统需求分析，对从开发商处购买的系统也同样适用。

会计信息系统的建立是一项复杂的系统工程，了解会计信息系统的开发过程和开发方法，能够更好地应用、管理和评价会计信息系统，同时为学习会计信息系统及其各子系统分析与设计奠定扎实的理论基础。

2.1.1　系统开发生命周期

从广义上讲，任何系统均有其产生、发展、成熟、消亡或更新换代的过程，这个过程称为系统的生命周期（system life cycle）。构建新系统或对系统做出重大修改的过程称为系统开发。任何系统开发工程基本上都要经历相同的系统开发生命周期（见图 2-1），为计划和控制具体的开发活动提供一个总体框架。下面对系统开发生命周期的各阶段进行简要介绍。

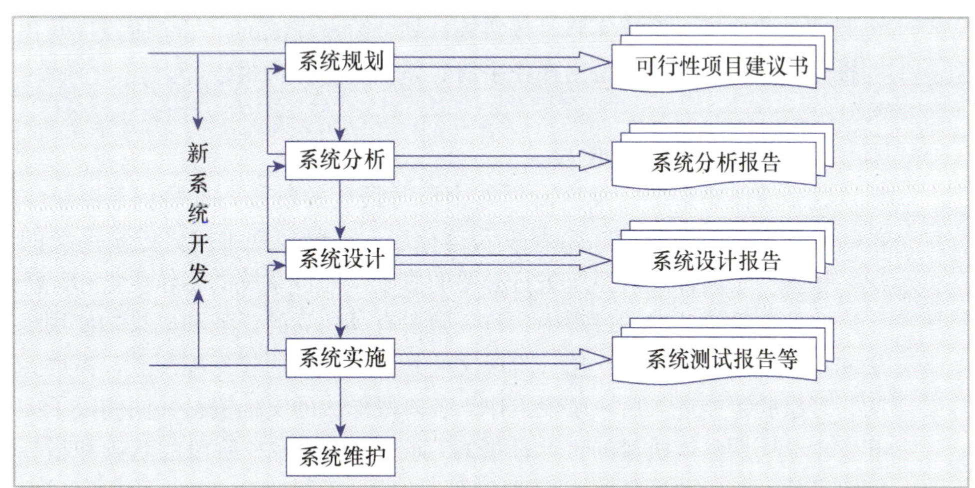

图 2-1　系统开发生命周期

1. 系统规划阶段

系统规划是信息系统开发的起始阶段。系统规划阶段的任务是对企业的环境、目标、现行系统的状况进行初步调查，明确现行系统存在的问题，根据企业目标和发展战略，对建立新系统的需求做出分析和预测，研究建立新系统的必要性和可能性，根据需要与可能，提出拟建新系统的备选方案，对这些方案进行可行性分析，写出可行性项目建议书。

2. 系统分析阶段

系统分析阶段的任务是在可行性研究的基础上，对现行系统进行详细调查和全面分析，描述现行系统的业务流程，指出现行系统的局限性和不足之处，对现行系统提出修改方案，确定新系统的目标和逻辑功能要求，即提出新系统的逻辑模型。这个阶段又称为逻辑设计阶段，是整个信息系统建立的关键阶段，是建立信息系统与一般工程项目的重要区别所在。系统分析阶段的主要文档是系统分析报告，它是系统设计的依据，也是未来系统验收的依据。

3. 系统设计阶段

如果说系统分析阶段的任务是回答“做什么”的问题，系统设计阶段的任务就是回答“怎么做”的问题。系统设计阶段的任务是根据系统分析报告中规定的功能，结合实际条件，具体设计实现逻辑模型的技术方案，包括系统概念设计、评估与选择方案和详细设计。

4. 系统实施阶段

系统实施阶段是将设计的系统付诸实施的阶段。这个阶段的任务包括计算机等设备的购置、安装和调试，程序的编写与调试，人员培训，数据文件转换，系统调试、转换等。系统实施是按实施计划分阶段完成的，每个阶段应写出实施进度报告。系统测试之后写出操作手册、系统测试分析报告等。

5. 系统运行与维护阶段

这个阶段是系统开发生命周期中历时最久的阶段，也是信息系统实现其功能、发挥其效益的阶段。系统投入运行后，需要经常维护，记录系统的运行情况，根据一定的标准对系统进行必要的修改，评价系统的工作质量和经济效益。

在信息系统开发的过程中，每一阶段有其独立的任务和成果，使用规定的方法和工具，编制出阶段文档（阶段文档是阶段之间的管理控制点，需要经过正式的管理检验才能进入后一阶段工作。各阶段形成的文档资料共同构成了关于系统开发生命周期整体质量的审计证据）。前一阶段是后一阶段的基础和指导，只有完成了前一阶段的任务，才能进入后一阶段，不能超越。每个阶段完成后，都要进行复查。如果发现问题，要停止前行，沿所经历的阶段返回，形成了如图 2-1 所示的阶段间向上的折返流线。在实践中，上述开发阶段会被分解成若干子阶段，每个子阶段还能够再分解为更详细的活动。

本章主要讲述会计信息系统的规划、分析与设计，系统的实施将在第 9 章详细讲解。

2.1.2 系统开发方式

计算机会计信息系统的开发有多种方式，应根据企业的资源情况、技术力量、外部环境等因素做出选择。不论采用哪种方式，都需要企业领导和业务人员参加。表 2－1 为常用的四种开发方式的比较。

表 2－1　系统开发方式的比较

特点	方式			
	自行开发	委托开发	联合开发	购买现成软件包
对分析、设计力量的要求	非常需要	需要	逐步培养	不需要
编程力量的需求	非常需要	不需要	需要	不需要
系统维护	容易	较困难	较容易	困难
开发费用	少	多	较多	较少

自行开发的好处是可以得到适合本单位的系统，通过系统开发培养自己的力量。缺点是周期较长。自行开发需要强有力的领导、足够的技术力量，还要进行一定的咨询。

委托开发从用户的角度讲比较省事，但必须配备精通业务的人员参加，经常检查、协调。这种方式开发费用较高，系统维护比较困难。

联合开发对于培养自己的技术力量最为有利，系统维护也比较方便。条件是双方必须精诚合作，自己要有一定的系统分析和设计能力。这种方式比较适合我国目前的情况。

购买现成的软件包当然最省事，但要买到完全适合本企业需要的满意的会计软件并不容易，需要有较强的鉴别能力。

值得注意的是，软件复用和组件集成方式是一种新的社会化的软件开发方式。软件复用又称软件重用或软件再用，是在构造新的软件系统的过程中，对已存在的软件人工制品的使用技术。软件人工制品可以是源程序代码片段、子系统的设计结构、模块的详细设计、文档和某一方面的规范说明等。组件集成是目前发展最快的软件复用方式，如果能够在组件市场上购买所需要的大部分组件，并可在组件上添加一些功能构成新的组件，或由若干组件集成软件，应用系统的开发人员就可以将主要精力集中在应用系统本身的研究上。所以软件复用是在软件开发中避免重复劳动的解决方案，其出发点是应用系统的开发不再采用一切从零开始的模式，而是以已有的工作为基础，充分利用过去应用系统开发中积累的知识和经验，从而将开发的重点集中于应用系统的特有构成成分。利用已有的软件成分构造新的软件，将极大地提高软件开发的效率，缩短软件开发周期，节省开发费用，有利于提高软件的可维护性和可靠性。

2.2　会计信息系统的规划

当企业现行的会计信息系统已经不能满足企业业务发展或管理的要求，需要开发新的会计信息系统取代现行系统时，就进入系统开发的第一阶段——会计信息系统规划阶段。系统的规划和科学的论证可以减少盲目性，使系统具有良好的整体性和较高的适应性。

2.2.1 系统规划的任务

系统规划的目的是将个别系统项目或应用程序与企业的战略目标相联系。

主要系统的开发得到高级管理层的支持是十分重要的，指导全部系统开发的有效方法是设立一个系统开发指导委员会，委员会必须代表高级管理层，因为信息系统应当服从企业的整体战略规划。委员会的任务是致力于现在和将来的信息需求，对系统的规划和控制负责。一般情况下，系统开发项目由系统专业人员（系统分析师、系统工程师及程序设计人员）、最终用户（包括经理、操作人员、会计人员和内部审计人员）等人员组成的团队共同承担。

系统规划包括战略系统规划和项目规划。战略系统规划涉及宏观层次上的系统资源的分配，从技术上讲，战略系统规划不是系统开发生命周期的组成部分，因为系统开发生命周期是针对特定应用程序的。项目规划的目的是在战略系统规划的框架内为个别应用程序分配资源，包括识别用户的需求领域，对每一个建议的可行性进行评估，安排项目的优先顺序和时间进度等。

要识别用户的需求领域，对每个建议的可行性进行评估，就需要对现行系统进行初步调查，确定对现行系统的调查范围，初步提出现行系统中存在的问题，初步确定建立新系统的主要目标，预计建立新系统可能产生的效果，根据资金、人力等情况，分析、确定建立新系统的可能性与大致时间计划，在完成现行系统初步调查和可行性分析的基础上，写出可行性项目建议书。

2.2.2 初步调查

当确定要开发会计信息系统后，首先要成立系统开发的相关组织，根据企业的实际情况，组织有关人员开展初步调查。初步调查只需对现行的会计系统进行大致的调查，主要包括：

(1) 现行系统的基本情况：现行会计系统的组织机构与人员安排、工作方式、要处理的业务及数量，系统与各部门之间的关系，各部门对系统信息的需求情况，数据处理流程，业务流程的现状、存在的主要问题和不足，以及流程在新技术条件下的重组等。

(2) 新系统的目标：新系统要解决当前存在的哪些问题，根据各部门对系统信息的需求和使用情况，确定新系统要增加哪些功能，要求系统达到什么样的目标等。

(3) 系统开发的条件：企业管理与会计工作的基础，领导与会计人员对系统开发的态度，能投入系统开发的人力、物力、财力，以及人员培训的初步计划，系统开发是否还有其他限制条件等。

在调查过程中，系统开发领导小组在必要时可聘请有关专家参加讨论，担任顾问。经过调查、分析，要初步确定是否建立新系统；准备建立何种规模的系

统；系统要解决什么问题，达到哪些目标；系统软硬件的总体配置方案如何；系统的开发方式等。如果初步确定要开发新系统，则确定开发新系统的初步备选方案，并对这些备选方案进行可行性分析。

2.2.3　可行性分析

可行性分析的任务是明确应用系统开发的必要性和可行性。必要性来自实现开发任务的迫切性，可行性则取决于实现应用系统的资源和条件。可行性分析是任何一个大型信息系统正式投入力量之前必须进行的一项工作。这对保证资源的合理使用、避免浪费是十分必要的。

可行性分析应从以下三方面考虑：

一是技术可行性。技术可行性是指根据现有的技术条件，能否达到所提出的要求；所需要的物理资源是否具备，能否得到。技术条件包括硬件、系统软件、应用软件和技术人员。

二是经济可行性。要估计系统的成本和效益，分析系统经济上是否合理。如果不能提供开发系统所需要的资金，或者不能提高企业的效益，就不应该开发此系统。所以，经济可行性要解决两个问题：资金可得性和经济合理性。

三是管理可行性。考虑所建立的系统能否在该企业实现，在当前操作环境下能否很好地运行，即组织内外是否具备接受和使用新系统的条件。从组织内部讲，新系统的建立可能导致某些制度甚至管理体制的变动，组织的承受能力影响系统的生存。从组织外部讲，新系统运行后，报表、票据格式的改变是否被有关部门认可和接受，将直接影响企业的经营。

根据以上几方面可行性的分析，可以得出如下几种可能的结论：

(1) 如果系统开发条件成熟，且有必要开发，就可以开始详细调查，继续进行系统分析。

(2) 如果系统开发条件不足，但仍有必要开发，可以继续创造条件再开发或调整系统的目标，在已有条件的基础上开发。

(3) 如果开发条件不成熟、技术力量不足、经费困难等，可考虑暂停系统分析工作，继续创造条件。

(4) 如果根本没有必要开发新系统，则应立即停止开发工作。

系统规划的最后阶段是撰写可行性项目建议书，主要包括：

(1) 明确现行系统要解决的问题，确定新系统的目标，并规定具体的指标要求。

(2) 论证在现有的条件下，新系统目标实现的必要性及可能性。

(3) 若结论认为是可行的，则提出新系统开发的基本设想，制定开发计划，包括各阶段人力、资金、设备的需求等。

可行性项目建议书是系统开发人员对现行系统初步调查的结论，反映了系统开发人员对系统开发的看法。可行性项目建议书最后提交给组织领导、管理人员、使用者和系统开发人员审查讨论，做出是否开发系统的决策。如果结论是建立新系统不仅必要而且可能，则在可行性项目建议书审批通过后，进入系统分析阶段。

2.3 会计信息系统的分析

系统分析阶段要通过详细的调查分析，抽象出新系统的逻辑模型，锁定系统边界、功能、处理过程和信息结构，为系统设计奠定基础。系统分析回答新系统要“做什么”这个关键问题。系统分析过程由两个步骤组成：详细调查现行系统，分析用户需求。

2.3.1 现行系统的详细调查

系统分析专家在制定解决方案之前，必须完全了解企业的业务问题。如果分析不完整或有缺陷，会造成解决方案的不完整或有缺陷。

分析的第一步是要确定现行系统的哪些部分应该保留并作为新系统的组成部分，这就需要对现行系统进行详细调查。

1. 现行系统调查的优势

（1）只要彻底了解现行系统，就能确定哪些方面值得保留，或稍做修改就可供新系统使用。

（2）确定在实施新系统时，哪些任务、步骤和数据应该随着旧系统逐步停止，哪些应该继续保留。

（3）确定问题的原因所在，也许问题不在系统本身，可能只是管理层或员工造成的，无须重新设计系统就可以解决。

2. 现行系统调查的弊端

（1）系统分析人员容易陷入对现有庞大系统的分析而不能自拔。

（2）调查现行系统有可能抑制新观念的产生，分析人员通过对旧系统的研究，可能会对新系统的运行形成思维定式，结果只是改进了旧系统，而不是采用全新的方法对待新系统。

3. 常用的调查方法

详细调查要在系统规划的基础上，对企业现行系统进行全面的调查分析，收集票据、账单、报表等资料，详细掌握有关工作流程，真正了解用户对新系统的确切要求，明确所开发的系统应具备的功能。

常用的调查方法包括：（1）召开调查会；（2）访问；（3）填写调查表；（4）参加业务实践等。参加业务实践是了解系统的较好形式，在这一阶段可以收集一套供程序调试使用的试验数据。

4. 详细调查的内容

在详细调查过程中，要对系统进行描述。系统描述之所以重要，在于其传导关于既定信息系统的知识，有助于不同的使用者，如会计人员、审计人员、系统分析人员与设计人员理解、开发及应用所需的信息系统。系统描述具有不同的形式，包括文字描述和图形描绘。相对而言，图形描绘使用少量的图形符号，简单扼要地勾画出系统的结构、目的与工作原理，简便易懂，具有更为广泛的应用。通常用组织结构图描述组织的结构，用业务流程图和表格分配图描述业务状况，用数据流程图描述和分析数据、数据流程及各项功能，用判定树和决策表等描述处理功能和决策模型。

详细调查的内容主要包括：

（1）企业组织结构调查。组织结构指的是一个组织（部门、企业、车间、科室等）的组成以及这些组成部分之间的隶属关系或管理与被管理关系，通常可用组织结构图表示。调查中还应详细了解各级组织的职能和有关人员的工作职责、决策内容、存在问题以及对新系统的要求。这项调查侧重于组织的功能，是未来系统开发的方向、子系统划分的依据之一。

（2）系统的业务处理流程和业务功能划分。根据组织的状况，详细了解组织的业务处理流程和各部门的业务功能的划分，为信息流和数据流的分析做准备，为将来的功能分析做准备。例如，现行系统的各项业务在哪些部门处理？各部门所处理业务的数据来源于何处？具体业务在本部门要进行何种处理和控制？经本部门处理后的数据和信息要传递到哪些部门？调查管理业务流程应顺着原系统信息流动的过程逐步进行，包括各环节的业务处理、信息来源、处理方法、计算方法、信息流经去向、提供信息的时间和形态（报告、单据、屏幕显示等）。对流程的表示形式并不唯一，有文本法、表格法以及图形法等。为了得到对业务流程的直观印象，通常会采用图形法来表示流程。最常见的描述业务流程的图表有：

1）业务流程图。业务流程图可以用框和直线等图形描述简单的业务处理流程，如会计核算形式、业务处理主要环节等。

2）跨功能业务流程图。业务流程图的优点在于可理解性好，但也存在不确定性太大、无法清楚界定流程界限等缺点，特别是流程图中的输入、输出不能模型化，可能失去关于流程的细节信息。

为了使业务流程图能够满足企业中跨部门职能描述的需求，将其进一步拓展为跨功能（cross-functional）业务流程图，表达企业业务流程与执行该流程的功能单元或组织单元之间的关系。其组成要素包括企业业务流程、执行相应流程的功能单元或组织单元。在形式上有横向功能描述及纵向功能描述两种。某企业物料管理跨功能业务流程图如图 2－2 所示。

3）表格分配图。表格分配图可以显示出系统中各种单据和报告与哪些部门发生业务关系。图 2－3 是反映某企业产成品出入库业务的流程图，其中每一列表示一个部门，箭头表示复制单据的流向。此表格分配图表示：产成品完工入库时，仓库管理人员根据车间送来的产品及入库单登记库存台账（入库单一式三联，一联车间存档，一联交仓库，一联交财务部门）；产品销售发货时，发货人

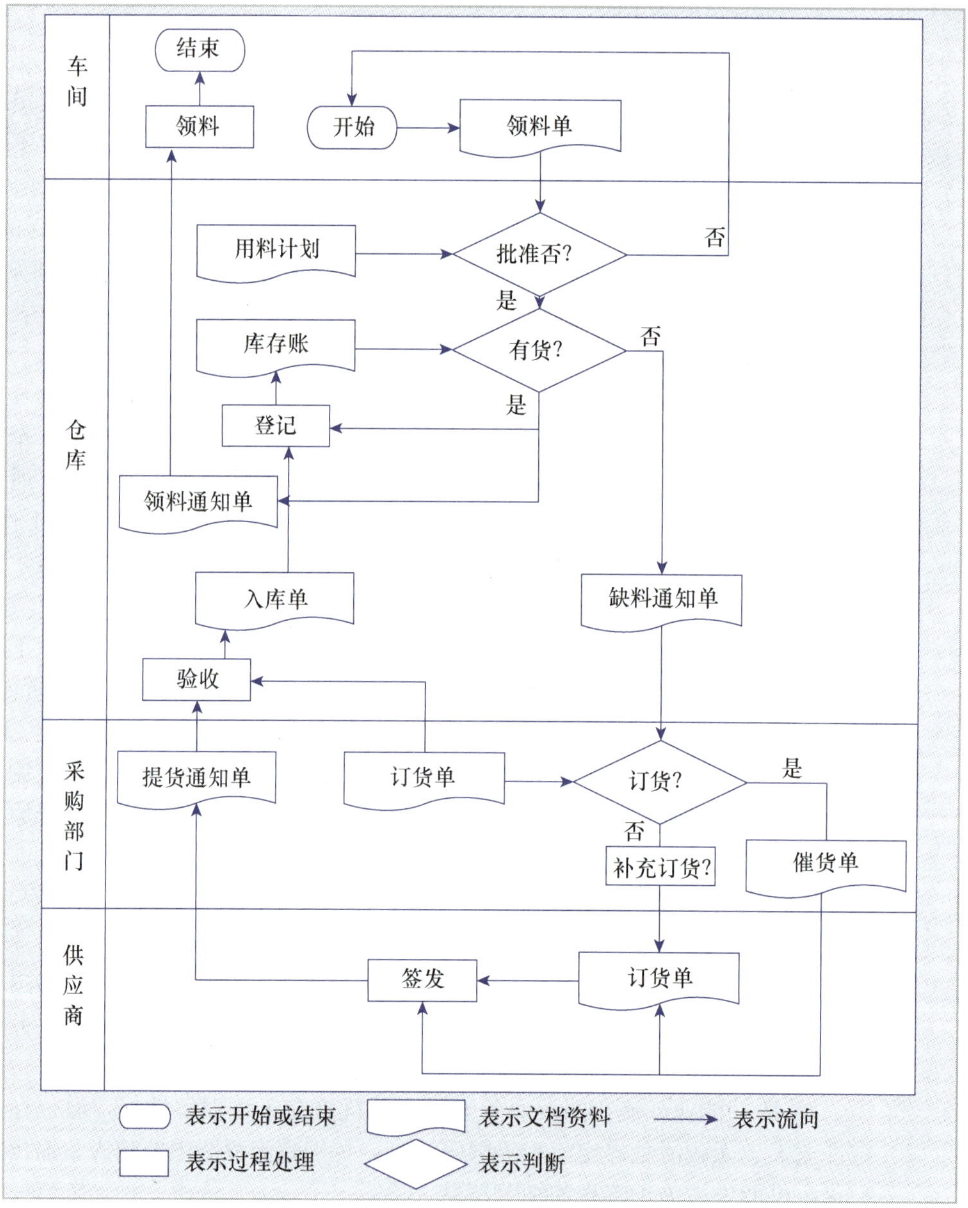

图 2-2　某企业物料管理跨功能业务流程图

员根据销售部门的发货通知单发货，同时填写出库单（出库单一式三联，一联销售部门存档，一联交仓库，一联交财务部门），仓库管理人员根据发出的产品及出库单登记库存台账。

（3）数据流程和信息流程的调查。根据前面所做的工作，进行数据和信息流程的分析，将系统需求具体化，掌握功能与信息的关系（可通过绘制数据流程图描述）。

（4）数据分析和功能分析。数据分析以数据流程图为依据，建立数据字典。以数据流程图和前面所做的业务功能分析为基础进行功能分析。

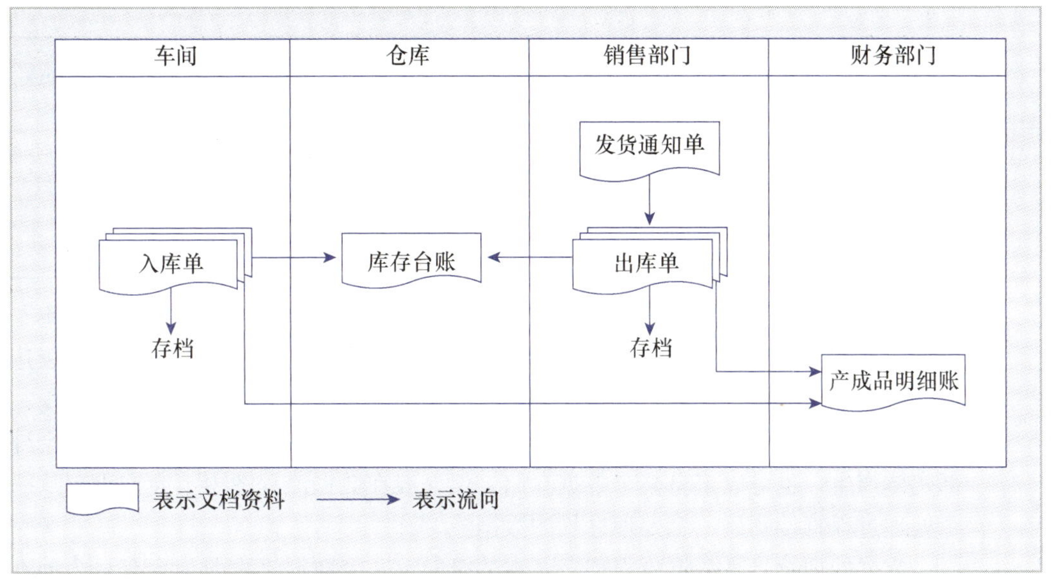

图 2-3 某企业产成品出入库业务流程图

2.3.2 结构化分析

需求分析是系统开发中最重要也最困难的阶段。结构化分析（structured analysis，SA）是一种简单实用且应用比较广泛的系统分析方法。

结构化分析方法采用介于形式语言和自然语言之间的描述方式，通过一套分层次的数据流程图，辅之以数据字典、处理逻辑说明等工具来描述系统。首先对系统数据流进行概略的描述，然后逐层细化对数据的处理功能，综合描述现行系统的数据处理过程，详细分析数据结构，建立现行系统的逻辑模型。

1. 业务处理描述与数据流程图

数据流程图（data flow diagram，DFD）是描述信息系统逻辑模型的工具。它对数据的存储、流动、处理加工和使用情况进行综合描述，以数据间的相互关系抽象地反映系统的全貌，既能表达人工系统的数据流程和逻辑处理功能，也能表达计算机系统的数据流程和逻辑处理功能。数据流程图一般由表 2-2 所示的基本元素组成。

表 2-2 数据流程图的基本元素

元素名称	图形	解释
外部实体	（圆角矩形）	描述该系统数据的外部来源或去向、流程的开始或结束
数据处理	（矩形）（椭圆）	描述输入数据被转换成输出数据的逻辑处理功能

续表

元素名称	图形	解释
数据流	→	描述数据流动的方向
数据存储		描述数据的存储形式

外部实体是指不受系统控制，在系统以外的组织、事物、人或系统。确定了系统的外部实体，实际上就确定了系统的边界，因此，要想确定合理的系统边界，必须详细分析用户的要求，根据系统的目标确定系统与外部环境的分界线。

数据流的符号一般采用单向箭头，有时也用双向箭头。数据流可以由某个外部实体产生，也可以来自某个数据存储，但一般在数据流程图中不允许出现从一个处理过程直接到另一个处理过程的数据流。

数据处理符号是数据流程图最基本的符号。一个数据流程图至少有一个处理功能，任何一个“处理”至少有一个输入数据流和一个输出数据流。在开始绘制数据流程图时一般不对处理过程进行编号标识，而是在数据流程图经过层层分解最后定稿和不再修改的情况下，才对每一个处理过程编号标识。

数据存储符号指出了数据保存的地方，是对数据存储的逻辑描述。数据流箭头指向存储符表示存入数据，箭头来自存储符表示读出数据。

图2-4是描述手工数据处理环境下固定资产核算业务的数据流程示意图。

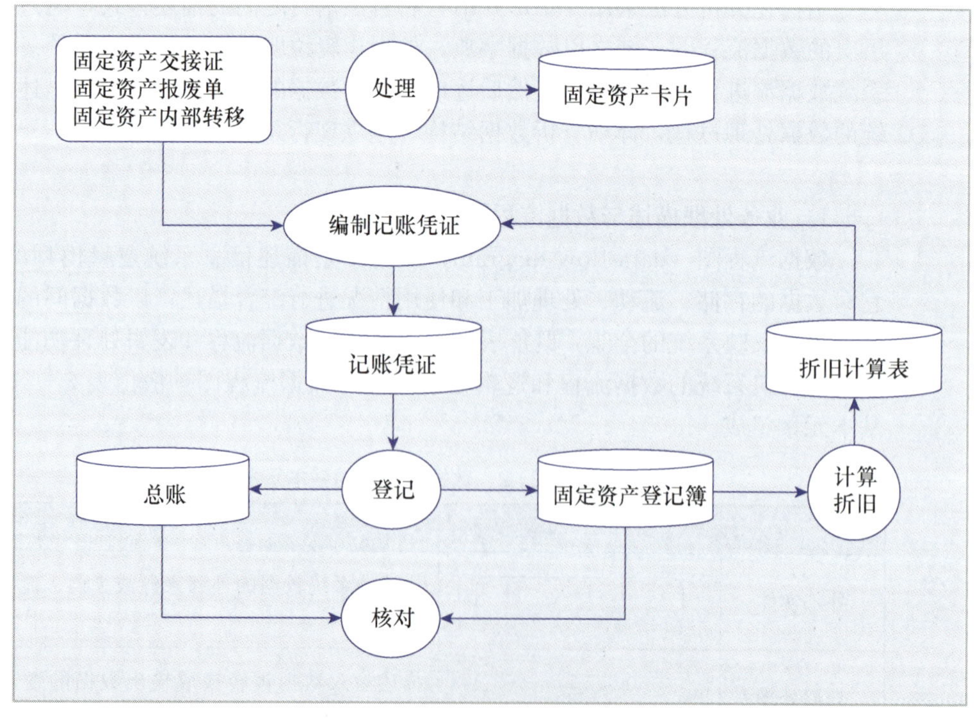

图2-4　手工数据处理环境下固定资产核算业务数据流程示意图

结构化分析方法的主要特点是自顶向下、逐层分解。会计信息系统是一个相当复杂的系统，系统分析先将整个会计信息系统看成只有一个处理的顶层数据流程图，然后将系统细化分解为若干个子系统，得到第一层数据流程图，再逐个对各子系统进行详细分析，使复杂的系统分解成易于理解和表达的处理。每分解一次，系统的处理数量会增多一些，每个处理的功能就更加具体。重复这种分解，直到所有的处理都足够简单，不必再分解为止。

图 2－5 是一个简单的数据流程图分解示意图。顶层数据流程图的处理 S（I1 为输入，O1，O2 为输出）被分解为第一层数据流程图，含有 S1，S2，S3 等处理，第一层分解图中的处理又被分解为第二层数据流程图，如处理 S1 被分解为含有 S11，S12 等处理的流程图。结构化分析方法就是通过这种自顶向下、逐层分解的方法，利用分解和抽象这两个基本手段控制系统的复杂性，将大问题分解为小问题，然后分别解决。

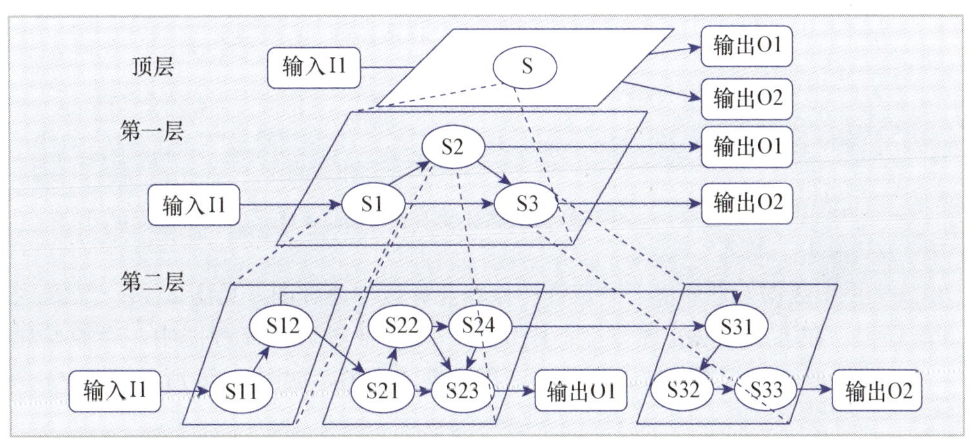

图 2－5　数据流程图分解过程

下面举例说明手工数据处理环境下会计信息系统分层数据流程图的绘制。

首先绘制手工数据处理环境下会计信息系统顶层数据流程图，如图 2－6 所示。

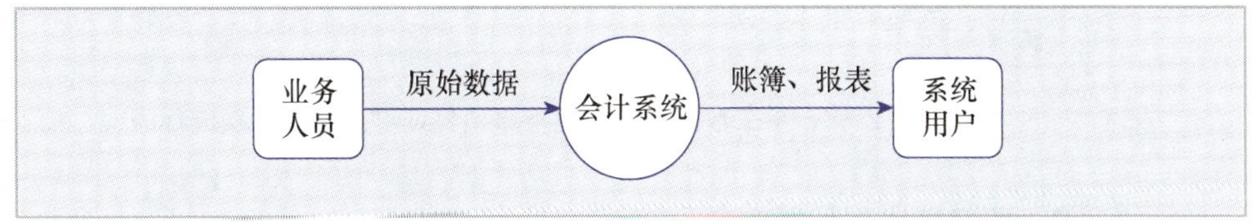

图 2－6　手工数据处理环境下会计信息系统顶层数据流程示意图

在会计系统中要进行经济业务的核算和账务处理，登记账簿并编制企业所需的会计报表，对“会计系统”进一步分解，得到第一层数据流程图，如图 2－7 所示。

在会计系统中“固定资产核算”表示对企业中的实物资产——固定资产进行的账务处理过程，可对“固定资产核算”进一步分解，得到第二层数据流程图

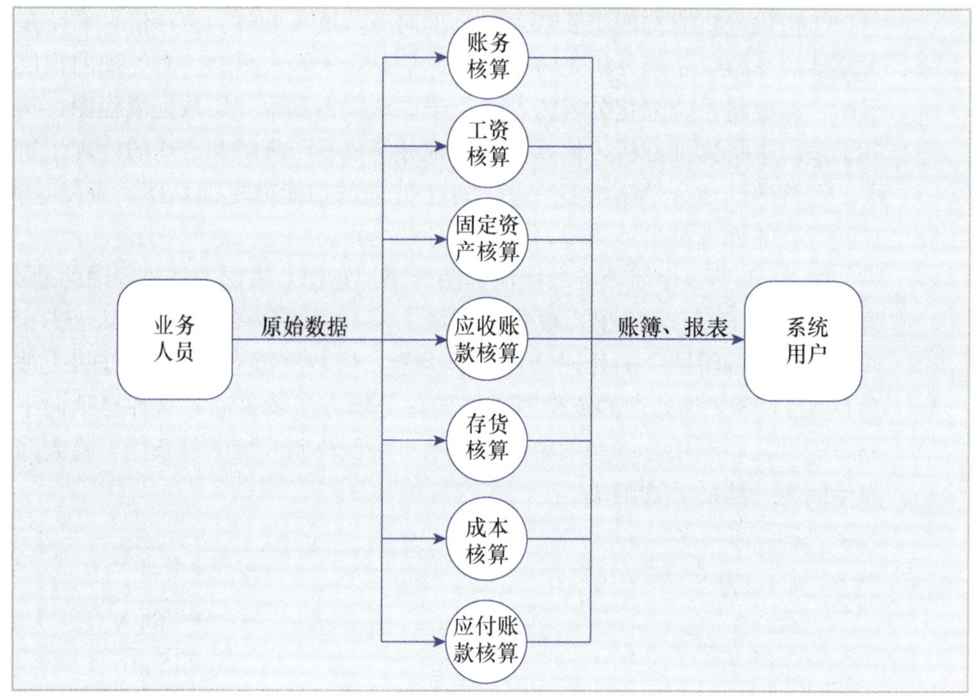

图 2-7　手工数据处理环境下会计信息系统第一层数据流程图

（手工数据处理环境下固定资产核算业务数据流程图，见图 2-4）。

在手工数据处理环境下固定资产核算业务数据流程图中，对原始凭证“处理”业务进行再分解，得到第三层数据流程图，如图 2-8 所示。

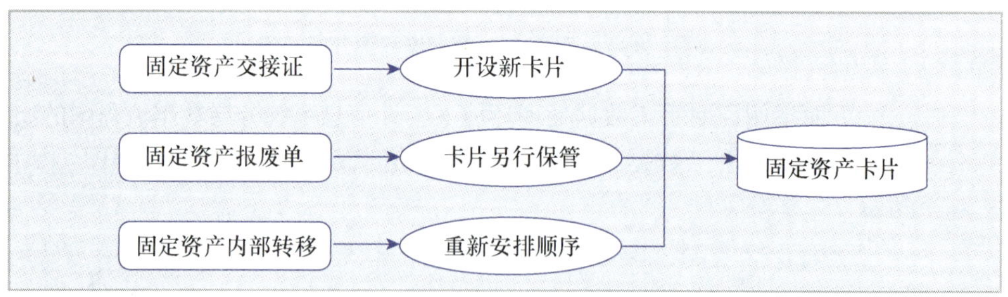

图 2-8　手工数据处理环境下原始凭证“处理”数据流程图

2. 数据描述与数据字典

数据流程图描述了系统的分解，即描述了系统由哪几部分组成，各部分之间的联系，但没有说明系统中各个成分的含义。只有当数据流程图中的每一个成分都定义之后，才能完整、准确地描述一个系统。数据字典（data dictionary，DD）是结构化分析方法中的另一个工具，主要用来描述数据流程图中的数据流和数据存储的详细逻辑内容、外部实体和处理逻辑的某些数据特征。数据字典是数据流程图的辅助资料，对数据流程图起着注解的作用。

数据字典由不同的条目组成，不同类型的条目有不同的属性需要描述：

（1）数据元素条目。数据元素（数据项）是最小的数据组成单位，对每个数据元素需要描述以下属性：数据元素的名称、别名、类型、取值范围、取值的含义、长度等。

（2）数据结构条目。数据结构描述某些数据项之间的关系。一个数据结构可以由若干个数据项组成，也可以由若干个数据结构组成，还可以由若干个数据项和数据结构组成。对数据结构需要描述以下属性：数据结构的名称、编号、简述、组成。

（3）数据流条目。数据流是数据在系统内传输的路径。对数据流要描述以下属性：数据流的来源、去向、组成、流量、高峰时期的流量等。

（4）数据处理条目。数据处理条目需要详细描述数据处理逻辑。其描述内容有处理逻辑的名称及编号、处理逻辑的输入和输出、处理逻辑等。

（5）数据存储条目。数据存储条目主要描述数据的存储结构及有关的数据流。具体包括：数据存储的名称及编号，流入、流出的数据流，数据存储的组成等。

（6）外部实体条目。外部实体是数据的来源和去向，在数据字典中关于外部实体主要描述外部实体的名称、有关的数据流等。

编写数据字典是系统开发的一项重要的基础工作。在数据字典的建立、修正和补充过程中，要保持数据的一致性和完整性。建立数据字典可以采用手工方式和专门化计算机工具软件方式。使用计算机工具软件，如 CASE 工具软件，在画出初步的数据流程图后，便能够建立起相应的数据字典。在系统开发过程中，如果需要对原先的数据流程图以及建立的数据字典进行修改，使用这种工具软件可以做到：对某一数据元素进行修改，则与之相关或该元素修改所影响到的所有数据结构、数据流、数据存储和数据处理都将自动修改，不需要人工干预。数据字典可以用人工建立卡片的办法管理，也可以存储在计算机中用数据字典软件管理。

对图 2－4 所示的数据流程图建立的数据字典的部分条目如表 2－3、表 2－4 所示。

表 2－3 数据存储条目

数据存储名称：固定资产卡片
流入、流出数据流：流入与固定资产增减变动相关的原始凭证，流出经过整理的固定资产卡片
数据存储的组成：固定资产名称、规格型号、主要参数、生产厂家、设备种类、使用部门、购入日期、启用日期、预计使用年限、总工作量、原价、预计净残值率、已提折旧额等
注释：若根据固定资产卡片数据计算固定资产折旧，应注意当月增加的固定资产不计提折旧，当月减少的固定资产照提折旧

表 2-4　数据处理条目

处理逻辑的名称：计算折旧
处理逻辑的输入：固定资产登记簿
处理逻辑的输出：折旧计算表
处理逻辑：按折旧计算方法计算固定资产折旧，如使用年限法： 月折旧额＝原价×(1－预计净残值率)/(预计使用年限×12)

将所建立的数据流程图与相关的数据字典按一定的方式集中起来，就构成了手工数据处理环境下的会计信息系统的逻辑模型。

2.3.3　建立新系统的逻辑模型

在对现行系统详细调查的基础上进行需求分析，是提出新系统逻辑模型的重要步骤。

在系统分析阶段，通过对现行系统的详细调查和分析，抽象出现行系统的逻辑模型，在此基础上进一步分析新系统的目标，明确现行系统存在的问题，如某些数据流向不合理，某些数据存储有不必要的冗余，某些处理原则不合理，等等。产生这些问题的原因，可能是习惯遗留，可能是技术落后，还有可能是某种体制不合理造成的，等等。要对现行系统提出优化和改进的方法，导出新系统的逻辑模型，给出新系统所要采用的信息处理方案。

需求分析的主要内容包括：

1. 系统目标分析

根据详细调查对可行性项目建议书中提出的系统目标再次考察，根据对系统建设的环境和条件的调查修正系统目标。检查系统边界有无变化，再检查边界上的输入、输出信息有无增减。

2. 业务流程分析

信息技术的应用有可能改变原有的信息采集、加工和使用方式，甚至使信息的质量、获取途径和传递手段等发生根本变化。信息技术的应用是业务流程重组的核心。事实上，企业业务流程重组是根据信息技术的特点，对手工方式下形成的业务流程进行再思考、再设计的过程，即以过程管理代替职能管理，取消不增值的管理环节；以事前管理代替事后监督，减少不必要的审核、检查和控制活动；取消不必要的信息处理环节，消除冗余信息集；以信息技术实现过程自动化，尽可能抛弃手工管理过程。分析业务流程时，要检查系统的主要处理功能是否满足新系统目标的要求，是否需要增加新的功能。检查每个功能的处理细节，是否需要增删。同时划分哪些处理功能由计算机完成，哪些处理功能由手工完成，确定人机界面。

3. 数据流程分析

数据流程是系统中的信息处理方法和过程的统一。现行系统的数据处理建立在手工处理或陈旧的信息处理手段基础之上，新的信息技术将为数据处理提供更为有效的处理方法。与业务流程的改进和优化相对应，检查数据存储是否有重复和保存的必要，是否需要调整；同时划分哪些数据处理由计算机完成，哪些数据处理由手工完成，确定人机界面。

4. 数据属性分析

数据是用属性的名和属性的值来描述事物某方面的特征。一个事物的特征可能表现在各个方面，需要用多个属性的名及其相应的值来描述。数据属性分析包括静态特性分析和动态特性分析。数据静态特性分析指分析数据的类型（字符型、数值型、日期型等）、长度（位数、小数位数）、取值范围（最大值、最小值）和发生的业务量（如每天发生多少笔业务）。数据的属性按动态特性分为固定值属性（具有固定值属性的数据，其值基本上固定不变）、固定个体变动属性（具有这类属性的数据，总体来说有相对固定的个体集，但其值是变动的）、随机变动属性（具有这类属性的数据，其个体是随机出现的，值也是变动的）。区分数据属性的动态特性的目的是正确地确定数据和文件的关系，即确定将哪些数据安排在哪种数据文件中。

5. 数据查询要求分析

通过调查和分析，对用户需要查询的问题列出清单或绘制查询方式示意图。

6. 数据输入、输出分析

分析各种数据输入的目的和适用范围、数据量的大小及存在的问题。例如，输入的数据是否得到了有效的利用，哪些数据的输入是多余或不符合实际需要的，现在的数据输入方式能否满足要求等。还应对各种输出的目的和使用范围进行分析，弄清楚哪些输出是多余或不符合要求的，系统的处理速度能否满足输出的需要等。

从形式上讲，新系统的逻辑模型与旧系统的逻辑模型相比可能变化不大，只是在一个或几个处理中引进新技术，改变几处数据的流程，或者改变某些存储的组织方式。但是，这是经过周密调查和分析的结果，其影响可能不是局部的，对这种影响必须有充分的估计。

计算机数据处理环境下会计信息系统中各子系统的逻辑模型（主要以跨功能数据流程图表述）介绍分布于本教材第 3 章至第 7 章中，此处不再赘述。

2.3.4　系统分析报告

系统分析是系统开发生命周期中以下其他环节的基础，这一阶段形成的产品是系统分析报告，系统分析报告标志着系统分析阶段的结束。系统分析报告要向管理层和指导委员会汇报调查结果、现有系统中存在的问题、用户的要求及对新系统的需求。

系统分析报告通常包括以下几方面内容。

1. 引言

说明会计信息系统的名称、目标、功能、背景、报告所用的专门术语等。

2. 系统概述

（1）系统分析的主要工作内容。简要说明在系统分析阶段所进行的各项工作的主要内容。这些是建立新系统逻辑模型的必要条件，而逻辑模型是编写系统分析报告的基础。

（2）现行系统的调查情况。新系统是在现行系统基础上建立的。设计新系统之前，必须对现行系统进行调查，掌握现行系统的真实情况，了解用户的要求和问题。

（3）列出现行系统的目标、主要功能、组织结构、用户要求等，并简要指出问题所在。以数据流程图为主要工具，说明现行系统的概况。

3. 新系统的逻辑模型

通过对现行系统的调查分析，找出现行系统中存在的问题，进行必要的修改，得到新系统的逻辑模型。

新系统的逻辑模型通过相应的数据流程图予以说明，数据字典如有变动也要给出相应说明。

4. 用户需求说明

主要说明关键领域用户的特定要求。

5. 系统设计实施初步计划

（1）工作任务的分解及进度计划；

（2）资源需求；

（3）经费预算。

6. 建议

（1）项目是否继续；

（2）分析是否改变了可行性、战略影响，或项目的优先顺序。

系统分析的主要目的在于明确用户的要求和说明信息系统的需求，系统分析报告应详细指出系统必须做什么，而不是怎样做。系统分析报告只关注目标层次，并不说明系统的详细设计细节，如存储介质、记录结构、处理方法，以及其他设计物理系统所需的细节。

系统分析报告集中反映了系统分析阶段的所有成果，既是一个总结性的文件，又是下一阶段系统设计的依据。

在系统调查分析阶段，会计人员和审计人员应大力支持、密切配合，详细描述现行系统各环节的处理过程，提供各种原始凭证、记账凭证、账页、报表等样本，参与审阅系统分析人员对系统的描述，如数据流程图、数据字典等，审阅其

是否符合会计准则、会计制度及相关的法律法规，是否符合实际需要，是否有必要的控制措施和充分的审计线索等。系统分析报告是系统分析阶段的技术文档，也是提交审议的工作文件。对系统分析报告的审议是整个系统开发过程中的一个重要里程碑，审议通过后，系统分析报告即成为有约束力的指导性文件。

2.4　会计信息系统的设计

会计信息系统设计是在进行了系统分析并明确了系统逻辑模型的基础上，根据实际的技术条件、经济条件和组织条件，确定系统的实施方案，即将系统的逻辑模型转化为系统的物理模型。系统设计阶段要回答系统“怎么做”的问题。系统设计包括概念设计、评估可选择的方案和详细设计。

2.4.1　概念设计

概念设计阶段的目的在于，通过向用户提供若干合理的选择，避免系统专业人员对新系统造成先入为主的限制。在系统分析过程中提出了若干满足系统需求的概念系统以供选择，需要对这些概念系统进行评估，从中选择较为合理的备选方案。随后，通过对这些备选方案的成本效益进行比较，选出一个最佳设计。

概念设计通常采用结构化方法。结构化设计的基本思想是模块化，即将一个系统分解为若干个彼此具有一定的独立性，同时也具有一定联系的组成部分，这些组成部分称为“模块”。结构化设计的主要任务就是建立系统结构图，用系统结构图描述系统的层次、分块结构。它开始于所建议系统的数据流程图，自顶向下逐级分解，直至被完全理解。通过这种方法，设计中的业务过程通常被绘制成数据流程和结构图表。

结构图用来表达系统结构和系统中模块的层次关系与联系。图 2－9 是结构图的示例，描述了记账凭证查询的过程。

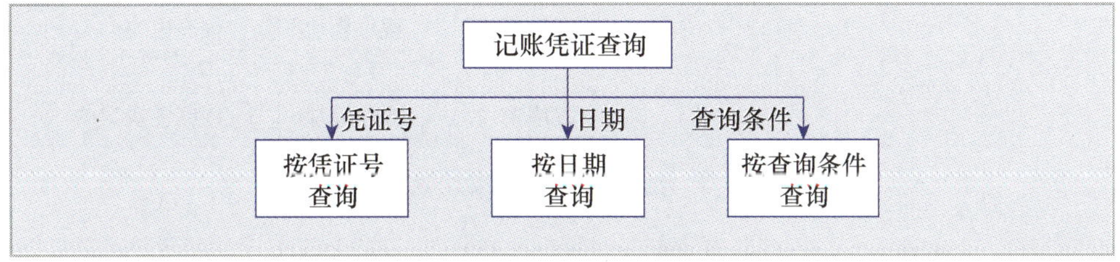

图 2－9　结构图示例

结构图中的主要成分有：

(1) 模块：用长方形表示，其中标有模块的名称。

(2) 调用：从一个模块指向另一个模块的箭头表示前一个模块调用后一个模块。

（3）数据：在调用箭头旁标有数据名的表示从一个模块传递给另一个模块的数据。

一个系统可以划分为若干个子系统，每个子系统可以划分为若干功能模块，每个功能模块还可划分为若干个层次，每个模块执行相对独立的功能。在整个系统中，一个子系统对应一个独立完整的职能，一个功能模块完成某一管理业务，是组成子系统的基本单位；一个程序模块则实现某一具体加工处理，是组成功能模块的基本元素。各层之间、模块之间具有一定的联系，通过这种联系，各模块组成一个有机整体，实现系统的目标。

结构化方法自顶向下分解的数据流程和结构图如图 2－10 所示。

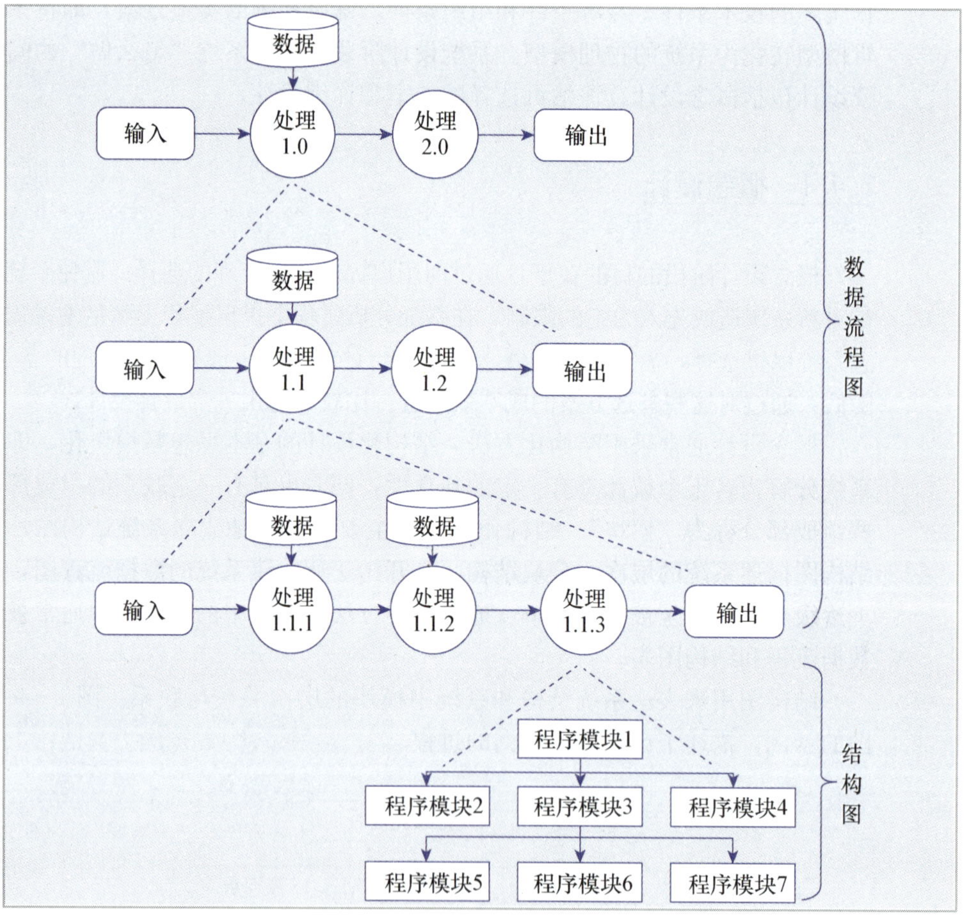

图 2－10　结构化方法分解示意图

从图 2－10 可以看出系统专业人员是如何遵循结构化方法的。首先对系统进行抽象描述，再通过连续的步骤，形成更为详细的描述。图中处理过程 1.0 被分解为中间层数据流程图，中间层数据流程图中的处理过程 1.1 又被分解为更详细的数据流程图。最后一步将处理过程 1.1.3 转换成结构图，确定形成该处理的程序模块。

经过层层分解，将一个复杂的系统自上而下逐层分解为多个系统模块，直到每一个模块只具有单一的功能，能用一个或几个程序实现的树形结构为止。结构图中模块的划分以“低耦合度、高内聚度”（耦合度表示模块之间信息的关联程度，内聚度表示模块内部各部分联系的紧密程度）为原则，一方面，各个模块具有相对独立性，可以分别设计实现；另一方面，可将模块之间的相互关系（如数据传递、调用）通过一定的方式予以说明，便于系统的修改与维护。

结构图中各层次功能与新系统数据流程图中的处理是对应的，结构图可以由数据流程图转化而来，但是，结构图与数据流程图有本质的差别：数据流程图着眼于数据流，反映系统的逻辑功能，即系统能够做什么；结构图着眼于控制层次，反映系统的物理模型，即怎样逐步实现系统的总功能。

在计算机信息系统环境下，按照交易循环将会计信息系统划分为若干个子系统（如销售子系统、应收账款子系统、采购子系统、应付账款子系统、存货子系统、工资子系统、固定资产子系统、成本子系统、总账子系统、会计报表子系统等），每个子系统再划分为若干个功能模块（如总账子系统划分为初始化、凭证处理、记账、输出账表、银行对账、系统服务等功能模块），进一步将这些功能模块分解，直至分解为不可再划分的单一功能模块（如凭证处理还可细化为凭证录入、凭证修改、凭证审核、凭证查询、打印凭证等模块）。通过层层分解，若干层次的模块相互联系、相互配合，完成会计信息系统的全部功能。

需要说明的是，每个系统的模块结构设计不是唯一的，但是各子系统都必须具有数据输入（如录入基本数据、对输入数据进行校验等）、数据处理（如计算、分类、汇总、分配等）、数据输出（如查询、打印、网络传送等）等基本功能。为了系统的安全可靠及维护和扩展，每个子系统还设有密码与权限管理、数据备份与恢复、初始化、编码维护等功能。

计算机数据处理环境下会计信息系统各子系统的功能模块设计（功能结构图）见本书第 3 章至第 7 章。

概念设计还应当突出几个备选方案的主要功能之间的区别。这一阶段设计的系统应是概括性的，应明确所有的输入、输出、处理及区分各方案必要的特殊功能。例如，图 2－11（方案 1：采用批处理方式处理采购订单）和图 2－12（方案 2：采用 EDI 系统处理采购订单）是两个不同的采购系统的概念设计方案，表明了这两个方案的功能在概念上的区别。

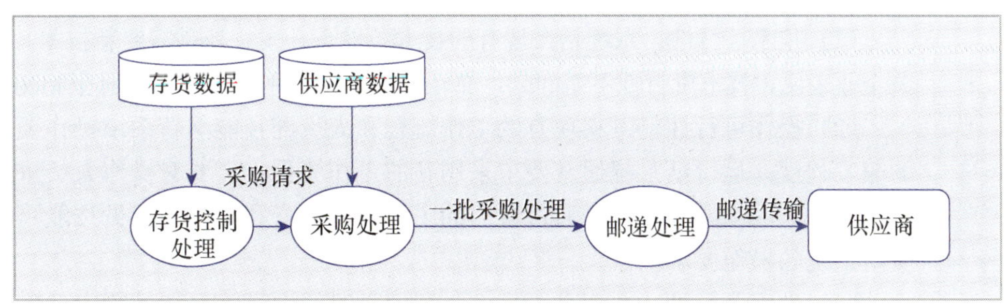

图 2－11　方案 1：采用批处理方式处理采购订单

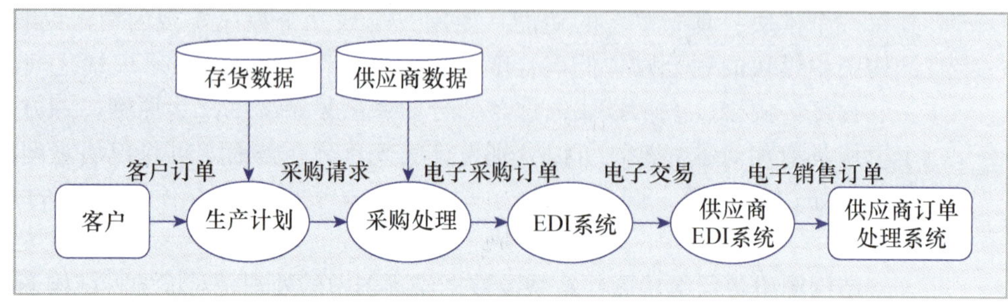

图2-12 方案2：采用EDI系统处理采购订单

方案1采用传统的批处理方式处理采购订单。起始于库存的采购请求，当存货达到再订货点时，依据经济订货量订购存货，采购订单每日一次通过邮寄的方式传递给供应商。

方案2采用EDI系统处理采购订单。采购请求由生产计划触发，采购系统确定数量和供应商，通过EDI系统在线向供应商传递采购订单。

方案1的优点在于系统设计简单，便于实施，对系统的资源要求不高，但是企业需要保持一定的库存量。方案2允许企业减少甚至消除存货，但是，所要求的系统资源昂贵，系统设计复杂。

在概念设计阶段只要求设计者识别合理的系统设计方案，在下一阶段进行评估、选择。概念设计阶段的文档资料为多个概念设计方案。

2.4.2 评估与选择

在评估与选择阶段，要从所有概念设计方案中选择一个系统方案。确定最佳系统方案是系统开发过程中的关键环节。由于系统具有较高的不确定性，决策失误将带来巨大的损失。评估与选择的目的在于构建决策过程，以减少不确定性和决策失误的风险。评估与选择阶段包括两个步骤：实施详细的可行性研究和进行成本效益分析。

1. 详细的可行性研究

对于每一个系统方案要以相同的方式进行评估。可以从以下几方面考虑系统方案的可行性。

（1）技术可行性。系统是在现有的技术条件下开发，还是需要新技术。对于多数企业来说，技术可行性不是问题，真正的问题是应用现有技术的愿望和能力。

（2）操作可行性。考察现有的工作流程和人员的技能与新系统操作要求之间的兼容程度。运行新系统通常要求采用新的工作流程，需要对操作人员进行重新培训。这里的问题是，能否通过恰当的工作流程转变和充分的人员技能再培训适应新系统的操作要求。

（3）进度可行性。企业是否具备在规定的时间内实施系统的能力。进度可行性会影响系统的范围和系统是要经内部开发还是从开发商处购买的决定。如果系统不能在规定的时间内经内部开发完成，则系统的设计、获取途径或规定的时间必须改变。

2. 成本效益分析

成本效益分析有助于管理层确定选择的系统所产生的收益是否（或在多大程度上）大于其成本。成本效益分析通常用于评估投资项目的预期财务价值。虽然针对信息系统的成本效益分析不易确定和量化，但在没有更好的评估方法可以选择时，成本效益分析连同可行性研究仍然是比较不同系统设计的有效方法。

成本效益分析通常分为三个步骤：确认成本，确认效益，进行成本和效益的比较。

（1）确认成本。成本通常分为一次性成本和经常性成本。一次性成本是开发系统和实施系统的初始投资。经常性成本是在系统开发生命周期内发生的运行和维护成本。

1）一次性成本。包括硬件获取费用、软件获取费用、场地准备费用、系统设计费用、编程调试费用、数据转换费用、人员培训费用等。

2）经常性成本。包括硬件维护费用、软件维护费用、材料消耗费用、人员工资费用、保险费用等。

（2）确认效益。效益通常分为有形效益和无形效益。有形效益是指可以度量并可用价值指标描述的效益。无形效益尽管很重要，但不易量化，通常评估无形效益带有明显的主观因素。

1）有形效益。包括增加收入和降低成本的效益，如使用 EDI 系统，降低了库存，并改善了客户服务。降低的库存属于降低成本的效益，改善客户服务增加的销售量属于增加收入的效益。

2）无形效益。如提高客户满意度、缩短客户等待时间、改善控制环境、提高雇员满意度、加快对竞争对手行为的反应等。

（3）进行成本和效益的比较。对前两个步骤中的成本和效益进行比较分析。通常用净现值法和回收期法进行评估。

1）净现值法。将系统开发生命周期中的效益现值减去成本现值，对于独立应用方案，净现值为正的可行，净现值为负的不可行；对于互斥方案，净现值最大的方案为可行方案。

2）回收期法。回收期是指投资引起的现金流入累积到与投资额相等所需要的时间。选择系统方案时，回收期通常是决定性因素，回收期越短，方案越有利。

例如，两个方案的基本数据如表 2－5 所示。

表 2－5

项目	方案 1	方案 2
项目完成时间	1 年	1 年
系统有效生命周期	5 年	5 年
一次性成本	450 万元	210 万元
经常性成本（1～5 年年初计算）	70 万元	85 万元
年有形效益（1～5 年年末计算）	255 万元	205 万元
贴现率	10%	10%

基于上述数据计算净现值，如表2-6和表2-7所示。

表2-6

单位：元

期间	方案1			
	现金流入	现值	现金流出	现值
0			4 500 000	4 500 000
1	2 550 000	2 318 295	700 000	700 000
2	2 550 000	2 107 320	700 000	636 370
3	2 550 000	1 915 815	700 000	578 480
4	2 550 000	1 741 650	700 000	525 910
5	2 550 000	1 583 295	700 000	478 100
合计		9 666 375		7 418 860

表2-7

单位：元

期间	方案2			
	现金流入	现值	现金流出	现值
0			2 100 000	2 100 000
1	2 050 000	1 863 655	850 000	850 000
2	2 050 000	1 694 120	850 000	772 735
3	2 050 000	1 540 165	850 000	702 440
4	2 050 000	1 400 150	850 000	638 605
5	2 050 000	1 272 845	850 000	580 550
合计		7 770 935		5 644 330

净现值（方案1）=9 666 375−7 418 860=2 247 515(元)

净现值（方案2）=7 770 935−5 644 330=2 126 605(元)

从净现值指标来看，如果单独考察成本和有形效益，应选择方案1，但是，在最终的分析中，还应当综合考虑无形效益。

$$回收期（方案1）=\frac{450}{255}=1.76(年)$$

$$回收期（方案2）=\frac{210}{205}=1.02(年)$$

从回收期指标来看，方案1的回收期为1.76年，方案2的回收期为1.02年，应选择方案2。相对于无形效益等其他考虑因素，通常要优先选择回收期短的项目。

评估与选择阶段的文档是系统选择报告，选出的系统将进入详细设计阶段。

2.4.3 详细设计

详细设计的目的在于对拟开发的系统进行详细的说明，满足系统分析时明确的系统需求，并与概念设计保持一致。

在详细设计阶段，要对系统所有的组成部分予以详尽的规定。系统设计对每一个模块进行详细的定义和说明，包括编码设计、数据库文件设计、输出设计、输入设计、安全保密设计、处理流程设计（每个模块的详细功能、输入数据、使用文件及使用方式、输出内容及格式、模块实现的详细算法、程序构成）等。

1. 编码设计

编码是代表事物名称、属性、状态等的符号。编码设计就是设计系统所使用的各种编码的编码规则和具体的编码及其表示的对象的对照表，在会计信息系统中需要对各种数据进行编码设计。

在会计信息系统中，常用的编码方法主要有以下三种：

(1) 顺序编码。顺序编码以连续的数字按升序或降序排列，如 1，2，3，…，或 101，102，103，…。这种编码方法简便易行，但扩展性较差。

(2) 分组编码。用若干连续的数组组成几个系列编码对象的编码。例如，《企业会计准则——应用指南》中用 4 位数表示一级会计科目编码：1000～1999 代表资产类各一级会计科目的编码，2000～2999 代表负债类各一级会计科目的编码，3000～3999 代表共同类各一级会计科目的编码，4000～4999 代表所有者权益类各一级会计科目的编码，5000～5999 代表成本类各一级会计科目的编码，6000～6999 代表损益类一级会计科目的编码。这种编码方法系列性、扩展性好，但空码较多。

(3) 位数编码。以分类对象的从属层次关系为排列顺序的编码。编码分为若干层，编码左端为高层次编码，右端为低层次编码，每一层次可按顺序编码或分组编码进行编码。例如，会计科目编码 22210101，前 4 位代表一级会计科目应交税费，第 5 和 6 位代表其二级科目应交增值税，第 7 和 8 位代表其三级科目进项税额。这种编码结构简单，易于扩展，便于分类汇总，在会计信息系统中具有广泛的应用。

为了建立一套完整的会计编码体系，编码设计必须遵循下列原则：

- 单义性。编码与其代表的对象唯一对应。
- 统一性。在整个会计信息系统内所有项目编码的原则、标准必须一致，否则将出现重复、混乱现象，以致无法进行统一处理。
- 扩展性。编码既要满足当前需要，又要考虑今后的发展，使编码的扩展、删减不打乱原有的编码体系。
- 稳定性。编码一经确定不可随意更改和取消，编码的设计应能适应应用环境的变化，可在较长时间内使用。
- 规范性。国家有关编码标准是编码设计的重要依据，必须遵循已有的标准，如《企业会计准则——应用指南》中关于会计科目编码的规定。
- 简单性。编码结构尽可能简单，以便于记忆，便于填写，减少差错。一般来说，编码越短，分类、准备、存储和传送的开销越低；编码越长，对数据检索、统计分析和满足多样化的处理要求就越高。

2. 数据库文件设计

我国现在大多数会计信息系统都是用数据库管理系统来设计开发的，其存放各种数据的文件均为数据库文件。数据库文件设计的依据是系统分析中编制的数据流程图和数据字典。数据库文件设计就是将会计信息系统涉及的文件进行物理定义，将所有文件设计成可用计算机进行存取的物理形式。设计数据库文件时应着重从以下几方面考虑。

（1）确定需要建立的文件。对子系统逐个分析，研究其要输出的信息、输入的数据和执行的处理，确定应设置哪些数据库文件。

主文件和业务文件是会计信息系统中两类重要的数据文件类型。

1）主文件是会计信息系统中最重要的共享文件，主要包括实体（如客户、供应商、产品、员工等）信息，而非经济业务的发生信息。主文件所包含的信息有以下两类。

一是参照数据：主要是具有固定值属性的数据，不受交易发生的影响，如产品名称、客户名称和地址等。

二是汇总数据：由过去的交易汇总得到，如存货数据文件中的现有结存数据。为发挥主文件数据的作用，它必须准确、完整并及时更新。

主文件具有以下特征：

- 存储相对持久的信息——有关外部人员、内部人员或产品和服务的信息，如客户文件（外部人员）、存货文件（产品和服务）、员工文件（内部人员）等。
- 不提供个别交易的细节。
- 具有参照数据和汇总数据的特征。参照数据是相对稳定而不受交易影响的描述性数据；汇总数据随经济业务的发生而变化。如在客户文件中，客户的名称即为参照数据；在存货文件中，存货的库存数量即为汇总数据。所有的主文件都包含参照数据，有些主文件可能只包含参照数据而没有汇总数据。

2）业务文件是用来存放表明经济业务（事件）发生的数据文件，包含对主文件进行更新的全部数据，如一个业务文件可能包括订货日期、客户名称、销货金额等。

业务文件具有以下特征：

- 存储关于经济业务的数据，如订货、发货、收取现金等。
- 通常有一个交易日期的数据项。
- 通常包括交易发生的数量和价格信息。数量是指与交易相关的产品或服务的数量，如订购产品的数量。
- 有表示状态的数据项用来表明经济业务所处的状态，如凭证数据文件中的“录入”“审核”“记账”等数据项，如果已经填入执行人员的姓名，则表示凭证数据已经输入系统、经过审核并且过入分类账。通过状态数据项值的变化，能够看到经济业务的发生顺序。

以销售为例，业务文件和主文件之间的关系如图2-13所示。

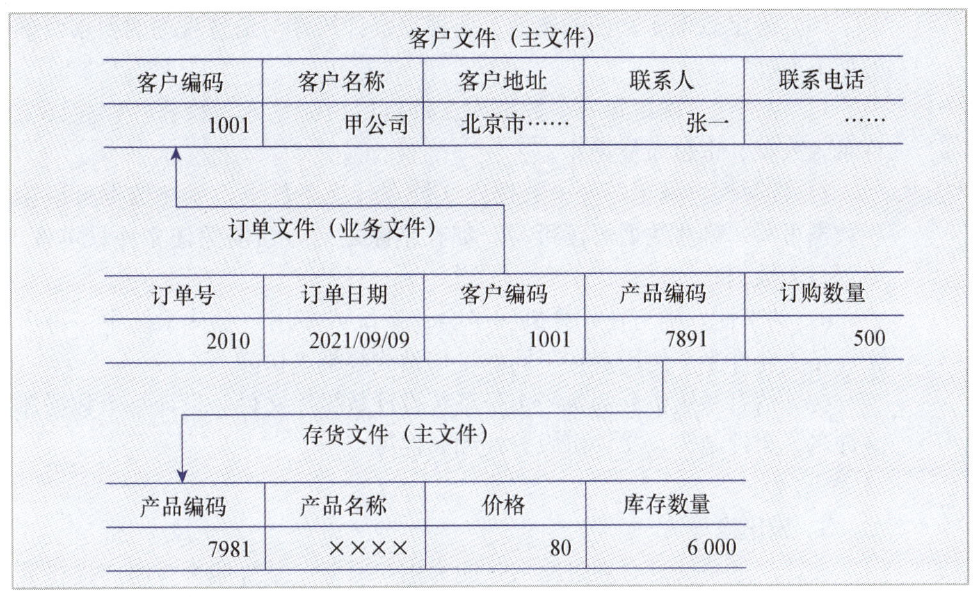

客户文件（主文件）

客户编码	客户名称	客户地址	联系人	联系电话
1001	甲公司	北京市……	张一	……

订单文件（业务文件）

订单号	订单日期	客户编码	产品编码	订购数量
2010	2021/09/09	1001	7891	500

存货文件（主文件）

产品编码	产品名称	价格	库存数量
7981	××××	80	6 000

图 2-13　业务文件和主文件之间的关系

在图 2-13 中，订单文件给出了 2010 号订单的接收日期及客户编码和订购的项目（也可以将订单文件拆分为两个数据文件：订单概况文件——描述订单的大致情况，包括订单号、订单日期、客户编码等；订单明细文件——描述订单的细节，包括订单号、产品编码、订购数量等。如果要得到某一订单的完整信息，再将这两个文件放在一起读）。为了解订货的客户情况，系统指向客户文件中客户编码为 1001 的参照数据；为得到订购产品的信息，系统指向存货文件中与所订产品具有相同产品编码的参照数据。一旦订单执行，存货文件中的库存数量将发生变化。

（2）数据库文件结构设计。系统设置的数据库文件与文件的结构有直接关系。要根据数据字典的定义，为每个数据库文件设计相应的结构，即决定每个数据库文件的名称，应设置哪些字段，字段的名称、类型和长度等。数据库文件名和字段名的设计应含义清楚、直观且避免重复，可用其存放数据的拼音缩写表示。在以后章节将介绍具体数据库文件的设计。

（3）确定数据库文件的组织形式。数据库文件的组织形式是指数据记录排列、读写的方式等。会计信息系统中常用的文件的组织形式有顺序组织方式和索引组织方式。

顺序组织方式的文件，其记录是按照建立的时间先后顺序存放和处理的。当数据量较大时，顺序文件的数据存取速度较慢。例如，凭证文件中的数据一般每月从第 1 号开始按凭证号的先后顺序排列。

索引组织方式的文件，是对以建立时间先后顺序排列记录的文件按索引关键字自动建立索引的文件。索引文件的处理速度很快，可以按索引关键字快速查询和处理数据。例如，对按凭证号先后顺序建立的凭证文件，以“日期”和“凭证号”为索引关键字建立索引文件，便可以快速、准确地查询到相应的凭证信息。

（4）确定数据库文件的属性。要根据会计核算与信息管理的要求，确定文件的如下属性：

1）保密性，确定每一个数据库文件可以由哪些人员操作，如凭证文件只允许录入人员、审核人员操作。

2）读写性，确定每一个数据库文件在什么条件下，哪些数据可以读出，哪些数据可写，哪些数据可读可写，如在结账之后，当期凭证文件只可读出数据，不可写入数据。

3）共享性，确定在计算机网络会计系统或多用户会计系统中，每个数据库文件是否允许多个使用者在不同的工作站或终端上访问。

会计信息系统中要为每一个子系统设计数据库文件，设计每个数据库文件的文件名、文件结构及文件组织方式和属性等。

3. 输出设计

会计信息系统只有通过输出才能为用户服务。系统能否为用户提供准确、及时、适用的信息是评价系统优劣的标准之一。从系统开发的角度看，输出决定输入，即输入数据应根据输出的要求确定。因此，会计信息系统输出设计的主要任务是针对用户的特点和需求，选用恰当的输出设备和方式，以适当的格式正确、完整、及时地输出最切合需要的会计信息。

输出设计包括以下几方面内容。

（1）确定输出内容。用户是输出信息的主要使用者，进行输出内容的设计，首先要明确用户在使用信息方面的要求，包括使用目的、输出速度、频率、数量、安全性要求等。根据用户要求，设计输出信息的内容，包括信息形式（表格、图形、文字），输出项目及数据结构，数据类型、位数及取值范围，数据的生成途径，完整性及一致性等。

会计信息系统的输出内容可以分为三类：第一类输出是根据业务文件数据生成的表示经济业务发生的信息（如按一定时间或一定范围的业务的简单排列报表）；第二类输出是根据主文件数据生成的表示参照数据和汇总数据（如存货清单）；第三类输出是根据业务文件的数据和主文件的数据合成的（如各类明细账）。所以，具体的输出内容应当考虑：

- 输出中包含哪些数据？
- 数据应当如何组织？

会计信息系统的具体输出内容将在第3章至第8章进行详细讲解。

（2）选择输出设备、介质与输出方式。会计信息系统常用的输出设备有显示终端、打印机、磁盘机、绘图仪、多媒体设备等。输出介质有纸张、磁盘、光盘、多媒体介质等。常用的输出方式主要是打印输出、屏幕查询输出、送往其他外部介质（如U盘等）及网络传输等。随着多媒体的发展，照相、绘图、发声等输出方式将相应增多。

（3）确定输出格式。提供给使用者的信息要进行格式设计。输出格式要适应使用者的要求和习惯，做到格式清晰，易于阅读和理解。

为提高系统的规范化程度和编程效率，在输出设计上应尽量保持输出内容和格式的统一性，即同一内容的输出，对于显示器、打印机、文本文件和数据库文件应具有一致的形式。显示器用于查询和预览，打印机用于提供报表服务，文本格式用于为办公自动化提供剪辑素材，数据库文件用于满足数据交换的需要。

4. 输入设计

输入设计对系统的质量有决定性影响。输入设计的目标是选用恰当的输入方式和输入媒体或设备，提供方便的输入界面与帮助功能，采用有效的检验方法对输入数据进行检查，以保证向系统输入正确的数据。输入设计是信息系统与用户之间交互的纽带，决定了人机交互的效率。

（1）输入设计应遵循的原则。财政部在《会计核算软件基本功能规范》中，对会计数据的输入提出了明确的要求。数据输入的正确是保证系统输出正确信息的关键。输入不仅是工作量大、关系系统运行速度的瓶颈，而且容易出错，是特别重要和敏感的环节。输入设计应遵循以下原则：

1）最少量原则。保证在满足处理要求的前提下使输入量最小。输入量越小，出错机会越少。在输入时，只需输入基本的信息，其他可通过计算、统计、检索得到的信息应由系统自动生成。

2）简单性原则。输入过程应尽可能简化，以减少错误发生。

3）早检验原则。对输入数据的检验尽量接近原数据发生点，使错误能及时得到改正。

4）少转换原则。输入数据尽量用其处理所需形式记录，以免数据转换介质时发生错误。

（2）输入设计的内容。

1）确定输入数据的内容。应用会计信息系统首先就要将信息源产生的会计数据输入会计信息系统中，会计信息系统的使用者必须知道会计信息系统的应用需要哪些原始数据，从哪里获取数据，并以有效的方式组织数据。对于输入的数据要确定输入数据项名称、数据内容、精度、数值范围等。输入会计信息系统中的会计数据以数据文件的形式保存。

2）确定数据的输入方式和输入设备。通常，会计信息系统数据输入采用键盘手工输入、网络传输等几种形式。在屏幕上通过人机对话输入是目前广泛使用的输入方式。人机对话既有用户的输入，又有计算机系统的输出。人机对话通常采用菜单式、填表法和应答式三种方式。

输入设备主要有：

● 键盘-磁盘输入装置。由数据录入人员，经拼写检查、可靠性验证后存入磁记录介质。这种方法成本低、速度快、易于携带，适用于大量数据输入。

● 光电阅读器。采用光笔读入光学标记条形码或用扫描仪录入数据。光电阅读器目前适用于自选商场、借书处等少量数据录入的场合，这种方法具有较好的发展前景。

● 终端输入。终端一般是一台联网微机，操作人员直接通过键盘输入数据，终端可以在线方式与主机联系，并及时返回处理结果。

3）确定输入数据的记录格式。输入数据的记录格式是人机之间的衔接形式，设计得好，便容易控制工作流程，减少数据冗余，提高输入数据的准确性，容易进行数据校验。

以人机交互的方式输入数据要设计相应的数据输入窗体界面，常见的窗体界面构成要素包括文本框（窗体上的空白区域，用于输入数据或显示从数据文件中读出的数据）、标签（帮助用户理解需要输入哪些信息）、查阅表（带有查阅功能，帮助用户选择输入数据）、命令按钮（用于执行操作，如保存、审核等）、单选按钮（允许用户选择一系列操作中的某项）等。

4）输入数据的正确性校验。对数据进行必要的校验是保证输入正确的重要环节。在输入设计中，要对全部输入数据设想其可能发生的错误，对其进行校验。输入错误通常有数据本身错误、数据多余或不足以及数据的延误等。输入数据的校验方法主要包括重复校验、视觉校验、检验位校验、控制总数校验、数据类型校验、格式校验、逻辑校验、界限校验、顺序校验、记录计数校验、平衡校验、对照校验等。

为了保证输入数据正确无误，在数据输入过程中需要通过程序对输入的数据进行严格的校验。发现有错时，程序应当自动输出“出错表”。出错表可由两种程序输出：一种是以数据校验为目的的程序；另一种是边处理边进行数据校验的程序。

5. 安全保密设计

会计信息是宝贵的经济资源，系统的安全保密至关重要。系统的安全保密性要靠软件的控制、各种管理制度和人工控制才有保证。系统设计中的安全保密设计指的是软件中设置的安全保密性控制，管理制度的制定在系统实施阶段中完成。系统安全保密设计的主要任务是根据系统的功能、特点和用户的要求，设计会计软件中的安全保密措施及其实现方法。

《会计核算软件基本功能规范》对会计信息系统的安全提出了明确要求。会计信息系统的安全保密要求防止系统及其会计信息被非法接触、窃取或破坏；系统对其处理的信息要有防错、查错和纠错的能力；对系统的各种操作和错误要有必要的记录，留下追查的线索；系统及其记录的会计数据要有备份，一旦系统遭到破坏，可以快速恢复，使损失降到最低。除了输入、处理、输出环节的防错、查错和纠错控制设计在输入、处理、输出设计中完成，其他安全保密措施及其实现在本环节设计。

常用的安全保密措施如下：

(1) 设立密码权限控制。根据职责分离的原则划分权限（例如，凭证输入与审核不能由同一人执行），保证只有经过授权的人员才能接触系统和有关信息；用户的密码可记录在内存变量文件、数据库文件或专用的密码盘中，权限可由用户方便地指定与维护。

(2) 系统设立操作日志。系统操作日志记录所有操作的人员、时间、内容

（如调用过哪些模块、修改过哪些文件等）和错误（如以非法密码企图进入系统或企图调用无权调用的功能等）。

（3）系统数据的备份与恢复。系统的备份包括硬件备份、软件备份和数据备份，但软件设计中设计的备份仅是数据备份功能。数据备份有由用户选择的备份和系统强制的备份。根据系统的功能和所处理数据的特点，应当在恰当处设立强制备份（如账务处理子系统在每月结账后应进行强制备份）；任何时候均可由用户选择进行备份。备份时备份介质（如磁盘或磁带）没有足够的空间或处于写保护状态要给予提示，以防用户以为已经备份而事实上没有完成备份。系统应提供数据恢复，以便系统数据受到破坏时利用备份数据进行恢复。

（4）系统运行状态的自动记录与检查。现有的会计信息系统大部分是用数据库管理系统设计的。数据库在打开的情况下强行关机或断电，数据可能会丢失。为防止这种情况的发生，可由系统自动备份处理的文件并记录运行过程中文件打开的状态，下次启动时系统先检查上次系统运行是否有未关闭的文件，若有，则自动检查文件的完整性；若发现文件被破坏，自动用备份文件恢复此未关闭的文件，保证系统数据文件的安全。

6. 处理流程设计

处理流程设计是要确定每个模块的内部执行过程，包括局部的数据组织、控制流程、每一步的具体加工要求和实施细节，为下一步的程序设计做出详细的描述。因此，处理流程设计的主要任务是确定各模块要实现的功能及其与其他模块的接口，选择恰当的算法，用恰当的工具表达该算法的详细处理过程，并根据输入、处理、输出的细节和有关文件的结构，编写程序设计说明书。

处理流程设计的关键是用恰当的表达方法来描述每个模块的执行过程。处理流程设计常用的描述工具有程序流程图和 PDL 语言等。这些工具能够表达具体的算法，反映详细的处理流程，在处理流程设计中广泛使用。

处理流程设计的步骤如下：

（1）明确模块要实现的功能及模块间的接口。

（2）将各模块按功能进一步细分，直至每一部分可用一个程序来实现。

（3）对每个程序设计具体算法和详细处理过程。

详细设计的一项重要内容是编写各个程序模块（通常系统结构图或模块结构图中的一个方框或几个同类逻辑功能的方框构成一个程序模块，编写一个程序文件实现其功能）的程序设计说明书。程序设计说明书是程序员编写程序的依据，应简单、明了、准确地表达该程序的处理要求、处理内容和处理步骤。

会计信息系统是模块化结构，由相互关联的各子系统构成，经济业务的相关活动由系统的模块功能组织，通常会计信息系统的系统菜单会给使用者提供可以利用的功能。

在会计信息系统中，各个子系统具有非常相似的功能，每一个子系统都具有以下功能：

（1）至少有一个主文件必须维护，如主文件要跟踪记录人员、产品和服务的最新情况；

（2）用业务文件记录经济业务的发生；

（3）根据业务文件数据生成相关报表；

（4）用人员、产品和服务等数据生成其相关现状的报表等。

应用会计软件时，使用人员通过屏幕上的菜单选项获得需要的功能。会计信息系统各子系统的具体功能将在第 3 章至第 8 章中详细介绍。

详细设计的最终结果是编制详细设计说明书，在详细设计说明书中形成正式的描述。详细设计是系统功能、结构实现方法的最详细说明，是程序设计的依据。

在系统设计阶段，会计人员和内部审计人员要参与总体方案的讨论和各项设计工作，对设计过程中计算机技术人员的询问做出客观、明确的答复。

系统设计报告要组织领导、专家及有关开发、管理人员共同讨论评审，确定所设计的系统能否满足分析阶段确定的用户需求，是否达到系统目标。若有不足之处，要重新设计修改。系统设计报告评审通过后，系统设计阶段才算完成。然后，进入系统开发的最后阶段——系统实施阶段，对系统进行物理构建。

思考题

1. 为什么会计人员和审计人员要参与会计信息系统的开发？
2. 什么是系统开发生命周期？分为几个阶段？各阶段的主要任务和文档是什么？
3. 结构化方法的优缺点和适用条件是什么？
4. 为什么要进行会计信息系统规划？系统规划的任务是什么？
5. 系统分析的主要任务是什么？系统分析报告应包括哪些内容？
6. 数据源、数据存储和数据流之间的区别有哪些？
7. 绘制流程图的步骤是什么？结合实际业务绘制数据流程图。
8. 数据字典包括哪些内容？
9. 系统设计时，用什么图来说明系统目标与系统各功能模块之间的关系？
10. 功能结构图中模块划分的原则是什么？
11. 在系统设计中，对数据库文件的设计应考虑哪些设计原则？
12. 上网查询软件公司开发的会计软件，比较各软件公司开发的会计软件的功能。

扫码做题

第 3 章
Chapter 3
账务处理与总账子系统

学习目标

1. 理解手工与 IT 环境下账务处理的异同。
2. 理解总账子系统的数据文件和会计编码的设计方法。
3. 掌握总账子系统的基础设置。
4. 掌握凭证填制、审核、记账。
5. 掌握银行对账。
6. 掌握期末转账与结账。
7. 掌握账簿输出。
8. 掌握辅助核算和管理。

3.1 账务处理概述

3.1.1 账务处理的基本概念

账务处理是指从价值管理的视角出发，主要运用货币形式的信息计量，借助专门的会计核算方法，对各单位（会计主体）的经济业务进行核算、控制，提供会计信息和其他经济信息，从而为企业内部和外部的信息使用者提供服务以创造价值。

从信息系统角度看，账务处理工作是由会计信息系统的子系统——总账子系统完成的。总账子系统的基本功能包括采集数据、加工和存储数据、报告会计信息，实现对企业经营活动的核算和控制，保证会计信息的准确和可靠（见图 3－1）。

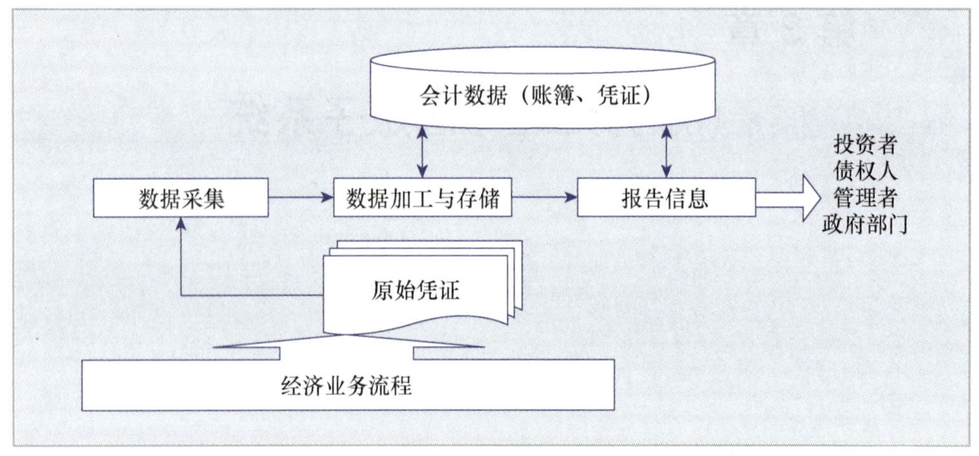

图 3-1　账务处理过程

1. 数据采集

数据采集主要是从经济业务流程中采集数据，这些数据包括：

(1) 采购/支付流程的数据，如采购数量、单价、金额、税金，向供应商实际支付的款项或应支付的款项。

(2) 转换流程的数据，如企业将材料加工成产品，生产过程消耗的材料成本、人工成本、制造费用等。

(3) 销售/收款流程的数据，如销售数量、单价、金额、税金等，向客户实际收取的款项或应收取的款项。

总账子系统从业务流程采集数据，其数据的载体主要为原始凭证（采购发票、销售发票、出入库单等）。

2. 数据加工与存储

加工与存储是遵循“有借必有贷，借贷必相等”的记账方法，以审核无误的原始凭证为依据编制记账凭证并予以审核，再按照账户对记账凭证信息进行分类与计算，并将结果保存在各类账簿中。

3. 报告信息

报告信息是以账簿、记账凭证为依据，编制内部报表和外部报表，并提交给投资者、债权人、管理者、政府部门等利益相关者。

3.1.2　账务处理的基本特征

与企业其他经济业务相比，账务处理具有以下基本特征。

1. 规范性强

账务处理遵循世界通用的借贷记账法，满足以下基本处理原则：

（1）有借必有贷，借贷必相等；

（2）资产＝负债＋所有者权益；

（3）总账余额/发生额等于其下属明细账余额/发生额之和。

尽管不同的单位由于业务量不同而选择不同的会计核算组织程序，但最终的账簿格式基本相同。

2. 综合性强

会计信息系统中的其他子系统是局部反映供产销过程中某个经营环节或某类经济业务的。例如，采购与付款子系统主要反映采购、应付账款与付款核算这一经营环节；销售与收款子系统主要反映销售、应收账款与收款核算这一经营环节。这些子系统不仅采用货币作为计量单位，而且广泛使用实物数量指标。而总账子系统是以货币作为主要计量单位，从价值的视角综合、全面、系统地反映企业供产销的信息。因此，账务处理产生的信息具有很强的综合性和概括性。

3. 集成性要求高

账务处理的基础是原始凭证，而原始凭证来自采购、销售等业务流程，这就要求总账子系统与会计信息系统的其他子系统保持高度的集成性，不仅能够从其他子系统中获取信息，而且能够向其他子系统传递信息，发挥数据交互的桥梁作用。总账子系统只有与其他子系统有机地结合在一起，才能形成完整的会计信息系统。总账子系统是整个会计信息系统的核心。

4. 正确性要求高

由于总账子系统所产生的账表要提供给管理者、投资者、债权人、财政部门、税务部门等，因此，必须保证账务处理数据的正确性，保证会计信息的可靠性。正确的报表来自正确的账簿，正确的账簿来自正确的凭证，只有从凭证开始，对账务处理的各个环节加以控制，才能防止有意无意的差错发生。

3.2　账务处理的流程分析

3.2.1　手工环境下账务处理的流程分析

手工环境下，为了减轻会计人员记账的工作量，不同规模、不同业务量和不同行业的企业有可能采用不同的账务处理流程（又称为会计核算组织程序）。主要有三种账务处理流程：记账凭证核算组织程序、科目汇总表核算组织程序和汇总记账凭证核算组织程序。

不同的会计核算组织程序有不同的流程，其差异主要体现在登记总账的方法和依据不同。科目汇总表核算组织程序最为常见，其业务处理流程如图 3－2 所示。

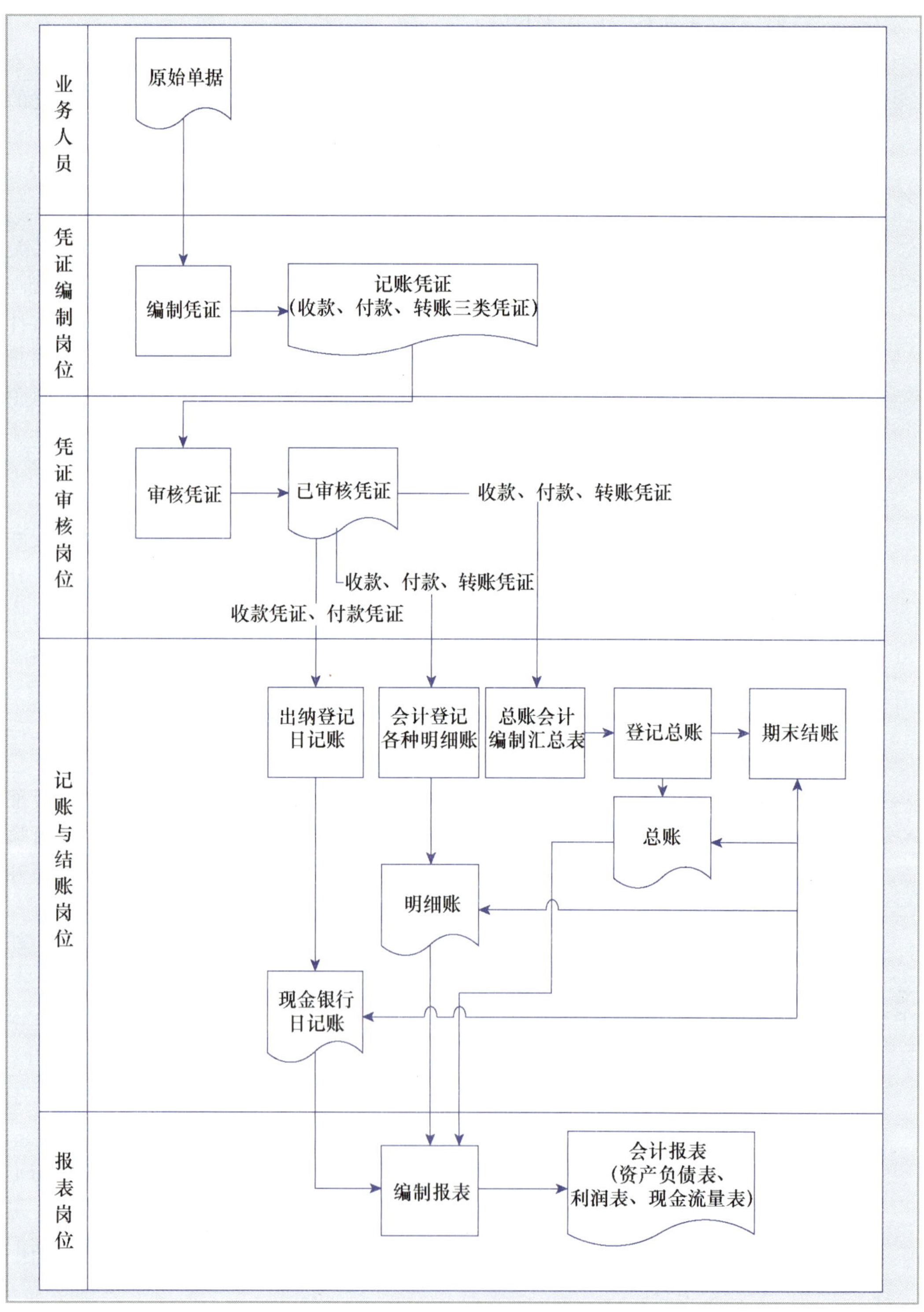

图3-2　手工账务处理流程

科目汇总表核算形式主要包括六个处理步骤：

（1）根据原始凭证编制记账凭证。会计人员将原始凭证收集、整理、汇总，并根据原始凭证编制记账凭证（包括收款凭证、付款凭证、转账凭证），审核记账凭证。

（2）登记日记账。出纳根据收款凭证和付款凭证，登记现金日记账和银行存款日记账。

（3）登记各种明细账。一般单位根据业务量的大小设置各个会计岗位，即分别由多个会计人员登记多本明细账。例如，一个会计专门登记应收、应付账款明细账，一个会计专门登记主要材料明细账，一个会计专门登记辅助材料明细账和低值易耗品明细账，一个会计专门登记费用明细账等。

（4）编制科目汇总表并登记总账。总账会计根据记账凭证定期汇总编制科目汇总表，根据科目汇总表登记总分类账。

（5）月末处理。由于总账、日记账、明细账分别由多个会计人员登记，不可避免地存在这样或那样的错误，因此，每月月末会计人员要进行结账，并将日记账与总账核对，明细账与总账核对，做到账账相符。

（6）编制报表。月末会计人员根据日记账、明细账、总账中的数据编制会计报表，根据报表中数据间的钩稽关系计算小计、合计、总计等。

3.2.2　手工环境下账务处理流程的缺陷

通过分析可以看出，手工环境下的账务处理流程都是围绕如何减少工作量而产生的，这就决定了其先天带有手工处理的局限性。主要有以下四点不足：

（1）数据大量重复。记账凭证是总账子系统的数据源，从一定意义上讲，它所包含的信息量等于各种明细账、总账以及会计报表所包含的信息量之和。从信息量的角度来看，明细账、总账、报表没有比凭证增加什么，但考虑到不同的对象需要不同的信息，手工处理设置了登记明细账、总账等环节，记账凭证上的数据被多次转抄。例如，一笔反映现金支出业务的记账凭证编制完毕之后，需要由不同的会计人员在现金日记账、相关的明细分类账、总账上同时转抄凭证上的日期、凭证号、摘要、金额等数据。同一数据的大量重复不仅造成存储浪费，还极易导致证、账、表数据的不一致。手工环境下时有账证不符、账表不符的现象产生，这与手工环境下数据的大量重复登记有直接关系。

（2）信息提供不及时。会计报表是总账子系统的“最终产品”，是企业内部管理部门、银行及财政部门等了解企业财务状况、经营成果和现金流量的重要资料。但原始凭证需要由业务部门传递到财务部，而且填制记账凭证、登记账簿工作量大，往往需要滞后相当长的时间才能编制出各种会计报表，严重影响了会计信息的时效性。

（3）准确性差。在长期的账务处理实践中，人们总结出了一套特有的方法来避免和发现错误，如记账凭证过账之后，一般在它上面加注“√”以防止重复登账；明细账和总账采用平行登记的方法，以便相互核对发现明细账或总账中的过账错误和计算错误。但无论会计人员的素质如何，在从记账凭证的编制到报表输出的每一个环节中，转抄错误和计算错误都难以避免。而会计账目不允许有一分钱的差错，为此常常因为几分钱的差错，需要多次进行手工汇总和核对，费时费力。

（4）工作强度大。为了达到既要算得快又要算得准的目标，在其他条件不变的情况下，只能加大会计人员的劳动强度，这是手工账务处理的必然结果。

3.2.3 IT环境下账务处理的流程分析

手工环境下账务处理流程存在诸多缺陷，信息技术的广泛应用为消除手工处理方式所造成的缺陷提供了条件。与手工处理相比，计算机处理不仅在速度上有成百上千倍的提高，数据的存储能力也是手工无法比拟的，而且不会因工作时间过长或疲劳引起计算错误和抄写错误。因此，IT环境下账务处理流程不能照搬手工环境下的账务处理流程，而应突破长期的手工处理所形成的定式，优化账务处理流程，设计出更适合计算机、效率更高、处理更合理的系统。

目前商品化的总账系统非常多，如中国的用友公司、金蝶公司、浪潮公司，德国的SAP公司，美国的甲骨文公司等都提供总账系统，但数据处理流程不尽相同。下面给出典型的账务处理流程，如图3-3所示。

1. 账务处理流程中的主要角色

（1）业务人员，即经济业务的责任人和经手人（如采购人员、销售人员、后勤人员等）。

（2）凭证编制人员，即将经济业务信息转换成会计信息（记账凭证）的会计人员。

（3）凭证审核人员，即对凭证的正确性、合法性、合规性进行审核的会计人员，与凭证编制人员不能为同一人。

（4）记账与结账人员，即负责将记账凭证信息转换成账簿信息以及月末进行结账的会计人员。

（5）查询与分析人员，即对企业的账务信息有权查询的人员以及对企业财务状况和经营成果有权查询的人员（包括会计人员、财务经理、总经理等）。

2. 账务处理流程

（1）日常经济业务发生时，业务人员将业务单据（即原始凭证）提交给会计部门。凭证编制人员对原始凭证进行审核，根据审核无误的原始凭证编制记账凭证，并保存在凭证文件中。

（2）凭证审核人员从凭证文件中获取记账凭证，进行审核。如果审核通过，则对记账凭证做审核标记，否则，将审核未通过信息提交给凭证编制人员。

（3）记账人员发出记账指令，计算机自动将凭证文件中已审核凭证进行记账，更新科目汇总文件和企业银行账文件等，并将凭证文件中相关凭证打上记账标记。

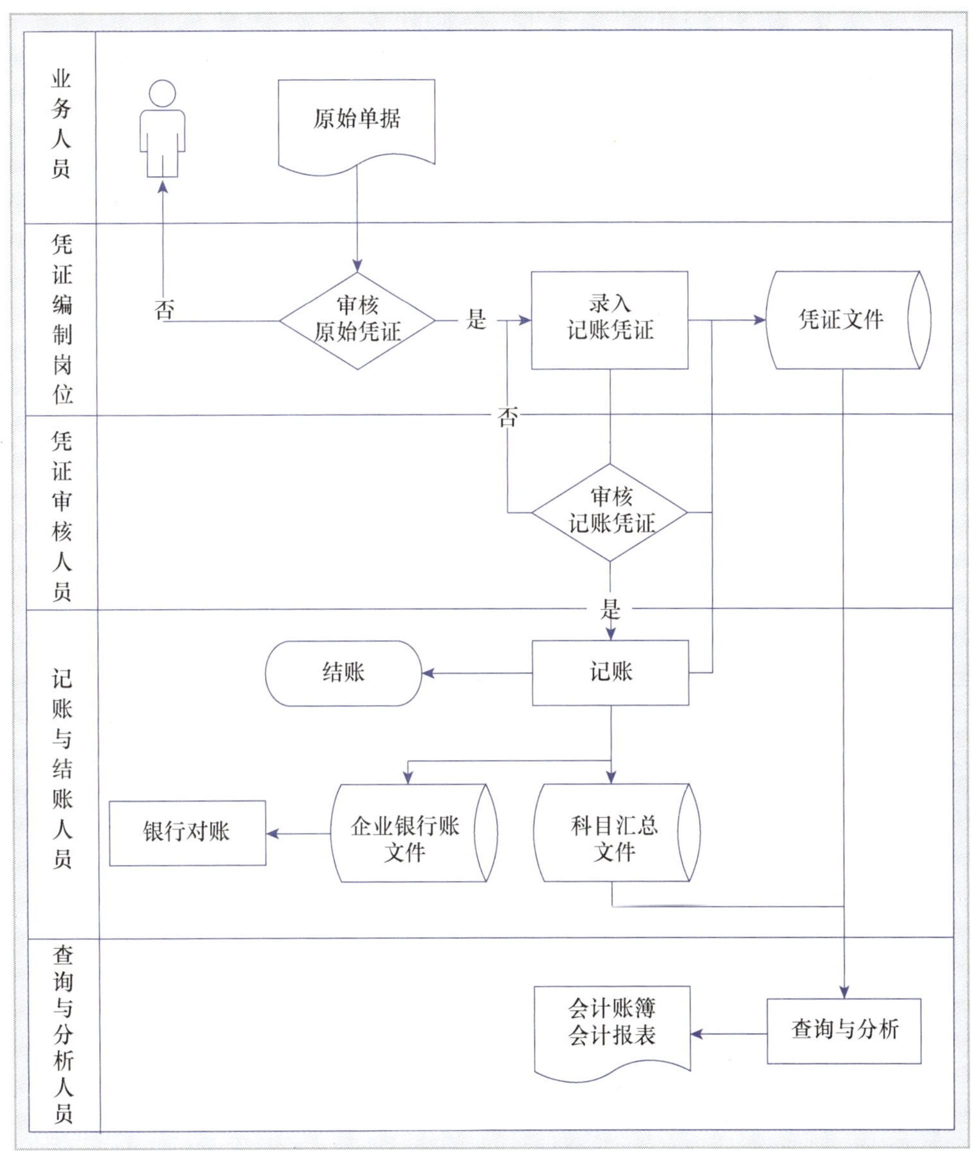

图 3-3 IT 环境下账务处理流程

会计期末，当期记账凭证全部录入、审核、记账完毕后，结账人员进行期末结账。结账后，该期间凭证及账簿信息只能查询，不能修改。

（4）根据企业银行账文件和银行对账单文件中的银行业务进行对账，并生成对账结果。

（5）查询与生成报表，计算机主要根据凭证文件和科目汇总文件自动、实时生成日记账、明细账和总账，生成各级管理者需要的会计报表和内部分析表。

上述流程总括反映了账务处理的流程，但是有些内容不够清晰，还可以进一步细化（如银行对账），直到所有的流程都能够清晰地反映为止。下面将银行对账流程进一步细化，以说明流程细化的方法。

3. 对“银行对账”加工进一步细化

对“银行对账”加工进一步细化，得到银行对账处理的底层图，如图 3 - 4 所示。

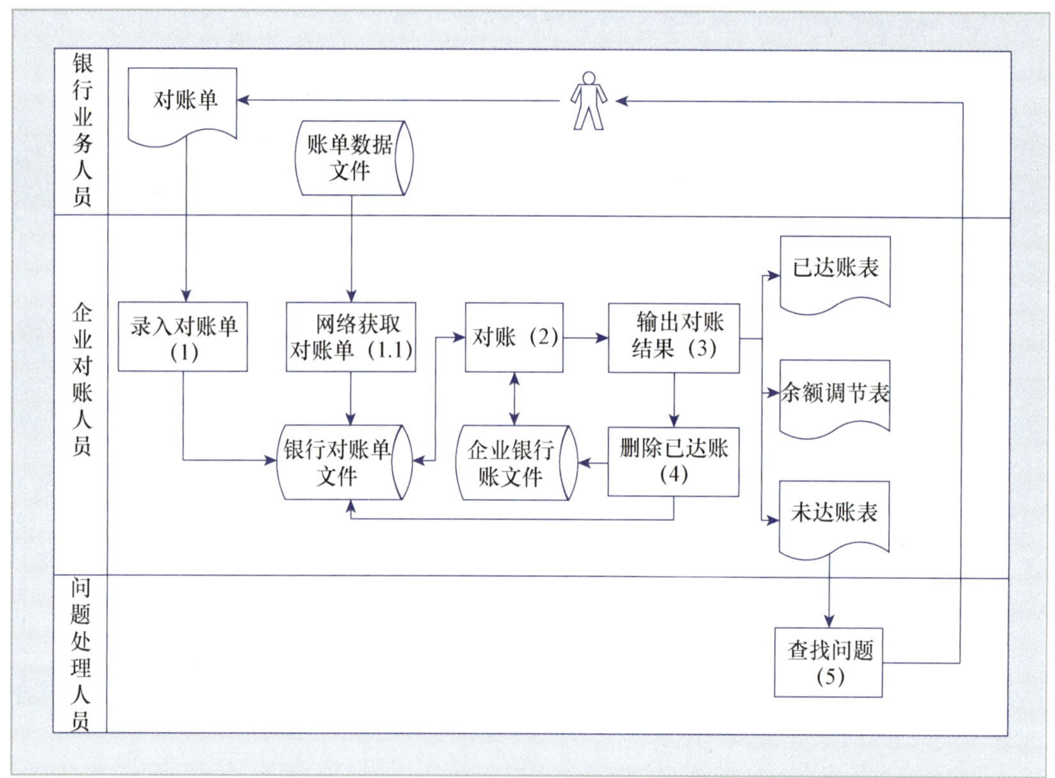

图 3 - 4　IT 环境下银行对账底层流程

（1）银行对账流程中的主要角色。

1）银行业务人员。

2）企业对账人员，即承担对账业务的会计人员。

3）问题处理人员，即对有问题的未达账项进行追踪与解决的人员。

（2）对账过程。

1）当企业收到银行提供的对账单后，录入对账单，并保存在银行对账单文件中；当企业与银行联网时，企业通过网络获取银行对账单并直接保存在银行对账单文件中。

2）计算机通过“对账”处理，将银行对账单文件和企业银行账文件中的记录进行核对。

3）通过“输出对账结果”，计算机自动输出余额调节表、已达账表、未达账表。

4）当确认需要清除已达账项时，使用“删除已达账”处理。

5）当发现异常的未达账项时，由相关问题处理人员进行分析、跟踪并提出解决方案。

3.2.4　IT 环境下和手工环境下账务处理流程的异同

IT 环境下和手工环境下账务处理流程的最终结果都是账簿和报表，处理过程都实现了从凭证到账簿、从账簿到报表的信息转换。但是，IT 环境下和手工环境下的账务处理流程在很多关键环节有很大的不同，主要表现在以下几点。

1. 数据处理的起点与终点不同

在手工环境下，会计业务的处理起点为原始会计凭证；而在 IT 环境下，会计业务的处理起点可以是原始凭证或机制凭证（系统自动生成的记账凭证）。

在手工环境下，以会计人员编制并上报会计报表为工作终点；而在 IT 环境下，以计算机自动输出账簿和输出固定报表为终点，并将各种格式的内部及外部报表的编制与输出工作交由单独的报表子系统来完成。

2. 数据处理方式不同

在手工环境下，记账凭证由不同的会计人员按照选定的会计核算组织程序，分别登记到不同的账簿中，完成数据处理。在 IT 环境下，会计核算组织程序失去了意义，企业无须选择会计核算组织程序，不需要每个会计人员一遍遍地登记账簿；数据间的运算与归集由计算机自动完成，记账变成了计算机自动处理数据的过程，这样大大减少了会计人员的记账工作量。在手工环境下，300 张凭证一个人记账大约要花费一天的时间，其正确性还不能完全保证；而在 IT 环境下，计算机记账一般只需几秒钟或几分钟（记账时间的长短与软件运行的效率有关），而且能够保证会计信息的正确性。这种量变导致了质变，会计人员从繁杂的劳动中解脱出来，有时间和精力将职能转向管理与控制。

3. 数据存储方式不同

在手工环境下，会计数据存储在凭证、日记账、总账、明细账等纸张中；而在 IT 环境下，会计数据存储在凭证文件、汇总文件等数据文件中，需要时通过查询或打印机输出。

4. 对账的方式不同

在手工环境下，按照复式记账的原则，总分类账、日记账、明细分类账必须采用平行登记的方法，根据每张记账凭证登记明细账，根据汇总数据登记总分类账，然后会计人员定期将总分类账、日记账与明细账中的数据进行核对。当明细账和总账的数据不相符时，说明必然有一方或双方有记账错误。从一定意义上可以说，这是手工环境下一种行之有效的查错方法。

在 IT 环境下，由于总账子系统采用预先编制好的记账程序自动、准确、高速地完成记账过程，明细与汇总数据同时产生。只要预先编制好的程序正确，计算错误完全可以避免，这样就没有必要进行总分类账、日记账、明细分类账的核对。

5. 会计资料的查询统计方式不同

在手工环境下，会计人员为编制一张急需的数据统计表，或查找急需的会计数据，要付出很多劳动；而在IT环境下，计算机具有高速处理数据的能力，会计人员只需选择各种查询功能，就可以最快的速度完成数据的查询统计。

在IT环境下，账务处理从高效性、正确性、准确性等方面来看，已经和手工处理有根本性的不同，对会计理论和会计实务产生了巨大的影响。此外，计算机处理替代了手工账务处理过程，把广大的会计人员从繁杂的劳动中解放出来，使他们有充足的时间和精力利用会计信息，进行事前预测、事中控制、事后分析等会计管理活动。

3.3 总账子系统的总体设计

3.3.1 总账子系统的目标

前面的章节中已经讲过，计算机在会计中的应用是会计发展史上的一次革命，会计数据处理流程、处理方式、内部控制方式以及组织机构等方面与手工处理有很多不同。因此，手工环境下的某些做法和环节在计算机处理方式下可能成为多余，而手工环境下不需要的环节和做法在计算机处理方式下又可能必不可少。总账子系统就是在IT环境下进行账务处理和报告的子系统，因此，只有充分发挥计算机的优势，突破长期手工处理所形成的定式，设计出更适合计算机、效率更高、处理流程更加合理的总账系统，才能使账务处理更加科学高效。

一般来说，总账子系统的目标应该包括：

(1) 及时、准确地采集和输入各种凭证，保证进入计算机的会计数据及时、准确和全面。

(2) 高效、正确地完成记账等数据处理过程。

(3) 随时输出某个时期内任意会计科目发生的所有业务，随时输出各个会计期间的各种账表，为企业管理提供信息。

(4) 建立总账子系统与其他子系统的数据接口，实现会计数据的及时传递和数据共享。

此外，为了充分发挥计算机数据处理的优势，增强总账子系统的核算和辅助管理功能，有些总账子系统的设计目标还增加了部门核算和管理、项目核算和管理、往来核算和管理等辅助功能，以及自动转账、企业集团分子公司会计处理等功能。这些功能都是对账务处理功能的丰富，但没有它们，一样可以称作总账子系统。

总账子系统包含所有经济业务的会计核算，如采购业务核算、销售业务核算、存货业务核算等。如果核算单位的某些经济业务比较复杂，如存货核算、销售核算都比较复杂，那么有关存货、销售业务的详细核算和管理可以放在相应的子系统中进行，但其总括核算仍然放在总账子系统中进行。

3.3.2　总账子系统的功能结构

通过对账务处理的分析，为了保证账务处理工作的顺利完成，总账子系统必须具备以下基本功能：凭证管理、出纳管理、期末处理、账簿输出等。

为了满足不同企业的账务处理要求，通用总账子系统必须提供基础设置、系统服务等功能。基础设置功能主要支持不同企业将其个性化特征（如公司基本信息、科目体系等）配置到总账子系统中；系统服务功能主要满足不同企业对系统维护、数据备份等的需求。

近年来，随着会计管理理论的发展和实务的需求，总账子系统在上述基本功能的基础上，又进一步拓展了辅助核算和管理功能，如部门核算和管理、往来核算和管理、项目核算和管理等。

当然，由于设计总账子系统的设计思路差异，目前国内外各专业管理软件公司所设计的总账子系统功能结构不尽相同。

总账子系统基本功能结构如图 3－5 所示。

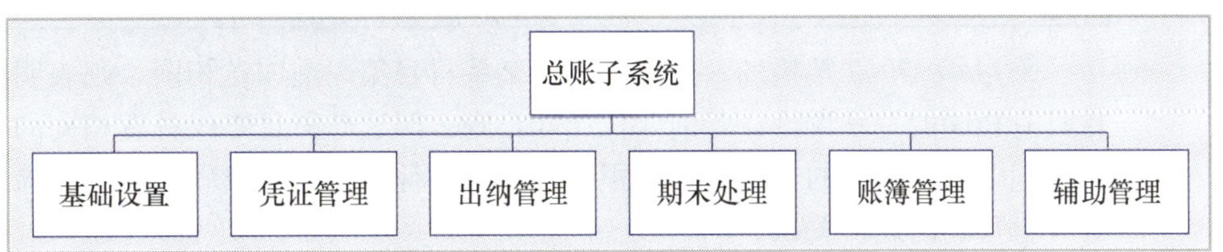

图 3－5　总账子系统基本功能结构

（1）基础设置。基础设置模块主要包括账套管理、人员权限设置、科目设置、凭证类别设置、期初余额录入等功能。

（2）凭证管理。凭证管理模块主要包括填制凭证、审核凭证、查询凭证、打印凭证、记账等功能。

（3）出纳管理。出纳管理模块主要包括银行对账、支票登记、查询现金日记账、查询银行日记账以及查询资金日报等功能。

（4）期末处理。期末处理模块主要包括期末自动转账（期末生成跨期业务或会计事项的记账凭证）、结账等功能。

（5）账簿管理。账簿管理模块主要包括总账、明细账、日记账、余额表的查询和打印等功能。

（6）辅助管理。辅助管理模块主要是从会计管理的角度出发，按照个人往来和单位往来、项目和部门等关键要素细化核算和管理。

除上述功能模块，不同企业的总账子系统还会根据其核算和管理的需要，增加其他功能模块。

以下各节将详细讨论主要功能模块的内容。

3.3.3 会计科目编码及其体系设计

1. 会计科目编码设计的必要性

会计科目是对会计业务具体核算内容进行分类的名称。会计科目编码设计是根据会计制度的规定及会计科目的设置，按照一个系统的方案确定各级科目唯一数字编码的方法。会计科目编码在手工操作下一般不使用，但是采用计算机处理会计数据时，则需要采用会计科目编码，这是因为：

（1）采用会计科目编码便于反映会计科目间的逻辑关系。科目编码的不同位数可以反映出会计科目间的逻辑关系，如表3-1所示。

表3-1

科目编码	科目名称
1403	原材料
140301	化工原料
14030101	A材料
14030102	B材料
140302	非化工原料

采用4—2—2结构的8位编码，若某些科目编码前四位相同，则表明这些科目具有相同的一级科目；若前六位相同，则表明这些科目不仅具有相同的一级科目，同时还有相同的二级科目。很显然，对会计科目进行编码，能够清晰地体现会计科目间的逻辑关系。

（2）保证会计科目的唯一性。会计科目在账务处理中用于对经济业务进行分类，是某类经济业务的分类标志，要求具有准确性、确定性和唯一性，保持前后一致。在手工条件下，会计人员用文字表示会计科目，但对于计算机来说，文字形式的会计科目有二义性，文字中多一个空格或少一个空格，计算机就会认为是两个不同的科目。因此，用一个编码唯一标识一个会计科目，可以避免会计科目的二义性，保证会计科目的唯一性。

（3）便于计算机处理和分类。给会计科目编码保证了会计科目的唯一性。同时，将文字的会计科目转变为统一的编码，为计算机分类、检索及处理提供了便利。

（4）节省存储空间。计算机在处理经济业务时要用到很多文件，几乎每个文件都有会计科目。如果使用文字形式的会计科目，将占用大量存储空间，浪费计算机内存。例如，“应收账款——长兴公司”用编码可表示为“1122102”。可以看出，用编码表示是7位代码，需占7个字节的空间，而用汉字表示至少需占16个字节。

（5）提高处理速度。在处理经济业务时需要涉及大量的会计科目，输入文字形式的科目将会大大降低会计科目的输入速度以及准确性，从而影响计算机的处理速度。因此，计算机运用于会计领域后，对会计科目进行编码更成为一项必不可少的工作，是提高处理速度的重要途径。

综上所述，在总账子系统中，设计一套科学的会计科目体系和会计科目编码方案，对于提高总账子系统的输入效率，保证账务处理的正确性，以及输出详细、完整的会计信息都有着极为重要的意义。

2. 科目编码方法

所谓编码，是按照一个系统的方案指定数字、字母或其他符号，借以区别各项目的类别和项别。会计科目编码可以采用字母、数字或字母、数字混合编码等不同的方法。一般来讲，可采用以下几种编码方法进行编码设计。

（1）顺序编码。顺序编码是按编码对象顺序排列进行编号的一种方法。在编制顺序码时，每一个编码对象的编码均须比前一个编码对象的编码大。这种方法的好处是简单，可知道已编码科目的个数；缺点是杂乱无章、难以记忆，不能从编码上清楚知道该科目所反映的经济内容。

（2）位数编码。位数编码是将编码的每一位或几位赋予一定的含义进行编号的一种方法。在编码时，首先确定会计科目编码结构，即会计科目编码由几位组成，从最高位开始，每一位或几位分别代表不同的分类。

例如，某企业采用位数编码方法，规定会计科目编码由8位组成，一级科目4位，二级科目2位，三级科目2位。在设计具体会计科目编码时，要严格按照会计科目编码的规定进行。

（3）分组编码。分组编码是按数字顺序进行分组，由某一特定号码至另一特定号码代表某一类项目的一定类别名称的一种编码方法。例如，某企业固定资产有机床、电脑、汽车等，这些固定资产又有许多型号规格。假定采用7位分组编码，对三种固定资产规定一定的编码范围，则编码可设计为表3-2所示的形式。

表3-2

科目编码	科目名称
1601001～1601099	固定资产——机床
1601101～1601199	固定资产——电脑
1601201～1601299	固定资产——汽车

上述三种方法只是编码的最基本方法，在设计科目编码时不可能只使用其中的一种方法。一般来说，在进行科目编码体系的设计时，要结合各单位的具体情况，综合运用不同的编码方法。

3. 科目编码设计的基本原则

（1）规定性原则。一级科目及部分明细科目应根据财政部和主管部门的统一规定来进行编码。目前，财政部规定一级科目编码一般为4位。2006年财政部公布的企业一级科目编码表，其编码设计遵循了规定性原则：编码中“1”开头的为资产类科目；“2”开头的为负债类科目；“4”开头的为所有者权益类科目；“5”开头的为成本类科目；“6”开头的为损益类科目。

（2）层次性原则。会计科目具有层次性，有上级科目与下级科目之分，有直接上级科目与直接下级科目之分。因此，其编码也应具有层次性，以便通过相关科目编码找出它的上级科目编码、直接上级科目编码、下级科目编码及直接下级科目编码。为了使科目编码具有层次性，要以某科目的直接上级科目编码作为该科目编码的前部，如表 3－3 所示。

表 3－3

科目编码	科目名称
1601	固定资产
160101	固定资产——甲车间
160101001	固定资产——甲车间——A 型机床
160101002	固定资产——甲车间——B 型机床

从表 3－3 中的科目编码可以看出，160101 的直接上级科目为 1601，160101 的直接下级科目为 160101001 和 160101002；160101001 和 160101002 属于同一层级科目，并互为兄弟科目。

（3）一致性原则。会计科目的设置有一定的规律性，如“管理费用”科目，一般按部门设置二级明细科目，按费用项目设置三级明细科目，也就是说，“管理费用”科目中不同部门有相同费用项目；如果要统计出“管理费用”科目中的“办公费”有多少，可对“管理费用”科目中所有部门的“办公费”进行汇总，即对三级科目中的“办公费”进行汇总。为了在科目编码中体现出这种规律性，相同的内容需要以相同的编码来反映，如表 3－4 所示。

表 3－4

科目编码	科目名称
6602	管理费用
660201	管理费用——办公室
66020101	管理费用——办公室——办公费
66020102	管理费用——办公室——差旅费
66020103	管理费用——办公室——工资
660202	管理费用——财务部
66020201	管理费用——财务部——办公费
66020202	管理费用——财务部——差旅费
66020203	管理费用——财务部——工资

（4）简短性原则。科目编码应选择最小值的编码。科目编码应在满足会计核算需要的前提下，位数越少越好。科目编码位数过多，既增加了输入工作量和出错的可能性，也占用了空间。

（5）扩展性原则。随着企业的发展和管理要求的加强，会计科目必然会增加，因此编制科目编码时必须预先考虑到这一点，即编制科目编码时要留有一定

的余地，以期能在一定的范围内满足会计科目的扩展需要。例如，“应收账款”的二级明细科目为客户名称，已达 90 个，若将“应收账款”的二级明细科目设计为 6 位，即 112201～112299，很明显随着时间的推移不能满足需要；若设计为 7 位，即 1122001～1122999，则可满足需要。从这个例子也可以看出，简短性原则与扩展性原则是矛盾的，要保证科目编码的扩展性，则需以简短性为代价。因此，在科目编码设计时，在考虑一定扩展性的前提下，要保证其编码的简短性。

4. 会计科目编码体系的设计

会计科目编码体系的设计首先要遵循会计制度的规定，确定会计科目的结构，即分几级明细科目、每级明细科目的长度等。

目前，一级科目编码要按照会计制度的规定设计，实际上主要是设计明细科目编码的结构问题。会计科目编码体系的设计方法可以分为三类。

（1）定长定位。对于明细科目编码的结构设计，大多数会计软件采用定长定位方法，即科目编码体系中各级科目编码的长度是固定的。例如，将会计科目的结构确定为 4—2—2，如图 3-6 所示，即一级科目的长度为 4 位，二级科目为 2 位，三级科目为 2 位。按这种方式设计出的科目编码的各级长度固定且简单，程序上容易实现。但是，如果设计时考虑不全面，也会给会计工作带来不便。

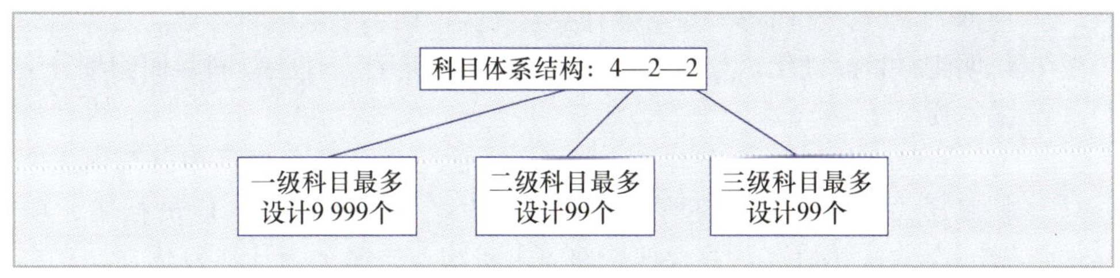

图 3-6　定长定位方法

因为每级明细科目最多只能设计 99 个，当细化核算时，就会出现明细科目不够用的情况。例如，“应收账款”科目一般是按客户名称设置二级明细，对于一个业务量稍多的企业，二级科目很容易超过 99 个，这种方式显然无法满足用户的需求。为了满足用户的需求，可否采用最大长度法来设计科目编码体系呢？如 4—3—3 结构，这种方式从一定程度上可满足大多数用户的需求，但会出现科目编码过长的情况，造成存储空间的浪费。例如，“现金”科目一般是按币种设置二级明细，其数量不会超过 99 个，按 4—3—3 结构则会出现科目编码过长的情况，而且这种情况不仅限于一两个科目。由以上分析可以看出，按定长定位方法设计会计科目编码体系存在一定问题。

（2）不定长方式。不定长方式是指科目编码体系在不超过总长度的前提下，除一级科目编码长度固定，其他各级科目编码的长度是不固定的，可由用户自行随意设计。显然，这种方式克服了定长定位方式的缺点，较好地解决了科目编码设计中简短性原则和扩展性原则之间的矛盾。但按不定长方式设计科目编码，无法判断出科目编码的唯一直接上级科目编码，如科目编码“660201013”，既不能判断出它是几级科目，也不能判断出它的直接上级科目和上级科目编码。由于在通用会计软件中，凭证中科目发生额的录入必须录入其底级明细科目的发生额，上级科目的发生额都是根据最低级明细科目的数据自动产生的，这就意味着要按各级科目的长度截取编码，从而确定直接上级科目编码。在不定长方式下设计的科目编码，不能像在定长定位方式下对任意科目编码固定地截取编码来确定直接上级科目编码。

因此，要实现按不定长方式设计科目编码，必须在相应的文件中增加几个字段：科目级别、上级科目、末级标志等，以区分不同的属性，如图3-7所示。

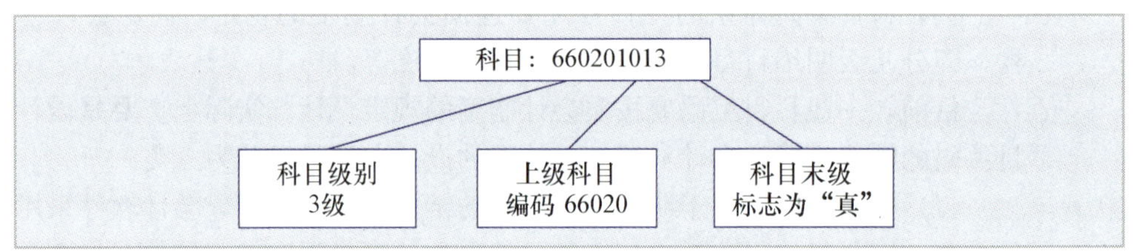

图3-7 不定长方式

(3) 立体科目。会计科目是对会计要素的具体内容进行分类核算的类目。为了给管理层提供更丰富的会计信息，传统的明细科目设计方式将部门、客户、供应商、职员、部门等大量与会计要素无关的内容引入科目体系。立体科目是对传统明细科目的优化，分离与会计要素无关的信息，使会计科目回归细分会计要素的本质。

设计立体科目，将与会计要素无关的信息从科目体系中分离出去，以独立档案形式（例如，部门档案、客户档案、供应商档案、职员档案、项目档案等）存储这些信息，并根据管理需求将相关档案和会计科目建立动态链接。立体科目的使用在优化会计科目体系的同时，丰富会计信息，实现精细核算的目的。

例3-1

假设某单位采用群码，其科目编码结构是4—2—3—3四级，科目编码设计如表3-5所示。

表3-5

科目编码	科目名称
6602	管理费用
660201	事业部1
660201001	办公费
660201001001	一组
660201001002	二组
660201002	差旅费
660201002001	一组

续表

科目编码	科目名称
660201002002	二组
⋮	⋮
660202	事业部2
660202001	办公费
660202001001	一组
660202001002	二组
660202002	差旅费
660202002001	一组
660202002002	二组

如果该单位有10个部门，每个部门又分5个组，管理费用有10种，那么6602管理费用下面就有500个会计科目。因此，完全用组合编码的方法并不理想。此外，如果想知道管理费用下办公费总额或差旅费总额，这种方案不能直接得到。

计算机快速处理数据的特性为会计核算实现交叉立体科目核算提供了可能，将需要按事业部辅助核算的科目设置为"部门核算"，然后将事业部和组编码从科目编码中剥离出来，在部门档案设置模块中建立各个事业部的资料，在科目设置时只对费用进行编码，如图3-8所示。

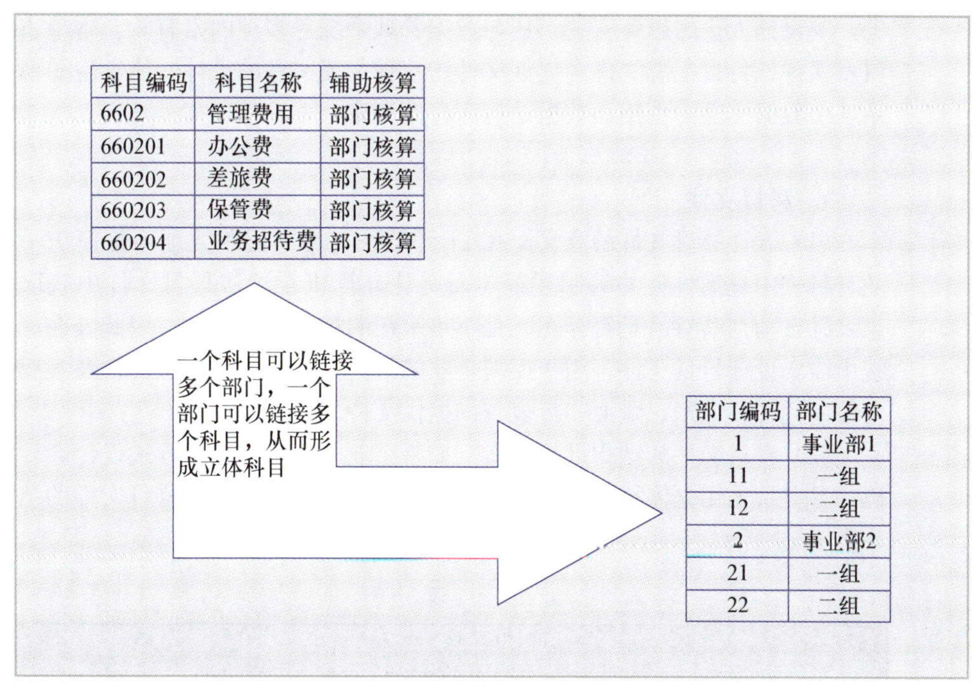

图3-8 采用立体科目方法设计编码体系

这样科目数大大减少，同时在填制凭证等数据处理过程中，计算机根据辅助核算的内容（如部门核算）链接相应的部门档案，并要求会计人员确认费用是由哪个部门发生的，便可以完成对相应部门和有关费用的处理。

通过上述案例分析可见，采用立体科目方法设计科目编码体系，可以细化部门核算和管理。不仅如此，当企业需要按个人往来、单位往来、项目等细化核算和管理时，还可以借鉴立体科目方法设置科目编码体系，将重复部分从科目中分离出来，将科目的属性——辅助核算设置成个人核算、单位核算、项目核算等，这样就可以充分发挥计算机快速处理数据的优势，为细化核算与管理提供支持。

5. 科目编码设计的拓展

实际上，在总账子系统中，除了会计科目需要考虑编码设计问题，还有大量的编码需要设计，如客户编码、存货编码、部门编码等。设计这些编码可以借鉴会计科目编码的设计方法。

3.3.4 总账子系统主要数据文件设计

计算机会计信息系统中，所有的账、证、表都必须存放在计算机存储器中，在存储器上各种数据均以文件（或数据文件）的形式存储。那么 IT 环境下总账子系统中的账、证、表以哪些文件、用何种结构在计算机中存储呢?

实际上，总账子系统数据文件的设计与系统设计时产生的账务处理流程有关，与设计人员的思路有关，还与数据管理系统等多种因素有关。本节着重介绍科目文件、科目汇总文件、凭证文件这三种主要文件的设计，使学生了解总账子系统中数据文件的作用、数据结构和存储策略。

1. 科目文件

(1) 设计科目文件的意义。在 IT 环境下，编制记账凭证不是模仿手工处理从科目表中查询科目并编制凭证，而是让计算机自动从科目文件中获取科目信息，并自动判断科目是否存在，是不是末级明细科目，等等。因此，在总账子系统中需要设计科目文件，用于反映企业的科目体系结构和所有科目及其属性，并为编制凭证、记账、账簿和报表查询提供支持。

(2) 科目文件的结构设计方案。如果企业采用定长定位方式设计会计科目编码，且支持采用立体科目方法设计会计科目编码体系，那么科目文件的结构可以如表 3-6 所示。

表 3-6

序号	字段名称	说明
1	科目编码	如 1001，1002
2	科目名称	如现金、银行存款
3	科目类型	如资产、负债
4	科目级别	如一级、二级、三级等

续表

序号	字段名称	说明
5	上级科目	上级科目编码
6	是否末级科目	如“T”为末级科目，“F”为非末级科目
7	辅助核算	可以定义“部门核算”“项目核算”等，使得科目与部门档案、项目档案建立动态链接；可以增加核算内容
8	余额方向	如借/贷

说明：字段“辅助核算”设计的意义如下：

1）为立体科目编码体系的建立以及细化核算和管理提供支持。例如，某企业希望加强对项目的核算和管理，在科目设置时将某些科目的“辅助核算”字段的值设置为“项目核算”，因此，在填制凭证时，计算机会自动提示会计人员按项目输入数据；在账簿输出时，计算机又会根据所选项目输出项目总账、明细账等账簿。

2）增加核算内容。很多企业在按本位币反映企业经济业务的同时，还希望按外币、数量等反映经济业务，此时可以将“辅助核算”字段的值设置为“外币”“数量”等。例如，为了加强外币核算和管理，在科目设置时将某银行辅助核算定义为“外币”，则在填制凭证时计算机会自动根据该科目的“外币”属性，提示会计人员输入外币金额、人民币金额以及汇率；在账簿输出时，计算机又会根据该科目的“外币”属性，自动输出借方、贷方、余额都包括外币金额、人民币金额和汇率的复币账。又如，为了对某材料类科目（如“原材料——甲材料”科目）加强核算和管理，决定该科目不仅要按金额核算，而且要按数量核算。因此，在科目设置时将该材料科目的属性设置为“数量”，则在填制凭证时计算机会自动提示会计人员输入数据、金额和单价；在账簿输出时，计算机又会根据该科目的“数量”属性，自动输出借方、贷方、余额都包括数量、金额和单价的数量金额账。

（3）科目文件的组织方式。对科目文件而言，一个科目为一条记录，该文件中不允许有重复的科目，而且科目应该按照由小到大的顺序。在增加一个科目或删除一个科目后，仍然保持由小到大的顺序。因此，需要根据科目编码建立索引文件，以“科目编码”为索引关键字。当增加或减少科目时，计算机会自动按照科目编码的大小重新排序。

2. 科目汇总文件

在 IT 环境下，总账子系统不是模仿手工对每一个会计科目设置一个账簿文件，而是把每个会计科目的编码、类型、余额、发生额汇总数独立出来，存放在同一文件中，称为科目汇总文件。

（1）科目汇总文件的作用是：记账时系统自动按科目进行汇总，并将汇总结果存入该文件；输出账簿时，系统自动从该文件和凭证文件中提取数据，并进行加工，生成所需要的账簿；进行编制报表、财务分析等工作时，仍然从该文件中提取数据，生成所需的结果。

(2) 科目汇总文件的结构设计方案如表3-7所示。

表3-7 科目汇总文件的数据结构

序号	项目	说明
1	科目编码	如1001，1002
2	方向	如借/贷
3	年初余额	
4	1月借方合计	
5	1月贷方合计	
6	2月借方合计	
7	2月贷方合计	
⋮	⋮	
26	12月借方合计	
27	12月贷方合计	

说明：

1) 存储策略。这种结构的科目汇总文件适合以年为单位存储，即每年一个科目汇总文件。

2) 数据的计算方法。账簿、报表所需的“期初余额”“本年借方累计”“本年贷方累计”“期末余额”等数据可以通过计算得到。以3月份“库存现金”的数据为例：

- 3月期初余额。

3月期初余额＝年初余额＋1月借方合计＋2月借方合计－1月贷方合计－2月贷方合计

如果期初余额＞0，则期初余额方向为“借”；
如果期初余额＜0，则期初余额方向为“贷”；
如果期初余额＝0，则期初余额方向为“平”。

- 截至3月的本年累计。

本年借方累计＝1月借方合计＋2月借方合计＋3月借方合计
本年贷方累计＝1月贷方合计＋2月贷方合计＋3月贷方合计

- 3月期末余额。

3月期末余额＝3月期初余额＋3月借方合计－3月贷方合计

如果期末余额＞0，则期末余额方向为“借”；
如果期末余额＜0，则期末余额方向为“贷”；
如果期末余额＝0，则期末余额方向为“平”。

(3) 科目汇总文件的组织方式。以“科目编码”为索引关键字，建立索引文件。

3. 凭证文件

（1）凭证文件的作用。凭证文件用于存储所有记账凭证，记录在一定时间内发生的各项经济业务。凭证文件应该反映账务处理所需要的全部内容，不仅包括记账凭证的内容，如凭证日期、凭证编号、摘要、会计科目、金额等，还要包括计算机在进行数据处理时所需要的各种标识，以及反映记录内部控制的各种数据。

（2）凭证文件的结构设计方案如表 3-8 所示。

表 3-8　凭证文件数据结构

序号	项目	说明
1	凭证类别	如“收款”
2	凭证编号	如“10005”，要求连续编号
3	日期	如“02/28/2021”
4	摘要	通常凭证的每行都有一个摘要
5	科目编码	如“100201”
6	借贷标志	如“借”或“贷”
7	金额	
8	附件	附原始凭证张数
9	录入	录入人员姓名
10	审核	审核人员姓名，未审核为空
11	记账	记账人员姓名，未记账为空

例如，一张期末将所有营业费用科目借方余额结转“本年利润”科目的记账凭证：

借：本年利润　　200 000
　贷：营业成本　　100 000
　　　税金及附加　　5 000
　　　销售费用　　40 000
　　　管理费用　　35 000
　　　财务费用　　10 000
　　　营业外支出　　10 000

其存储结果如表 3-9 所示。

表 3-9

凭证类别	凭证号	日期	摘要	科目编码	借贷标志	金额	附件	录入	审核	记账
转账	0005	31/12/2021	费用结转本年利润	4103	借	200 000	1	张华	李平	王新
转账	0005	31/12/2021	费用结转本年利润	6401	贷	100 000	1	张华	李平	王新
转账	0005	31/12/2021	费用结转本年利润	6403	贷	5 000	1	张华	李平	王新

续表

凭证类别	凭证号	日期	摘要	科目编码	借贷标志	金额	附件	录入	审核	记账
转账	0005	31/12/2021	费用结转本年利润	6601	贷	40 000	1	张华	李平	王新
转账	0005	31/12/2021	费用结转本年利润	6602	贷	35 000	1	张华	李平	王新
转账	0005	31/12/2021	费用结转本年利润	6603	贷	10 000	1	张华	李平	王新
转账	0005	31/12/2021	费用结转本年利润	6711	贷	10 000	1	张华	李平	王新

实际上，上述凭证文件列示的项目是基本字段，如果凭证文件需要保存更多的信息，如保存支票号/结算单据号、外币金额、汇率、数量、单价、部门、项目、往来单位等信息，则需要增加若干字段，使凭证文件最大限度地保存会计核算和管理所需的信息。

(3) 凭证文件的存储策略。凭证文件是总账子系统中不可缺少的数据文件，但不同的账务处理流程设计导致了不同的凭证文件的数据结构和存储策略。一般来说，凭证文件既可一年一个文件，也可一个月一个文件。如果采用一年一个文件的存储策略，那么该年所有记账凭证均存于一个凭证文件中。如果采用一个月一个文件的存储策略，那么各月的记账凭证分别存于该月的凭证文件中，这样一年有 12 个凭证文件。

(4) 凭证文件的组织方式。记账凭证是按照经济业务发生的时间顺序产生的，因此，凭证文件的组织方式为顺序文件。

3.4 总账子系统的基础设置

总账子系统是一个通用性较强的系统，为了使其能够在各行各业应用，设计时应重点考虑各单位会计核算和财务管理的一般特性。在进行账务处理之前，首先要根据本单位的业务属性进行具体设置，即将企业个性化特征的信息保存在相应的数据文件中，这种设置工作称为基础设置工作。因此，总账子系统中专门提供基础设置模块，会计人员通过使用该模块为总账子系统的运行准备必要的环境。一般来讲，基础设置模块主要包括科目设置、凭证类别设置、录入余额、结算方式设置等。下面就几项重要设置内容进行讨论。

3.4.1 账套管理

1. 建立账套

建立账套模块的功能是为会计主体建立一套账套，用于核算和管理会计主体的各项经济活动。设置账套时，根据系统提示定义账套参数。

账套参数主要包括账套号、账套名称、账套启用日期、单位名称、企业性质等账套基本信息，还包括会计科目编码方案（即各级科目的编码位长、位数）、记账本位币、会计主管姓名等信息。

（1）账套。核算单位是会计核算的主体，具有独立完整的核算体系。每个账套用一个编码表示，称为账套号。账套号不能重复，每一个号码与核算单位名称是相互对应的。

（2）编码方案。为了便于对经济业务数据进行分级核算、统计和管理，系统提供对存货、往来单位、部门、会计科目等定义编码方案的功能。

如果企业的存货较多且类别繁多，则应对存货进行分类管理；如果企业的往来单位较多，则应对往来单位进行分类管理；如果往来单位较少、存货种类较少，可以不进行分类。一旦选择要分类的项目，则在进行基础信息设置时，必须先设置分类项目，然后才能设置相应的档案。

（3）启用日期。启用日期是指由原会计信息系统到新会计信息系统的交接日期，即新设置的账套被启用的时间。规定启用日期就是为了便于确定新系统环境下账务与业务处理的起点，保证证、账、表数据的连续性。

2. 账套输出和账套引入

账套输出功能是指将所选的账套数据进行备份输出，定时将企业数据备份出来存储到硬盘、光盘、网络磁盘等不同介质上，账套的备份对数据的安全性极为重要。账套引入功能是指将事先已经备份好的数据文件引入系统中，恢复正常应用。例如，为了避免不可预知的原因（如地震、火灾、计算机病毒、人为的误操作等）破坏账套数据，需要定期对账套进行输出备份，一旦数据被破坏，可以使用账套引入功能恢复已备份的账套数据。

3. 用户管理

用户管理功能用于维护账套用户信息，增加新的用户，删除离职用户，修改用户信息，将特定用户所属角色设置为“账套主管”。

例3-2

企业背景资料如下：方华通讯设备有限责任公司（简称方华公司）位于北京市海淀区中关村大街甲×号，是一家通信设备贸易公司。公司成立于2020年10月，经营通信设备品类不多，往来单位较少，没有外币业务。该企业被核定为一般纳税人，于2020年10月1日建立账套并启用总账系统。

建立账套：根据该企业提供的背景资料，可以选择与之相适应的主要系统参数并将其录入系统。

账套号：001

账套名称：方华公司

单位名称：方华通讯设备有限责任公司

启用日期：2020年10月1日

会计期间：1月1日—12月31日

记账本位币：人民币（RMB）

企业类型：商业

行业性质：2007年新会计准则科目（按行业性质预置会计科目）

分类信息：存货、客户、供应商均不分类

外币业务：无外币核算

会计科目编码方案：4—2—2

其余编码方案都采用默认方案。

数据精度采用默认精度。

用户管理：增加张云（建议用你的姓名作为用户名）和杨柳两名用户。

实验指导

操作员：admin（系统管理员，默认密码为空）

功能节点一：【系统管理】—【账套】—【建立】、【引入】、【输出】

按向导建立、引入、输出账套，账套输出的同时可以选择删除账套。

功能节点二：【系统管理】—【权限】—【用户】

维护用户信息。

3.4.2 人员权限设置

会计信息系统是一个人机结合的系统，其处理过程是通过人机对话的方式进行的，这样就带来了一个由谁和计算机“对话”的问题，即每个会计人员有什么样的权限进入会计信息系统完成相应的操作。按照财政部《会计核算软件基本功能规范》的规定，会计核算软件具有输入操作人员岗位分工情况，防止非指定人员擅自使用的功能和对指定操作人员实行使用权限控制的功能。因此在计算机会计信息系统中，需要给每个会计人员设置一定的权限，明确每个会计人员的权限和职责，避免与业务无关的人员或防止无权限的人员对系统进行非法操作，使会计信息系统能够在有效的控制下正常运行，严格执行内部控制制度，保证系统的安全性和会计信息的保密性。

人员权限设置模块的功能是实现对会计人员财务分工的设置和管理，并将人员权限设置结果保存在人员权限文件中。一般来说，一个单位的财务主管遵循会计准则和单位内部控制制度，对单位会计人员进行岗位分工，给不同岗位的会计人员特定的权限，即严格规定各类人员应该做的工作。因此，在会计信息系统中，账套主管具有最高权限，只有账套主管才能使用权限设置功能模块，行使人员权限设置功能，即对每个会计人员授权可以进行哪些操作、撤销哪些操作。例如，给王会计授权：填制凭证；给李会计授权：审核凭证、记账、科目账查询。

例3-3

由系统管理员将张云设置为账套主管，账套主管具有所有功能权限。在方华公司的案例中，账套主管主要负责凭证填制、记账、查账和银行对账等工作。

由账套主管（张云）给杨柳授权：审核凭证、查询凭证、打印凭证。

人员权限设置

实验指导

操作员：账套主管（由 admin 增加用户并设置其角色为“账套主管”）

功能节点：【系统管理】—【权限】—【权限】

账套主管登录其主管账套，对用户进行授权。

3.4.3　科目设置

会计科目是填制会计凭证、登记会计账簿和编制会计报表的基础。科目设置模块的功能是将单位会计核算中使用的会计科目逐一按要求描述给系统，并将科目设置的结果保存在科目文件中，实现对会计科目体系的管理。会计人员可以根据会计核算和管理的需要，设置适合自身业务特点的会计科目体系。科目设置模块提供增加、修改、删除、查询、打印会计科目等功能。

科目设置模块主要包括以下功能：

(1)“增加”科目。该功能支持增加一个新的会计科目，增加科目时要进行合规性和正确性检查：不允许有相同的科目编码出现，保证科目编码的唯一性；定义下级科目时，检查其上级科目是否存在。

(2)“删除”科目。该功能支持删除不用的会计科目，删除时要进行合规性和正确性检查：有发生额和余额的科目不允许删除；有下级科目的上级科目不允许删除。

(3)“修改”科目。该功能支持修改科目名称、辅助核算等内容。

(4)“保存”科目。该功能将科目设置的所有内容保存在科目文件中。

例 3-4

方华公司建立账套时，系统预置了 2007 年会计准则科目体系，在此基础上，完成以下科目修改与设置：

- “库存现金”设置为日记账；
- “银行存款”设置为银行账、日记账；
- “营业税金及附加”科目名称改为“税金及附加”。
- 增加“应交税费”下级科目，如表 3-10 所示。

表 3-10

科目编码	科目名称	余额方向
2221	应交税费	贷
222101	应交增值税	贷
22210101	进项税额	借
22210102	销项税额	贷

续表

科目编码	科目名称	余额方向
22210103	已交税金	借
22210104	进项税额转出	贷
22210105	转出多交增值税	贷
22210106	转出未交增值税	借
222102	未交增值税	贷
222103	应交消费税	贷
222104	应交城市维护建设税	贷
222105	应交教育费附加	贷
222106	应交所得税	贷

实验指导

说明：从本小节开始所有功能节点都出自【企业应用平台】，由具有相应权限的用户登录【企业应用平台】进行操作。

功能节点：【基础设置】—【基础档案】—【财务】—【会计科目】

建立账套时，系统将预制科目体系，企业根据业务特点和管理需要增加明细科目，删除多余科目。

科目设置

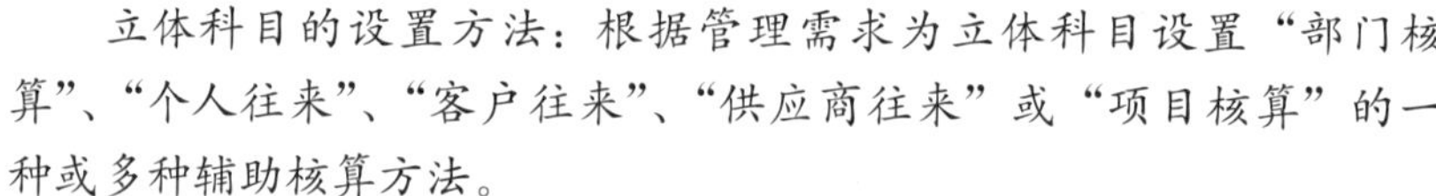

立体科目的设置方法：根据管理需求为立体科目设置“部门核算”、“个人往来”、“客户往来”、“供应商往来”或“项目核算”的一种或多种辅助核算方法。

“日记账”属性：将库存现金、银行存款科目设置为“日记账”属性，在【总账】—【账表】—【科目账】中查询日记账。

“银行账”属性：将银行存款科目设置为“银行账”属性，录入记账凭证时系统提示录入结算方式及结算票号等信息，为银行对账提供基础信息。

【指定科目】，指定库存现金、银行存款科目，为【总账】—【出纳】查询【现金日记账】和【银行存款日记账】提供基础信息。

3.4.4 凭证类别设置

企业通常根据业务特点和管理需求决定是否对记账凭证进行分类以及怎样分类。部分企业不分类，使用“记账凭证”一个类别。对记账凭证分类的企业最常见的分类方式是分为收款凭证、付款凭证和转账凭证三个类别。

凭证类别设置模块主要包括以下功能：确定记账凭证分类方式；根据凭证类别特点，设置借方、贷方科目限制。例如，如果将记账凭证分为收款凭证、付款凭证和转账凭证三个类别，则收款凭证的借方必有“库存现金”、“银行存款”或“其他货币资金”科目，付款凭证贷方必有“库存现金”、“银行存款”或“其他货币资金”科目，转账凭证借贷方一定没有“库存现金”、“银行存款”或“其他货币资金”科目。填制凭证时，系统将根据凭证类别的科目限制检查凭证借贷方

科目是否符合要求，如果违反科目限制，系统将拒绝保存凭证。凭证类别科目限制的应用将提高记账凭证的正确性。

例3-5

方华公司将记账凭证分为三个类别——收款凭证、付款凭证、转账凭证，凭证类别限制如表3-11所示。

表3-11

类别字	类别名称	限制类型	限制科目
收	收款凭证	借方必有	1001，1002，1012
付	付款凭证	贷方必有	1001，1002，1012
转	转账凭证	凭证必无	1001，1002，1012

凭证类别设置

实验指导

功能节点：【基础设置】—【基础档案】—【财务】—【凭证类别】

设置凭证类别以及借贷方科目限制。

3.4.5　结算方式设置

结算方式是指在企业经营过程中使用的收款及付款方式。企业资金业务需要经常与银行进行对账。一般情况下，银行的各种结算方式相对稳定且种类有限。为提高银行自动对账的效率，在系统中定义与银行的资金结算方式，运用于经营活动的资金收付过程。结算方式将在总账、应收、应付、采购和销售等系统中应用。

结算方式设置的主要内容包括结算方式编码、结算方式名称（如支票、汇兑、银行汇票、银行本票、商业汇票等）、票据管理标志等。结算方式编码可采用数字型代码或字母型代码；结算方式名称则是指其汉字名称，用于显示输出；票据管理标志是总账系统为便于出纳管理票据而设置的功能，类似于手工系统中支票登记簿的管理。

值得一提的是，很多集成会计信息系统为了保证各个子系统之间数据的一致性，实现子系统之间数据共享，将各种公共信息（科目、部门、往来客户、供应商、汇率等）的定义和设置放在一个专门的子系统中，即系统管理子系统或者基础设置子系统。在所有子系统使用之前，先对会计信息系统中使用的各种公共信息进行完整、全面的定义和设置，这样在总账使用时可以减少初始化内容。

例3-6

方华公司结算方式主要包括转账支票、现金支票和汇兑三种方式。

实验指导

结算方式设置

功能节点：【基础设置】—【基础档案】—【收付结算】—【结算方式】

结算方式会被运用于总账子系统、采购与付款子系统、销售与收款子系统等。

在总账子系统中，具有“银行账”属性的会计科目，录入记账凭证时，系统会要求录入结算日期、结算方式、结算票号等与结算方式有关的信息，为【出纳管理】—【银行对账】提供基础信息。

3.4.6 录入期初余额

录入期初余额模块的功能是将手工账簿各科目的期初余额输入计算机中，以保证手工账簿和计算机账簿内容的连续性和继承性，并将期初余额保存在汇总文件中。有两种录入期初余额的方法：一种方法是直接录入开始使用月份的月初余额；另一种方法是录入年初额和1月至使用计算机前各月的发生额。前一种方法工作量小，但不能统计一年的累计发生额，后一种方法则相反。

在所有余额录入完成之后，应该由计算机自动进行试算平衡。

基于会计恒等式，平衡公式一为：

资产＝负债＋所有者权益＋(收入－费用)

基于平行登记原理，平衡公式二为：

总账＝下属明细科目之和

基于借贷记账法，平衡公式三为：

借方合计＝贷方合计

只有平衡后，才能表示所录入的期初余额正确无误。

例3-7

方华公司成立于2020年10月，系统启用于2020年10月。在启用系统之前，没有期初余额，因此，不需要录入期初余额。

实验指导

录入期初余额

功能节点：【业务工作】—【财务会计】—【总账】—【期初】—【期初余额】

录入期初余额之后，执行【对账】功能，进行账账核对，检查数据文件的汇总数据和明细数据之间的钩稽关系；执行【试算】，检查会计要素之间的平衡关系。

3.5　总账子系统的凭证管理

凭证管理模块的功能主要是完成对凭证的日常处理工作，可划分为填制凭证、审核凭证、查询凭证、打印凭证、记账等功能模块。

3.5.1　填制凭证与控制机制

填制凭证模块是总账子系统中凭证管理模块下的一个重要子模块，它的功能是将记账凭证的格式显示在屏幕上，会计人员通过键盘输入一张记账凭证。在录入过程中对凭证日期、会计科目等进行正确性检查；填制凭证完成之后保存时对金额进行检查。如果检查凭证正确无误，则将凭证保存在凭证文件中；否则，拒绝保存，等待会计人员修改凭证。

在手工条件下，各单位的记账凭证有不同的分类，如收款、付款、转账等，每类凭证具有不同的格式。在计算机条件下，不可能考虑所有凭证类别的凭证格式。目前总账子系统通常采用的方法是：允许会计人员根据需要设置凭证类别，但一般各种凭证（收款、付款等）均采用统一的凭证格式。图 3－9 给出了常用的凭证输入格式。

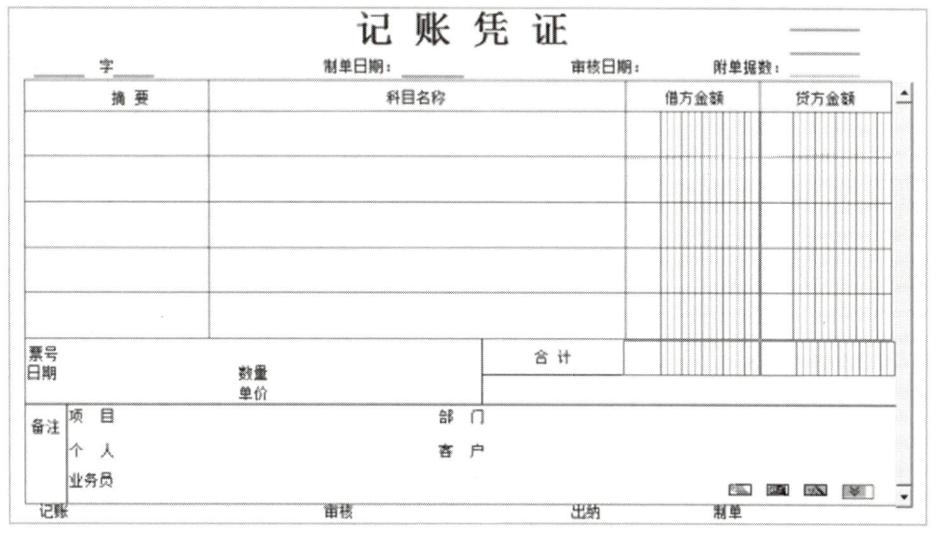
记账凭证
字　　制单日期：　　审核日期：　　附单据数：

摘要	科目名称	借方金额	贷方金额
票号 日期　数量 单价	合计		

备注　项目　部门
个人　客户
业务员
记账　审核　出纳　制单

图 3－9　填制记账凭证格式

通过“增加”模块，便可以填制凭证。由于计算机数据处理的特点是“垃圾进，垃圾出”，不正确的凭证输入计算机，必然产生错误的账簿和报表，因此，在录入过程中必须增加正确性检查措施，确保凭证正确可靠。下面讨论填制凭证时的控制机制设计。

1. 凭证类别和凭证号

凭证号是记账凭证的标识，按会计制度的要求，不同类型的凭证每月分别从

1开始连续编号，不能有重号、漏号。因此，当用户输入凭证类别后，其控制机制为：系统检查出该类最后一张凭证号，自动加1后生成当前凭证号。

2. 凭证日期

凭证日期用于标识经济业务发生的时间，凭证日期必须为公历日期，凭证日期应该随凭证号递增而递增，输入日期不能为已结账月份的日期。

3. 会计科目

会计科目是经济业务分类的主要依据，填制凭证模块使用一系列控制机制对科目编码进行校验。

（1）存在性检查。即检查凭证中科目编码是否存在。会计人员在输入记账凭证时，输入一个科目编码，如果会计人员在进行初始科目设置时设置了该科目编码，即科目文件中有该科目编码，那么检查结果为“正确”或“真”；否则，检查结果为“错误”或“假”。

（2）是不是末级记账科目的检查。即检查凭证中科目编码是否为末级科目编码。在计算机条件下，科目是分级的。输入记账凭证时，只能输入末级明细科目，不能输入受控科目或父科目。如果输入末级科目，检查结果为“正确”或“真”；否则，检查结果为“错误”或“假”。

（3）与凭证类别是否相符的检查。即检查输入的借方科目或贷方科目与凭证类别是否相符。特定的凭证类别有时要求凭证中必须出现某些科目，如付款凭证中贷方科目必须是“库存现金”或“银行存款”等货币资金科目；收款凭证中，借方科目必须是“库存现金”或“银行存款”等货币资金科目。若满足上述条件，检查结果为“正确”或“真”；否则，检查结果为“错误”或“假”。

4. 金额

记账凭证必须遵循“有借必有贷，借贷必相等”的原则，因此，每一张记账凭证存入凭证文件之前，都需要由系统自动检查借贷平衡关系。如果平衡，检查结果为“正确”或“真”；否则，检查结果为“错误”或“假”。

只有当所有检查结果都为“正确”或“真”时，这张凭证才被系统接收，否则系统拒绝接收。

例3-8

方华公司2020年10月份主要发生了以下经济业务。

（1）7日，方先生投资50万元创立方华通讯设备有限责任公司，资金已存入公司银行账户（票据日期：2020-10-07，转账支票号：1020113023443201）。

（2）12日，从银行取出1万元现金以备日常开销（票据日期：2020-10-12，现金支票号：1020111012343221）。

（3）14日，方华公司以支票预付办公室3个月租金共计3万元（票据日期：2020-10-14，转账支票号：1020113023443202）。

(4) 16日，方华公司购入办公用电脑等设备共计10万元，增值税额为1.3万元，以支票支付8万元，其余月底支付（票据日期：2020-10-16，转账支票号：1020113023443203）。

(5) 17日，购进各种办公用品不含税金额为800元，增值税额为104元，以现金支付。（办公用品直接发放给行政部门使用。）

(6) 20日，购进通信类设备存货500台，不含税总价为60万元，增值税额为7.8万元；以支票支付20万元，根据合同，余款将于12月底一次付清（票据日期：2020-10-20，转账支票号：1020113023443204）。

(7) 25日，总经办人员出差，预借差旅费2 500元现金。

(8) 25日，发生市场推广费用3 000元（票据日期：2020-10-25，转账支票号：1020113023443205）。

(9) 28日，售出480台通信设备，单位不含税售价1 500元，总价款为72万元，增值税额为9.36万元，客户全额支付货款（票据日期：2020-10-28，转账支票号：1040113023453231）。

(10) 29日，总经办人员出差返回，报销差旅费用2 200元，退回300元现金。

(11) 30日，以支票3.3万元支付购买办公设备所欠款项（票据日期：2020-10-30，转账支票号：1020113023443206）。

(12) 31日，结转本月售出的480台通信设备的销售成本，这些设备的单位购进成本为1 200元，总成本为57.6万元。

(13) 31日，计提本月职工工资，本月应付职工工资25 000元，全部计入管理费用，工资应于下月15日支付。

(14) 31日，计算本月应负担的办公室租金费用，本月租金按全月计算。

(15) 31日，计提城市维护建设税和教育费附加。

(16) 31日，结转未交或多交增值税。

(17) 31日，将本期收入、费用结转至本年利润。

(18) 31日，假设所得税税率为25%，会计利润总额与应纳税所得额无差，计提所得税。

(19) 31日，将所得税费用结转至本年利润。

根据上述经济业务，由账套主管填制记账凭证。

实验指导

填制记账凭证

功能节点：【业务工作】—【财务会计】—【总账】—【凭证】—【填制凭证】

【增加】，系统增加一张空白凭证，负责填制记账凭证的会计根据审核无误的原始凭证填制记账凭证。

【保存】，会计录入记账凭证后，保存记账凭证。

【复制】，系统新增一张记账凭证，并将当前记账凭证信息复制至新增记账凭证。

3.5.2 辅助核算和管理数据的输入

在科目设置时，为了满足辅助核算和管理的需要，必须给一些科目设置属性，如“外币”“数量”“客户往来”“供应商往来”“项目核算”“个人往来”“部门核算”等。在填制凭证过程中，输入会计科目后，系统自动根据该科目辅助核算的属性动态链接相应的辅助核算的数据文件，提示会计人员输入或者选择不同辅助核算和管理的数据。

（1）辅助核算为“外币”。如果辅助核算为“外币”，则系统提示会计人员输入外币金额和汇率。会计人员输入外币金额和汇率并选择发生额方向后，系统自动按“外币金额×汇率”计算出人民币金额，填入相应栏目中。

（2）辅助核算为“数量”。如果辅助核算为“数量”，则系统提示会计人员输入数量和单价。会计人员输入数量和单价并选择发生额方向后，系统自动按“数量×单价”计算出金额，填入相应栏目中。

（3）辅助核算为“客户往来”或“供应商往来”。如果辅助核算为“客户往来”或“供应商往来”，则系统自动链接客户或供应商的档案文件，并要求会计人员输入或者选择客户或供应商编码等信息。

（4）辅助核算为“项目核算”。如果辅助核算为“项目核算”，则系统自动链接项目档案，并要求会计人员录入或者选择具体项目，以便将相关会计数据归集到某个项目。

（5）辅助核算为“个人往来”。如果辅助核算为“个人往来”，则系统自动链接人员档案，并要求会计人员录入或者选择往来个人，以便将相关会计数据归集到某部门某人。

（6）辅助核算为“部门核算”。如果辅助核算为“部门核算”，则系统自动链接部门档案文件，并要求会计人员输入或者选择部门，以便将相关会计数据归集到某个部门。

一张凭证填制完成并保存时，该张凭证的基本信息和辅助信息被保存在凭证文件等文件中。

3.5.3 填制凭证模块的其他功能

会计人员天天要和填制凭证模块打交道，为了提高填制凭证模块的易用性，填制凭证模块还要具备以下辅助输入功能。

1. 科目联机查询功能

一般来说单位的科目编码数量非常多，少则几十，多则上千，会计人员记住全部科目编码会有一定困难。因此，填制凭证模块不仅应该提供输入科目编码的功能，而且应该提供科目联机查询功能。即当会计人员忘记科目编码时，可以随时调出科目编码与科目名称对照表。当会计人员选择其中某一科目编码时，该科目编码便自动填入凭证中。

2. 常用摘要输入功能

输入摘要时，可以直接输入摘要内容。但若是常用摘要，通过在基础设置中定义常用摘要，此时可以输入常用摘要的编码，系统自动转化为对应的摘要内容存入摘要栏。

3. 常用凭证

同类型经济活动会重复发生，而同类型经济活动适用的核算方法和规范相同，因而填制凭证时，经常会有许多凭证除借贷金额外其他信息都相同。常用凭证就是将这类凭证设置为凭证模板，填制凭证时随时调用常用凭证，提高填制凭证的效率。

4. 凭证修改

凭证修改模块可以对凭证进行有痕迹修改和无痕迹修改。

填制凭证时，尽管系统提供了多种控制错误的措施，但错误凭证是难免的。为了更正错误，系统提供对错误凭证修改的功能。当然，会计制度和审计制度提出了对错误凭证修改的严格要求，根据这些要求，总账子系统中对应不同状况的错误凭证有不同的修改方式。

（1）错误凭证的无痕迹修改。所谓无痕迹修改，即不留下任何曾经修改的线索和痕迹。总账子系统中，有两种状况下的错误凭证可以实现无痕迹修改：一是凭证输入后，还未审核或审核未通过的凭证；二是尽管已通过审核但还未记账的凭证。未通过审核的错误凭证，可以通过凭证录入模块直接修改；已经通过审核的凭证，使用审核凭证功能取消审核后，才能使用凭证录入模块修改。

（2）错误凭证的有痕迹修改。所谓有痕迹修改，即留下曾经修改的线索和痕迹。总账子系统是通过保留错误凭证和更正凭证的方式留下修改痕迹的。若发现已经记账的凭证有错误，对此类凭证的修改要求留下审计线索，即对已经记账的错误凭证只允许采用红字冲销法进行修改。凭证已录入但未审核时，如果发现错误，可以使用“作废”凭证，凭证打上“作废”标记，再增加一张新的正确凭证。凭证已录入且已审核时，如果发现错误，可以“冲销”凭证，系统将增加一张与错误凭证对应的红字凭证，再根据业务情况填制一张正确凭证。

调用-冲销-作废-整理凭证

实验指导

功能节点：【业务工作】—【财务会计】—【总账】—【凭证】—【填制凭证】

【冲销】，系统生成一张红字凭证，冲销已审核凭证。

【作废】，作废未审核凭证。

【整理】，删除已作废凭证，并重新按顺序梳理凭证编号。

【联查】，联查与当前凭证对应的原始凭证、明细账，如果有冲销凭证，还可以联查冲销凭证。

【调用常用凭证】，设置常用凭证模板，调用系统中已设置的凭证模板。

3.5.4 审核凭证与记账

1. 审核凭证

审核/取消模块的功能主要是对录入的记账凭证进行正确性、合法性、合规性审核，对审核无误的凭证做标记以示审核通过，如果审核员想取消审核，也可以用该模块完成。

(1) 审核凭证的目的和功能。只有输入准确无误的记账凭证，才能保证以后处理结果的正确性。但在凭证输入过程中，一般只能对凭证的某类错误进行检测，如借贷不平衡、输入不存在的科目编码、所使用科目与凭证所属凭证类别要求不符等，而像会计科目使用错误、借贷反向以及借贷金额的同增减错误就无法发现。对记账凭证进行审核的目的主要有两个：一是发现凭证在输入过程中无法发现的错误；二是更新凭证状态，为记账提供标识。只有经过审核的凭证才能记账。

(2) 审核凭证的方法。审核凭证模块应该提供两种审核方法：1）静态屏幕审核法。静态屏幕审核法是指系统依次将未审核的凭证显示在屏幕上，审核人员通过目测等方式对已输入的凭证进行检查。若审核人员认为凭证错误或有异议，则应执行“标错”功能，记账凭证将打上“有错”标记。标错的凭证将返给填制人员修改，再由审核凭证人员重新审核。若审核人员认为没有错误可按“审核”键，审核人员的姓名即被记在凭证上，表示已审核通过。静态屏幕审核法是最常用的审核方法。2）二次输入校验法。二次输入校验法是将同一凭证输入两次，通过计算机比较两次输入的凭证是否相同，从而检查输入错误的一种审核方法。重复输入时输入人员最好由不同的操作员担任，因为同一个操作员由于某种习惯会重复犯同一种错误，这样在检查时就不易发现错误。采用这种方法可以检查出多输或漏输的凭证、数据不一致的凭证等。这种方法查错效率较高，但是输入时间花费较多。

(3) 审核凭证模块的控制功能。

- 无论是审核签字还是取消审核，审核人和制单人不能是同一个人。
- 凭证一经审核，就不能修改、删除，只有取消审核后才可以执行修改、删除操作。
- 只能由凭证的审核人执行“取消审核”功能。

除审核凭证外，部分单位为了保证收付款凭证的准确性，还会由出纳通过“出纳签字”功能检查收付款凭证货币资金科目是否准确。部分单位在审核凭证流程设计时，还会增加“主管签字”环节，由会计主管进一步保证凭证的准确性、合法性和合规性。

例3－9

由会计杨柳审核方华公司的记账凭证。

实验指导

功能节点：【业务工作】—【财务会计】—【总账】—【凭证】—【审核凭证】

审核凭证

【审核】，采用静态屏幕审核法审核凭证。

【对照式审核】，采用二次输入校验法审核凭证。

【标错】，审核凭证时，发现凭证有错误，标上错误印记，方便填制凭证的会计人员修改凭证。

根据企业凭证管理流程，如果出纳需要在收付款业务的凭证上签字，可以执行【凭证】—【出纳签字】；如果会计审核完记账凭证后，仍需要会计主管签字，可以执行【凭证】—【主管签字】。

2. 记账

记账模块的功能是根据凭证文件中已审核的凭证，系统自动更新相关数据文件，得到账簿和报表所需的科目汇总信息和明细信息。

(1) 记账方式。在手工条件下，记账工作需要若干会计人员花费很多时间才能完成；在IT环境下，会计人员只要使用记账模块，记账工作便由计算机自动、准确、快速完成。记账工作可以在编制一张凭证后进行，也可以在编制一天的凭证后记一次账，既可一天记数次账，也可以多天记一次账。

(2) 典型的记账流程。记账流程不是一成不变的，它因设计者设计思路的不同而不尽相同。下面给出典型的记账流程，帮助读者理解计算机自动记账过程。典型的记账流程如图3－10所示。

1) 记账凭证检验。显示记账开始，打开科目文件、凭证文件、科目汇总文件、企业银行账文件等文件。检验是否有借贷不平衡的记账凭证。虽然在填制凭证和审核凭证时对凭证的合法性和平衡问题都做过检查，但为防止病毒感染和非法操作发生，系统记账前再统一做此项工作，以保证系统正常运转。如果系统发现借贷不平的凭证，就将该凭证的凭证类别及凭证号显示给操作者，同时显示不平的金额。当所有选择范围内的凭证检验通过后，就可进行下一步工作。

2) 保存记账前状态。保存记账前的所有数据到硬盘备份目录。这样做的目的是防止记账过程中断。一旦由于断电或其他原因造成记账过程中断，可以自动恢复到记账前状态，然后重新记账。

3) 取等待记账的凭证的一条记录。

4) 如果记录没有执行完，继续执行，否则转到第6) 步。

5) 以该条记录中的科目编码为关键字，查找科目文件和科目汇总文件中的相应记录，更新科目汇总文件中的当前月份“借方合计”“贷方合计”，并逐级更新科目汇总文件中该科目的父科目的当前月份“借方合计”“贷方合计”。

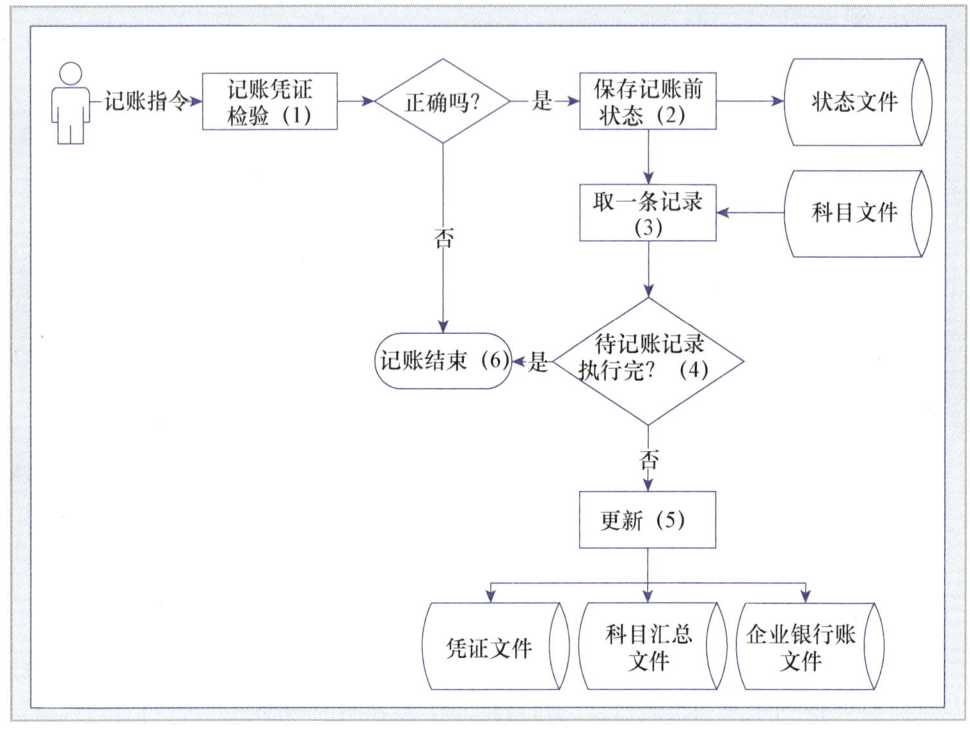

图3-10 典型的计算机自动记账流程

以该条记录中的科目编码为关键字，查找科目文件中的相应记录，如果该科目具有“银行账”属性，则将该条记录添加至企业银行账文件中。如果有辅助核算和管理，那么同时更新“部门”“个人”“项目”等辅助信息。

将凭证文件的该条记录的记账人更新为当前操作员。返回第4）步。

6）关闭所有文件，结束记账过程。

例3-10

由账套主管对方华公司已审核凭证进行记账，凭证记账后无法取消记账。

实验指导

功能节点：【业务工作】—【财务会计】—【总账】—【凭证】—【记账】

选择“记账范围”，可输入连续编号范围，例如1-4表示1号至4号凭证；也可输入不连续编号，例如“5，6，9”表示第5号、第6号、第9号凭证为此次要记账的凭证，按向导执行记账。

一旦记账，无法取消记账。

3.6 总账子系统的出纳管理

出纳管理是会计核算与管理中最基本、最重要的工作之一。在手工条件下，按照内部控制制度的要求，一般单独设立出纳进行现金和银行存款的核算和管理工作。在总账子系统中，为了辅助出纳的工作，也设置了相应的出纳管理模块，主要包括输出日记账与资金日报、支票管理、银行对账等模块，其中，银行对账模块由录入初始余额调节表、获取银行对账单、银行对账、输出对账结果、核销已达账等功能构成。

3.6.1　银行对账

企事业单位的大量经济业务要通过银行结算，银行要为每个单位记载这些经济业务。银行对账是指银行记载的银行存款收付记录和单位自己登记的银行日记账相互核对。银行与企业间由于记账时间不同或其他原因会形成一方已记录的账另一方未记录，这种一方已入账而另一方尚未入账的项目称为未达账项。可能有四种类型的未达账项：银收我未收未达账项、银付我未付未达账项、我收银未收未达账项、我付银未付未达账项。产生银行未达账项的原因是多方面的，主要有两类：一类是时间延误，如银行收到款项后未及时通知单位，形成银收我未收未达账项；另一类是记录错误，如单位错把银行收款业务记到了现金日记账上，形成银收我未收未达账项。记录错误有可能是无意的分类抄写错误，也可能是有意的资金挪用或贪污。

银行对账的目的就是将单位银行账与对账单进行核对，不仅要找出相同的经济业务进行核销，而且要找出未达账项和造成未达账项的原因，防止有意无意的错误。对于长期未对上账的未达账项，更应引起警惕。

1. 获取期初数据

启用总账子系统的银行对账功能之前，需要在手工环境下做最后一次银行对账，实现手工对账和系统对账的衔接。银行对账功能的启用日期即为最后一次手工对账的截止日期。在系统中录入最后一次手工对账企业和银行各自的调整前余额，以及银行对账功能启用前的企业未达账项和银行未达账项。

2. 获取银行对账单

获取银行对账单模块包括录入银行对账单、网络获取对账单模块等。

录入银行对账单模块的功能是每月将银行给单位的对账单输入系统，保存在银行对账单文件中。

如果银行提供给单位的是书面形式的对账单，这时就需要使用“录入银行对账单”功能录入对账单信息。如果银行提供的是电子对账单，则可以通过导入等功能获取电子数据。无论什么形式获取的银行对账单，都将保存在银行对账单文件中。

3. 银行对账

一般来说，银行对账模块提供自动对账和手工辅助对账两种不同对账方式。

（1）自动对账。自动对账模块的功能是由系统自动在企业银行账文件和银行对账单文件中寻找完全相同的经济业务进行核对或勾销。所谓完全相同的经济业务，是指经济业务发生的时间、内容、摘要、结算方式、结算票号、金额等都相同的经济业务。由于同一笔经济业务在银行和单位分别由不同的人记录，经济业务发生的时间、摘要等不可能完全一样，因此，比较经济业务是否相同的依据是：结算方式＋结算票号＋方向＋金额，即企业银行账文件和银行对账单文件中结算方式、结算票号、借贷方向和金额都相同的记录。

由于自动对账是以企业银行账文件和银行对账单文件双方对账依据完全相同为条件，为了保证自动对账的正确和彻底，要求单位和银行必须保证对账数据处理的规范化和合理化，如企业银行账文件和银行对账单文件的结算方式、结算票号要统一口径。如果对账双方不能统一规范，系统将无法识别。

（2）手工辅助对账。手工辅助对账模块是对自动对账模块的补充，对于使用完自动对账功能后不符合自动对账依据而没有勾销的已达账（被视为未达账项），由会计人员通过查阅企业银行账文件和银行对账单文件中的未达账项，对结算金额相等、方向相同的记录，分析其是否因为某一方记录的结算方式和结算票号有误导致无法自动对账。会计人员根据自身的判断在对账屏幕上进行手工勾销，即输入两清标记。为了保证对账更加彻底、正确，可以用手工辅助对账模块来进行调整。

4. 输出对账结果

输出对账结果模块的功能是从屏幕上和打印机上输出单位未达账项、银行未达账项、已达账项、余额调节表、长期未达账等。下面主要讨论输出余额调节表和长期未达账功能模块。

（1）输出余额调节表。输出余额调节表模块的功能是把企业银行账文件和银行对账单文件中没有核销的经济业务整理出来，形成银行存款余额调节表，其格式如图 3－11 所示。

银行存款余额调节表

打印 · 输出 · 详细 · 退出

银行账户：银行存款　　　　对账截止日期：

单位日记账		银行对账单	
账面余额		账面余额	
加：银行已收企业未收		加：企业已收银行未收	
减：银行已付企业未付		减：企业已付银行未付	
调整后余额		调整后余额	

图 3－11　银行存款余额调节表

（2）输出长期未达账。输出长期未达账模块的功能是输出至截止日期未达时间超过一定天数的银行未达账项，以便企业分析长期未达原因，避免资金损失。查询界面如图 3－12 所示。

长期未达账审计条件

截止日期

至截止日期未达天数超过 30 天

确定　取消

图 3－12　长期未达账查询

系统将满足条件的长期未达账显示在屏幕上。

5. 核销已达账

本功能用于将核对正确并确认无误的已达账从企业银行账文件和银行对账单文件中删除。在银行对账正确后，如果想将已达账删除并只保留未达账，可以使用本功能。

例 3－11

方华公司从银行获取 2020 年 10 月对账单，如表 3－12 所示。

表 3－12

日期	结算方式	票号	借方金额	贷方金额	余额
2020－10－07	1	1020113023443201	500 000.00	—	500 000.00
2020－10－12	2	1020111012343221	—	10 000.00	490 000.00
2020－10－14	1	1020113023443202	—	30 000.00	460 000.00
2020－10－16	1	1020113023443203	—	80 000.00	380 000.00
2020－10－20	1	1020113023443204	—	200 000.00	180 000.00
2020－10－28	1	1040113023453231	813 600.00	—	993 600.00
2020－10－30	1	1020113023443206	—	33 000.00	960 600.00
2020－10－31	3	1060113023453306	30 000	—	990 600.00
2020－10－31	3	1060113023453211	—	40 000	950 600.00

在系统中输入或导入表 3－12 所示的银行对账单，完成方华公司 2020 年 10 月的银行对账工作。查询企业未达账项、银行未达账项和银行存款余额调节表。

实验指导

功能节点：【业务工作】—【财务会计】—【总账】—【出纳】—【银行对账】

银行对账功能按照“银行存款”的明细科目逐一进行对账。

【银行对账期初录入】，录入衔接启用系统前后的最后一张银行对账余额调节表及期初未达账项。

【银行对账单】，录入或导入银行提供的对账单。

【银行对账】，执行【对账】功能，系统自动对账；通过手工双击“两清”栏目的方式进行手动对账。

执行【核销银行账】功能，删除已达账项。

执行【余额表查询】功能，查询银行存款余额调节表。

执行【长期未达账审计】功能，查询长期未达账项。

3.6.2 支票管理

在手工条件下，企业出纳通常建立支票领用登记簿，用来登记支票领用情况，为此总账子系统特为企业出纳提供了支票管理功能，以便其详细登记支票领用人、领用日期、支票用途、是否报销等情况。当销售与收款子系统、采购与付款子系统有支票领用时，自动填写支票领用登记簿。

（1）领用支票。当有人领用支票时，出纳使用领用支票功能输入银行科目编码，此时便可在计算机上登记支票领用日期、领用部门、领用人、支票号、备注等，并将结果保存在相应的数据文件中，如图 3－13 所示。

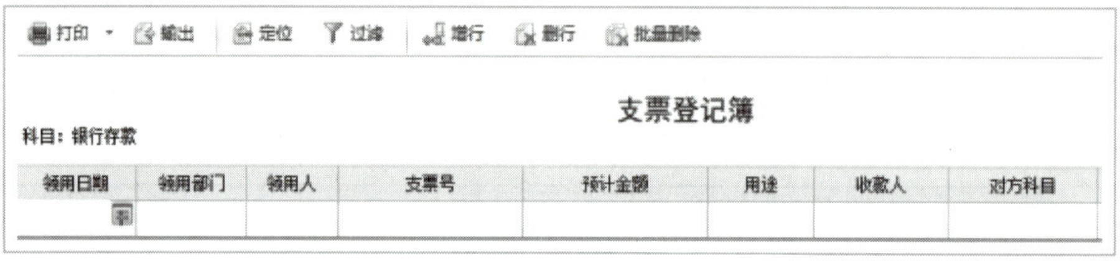

打印 · 输出 | 定位 | 过滤 | 增行 | 删行 | 批量删除

支票登记簿

科目：银行存款

领用日期	领用部门	领用人	支票号	预计金额	用途	收款人	对方科目

图 3－13　领用支票

支票支出后，经办人持原始单据（发票）到财务部门报销，会计人员据此填制记账凭证。当在系统中录入该凭证时，系统要求录入该支票的结算方式和支票号。在填制完成该凭证后，系统自动在支票登记簿中将该支票写上报销日期，该支票即为已报销。

支票登记簿中的报销日期栏一般由系统自动填写，但对于有些已报销而由于人为原因造成系统未能自动填写报销日期的支票，出纳可利用该功能手工填写报销日期。

（2）修改。当支票填写错误时，使用“修改”功能对支票进行修改。

（3）删行。删行的功能是根据出纳输入的需要删除已报销支票的起止日期，自动从相应的数据文件中删除此期间内的已报销支票。

实验指导

功能节点：【业务工作】—【财务会计】—【总账】—【出纳】—【支票登记簿】

只有在【基础设置】中【会计科目】设置为“银行账”属性的科目，才能使用支票登记簿。

当【应收款管理】、【应付款管理】有支票领用时，系统自动填写支票登记簿。

3.6.3　输出日记账和资金日报

出纳输入查询的时间范围，系统自动生成现金日记账、银行存款日记账、资金日报，通过屏幕显示或打印机输出。

典型的资金日报如图 3-14 所示。

资金日报表

日期：20xx年2月8日　　币种：全部

科目编码	科目名称	昨日余额	今日共借	今日共贷	方向	今日余额
		金额	金额	金额		金额
1001	库存现金	30,500.00		5,800.00	借	24,700.00
1002	银行存款	6,323,961.45		152,071.78	借	6,171,889.67
合计		6,354,461.45		157,871.78	借	6,196,589.67
		6,354,461.45		157,871.78	借	6,196,589.67

图 3-14　资金日报

实验指导

功能节点：【业务工作】—【财务会计】—【总账】—【出纳】—【现金日记账】、【银行日记账】、【资金日报】

“库存现金”科目必须通过【基础设置】的【会计科目】模块中【指定科目】功能预先指定为“现金科目”。

“银行存款”科目必须通过【基础设置】的【会计科目】模块中【指定科目】功能预先指定为“银行存款科目”。

3.7　总账子系统的期末处理与账表输出

每个会计期末，都需要处理转账与结账业务。随着信息技术的应用，转账和结账业务有了质的变化，从人工转账、结账转变为计算机自动转账和结账。同时，期末编制报表的观念已经淡化。在 IT 环境下，只要有设计和使用账表输出功能，系统就能实时生成账表。下面就上述两方面的内容进行讨论。

3.7.1　期末转账业务的特点

期末转账业务几乎是所有组织在月底结账之前都要进行的跨期业务或者会计事项，并且这类转账业务在跨期业务或会计核算制度未改变的情况下，每月都要重复处理。从数据关系来看，期末转账就是把一个或几个会计科目的期末余额或本期发生额结转至一个或多个会计科目。一般来说，期末转账主要有如下几个特点：

（1）期末转账业务通常在会计期末进行。

（2）期末转账业务通常以会计人员自制原始凭证为依据，不同于一般业务，无法从其他部门或外部获取原始凭证。

（3）期末转账业务通常需要从会计账簿中提取数据，这就要求在处理期末转账业务前必须先将其他具体业务登记入账。

（4）有些期末转账业务必须依据另一些期末转账业务产生的数据，这就产生了期末转账业务的分批按步骤处理问题。

一般来讲，企业的期末转账业务种类主要包括：

- “费用计提”的处理，如计提“五险一金”；
- “费用分摊”的处理，如制造费用分摊给不同产品；
- “税金计算”的结转，如计提所得税费用；
- “期末损益结转”的处理，如收入结转本年利润、费用结转本年利润。

期末转账业务要求会计人员每个期末重复编制同类型凭证，而且有些凭证非常复杂，常常出现借一笔贷多笔或者借多笔贷一笔的凭证。例如，费用结转本年利润的凭证就是一张一借多贷的复杂凭证。这不仅增加了会计人员的工作量，而且影响了凭证的正确性和期末转账的效率。通过期末自动转账可以有效解决上述问题。

3.7.2 期末自动转账的基本原理

通过上述分析可知，在期末会计业务中存在几类转账业务，它们每月有规律地重复发生，编制的转账凭证中摘要、借方和贷方科目相同，金额的来源或计算方法基本不变，只有凭证中的金额每月不相等。

例如，期末费用结转本年利润分录如下：

借：本年利润

　贷：主营业务成本

　　　税金及附加

　　　销售费用

　　　管理费用

　　　财务费用

　　　其他业务成本

　　　营业外支出

总账子系统的期末转账模块划分为两个子模块：定义期末转账分录模板模块和生成机制凭证模块。其自动转账的基本原理如图 3 - 15 所示。

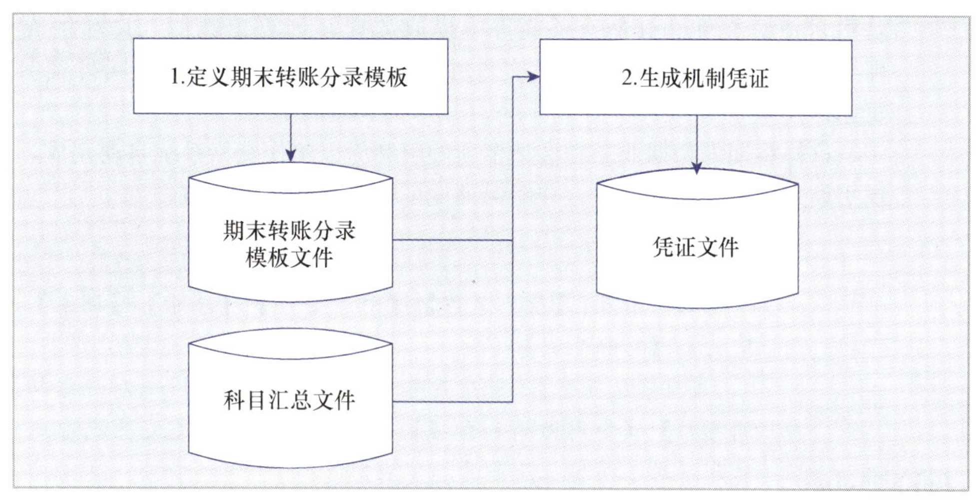

图 3－15　期末自动转账模块的基本原理

1. 定义期末转账分录模板

定义期末转账分录模板模块针对不同业务定义自动转账规则，在系统中设置此类凭证的摘要、借贷方科目、金额计算公式等，并将定义的期末转账分录模板存放在期末转账分录模板文件中。

例 3－12

方华公司于 14 日预付办公室 3 个月租金共计 3 万元，这笔租金费用在 10 月、11 月和 12 月的月末进行分摊，账套主管打算通过期末转账功能生成这笔租金分摊的记账凭证。

第一步，定义期末转账分录模板。方华公司根据预付这笔租金时的账务信息和月末进行平均分摊的特点，定义期末转账分录模板，如表 3－13 所示。

表 3－13

摘要	科目	方向	金额公式
分摊办公室租金	6602 管理费用	借	FS(1123，10，借)/3
分摊办公室租金	1123 预付账款	贷	CE()

说明：函数 FS(1123，10，借）获取会计科目“1123 预付账款”10 月份的借方发生额，函数 CE()根据记账凭证借贷平衡关系获取借贷平衡差额。

第二步，生成机制凭证。方华公司于 10 月末根据所定义的上述期末转账分录模板，生成期末转账记账凭证。

每个会计期末，企业都需要将收入、费用结转至“本年利润”，系统预置了期末损益结转的转账规则。方华公司使用系统预置的规则，生成 10 月份收入结转本年利润和费用结转本年利润两张记账凭证。

2. 生成机制凭证

生成机制凭证模块的功能是系统根据期末转账分录模板，按定义的公式从科目汇总文件和其他有关文件中提取数据并计算出数值，自动生成一张记账凭证，并将其保存在凭证文件中。系统生成的机制凭证同样需要审核、记账。

这样将期末跨期业务和会计事项的填制凭证工作交给系统自动完成，大大提高了期末转账工作的效率，并能保证凭证的正确性和一致性。

实验指导

功能节点：【业务工作】—【财务会计】—【总账】—【期末】—【转账定义】及【转账生成】

【自定义转账】，针对某类业务定义转账规则；【对应结转】、【期间损益】、【费用摊销和预提】等常用期末转账定义功能都是自定义转账针对不同特征业务的具体应用。

期末转账

【对应结转】，用于结转期末余额，当两个或多个上级科目的下级科目及辅助项有一一对应关系时，可将其余额按一定比例系数进行对应结转。

【费用摊销和预提】，用于分期等额摊销待摊费用和计提预提费用，支持定义待摊销总额（或预提总额）和分摊比例（或预提比例）。

【期间损益】，用于结账前将损益科目的期末余额结转至本年利润科目；如果损益科目有辅助核算，则要求本年利润的辅助核算类型与损益科目相同。

【转账生成】，选择转账期间，选择转账规则，生成期末转账凭证。

3.7.3 结账

在会计信息系统中，结账工作由系统自动完成，自动结账功能是由结账模块实现的。

1. 保存结账前状态

保存结账前状态，防止结账过程被中断，一旦由于断电或其他原因造成结账过程中断，可以自动恢复到结账前状态。

2. 结账前必要的检查工作

（1）上月未结账，则本月不能结账。

（2）本月还有未记账凭证时，则本月不能结账。

（3）检查正确，计算本月各账户发生额合计，计算本月各账户期末余额并将余额结转至下月月初。

（4）如果启用了其他子系统，其他子系统先结账，总账子系统才能结账。

（5）如果是结12月份的账，则必须产生下年度的空白账簿文件，并结转年度余额。

（6）做结账标志。

每月只允许结账日结一次账。

在手工条件下，必须结完上月的账才能记下月的账。但在计算机条件下，可以在上月未结账的情况下，输入下一个月的凭证并审核。

3. 会计信息系统结账顺序

如果会计信息系统启用了多个子系统，则需要遵循如图 3-16 所示的结账顺序。

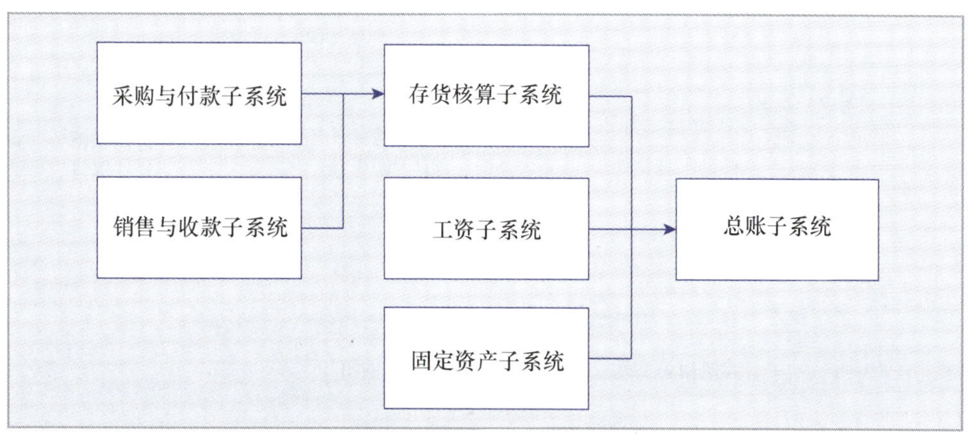

图 3-16　会计信息系统结账顺序

例 3-13

方华公司 10 月份所有经济业务都已填制完记账凭证，已完成记账凭证的审核和记账工作，账套主管对 10 月份进行结账处理。

实验指导

功能节点：【业务工作】—【财务会计】—【总账】—【期末】—【结账】

【结账】，如果当前账套启用了其他子系统，其他子系统执行【结账】功能后，【总账】子系统才能结账。

如果采购与付款子系统分为【供应链】—【采购管理】和【财务会计】—【应付款管理】两个子系统，则【采购管理】先结账，【应付款管理】后结账；如果销售与收款子系统分为【供应链】—【销售管理】和【财务会计】—【应收款管理】两个子系统，则【销售管理】先结账，【应收款管理】后结账；如果存货核算子系统分为【库存管理】和【存货核算】两个子系统，则【库存管理】先结账，【存货核算】后结账。

3.7.4　输出会计账簿

在手工条件下，会计人员必须登记账簿，才能得到总账、明细账和日记账；

通过编制报表才能得到三张表。会计信息系统取消了手工登记账簿和编制报表的环节，取而代之的是系统根据查询条件自动输出账簿和会计报告。其基本原理如图3-17所示。

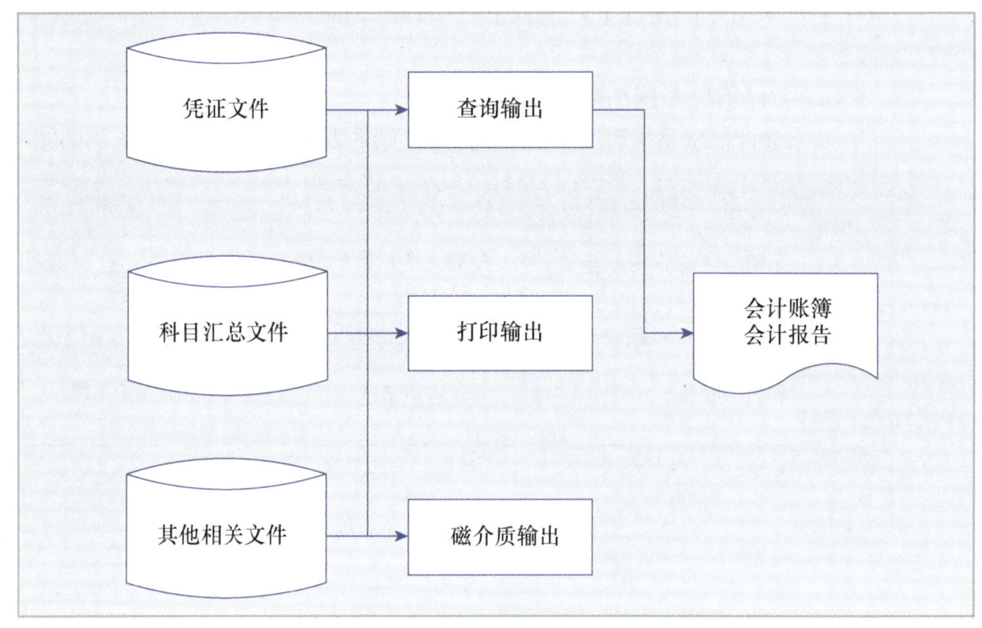

图3-17 输出账簿与会计报告基本原理

查询某科目、某期间的明细账，系统将从凭证文件中筛选出该科目该期间的明细记录，从科目汇总文件中获取该科目该期间的期初余额、借方发生额合计、贷方发生额合计、期末余额，按照既定的明细账格式输出以上数据。查询某科目、某期间、已记账的总账，系统将从科目汇总文件中获取该科目该期间的期初余额、借方发生额合计、贷方发生额合计、期末余额，按照既定的总账格式输出以上数据。

输出方式主要包括查询输出、打印输出、磁介质输出。

(1) 查询输出，即根据会计信息使用者的要求，将各种账簿和会计报告通过网络实时传递到计算机终端上。只要该组织的网络连接到的地方，任何有查询权限的投资者、债权人、管理者，都可以在其权限范围内实时获取账簿和报告信息。

(2) 打印输出，即从打印机上输出各种账簿和报告。

(3) 磁介质输出，即将各种账簿和报告保存在外部磁盘和光盘上，作为长期档案保存。

与此同时，由于查询工作是系统自动完成的，因此，可以根据需要查询账簿信息，即通过查询条件实现账务数据的过滤与输出。

通常使用的查询条件如图3-18所示。

总账子系统可以根据查询条件输出日记账、明细账、总账、科目余额表和资金日报等信息。

过滤条件

月份 —

科目 —

科目自定义类型　全部

币种　全部

□按对方科目展开　○一级科目　○末级科目

□包含未记账凭证　□按科目排序

□显示期初累计

图3-18　查询条件

例3-14

查询方华公司10月份的科目余额表（即试算平衡表）、“银行存款”日记账及总账、“库存商品”明细账及总账、“管理费用”明细账及总账、“本年利润”明细账及总账、“应交税费——增值税”多栏账等账表。

实验指导

功能节点：【业务工作】—【财务会计】—【总账】—【账表】—【科目账】

【总账】，查询某科目、相关期间的总账；在总账输出界面执行【明细】功能，从总账联查明细账。

【明细账】，查询某科目、相关期间的明细账；在明细账输出界面执行【总账】功能，从明细账联查总账；执行【凭证】功能，联查光标所在记录行对应的记账凭证。

输出会计账簿

【日记账】，查询具有“日记账”属性的会计科目对应的日记账，库存现金和银行存款日记账在【总账】—【出纳】模块中查询。

【余额表】，查询相关科目（多个科目）、相关期间的科目余额表，可输出发生额、累计发生额以及余额等信息。

【序时账】，查询相关科目（多个科目）、相关期间的序时明细账务信息，多个科目的账务信息按照时间先后顺序列示在输出结果中。

【多栏账】，针对有多个下级科目的父科目，定义并查询多栏账，在借方发生额或贷方发生额栏下按下级科目分设多栏目。

【日报表】，查询某日所有科目的发生额及余额情况（不包括库存现金、银行存款科目）。

3.8 辅助核算与管理

总账子系统除了提供会计核算所需的基本功能，还在不断完善和发展，目前很多软件的总账子系统增加了往来（客户往来、供应商往来和个人往来）、部门、项目核算与管理等功能。在3.3.3节“会计科目编码及其体系设计”中，介绍了设计立体科目的方法。立体科目主要运用于辅助核算与管理，在填制记账凭证时，录入会计科目的同时，还需要录入立体科目动态链接的档案数据。将立体科目运用于辅助核算与管理，一方面，优化会计科目体系，使会计科目回归细分会计要素的本质；另一方面，打破只能从会计科目角度查询账簿的局限性，支持从会计科目、部门、客户、供应商、职员、项目等多个维度查询会计信息。运用辅助核算与管理，强化了会计的管理职能，可以为内部管理提供更丰富的会计信息。

3.8.1 往来核算与管理

1. 往来核算与管理的意义

往来核算与管理包括个人（职工）往来核算与管理、单位（客户和供应商）往来核算与管理。个人往来是指企业与单位内部职工发生的往来业务；单位往来是指企业与外单位发生的各种债权债务业务。

在实际业务中，往来业务是比较常见的。对于往来单位的管理，手工条件下一般采用多级科目进行核算，即一级科目开设往来总账账户，二级或三级等明细科目开设往来地区、往来客户等多级明细账户。这种科目设计思路会导致科目体系庞大，不利于核算和管理。

例3-15

长江商贸有限责任公司采用传统的会计科目体系设置往来账科目，“应收票据”“应收账款”“预收账款”科目均按不同的客户设置明细科目：

1122	应收账款
112201	华中地区
11220101	湖南省
1122010101	益阳新美有限责任公司
1122010102	岳阳长河股份有限公司
1122010103	湖南远洋股份有限公司
⋮	⋮
11220102	湖北省
1122010201	……

采用传统的科目设计方式不仅会使科目体系庞大，而且要随往来单位的变化经常调整科目体系。另外，需要了解同一个客户的“应收票据”“应收账款”“预

收账款”总账或明细账时，需要分别查看三个科目各自的账簿。为了更方便地管理往来账，该企业“应收票据”“应收账款”“预收账款”科目设计为立体科目，使用客户往来核算和管理模块对应收款项进行管理。这种管理方式大幅减少了科目数量，避免了由于往来单位的变化而造成频繁修改科目；客户的应收款项清晰明了；可方便地按客户对各种应收款项进行统计分析等。

对于往来单位多的单位，非常适合采用基于立体科目的往来核算与管理方式；对于往来单位少且变动不频繁的单位，采用明细科目核算或者立体科目核算都可以。

2. 往来核算和管理模块的主要功能

往来核算和管理模块包括客户往来核算和管理、供应商往来核算和管理以及个人往来核算和管理。本小节以客户往来核算和管理为例，介绍往来核算和管理模块的主要功能，供应商往来核算和管理、个人往来核算和管理的实现机理与客户往来核算和管理相同。

客户往来核算和管理主要包括设置客户档案、设置会计科目、录入期初余额、填制凭证（审核、记账）、往来核销和往来查询等功能。

（1）设置客户档案。维护往来客户的基本信息，如客户编码、客户名称、所属地区、联系方式、客户开户银行和账号、税号、信用信息等，保存于客户档案文件（与销售与收款管理子系统共享客户档案文件）。客户档案信息将在日常核算和辅助账簿查询时使用。

（2）设置立体科目。将客户信息从科目体系中剥离出来，将“应收票据”“应收账款”“预收账款”等设置为“客户往来”辅助核算，即将应收款项设计为立体科目，建立起与客户档案的动态链接关系。

例 3-16

2020 年 10 月 1 日，长江商贸有限责任公司启用新的会计信息系统，计划改进会计科目体系。优化后的客户往来科目体系如表 3-14 所示。

表 3-14

科目编码	科目名称	辅助核算
1121	应收票据	客户往来
1122	应收账款	客户往来
2203	预收账款	客户往来

（3）录入期初余额。在总账子系统录入期初余额模块，输入应收款项期初余额时，将客户期初应收款项明细逐笔输入系统，确保手工与计算机系统往来账的连续性。

（4）日常发生与应收款项有关的经济活动，填制凭证时，使用“应收票据”“应收账款”“预收账款”等“客户往来”辅助核算科目，按系统提示录入客户信息，将每笔应收款项明确到具体客户。按照一般核算流程，对记账凭证进行审核、记账。

（5）往来核销。往来核销模块的功能是自动或手工勾销“两清”往来账，并且清理往来账。

1）逐笔核销。逐笔核销模块的功能是计算机自动找出客户编码完全相同、发生额相等、借贷方向相反的业务（即一对一业务），自动勾销两条记录，并做“勾销”标志。

2）全额核销。全额核销模块的功能是计算机自动找出客户编码完全相同、借贷发生额合计相等的若干条记录（即一对多或多对一的业务），并做“勾销”标志。

3）手工核销。手工核销模块的功能是根据财会人员输入的客户编码，计算机自动找出该客户的全部往来业务，财会人员根据自己的判断逐笔进行核销，并做“勾销”标志。对于往来金额相同但缺少客户编码或由于其他原因计算机不能自动核销的业务，可以使用手工核销模块完成部分核销工作，这样就实现了对上述自动勾销功能进行补充和修改的目的。

总账子系统中介绍的往来核销是基于记账凭证进行应收账款与收款的核销；在销售与收款子系统中将介绍基于原始凭证（销售发票和收款单）进行应收账款与收款的核销，在销售与收款子系统中进行往来核销后，不需要在总账子系统重复核销。

（6）客户往来查询与账龄分析。查询各种往来核算与管理的账表，查询客户余额表（客户名下所有往来科目的余额）、客户往来明细账，查询客户地区余额表、客户地区明细账，查询客户部门余额表、客户部门明细账，查询客户业务员余额表、客户业务员明细账，等等，便于从客户、地区、部门、业务员等维度对应收款项进行管理。根据设置的账龄区间，查询客户往来款项的账龄分布，分析客户往来的信用风险，便于加强对应收款项的催收。

实验指导

功能节点一：【基础设置】—【基础档案】—【客商信息】—【客户分类】、【客户档案】

如果对客户进行分类管理，需要在维护客户信息前，在【客户分类】档案中，录入客户分类信息。

在【客户档案】中增加、修改、删除客户信息。

功能节点二：【基础设置】—【基础档案】—【财务】—【会计科目】

对“应收票据”“应收账款”“预收账款”等应收款项科目设置“客户往来”辅助核算。

功能节点三：【业务工作】—【财务会计】—【总账】—【期初】—【期初余额】

将客户期初应收款项明细逐笔输入系统。

功能节点四：【业务工作】—【财务会计】—【总账】—【凭证】—【填制凭证】、【审核凭证】、【记账】

填制与应收款项有关的记账凭证时，录入客户信息。对记账凭证进行审核、记账。

功能节点五：【业务工作】—【财务会计】—【总账】—【账表】—【客户往来辅助账】—【客户往来两清】

进行客户往来款项的核销，系统提供自动与手工勾对两种方式清理客户欠款。

功能节点六：【业务工作】—【财务会计】—【总账】—【账表】—【客户往来辅助账】

【客户科目余额表】，查询一家或多家客户、一个或全部应收款项科目的期初余额、本期借方发生额、本期贷方发生额以及期末余额。

【客户科目明细账】，查询一家或多家客户、一个或全部应收款项科目的明细账。

【客户往来账龄分析】，设置账龄区间，按制单日期或业务日期进行账龄分析。

其他账表：按客户和部门、业务员、项目等组合查询余额表及明细账，按客户分类、客户地区分类查询余额表及明细账。

说明：供应商往来、个人往来的功能节点与客户往来相似，本小节不再重复介绍。

3.8.2 部门核算与管理

1. 部门核算与管理的意义

在实际业务中，往往需要对各部门进行费用管理。实施责任中心管理的单位不仅需要对成本中心的各项成本、费用进行核算与管理，而且需要对利润中心的相关收入、费用进行核算与管理。传统的核算方法通常按具体的部门开设收入、费用等科目的明细账，这样必然增加明细科目的级次，科目体系庞大；企业组织机构一旦调整，科目体系必须随之变化。此外，更重要的是传统的科目体系只能从会计科目角度查看账表。

例3-17

长江商贸有限责任公司按照销售毛利对各销售部门进行考核。采用传统的会计科目体系设计科目体系：

6001	主营业务收入
600101	销售一部
600102	销售二部
600103	销售三部
6401	主营业务成本
640101	销售一部
640102	销售二部
640103	销售三部

如果调整销售机构，“主营业务收入”和“主营业务成本”的明细科目必须

同步调整。无法直接通过账表查询了解销售机构的销售毛利信息，例如为了分析销售一部的销售毛利，需要先查询“600101”的明细账获取销售一部的主营业务收入的发生额，再查询“640101”的明细账获取销售一部的主营业务成本的发生额，通过电子表格等工具将两次获取的数据进行再一次加工，才能计算出销售一部的销售毛利，严重影响管理效率。

对会计科目“主营业务收入”“主营业务成本”进行优化，从明细科目转变为立体科目。将部门信息从会计科目“主营业务收入”“主营业务成本”中分离出来，通过“部门档案”管理部门信息，建立会计科目“主营业务收入”“主营业务成本”和“部门档案”之间的动态链接关系。立体科目“主营业务收入”“主营业务成本”将运用于各销售部门的日常核算与管理。

部门核算与管理适用于解决对各部门进行成本或费用控制、对责任中心进行评价与考核、对各部门实行备用金管理等问题。优化明细科目体系，建立起与部门档案动态链接的立体科目，将立体科目运用于日常的核算与管理。

2. 部门核算与管理的主要功能

部门核算与管理主要包括设置部门档案、设置立体科目、录入期初余额、填制凭证（审核、记账）、查询部门辅助账等功能。

(1) 设置部门档案。维护部门信息如部门编码、部门名称等，保存于部门档案文件（与其他子系统共享部门档案文件）。部门档案信息将在日常核算和辅助账簿查询时使用。

(2) 设置立体科目。将部门信息从科目体系中分离出来，把部门管理的收入、费用等科目设置为“部门核算”，即将收入、费用等科目设计为立体科目，建立起相关科目与部门档案的动态链接关系。

例 3-18

长江商贸有限责任公司优化后的部门核算科目体系如表3-15所示。

表 3-15

科目编码	科目名称	辅助核算
6001	主营业务收入	部门核算
6002	主营业务成本	部门核算

(3) 录入部门期初余额。在总账子系统录入期初余额模块，输入相关部门的累计借方、累计贷方和期初余额，确保新旧系统之间数据的连续性。

(4) 日常发生与部门辅助核算有关的经济活动，填制凭证时，使用部门核算类辅助核算科目，按系统提示录入部门信息，将每笔收入、费用等明确到具体部门。填制记账凭证后，按照一般核算流程执行审核、记账等操作。

(5) 查询部门辅助账。从科目维度查询各部门的明细账、总账，了解所查询收入或费用科目的部门构成信息；从部门维度查询相关收入、费用等科目的总账、明细账，了解所查询部门各项收入、费用等的明细及汇总信息；进行部门收支分析，了解利润中心的销售毛利等损益信息。

实验指导

功能节点一：【基础设置】—【基础档案】—【机构人员】—【机构】—【部门档案】

增加、修改、删除部门信息。

功能节点二：【基础设置】—【基础档案】—【财务】—【会计科目】

根据管理需求，将"管理费用"（或"主营业务收入""主营业务成本"等）需要进行部门核算的科目设置为"部门核算"辅助核算。

功能节点三：【业务工作】—【财务会计】—【总账】—【期初】—【期初余额】

按部门录入部门核算类科目的借方累计、贷方累计、期初余额等数据。

功能节点四：【业务工作】—【财务会计】—【总账】—【凭证】—【填制凭证】、【审核凭证】、【记账】

填制与部门核算有关的记账凭证时，录入部门信息。对记账凭证进行审核、记账。

功能节点五：【业务工作】—【财务会计】—【总账】—【账表】—【部门辅助账】

查询部门科目总账、部门总账、部门科目明细账、部门明细账、部门多栏账、部门收支分析等账表。

【部门科目总账】，查询多年度某科目下各个部门的发生额及余额汇总情况。

【部门总账】，查询某部门的各费用、收入科目（即在【会计科目】中账类设为部门核算的科目）的发生额及余额汇总情况。

【部门科目明细账】，查询某科目下各个部门的明细账。

【部门明细账】，查询某部门的各个费用、收入科目（即在【会计科目】中账类设为部门核算的科目）的明细账。

【多栏明细账】，查询某部门的各个费用、收入科目的多栏明细账。

【部门收支分析】，为了加强对各部门收支情况的管理，对所有部门核算科目的发生额及余额按部门进行分析。

3.8.3 项目核算与管理

1. 项目核算与管理的意义

在实际业务中，单位经常需要核算某些项目（如科研项目、工程项目、咨询项目、合同等）的成本、费用以及收入等。传统的方法是按具体的项目开设明细账进行核算，这样必然增加明细科目的级次，科目体系庞大，同时给会计核算与管理资料的提供带来极大的困难。另外，会计年度是从 1 月 1 日到 12 月 31 日，按照会计科目对项目进行核算只能按会计年度进行，但很多工程项目、投资项目等是跨年度的，企业对项目的核算和管理希望反映项目在整个工期的财务状况。因此，传统会计核算无法满足项目核算和管理的需求。在总账子系统中，借助计算机处理数据的特点，可以增加项目核算与管理功能模块。通过该功能模块，不仅可以方便地按项目核算成本、费用和收入，而且为这些成本、费用及收入情况的管理提供快速、方便的辅助手段。

2. 项目核算与管理模块的主要功能

项目核算与管理模块的功能主要包括项目定义、设置立体科目、录入期初余额、填制凭证（审核、记账）、查询项目辅助账等功能。

（1）项目定义。项目定义模块包括定义项目大类、定义具体项目等功能模块。

1）定义项目大类。可以根据管理需求将单位若干项目划分为几个项目大类，通常不同项目大类核算的会计科目也不同。定义项目大类模块的功能是将单位若干项目划分为多个大类，并将各项目大类编号、名称输入系统，保存在项目文件中。

例3-19

长江商贸有限责任公司的项目分为两大类：科研项目和基建项目。项目大类定义如表3-16所示。

表3-16

项目大类编号	项目大类名称
KYXM	科研项目
JJXM	基建项目

2）定义项目分类。在项目大类的基础上根据项目的特征定义项目分类，将同一大类的项目按项目分类进行细分。

例3-20

长江商贸有限责任公司将科研项目大类分为独立研究和合作研究两个分类，将基建项目大类分为改扩建工程和新建工程两个分类。

3）定义具体项目。定义具体项目模块的功能是在定义项目大类和分类后，定义每一个项目分类下有哪些具体项目，即建立各个具体项目的小档案，对各个具体项目做进一步的说明，并将结果保存在项目文件中。定义具体项目应该包括项目编码、项目名称、开始日期、完工日期、所属分类名称、项目负责人等。

例3-21

长江商贸有限责任公司对科研项目下的具体项目定义如表3-17所示。

表3-17

项目代码	项目名称	开始日期	完工日期	所属分类名称	负责人
0001	流程自动化设计与实施项目	2020-10-01	2021-10-30	独立项目	张瑞君
0002	机器人攻关项目	2020-10-01	2022-05-30	合作项目	王研究
0003	扩建1号办公楼	2020-10-01	2021-09-30	改扩建项目	李红
⋮	⋮	⋮	⋮	⋮	⋮

（2）设置立体科目。将项目信息从科目体系中剥离出来，将相关会计科目设置为“项目核算”辅助核算，并选择相应的项目大类，即将相关科目设计为立体科目，建立起与项目档案的动态链接关系。

例 3-22

长江商贸有限责任公司将会计科目“研发支出”设置为与科研项目大类动态链接的立体科目，将会计科目“在建工程”设置为与基建项目大类动态链接的立体科目。

（3）录入期初余额。在总账子系统录入期初余额模块中，录入启用系统前已经开始执行的每个项目的累计借方、累计贷方和期初余额，确保手工与计算机系统往来账的连续性。启用系统之后开始执行的项目没有期初余额。

（4）日常发生与项目有关的经济活动，填制凭证时，使用相关项目辅助核算科目，按系统提示录入项目信息，将相关成本、费用、收入等明确到具体项目。按照一般核算流程，对记账凭证进行审核、记账。

（5）项目账表输出。项目账表输出模块的功能是从凭证文件、项目文件、科目汇总文件等文件中筛选出与项目有关的数据，进行加工整理，随时输出项目核算与管理所需的账簿和统计分析。项目账表输出模块输出的主要内容包括：

1）项目总账。项目总账指反映项目对应各个科目的各期（通过起始月份与终止月份指定的）发生额和余额的账簿。

2）某科目的项目明细账。某科目下，各项目的明细数据有三栏式和多栏式两种格式。

3）某项目的明细账。某具体项目对应各个科目下的明细数据。

4）项目统计分析。项目统计表是反映各个项目在各个对应科目下期初余额、借贷方发生额及期末余额的汇总报表。通过此汇总报表可为管理者提供各项目的进展情况及各项目的开支情况，以便于对项目的管理和控制。

例 3-23

长江商贸有限责任公司上半年各项目在建工程材料费和人工费统计如表 3-18 所示。

表 3-18 项目统计表

月份：1—6

项目名	合计	材料费	人工费
会计信息系统设计与实施	50 000	10 000	40 000
AA 攻关项目	1 870 000	1 300 000	570 000
改建 1 号楼办公楼	2 000 000	1 600 000	400 000
⋮	⋮	⋮	⋮
合计	6 800 000	5 000 000	1 800 000

实验指导

功能节点一：【基础设置】—【基础档案】—【财务】—【项目大类】、【项目分类】、【项目目录】

建立项目大类，将项目大类细分为项目分类，并在项目目录中维护项目基本信息。

功能节点二：【基础设置】—【基础档案】—【财务】—【会计科目】

将需要进行项目核算的科目设置为“项目核算”辅助核算，并指定项目大类。

功能节点三：【业务工作】—【财务会计】—【总账】—【期初】—【期初余额】

按项目录入项目核算类科目的借方累计、贷方累计、期初余额等数据。

项目辅助核算

功能节点四：【业务工作】—【财务会计】—【总账】—【凭证】—【填制凭证】、【审核凭证】、【记账】

填制与“项目核算”有关的记账凭证时，录入项目信息。对记账凭证进行审核、记账。

功能节点五：【业务工作】—【财务会计】—【总账】—【账表】—【项目辅助账】

【项目总账】，查询多年度某部门、项目下的费用、收入等项目核算科目的发生额及余额汇总情况。

【项目明细账】，查询某项目及部门的费用、收入等项目核算科目的明细账。

【项目统计分析】，自行选择项目范围或项目筛选条件、科目范围、期间范围，查询项目的费用、收入等辅助核算信息。

3.8.4 辅助核算与管理实验案例

长江商贸有限责任公司成立于2020年6月，经营多种商品，产品销往全国多个省市，客户数量众多。2020年10月1日，长江商贸有限责任公司启用新的会计信息系统，计划实施辅助核算与管理改进会计核算体系，拟采用客户往来核算方式核算应收账款、应收票据和预收账款，采用供应商往来核算方式核算应付账款、应付票据和预付账款，采用部门核算方式核算主营业务收入和主营业务成本。

建立账套

1. 建立账套与授权

建立账套：根据该企业提供的背景资料，可以选择与之相适应的主要系统参数并将其录入系统。

账套号：002

账套名称：长江商贸

单位名称：长江商贸有限责任公司

启用日期：2020 年 10 月 1 日

会计期间：1 月 1 日—12 月 31 日

记账本位币：人民币（RMB）

企业类型：商业

行业性质：2007 年新会计准则科目（按行业性质预置会计科目）

分类信息：存货不分类、客户分类、供应商分类

外币业务：无外币核算

会计科目编码方案：4—2—2

其余编码方案都采用默认方案。

数据精度采用默认精度。

用户管理：完成建立账套工作，增加张云（建议用你的姓名作为用户名）和杨柳两名用户（如果在方华公司账套中已增加这两名用户，本账套无须重复增加用户）。

权限设置：由系统管理员将张云设置为长江商贸账套的账套主管，账套主管具有所有功能权限。在长江商贸案例中，账套主管主要负责凭证填制、记账、查账和银行对账等工作。由账套主管（张云）给杨柳授权：审核凭证、查询凭证、打印凭证。

2. 基础设置

由账套主管登录“U8 企业应用平台”，登录日期为 2020 年 10 月 1 日，完成基础设置工作。

（1）设置部门档案。部门档案如表 3-19 所示。

表 3-19　部门档案

编码	名称	部门属性	负责人
1	行政部	管理	
2	销售部	销售	
201	销售一部	销售	
202	销售二部	销售	
3	采购部	采购	

（2）设置客户分类档案。客户分类档案如表 3-20 所示。

表 3-20　客户分类档案

客户分类编码	客户分类名称
01	华中地区
01001	湖南
01002	湖北
02	华南地区
02001	广东
02002	广西
03	华北地区

（3）设置客户档案。客户档案如表3-21所示。

表3-21　客户档案

编码	名称	简称	所属客户分类
001	益阳新美有限责任公司	益阳新美	01001 湖南
002	岳阳长河股份有限公司	岳阳长河	01001 湖南
003	湖南远洋股份有限公司	湖南远洋	01001 湖南

（4）设置供应商分类档案。供应商分类档案如表3-22所示。

表3-22　供应商分类档案

供应商分类编码	供应商分类名称
01	华中地区
01001	湖南
01002	湖北
02	华南地区
02001	广东
02002	广西
03	华北地区

（5）设置供应商档案。供应商档案如表3-23所示。

表3-23　供应商档案

编码	名称	简称	所属供应商分类
001	光大科技股份有限公司	光大科技	02001 广东
002	广东泰信股份有限公司	广东泰信	02001 广东
003	浏阳思芬有限责任公司	浏阳思芬	01001 湖南

3. 设置立体科目

立体科目设置

系统预置了2007年会计准则科目体系，在此基础上，完成以下科目修改与设置：

- “库存现金”设置为日记账。
- “银行存款”设置为银行账、日记账。
- “营业税金及附加”科目名称改为“税金及附加”。
- 增加“应交税费”下级科目，如表3-24所示。

表3-24

科目编码	科目名称	余额方向
2221	应交税费	贷
222101	应交增值税	贷
22210101	进项税额	借
22210102	销项税额	贷
22210103	已交税金	借
22210104	进项税额转出	贷

续表

科目编码	科目名称	余额方向
22210105	转出多交增值税	贷
22210106	转出未交增值税	借
222102	未交增值税	贷
222103	应交消费税	贷
222104	应交城市维护建设税	贷
222105	应交教育费附加	贷
222106	应交所得税	贷

- “应收账款”“应收票据”“预收账款”设置为客户往来核算。
- “应付账款”“应付票据”“预付账款”设置为供应商往来核算。
- “主营业务收入”“主营业务成本”设置为部门核算。

4. 录入期初余额

科目余额表如表3-25所示。

表3-25 科目余额表

科目编码	科目名称	核算类型	累计借方	累计贷方	期初余额	余额方向
1001	现金		0	0	0	借
1002	银行存款		767 800	452 150	315 650	借
1122	应收账款	客户往来	368 550	351 600	16 950	借
	益阳新美		122 850	117 200	5 650	借
	湖南远洋		245 700	234 400	11 300	借
1405	库存商品		405 000	255 000	150 000	借
1601	固定资产		1 000 000		1 000 000	借
1602	累计折旧			50 000	50 000	贷
2202	应付账款	供应商		22 600	22 600	贷
	光大科技			7 910	7 910	贷
	浏阳思芬			14 690	14 690	贷
2221	应交税费		70 550	110 550	40 000	贷
222101	应交增值税		70 550	70 550	0	贷
22210101	进项税额		68 850		68 850	借
22210102	销项税额			70 550	70 550	贷
22210103	已交税金		1 700		1 700	借
222106	应交所得税			40 000	40 000	贷
2501	长期借款			950 000	950 000	贷
4001	实收资本			300 000	300 000	贷
6001	主营业务收入	部门核算	415 000	415 000	0	贷
6401	主营业务成本	部门核算	255 000	255 000	0	借
6801	所得税费用		40 000	40 000	0	借
4103	本年利润		295 000	415 000	120 000	贷

辅助核算——应收账款期初明细如表3-26所示。

期初余额

表3-26

日期	凭证号数	客户编码	客户名称	摘要	方向	本币期初余额	票号	票据日期
2020-09-21	5	001	益阳新美	赊销商品	借	5 650	100001	2020-09-20
2020-09-25	6	003	湖南远洋	赊销商品	借	11 300	100002	2020-09-25

辅助核算——应付账款期初明细如表3-27所示。

表3-27

日期	凭证号数	供应商编码	供应商名称	摘要	方向	本币期初余额	票号	票据日期
2020-09-13	9	001	光大科技	赊购商品	贷	7 910	300051	2020-09-10
2020-09-29	11	003	浏阳思芬	赊购商品	贷	14 690	500022	2020-09-18

辅助核算——主营业务收入、主营业务成本期初如表3-28所示。

表3-28

会计科目	部门	借方累计	贷方累计
主营业务收入	销售一部	415 000	415 000
主营业务成本	销售一部	255 000	255 000

销售二部成立于2020年10月，不需要录入期初余额。

5. 填制记账凭证

由账套主管登录“U8企业应用平台”，填制记账凭证。

辅助核算记账凭证录入

（1）10月，公司发生如下采购业务，填制供应商往来辅助核算业务凭证（以下业务凭证填制日期为2020-10-05）。

1）5日，从光大科技购入商品，不含税金额为10 000元（增值税额为1 300元），商品已经收到，货款尚未支付（票号：1100001，票据日期：2020-10-05）。

2）5日，从广东泰信购入商品，不含税金额为30 000元（增值税额为3 900元），商品已经收到，货款尚未支付（票号：7400004，票据日期：2020-10-05）。

3）5日，从浏阳思芬购入商品，不含税金额为30 000元（增值税额为3 900元），商品已经收到，货款尚未支付（票号：9300003，票据日期：2020-10-05）。

（2）10月，公司发生如下销售业务，填制客户往来辅助核算业务凭证，填制结转销售成本的记账凭证（以下业务凭证填制日期为2020-10-10）。

1）10日，销售一部销售给岳阳长河不含税金额为50 000元的商品（增值税额为6 500元），款项尚未收到（发票票号：6100001，票据日期：2020-10-10）。

同时，结转销售成本25 000元。

2）10日，销售二部销售给湖南远洋不含税金额为10 000元的商品（增值税额为1 300元），款项尚未收到（发票票号：6100002，票据日期：2020-10-10）。

同时，结转销售成本6 000元。

3）10 日，销售一部销售给益阳新美不含税金额为 8 000 元的商品（增值税额为 1 040 元），款项尚未收到（发票票号：6100003，票据日期：2020-10-10）。

同时，结转销售成本 4 800 元。

（3）10 月，公司发生如下收付款及商业汇票业务，填制相关凭证（以下业务凭证填制日期为 2020-10-12）。

1）12 日，以期限为 30 天的银行承兑汇票（商业汇票号：99901，票据日期：2020-10-12）支付浏阳思芬货款 14 690 元（发票票号：500022，票据日期：2020-10-05）。

2）12 日，以银行转账方式支付广东泰信货款 33 900 元（票号：7400004，票据日期：2020-10-05）。

3）12 日，收到湖南远洋发来的货款 40 000 元（支付所欠期初及本期新增货款 22 600 元，预付货款 17 400 元）（票号：6100002，票据日期：2020-10-10）。

4）12 日，收到益阳新美一张期限为 30 天的银行承兑汇票（商业汇票号：99801，票据日期：2020-10-12），金额为 5 650 元（发票票号：6100003，票据日期：2020-10-10）。

6. 记账凭证审核与记账

以用户杨柳登录“U8 企业应用平台”，登录日期为 2020 年 10 月 31 日，完成记账凭证的审核工作。

以账套主管登录“U8 企业应用平台”，登录日期为 2020 年 10 月 31 日，完成记账工作。

7. 辅助核算账表查询

账套主管登录长江商贸账套，查询以下账表：

- 凭证列表；
- 客户科目余额表、客户科目明细账；
- 供应商科目余额表、供应商科目明细账；
- 部门收支分析；
- 科目余额表。

思考题

1. 简述总账子系统的特点。
2. 简述 IT 环境下与手工环境下账务处理的异同。
3. 根据模块划分的原则，说明总账子系统至少应包括哪几个主要模块。
4. 简述会计科目编码设计的意义。请设计出两种具体的会计科目编码方案，并说明设计这两类科目编码时应遵循的原则。你设计的这些编码在总账子系统中有哪些作用？

5. 在填制凭证模块中为什么要有正确性检查措施？简述填制凭证模块应该包含哪些正确性检查措施。

6. 中盛公司根据本公司的特点给出总账子系统的数据处理过程：

(1) 由录入员通过键盘输入凭证，或通过自动转账生成机制凭证，输入的凭证经检查无误后，写入记账凭证文件；

(2) 对记账凭证中未审核的凭证进行审核；

(3) 随时用记账凭证文件更新科目余额文件，以便随时查询任意会计科目的当前借方发生额、贷方发生额及期末余额；

(4) 根据科目余额文件和记账凭证文件编辑输出现金日记账和银行存款日记账以及其他各种明细分类账；

(5) 根据记账凭证文件和对账单文件对银行业务进行对账，只能将对账单文件中的已达账删除；

(6) 根据科目余额文件编辑输出总账；

(7) 根据科目余额文件和记账凭证文件生成会计报表。

要求：根据中盛公司账务处理的要求，绘制相应的数据处理流程图。

7. 在总账子系统中，基础设置的含义是什么？请说明基础设置的基本内容和原因。

8. 当发现输入的记账凭证有错误时，谁有权修改？应该如何进行修改？试对两种不同条件下（未审核凭证、已审核凭证）的凭证修改进行说明。

9. 众生公司科目文件结构如下：

序号	字段名
1	科目编码
2	科目名称
3	科目类别
4	辅助核算
5	父科目

科目文件中部分数据列示如下：

科目编码	科目名称	科目类别	辅助核算	父科目
1001	库存现金	资产		
1002	银行存款	资产		
100201	中行	资产		1002
100202	建行	资产		1002
1122	应收账款	资产		
112201	北京地区	资产	客户往来	1122
11220101	A 企业	资产	客户往来	112201
112202	上海地区	资产	客户往来	1122
11220201	B 企业	资产	客户往来	112202
11220202	C 企业	资产	客户往来	112202

续表

科目编码	科目名称	科目类别	辅助核算	父科目
1221	其他应收款	资产		
122101	应收备用金	资产	个人往来	1221
6051	其他业务收入	损益	项目核算	
6402	其他业务成本	损益	项目核算	
6602	管理费用	损益	部门核算	
660201	差旅费	损益	部门核算	6602
660202	办公费	损益	部门核算	6602

试分析在科目文件中设计辅助核算和父科目字段的目的是什么。

10. 某研究院是石油天然气总公司最大的综合性科研单位之一，拥有 40 多个处、所、公司，研究的课题数量大。在传统核算方式下，科目设置方法如下：

一级科目为“在研课题费用”；二级科目分为“横向”和“纵向”；三级科目为各处、所名称；四级科目为课题号；五级科目则是劳务费、原材料费、差旅费、设备购置费、专用业务费、院所管理费、研究室管理费等 12 个栏目，而五级科目的重复率最高。如果将这种科目设置方式照搬到计算机上，则课题越多，科目体系越庞大，该单位仅“在研课题”科目下属的明细科目记录已达 2 500 多个。这样在计算机上填制有关课题业务的凭证速度就非常慢，同时也不利于各明细费用的横向统计。

为了更好地核算每个项目，该研究院采用了用友软件公司的项目管理模块，使用项目核算和管理可以核算项目（如课题）的成本费用和收入情况，它以项目为中心进行核算和管理。这样不但便于操作，而且速度快，账表可任意选择格式，还可以得到各种项目统计分析表，使得课题的收入与支出一目了然。

要求：

(1) 列出传统会计科目体系，然后将项目从科目体系中剥离出来，重新建立新的会计科目体系。

(2) 根据所学知识，结合具体软件的学习体会，设计出项目核算和管理的具体步骤。

(3) 给出项目总账、项目明细账示例。

扫码做题

第 4 章

Chapter 4

采购与付款核算与管理

学习目标

1. 理解采购与付款子系统的目标。
2. 掌握 IT 环境下采购与付款的主要流程。
3. 掌握采购与付款子系统的主要数据文件和功能结构。
4. 掌握采购结算、付款结算的作用及实现机理。
5. 掌握财务业务一体化策略的作用及实现机理。
6. 了解采购与付款管理分析方法。

4.1 采购与付款循环的核算与管理需求分析

采购与付款业务循环是企业经营活动中一个非常重要的业务循环。采购与付款业务循环需要经过请购、接收并整理需求、选择供应商、确认订单、验收入库、确认发票、支付货款等环节。

4.1.1 采购与付款业务流程分析

采购与付款业务涉及请购部门、采购部门、验收部门、会计部门以及外部供应商，非常复杂。本小节将对采购与付款流程进行深入分析，系统地了解采购与付款业务循环。

1. 基本流程描述

由于行业不同，采购与付款业务流程也会不同；就同行业来说，不同企业的管理风格不同，其采购与付款业务流程也不尽相同。手工环境下采购与付款业务的基本流程如图 4－1 所示。

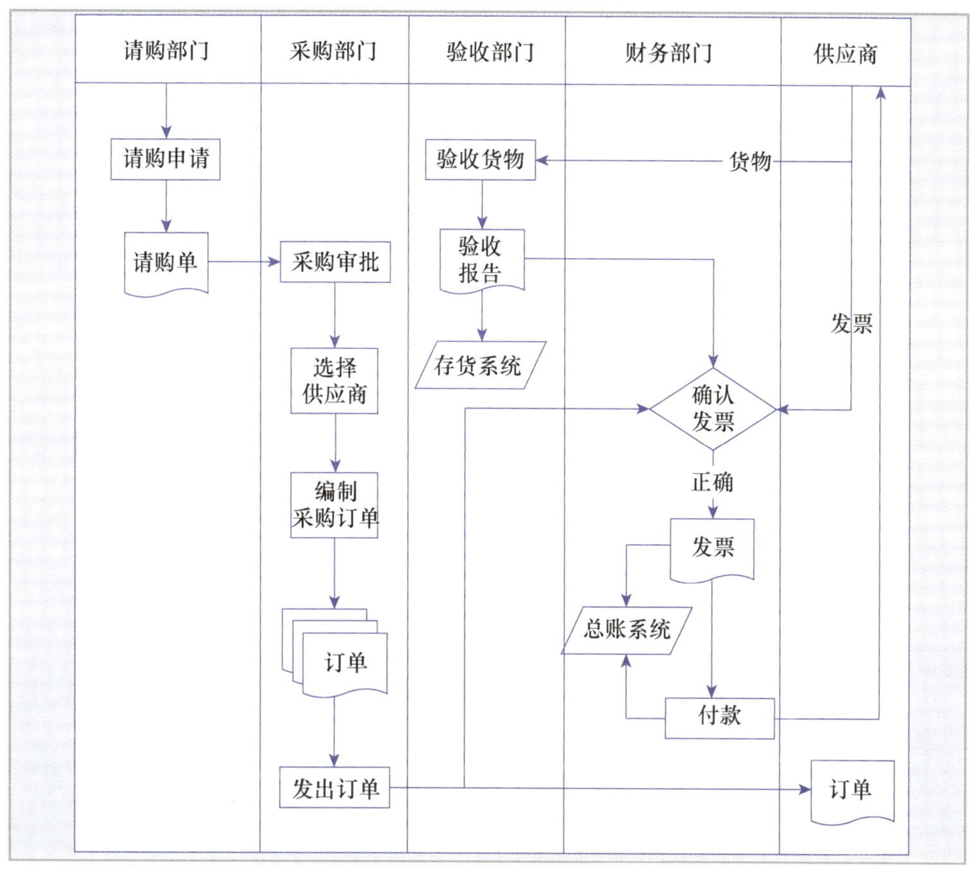

图 4-1 采购与付款基本流程

2. **流程说明**

(1) 请购。存货使用部门根据需求向采购部门提交购买存货的请购单。

(2) 接收并整理需求。采购部门收到请购单，由专职人员负责接收并整理来自不同部门的请购单。

(3) 选择供应商。采购部门根据供应商的报价、存货的规格、送货条件、存货质量、售后服务等要素，选择优质供应商。

(4) 编制采购订单。与供应商洽谈后，采购部门编制采购订单，确定需要采购的存货种类、数量等信息。

(5) 发出订单。将订单发送给供应商，同时提供给会计部门、验收部门。

(6) 验收入库。存货到达企业，验收部门进行质量检验，如果验收合格，出具验收报告，将存货收进仓库，并将验收报告送到会计部门。

(7) 处理采购发票。当会计部门收到来自供应商的发票时，找出对应验收报告、采购订单进行核对，计算存货成本，编制记账凭证：

借：原材料等

　　应交税费——应交增值税（进项税额）

　　贷：应付账款

（8）付款。到期付款时，会计部门向供应商签发支票付款，同时编制记账凭证，进行账务处理：

借：应付账款

　贷：银行存款

4.1.2 手工环境下采购与付款管理困惑的案例分析

通过上述分析可以看出，采购和付款流程非常复杂，数据存储量大，数据变化频繁，涉及的部门多，管理难度大。在手工环境下，由于没有信息技术的支持，信息的实时传递、动态反映、共享和一致性无法得到保证。其结果是各个部门各自为政，业务协同性差，会计部门还成了整个流程的瓶颈，导致整个流程运作效率低下。

图4-2为福特北美公司在手工环境下的采购与付款流程图。

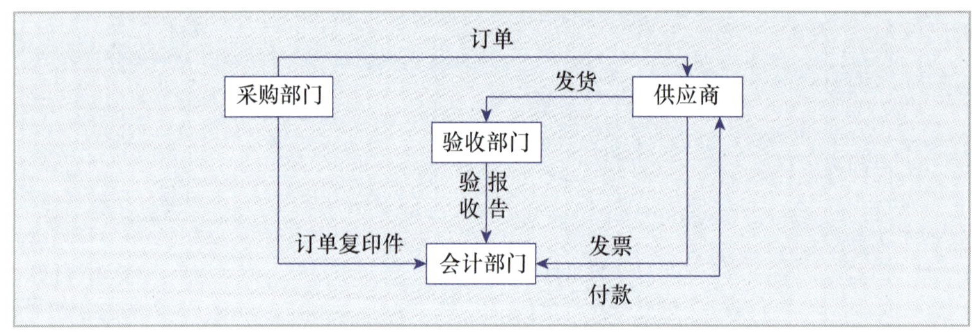

图4-2 福特北美公司在手工环境下的采购与付款流程

（1）采购部门向供货商发出订单，并将订单的复印件送往会计部门；

（2）供货商发货，福特的验收部门收检，并将验收报告送到会计部门；

（3）供货商将产品发票送至会计部门；

（4）当订单、验收报告、发票三者一致时，会计部门才能付款。

在这种流程下，由于人工数据处理和数据传递的局限性，会计部门成为瓶颈：当验收部门不及时提供验收报告、采购部门不及时提供采购订单时，会计部门就不得不因单据的传递效率低下，延误采购结算和付款；当采购订单或者验收报告因两个部门分别编制而出现数据不一致时，会计部门又要把大量时间花费在处理这三单是否吻合上，从而造成人员、资金和时间的浪费。当时福特北美公司会计部门雇用员工500余人，冗员严重，效率低下，为此，公司决定运用信息技术，改变原有流程，削减不必要的流程，在信息系统的支持下，提高信息传递的速度、准确性和共享程度，在裁员20%以上的情况下仍然能够实现企业的管理目标。

4.2 IT环境下采购与付款子系统的流程分析

在信息社会，充分利用信息技术，并将其与管理融合，建立采购与付款系统，是采购与付款核算和管理的必然趋势。

目前，企业采购业务流程相差较大，采购订单或订单管理差别较大，加大了系统设计的难度。与此同时，采购与付款业务在核算和管理上还有诸多特点和要求，也为利用信息技术构建采购与付款子系统提供了广阔的应用空间。下面从系统目标、流程进行深入讨论。

4.2.1　采购与付款子系统的目标

采购与付款子系统的目标包括以下几个方面：

（1）灵活、正确地反映企业个性化特征。不同企业其采购类型、结算方式、付款条件，乃至供应商都不尽相同，即使同一企业在不同时期，上述特征也会变化。因此，采购与付款子系统必须能够灵活、准确地反映企业个性化特征，满足不同时期企业管理变革的需求。

（2）规范企业采购与付款业务流程，收集业务流程中产生的采购订单、采购发票、付款单、入库单等重要经济信息。在规范流程和收集信息的基础上，对采购价格、款项支付等重要控制点进行实时控制。

（3）加强对资金的管理。在采购与付款子系统中，能够动态体现从收到发票到对外付款的资金管理过程，反映和监督存货采购交易过程中资金需求和支付情况，跟踪应付账款的到期日，为预测资金需求、编制资金计划和控制资金支付过程提供重要依据。

（4）提供各种核算和管理信息。系统应及时准确地为采购部门、会计部门等提供采购订单执行进度、存货采购成本、供应商往来款项等管理信息。

（5）实现与总账子系统的信息集成，通过财务业务一体化应用，将采购与付款子系统收集的采购发票、付款单等原始凭证转化为记账凭证，存储于凭证文件中。

4.2.2　采购与付款业务流程分析

采购与付款业务流程如图 4－3 所示。

（1）请购部门录入请购单，存储于请购单文件中。企业各部门需要采购存货时首先编制请购单，向采购部提出采购申请。有多种方法编制请购单：

1）录入请购单。请购者编制购买存货的请购单，通过录入模块将请购单输入计算机，并保存在请购单文件中。

2）物料需求计划（MRP）系统传入。有些企业实施了 MRP 系统，该系统经过 MRP 运算后自动生成采购计划，并将其传递到请购单文件。

（2）采购部门录入采购订单，存储于采购订单文件中。采购部门审核并统计请购单，整理物料需求信息。综合考虑现有库存情况，确定需要外购的存货种类及数量，选择合适的供应商，洽谈并签订采购订单。

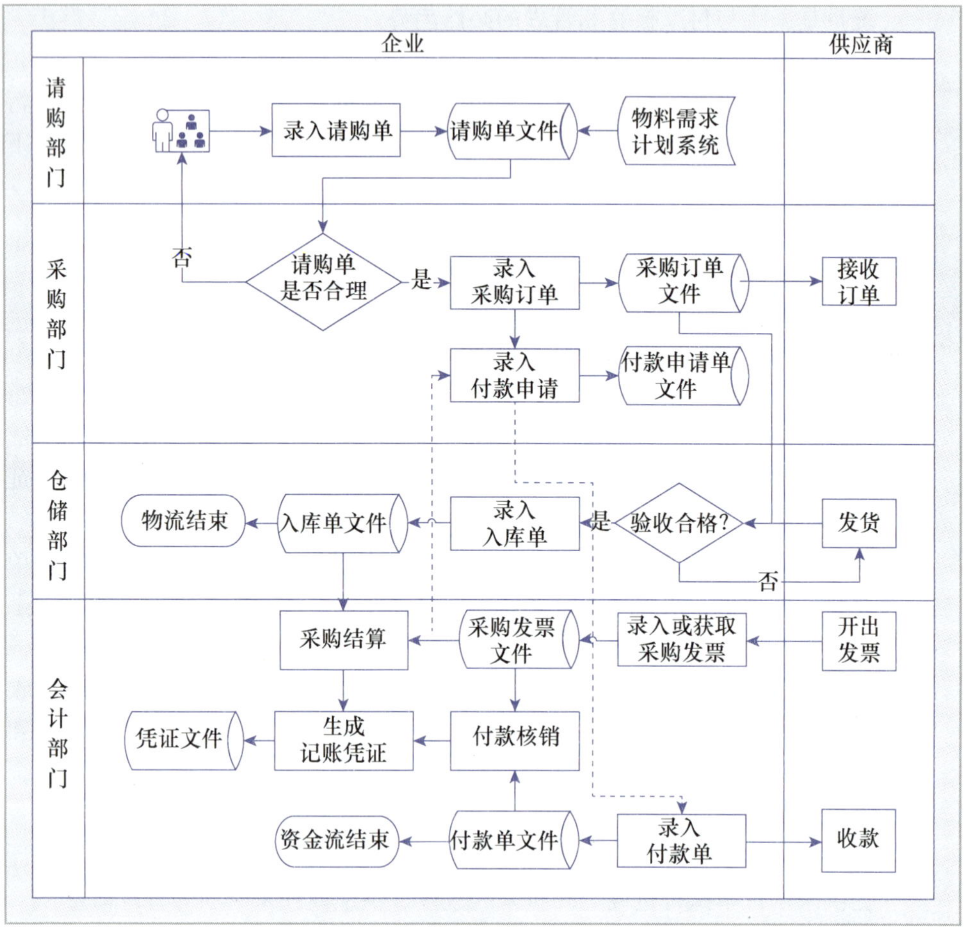

图4-3　IT环境下采购与付款业务流程

（3）仓库部门录入入库单，存储于入库单文件中。供应商按采购订单约定时间发货，企业收到货物，质检合格后，仓库部门验收入库，并通过入库单记录入库信息。

（4）会计部门录入或获取采购发票，存储于采购发票文件中。采购发票可以手工录入系统或者通过集成接口传入系统。

1）如果采购业务员从供应商处获取纸质采购发票，会计部门（或者采购部门）在系统中录入采购发票；

2）如果采购业务员从供应商处获取电子采购发票，会计部门（或者采购部门）通过集成接口获取电子发票数据。

（5）采购部门录入付款申请，存储于付款申请单文件中。依据采购订单或者采购发票的付款期限，采购部门付款前向会计部门提出付款申请。

（6）会计部门录入付款单，存储于付款单文件中。依据采购部门提出的付款申请，会计部门根据与供应商事先商定的付款方式按期付款，并通过付款单记录付款信息。

（7）会计部门进行采购结算，确认采购发票与入库单对应关系，计算存货入

库成本。

(8) 会计部门进行付款核销，确认付款单与采购发票对应关系，明确每笔货款的支付情况。

(9) 会计部门从数据文件中获取采购发票、付款单以及入库单，触发系统依据转账规则，将这些原始凭证自动转化生成记账凭证，并存储于总账子系统的凭证文件中。

虽然不同企业的采购与付款流程千差万别，但上述采购与付款流程可以帮助读者了解 IT 环境下流程的基本构建思路。

4.2.3　IT 环境下与手工环境下采购与付款流程的区别

通过上述流程分析可以看出，IT 环境下与手工环境下采购与付款流程有诸多不同之处。

(1) IT 环境下实现数据的高度共享和及时传递。在手工环境下，采购、仓库、财务等部门之间借助纸质单据完成信息的传递，不同部门无法实现数据的动态共享。而在 IT 环境下，采购与付款、存货、总账子系统之间保持密切的联系，不同子系统之间的数据能够动态共享，上下游数据能够及时传递，采购、财务、仓库等部门可以共享信息。

(2) IT 环境下保证数据一致性和工作高效性。在手工环境下，由于采购、仓库、财务等部门之间不能实现信息共享和传递，采购部门常常因得不到准确的存货信息而盲目采购；会计部门、采购部门重复处理采购发票，会计部门、仓库重复处理入库单，造成各方数据不一致，工作效率低下。而在 IT 环境下，采购与付款、存货、总账子系统之间实现数据共享，采购、财务、仓库等部门可以共享信息，并实现数据一次录入、多处使用，保证了数据的一致性和工作的高效性。

(3) IT 环境下加强了统计分析能力。在手工环境下，由于数据不能共享、不能及时得到所需的数据，各种统计分析工作受到极大的影响。在 IT 环境下，实现了数据共享，同时充分发挥计算机的高速处理能力，使得统计分析能力大大加强，用户可以随时随地得到各种分析信息，如采购订单执行统计、入库统计、暂估统计、在途统计、采购资金分析、采购货龄分析、应付账款账龄分析等。

(4) 实现对采购与付款业务的有效控制。将请购超额上限、最高进价、采购数量上限、付款条件等控制措施，内嵌于采购与付款业务流程中，在业务执行过程中对采购数量、采购成本、资金支付等实行动态控制。

4.3　采购与付款子系统总体结构设计

采购与付款子系统是用于支持各种材料物资（原材料、外购半成品、修理用备件、包装物、燃料、低值易耗品等）采购或商品采购、付款等业务处理、会计核算、采购与付款控制等业务活动的子系统。

在现有的商品化系统中，有些系统将采购与付款子系统作为一个子系统；有些将其划分为两个子系统独立运行，即采购子系统和应付款子系统。无论系统如何划分，采购与付款之间都有着密切联系。

4.3.1 数据编码设计

采购与付款子系统涉及大量数据编码设计问题，如仓库编码、存货类别编码、存货编码、供应商编码等，因此，数据编码设计的好坏直接影响到系统运行的效率和数据的正确性。数据编码设计是企业建立信息系统时必须要做的基础工作，有些企业存货品种多、仓库多、供应商多，编码工作需要持续几个月。因此，必须认真研究编码设计问题。

有关存货类别编码、存货编码、仓库编码等设计将在存货子系统中详细讨论，下面只对供应商编码的设计进行讨论。

1. 制定编码原则

按照一致性、层次性、易用性等原则设计供应商编码。

(1) 一致性原则。遵循统一的方法对所有供应商进行编码，例如可以采用区号对供应商进行编码。供应商来自不同地区，而不同地区在行政管理上具有统一的编号，如北京区号010，南京区号025，供应商编码可以与国家行政区号保持一致。

(2) 层次性原则。如果供应商很多，可以对供应商进行分类管理，通过编码反映供应商分类及供应商之间的层次关系。例如，供应商来自不同的行业，可以按照行业对供应商进行分类管理，在编码上要体现行业分类和供应商之间的层次性，便于按行业进行统计和分析。

(3) 易用性原则。编码应该简明易用，例如，在编码设计时可以采用电话号码，便于使用和记忆。

2. 选择合理的编码方法

目前，常用的编码方法如下：

(1) 顺序编码，是按编码对象顺序排列进行编号的一种方法。在编制顺序码时，每一个编码对象的编码均须比前一个编码对象的编码大。

(2) 位数编码，是将编码的每一位或几位赋予一定的含义的一种编码方法。

(3) 分组编码，是按数字顺序进行分组，由某一特定号码至另一特定号码代表某一类项目的一定类别名称的一种编码方法。

对供应商进行编码时可以采用位数编码和分组编码相结合的方法。供应商来自全国各地，因此，可以采用分组编码的方法，将供应商编码分成两组：

××××—××××××××

第 1～4 位表示供应商所在城市或地区的区号，可以采用国家统一规定的区号，如北京 010 ，石家庄 0311，不足四位补空格；第 8～12 位表示供应商编号，可以用电话号码作为编号。

4.3.2　数据文件设计

采购与付款子系统涉及的数据文件非常多，这些文件中有些是供各个处理模块查询参照用的字典文件（如供应商档案文件），有些是在处理过程中要频繁使用的主数据文件（如采购订单文件、发票文件）。

在采购与付款流程中使用的主要数据文件如下：供应商档案文件、请购单文件、采购订单文件、采购发票文件、付款单文件、入库单文件（与存货子系统共享）、凭证文件（与总账子系统共享）。

下面主要对供应商档案文件、采购订单文件、采购发票文件和付款单文件四个数据文件进行讨论，入库单文件将在“存货核算与管理”中进行探讨。

1. 供应商档案文件

供应商档案文件用于存储所有供应商的固定信息，文件中每个记录对应一个供应商，根据此文件可以查阅供应商的各种信息。该文件的建立主要是为企业的采购核算和管理、应付账款核算和管理服务，并保证在填制采购入库单和采购发票、进行采购结算和应付款结算、按供应商进行统计时，系统提供一致的供应商信息，保证业务流程前后环节数据的一致性，提高数据处理速度，减少工作差错。

供应商档案文件的数据结构如表 4－1 所示。

表 4－1　供应商档案文件

序号	项目	说明
1	供应商编码	编码必须唯一
2	供应商名称	汉字或英文字母
3	供应商地址	汉字、数字或英文字母
4	开户银行	供应商所在开户银行名称
5	银行账号	供应商在其开户银行中的账号
6	税号	供应商的税号
7	法人	供应商企业法人代表的姓名
8	邮政编码	供应商通信地址所在的邮政编码
9	供应商电话	数字
10	信用等级	供应商对企业的信用评级
11	信用额度	供应商提供的赊购额度
12	信用期限	作为结算超期应付款项的计算依据，其度量单位为“天”
13	付款条件	用于采购单据中付款条件的缺省值
14	应付余额	系统自动更新应支付给供应商的应付款余额

此外，企业可以根据对供应商的管理需要增加项目。

供应商档案文件作为查询用的目录文件，可以采用一年一个文件。供应商档案文件按供应商编码建立索引文件。

2. 采购订单文件

采购订单文件用于存储企业确认的各种采购订单，该文件是整个流程的核心和基础文件。采购订单文件中一张采购订单只能对应一个供应商，可以同时包含数笔不同存货的采购业务。采购订单文件的数据结构如表4-2所示。

表4-2　采购订单文件

序号	项目	说明
1	订单日期	订单日期
2	订单编号	每张采购订单有唯一的编号，该编号由计算机自动生成
3	供应商编码	与供应商档案一致
4	付款条件	企业为了鼓励客户偿还货款而允诺在一定期限内给予的折扣优待，这种折扣条件通常可表示为“5/10，2/20，n/30”
5	采购部门	与部门档案文件中的部门一致
6	业务员	业务员姓名
7	存货编码	与存货档案文件一致
8	数量	所订购存货数量
9	单价	所订购存货单价
10	金额	金额＝数量×单价
11	税率	存货适用的增值税税率
12	税额	税额＝金额×税率
13	价税合计	价税合计＝金额＋税额
14	录入人	录入采购订单的操作员姓名
15	审核人	审核采购订单的操作员姓名
16	状态	用于记录订单的状态，如录入、审核、已执行、关闭等

此外，为了满足不同企业管理的需要还可以增加其他数据项目。

采购订单文件可以采用一年一个采购订单文件方式存储采购订单，其组织方式可以是按订单编号建立顺序文件。

3. 采购发票文件

采购发票文件用于存储企业从供应商处获取的采购发票。一张采购发票只能对应一个供应商，但可以同时包含数笔不同存货的采购业务。采购发票文件的数据结构如表4-3所示。

表4-3　采购发票文件

序号	项目	说明
1	开票日期	从供应商获取的发票记载的开票日期
2	发票号	从供应商获取的发票记载的发票号

续表

序号	项目	说明
3	供应商编码	与供应商档案一致
4	付款条件	企业为了鼓励客户偿还货款而允诺在一定期限内给予的折扣优待，这种折扣条件通常可表示为“5/10，2/20，n/30”
5	采购部门	与部门档案文件中的部门一致
6	业务员	业务员姓名
7	存货编码	与存货档案文件一致
8	数量	所购存货数量
9	单价	所购存货单价
10	金额	金额＝数量×单价
11	税率	存货适用的增值税税率
12	税额	税额＝金额×税率
13	价税合计	价税合计＝金额＋税额
14	核销金额	已经支付的应付款项
15	录入人	录入采购发票的操作员姓名
16	复核人	对采购发票数据的正确性进行复核的操作员姓名
17	审核人	审核采购发票生成应付业务账的操作员姓名
18	结算标识	记录采购发票是否已经与入库单执行采购结算
19	转账标识	是否已经生成记账凭证

此外，为了满足不同企业的管理需要还可以增加其他数据项目。

采购发票文件可以采用一年一个文件方式存储采购发票信息，其组织方式可以是按发票号建立顺序文件。

4. 付款单文件

付款单文件用于存储企业向供应商支付款项的信息。付款单文件的数据结构如表 4－4 所示。

表 4－4　付款单文件

序号	项目	说明
1	日期	付款日期
2	单据编号	付款单编号
3	供应商编码	与供应商档案一致
4	供应商银行	供应商收款银行
5	供应商账号	供应商收款银行账号
6	结算方式	支付款项的方式
7	票据号	结算票据的编号
8	本单位账号	本单位支付款项的账号
9	付款金额	本次结算的金额
10	录入人	录入付款单的操作员姓名
11	审核人	审核付款单的操作员姓名
12	核销人	执行付款核销的操作员姓名
13	转账标识	是否已经生成记账凭证

此外，为了满足不同企业的管理需要还可以增加其他数据项目。

付款单文件可以采用一年一个文件方式存储采购付款单信息，其组织方式可以是按付款单号建立顺序文件。

4.3.3 功能结构

根据 IT 环境下采购与付款子系统的业务流程分析得出其功能结构图。采购与付款子系统主要包括以下基本功能模块：基础设置、采购管理、付款管理、一体化策略与管理分析等，如图 4－4 所示。

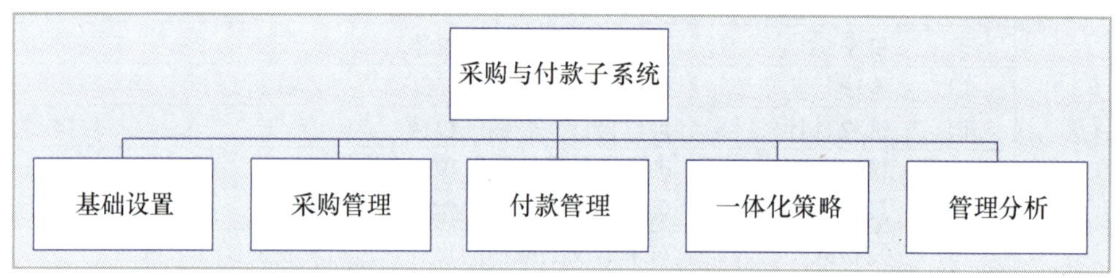

图 4－4 采购与付款子系统总体结构

由于企业的核算和管理需求不同，业务流程不同，可以在此基础上增加或减少模块，或者可以进行组合形成采购子系统和应付款子系统两个独立的子系统。

通过上述讨论，我们对采购与付款子系统有了总体了解，下面将对其主要功能模块进行详细讨论。

例 4－1

洁白牙膏有限责任公司成立于 2020 年 10 月，主要生产洁白牌牙膏。10 月份，公司吸收股东投入资本 60 万元，从银行借入 3 年期长期借款 40 万元，购置厂房及设备等长期资产 60 万元。该企业被核定为一般纳税人，于 2020 年 11 月 1 日建立账套，并启用总账、采购管理、应付管理、销售管理、应收管理、库存管理、存货核算等子系统。

建立账套：根据该企业业务特点建立账套并启用相关子系统。

账套号：003

账套名称：洁白牙膏

单位名称：洁白牙膏有限责任公司

启用日期：2020 年 11 月 1 日

会计期间：1 月 1 日—12 月 31 日

记账本位币：人民币（RMB）

企业类型：工业

行业性质：2007 年新会计准则科目（按行业性质预置会计科目）

分类信息：存货、客户、供应商均不分类

外币业务：无外币核算

会计科目编码方案：4—2—2

其余编码方案都采用默认方案。

数据精度采用默认精度。

用户管理与授权：增加钱主管等 8 名用户，对这 8 名用户进行授权。操作员权限如表 4-5 所示（内部控制要求使用真实姓名作为操作员全名，本例为便于教学使用虚拟用户名）。

表 4-5

操作员编码	操作员全名	权限
003	钱主管	账套主管，主要负责在总账子系统审核记账凭证、记账、查询账簿和管理分析表。
004	杨会计	应付款管理、应收款管理：科目设置、审核发票、核销处理、生成凭证、查询凭证； 采购管理：采购结算； 存货核算：记账。
005	蔡主管	采购管理：审核订单、复核发票。
006	赵采购	采购管理：录入订单、录入发票。
009	肖主管	销售管理：审核订单、复核发票。
010	王销售	销售管理：录入订单、录入发票。
011	苍主管	库存管理：审核出、入库单。
012	吴仓储	库存管理：录入出、入库单。

系统启用（启用日期：2020-11-01）：启用总账、应收款管理、应付款管理、销售管理、采购管理、库存管理、存货核算子系统。

洁白牙膏有限责任公司的采购与付款业务需要应用采购管理、应付款管理、库存管理与存货核算四个子系统，销售与收款业务需要应用销售管理、应收款管理、库存管理与存货核算四个子系统，生产制造业务需要应用库存管理与存货核算两个子系统。系统根据记录这三类业务经济信息的采购发票、付款单、销售发票、收款单和出入库单等原始凭证生成记账凭证，保存于总账子系统的记账凭证文件，在总账子系统中完成记账凭证的审核与记账，并查询相关财务账。

洁白牙膏有限责任公司使用采购管理、销售管理和库存管理三个子系统共同完成采购、生产、销售的物流管理，应用流程如下：首先，在采购管理子系统完成采购订单与采购发票的管理；其次，在库存管理子系统完成采购入库单、材料出库单和产成品入库单的管理；再次，在销售管理子系统中完成销售订单和销售发票的管理；最后，在库存管理子系统完成销售出库单的管理。

洁白牙膏有限责任公司使用采购管理、应付款管理两个子系统共同完成采购与付款管理，应用流程如下：在采购管理子系统完成采购订单与采购发票的管理；在应付款管理子系统完成会计审核采购发票、付款、核销处理和生成记账凭证四项财务工作。

实验指导

功能节点一：【基础设置】—【基础档案】

【基础档案】模块实现对采购与付款核算与管理所需基础信息的管理。

功能节点二：【业务工作】—【供应链】—【采购管理】

【采购管理】子系统实现对采购业务的核算和管理。

功能节点三：【业务工作】—【财务会计】—【应付款管理】

【应付款管理】子系统实现对应付款及付款的核算和管理。

4.4 采购与付款子系统的基础设置

由于企业采购的存货、供应商档案、付款条件、结算方式等千差万别，企业要实现用计算机完成采购与付款核算和管理，在使用采购与付款子系统前，必须针对本企业的业务性质、会计核算和财务管理的具体要求进行基础设置，将企业个性化特征嵌入系统。

基础设置工作做得完善、正确和全面是保证系统有效和正确使用的前提。那么采购与付款子系统基础设置模块应该包括哪些功能呢？为了使该子系统既可单独使用，又可与其他系统集成使用，一般来说要提供比较全面的基础设置功能，主要包括存货档案设置、供应商档案设置、采购类型设置、付款条件设置、结算方式设置、增值税税率设置、期初余额处理等。

下面讨论主要设置内容。

4.4.1 供应商档案设置

供应商档案设置模块的功能是维护每个供应商的信息，主要包括基本信息、联系信息、信用信息以及其他信息，存入供应商档案文件，为编制采购订单、采购发票、付款单等和进行统计分析等提供数据。供应商档案设置如图 4－5 所示。

主要栏目说明如下：

（1）所属地区。维护供应商的所属地区，便于按地区统计应付账款等信息。

（2）所属分类。如果供应商数量少，可以不对供应商进行分类，直接维护供应商档案；如果供应商数量多，可以按照管理要求对供应商进行分类，先维护供应商分类档案，再维护供应商档案，需要确定供应商属于哪个供应商分类。

（3）供应商总公司。供应商总公司是指当前供应商所隶属的上级公司，该上级公司必须是已经保存于供应商档案文件中的另一家供应商。在采购开票结算处理时，同一家供应商总公司下属的多家供应商的发货业务可以汇总在一张发票中统一开票结算。

供应商编码　　供应商名称

基本 | 联系 | 信用 | 其他 | 进口 | 附件

供应商编码		供应商名称	
供应商简称		助记码	
所属地区		所属分类	
供应商总公司		员工人数	
对应客户		所属行业	
税号		币种	人民币
开户银行		注册资金	
法人		银行账号	
税率%		所属银行	
☑ 采购		☐ 委外	
☐ 服务		☐ 国外	

图 4-5　供应商档案基本信息设置

(4) 对应客户。部分企业既是供应商，也是客户。与这样的供应商会同时发生采购业务和销售业务。为了便于往来款项结算，需要设置供应商和客户的对照关系。在供应商档案中输入对应客户时不允许记录重复，即不允许有多家供应商对应一家客户的情况。

(5) 联系信息。维护供应商的联系人、联系电话、手机号、地址及邮政编码、E-mail 地址、到货地址等信息。

(6) 信用信息。维护供应商提供给企业的信用等级、信用额度、信用期限以及要求的付款条件等。系统自动更新供应商的应付账款余额、最后交易日期、最后交易金额、最后付款日期和最后付款金额。

(7) 其他信息。维护供应商的发展日期、停用日期等信息。

例 4-2

洁白牙膏有限责任公司根据供应商和客户的分布特征维护地区分类信息，如表 4-6 所示。

表 4-6

地区编码	地区名称
01	华北地区
02	华东地区
03	华南地区
04	西南地区
05	西北地区
06	东北地区

洁白牙膏有限责任公司维护供应商档案，如表 4-7 所示。

表4-7

编码	名称	简称	地区名称	币种	税号	银行账号
001	天津铝管厂	天津铝管	华北地区	人民币	911205123456001	601356789012
002	广东D材料厂	D厂	华南地区	人民币	440105123456001	601346789033
003	广西E材料厂	E厂	华南地区	人民币	322505123456001	601350789064
004	飞速运输公司	飞速运输	华北地区	人民币	410305123456785	601356709015

编码	名称	信用额度（元）	银行账号	所属银行	税率（%）	业务范围
001	天津铝管厂	0	601356789012	中国银行	13	采购
002	广东D材料厂	50 000.00	601346789033	中国银行	13	采购
003	广西E材料厂	50 000.00	601350789064	中国银行	13	采购
004	飞速运输公司	50 000.00	601356709015	中国银行	9	采购，服务

基础设置——供应商档案

实验指导

功能节点：【基础设置】—【基础档案】—【客商信息】—【供应商分类】、【供应商档案】

如果对供应商进行分类，先维护【供应商分类档案】，后维护【供应商档案】；如果对供应商不分类，直接维护【供应商档案】。

【地区分类】、【行业分类】、【供应商联系人档案】等为维护【供应商档案】的所属地区、所属行业、供应商联系人等数据提供参照。

4.4.2 业务信息设置

业务信息设置模块的功能主要包括设置仓库档案、收发类别和采购类型等。

根据企业的仓库特点设置仓库档案，例如设置材料库和成品库两个仓库。仓库档案主要维护仓库的编码、名称、所属部门、计价方式等信息。仓库档案中设置的计价方式适用于该仓库存放的所有存货，但如果在存货档案中设置了计价方式，存货档案中的计价方式优先于仓库档案所设置的方式。

根据企业的出入库业务特征设置收发类别，一般来说包括四种常用收发类别：用于收货的采购入库和完工入库、用于发货的领料出库和销售出库。

根据企业的业务特征和管理需要（如按采购类型进行统计），在系统中维护采购类型。在采购与付款子系统中录入采购订单、采购发票等单据时，需要录入采购类型，为后续业务处理和统计分析提供依据。

企业常用采购类型包括普通采购、直运采购以及固定资产采购三类，如表4-8所示。

表 4-8 采购类型

采购类型编码	采购类型名称	说明
01	普通采购	采购原材料、商品等通常为普通采购
02	直运采购	适用于直运业务，由供应商直接将商品发给企业的客户；商品不需要入库即可完成购销业务
03	固定资产采购	适用于采购非存货类的固定资产

例 4-3

洁白牙膏有限责任公司为开展采购与付款业务，需要设置存货、仓库、收发类别、采购类型、部门、人员等基础档案，其中，存货档案信息见第 6 章“存货核算与管理”。采购与付款子系统和销售与收款子系统、存货核算子系统共享存货、仓库、收发类别等档案。采购与付款子系统和销售与收款子系统、存货子系统、薪资子系统、固定资产子系统共享部门和人员档案。

仓库档案如表 4-9 所示。

表 4-9

仓库编码	仓库名称	部门名称	计价方式
001	材料库	仓储部	移动平均法
002	成品库	仓储部	移动平均法

收发类别如表 4-10 所示。

表 4-10

编码	名称	收发标志
1	采购入库	收
2	完工入库	收
3	领料出库	发
4	销售出库	发

采购类型如表 4-11 所示。

表 4-11

采购类型编码	采购类型名称	入库类别	是否默认值
01	普通采购	采购入库	是

部门档案如表 4-12 所示。

表 4-12

部门编码	部门名称	成立日期
1	总裁办公室	2020-10-01
2	人力资源部	2020-10-01
3	财务部	2020-10-01
4	采购部	2020-10-01
5	生产部	2020-10-01

续表

部门编码	部门名称	成立日期
6	销售部	2020-10-01
7	仓储部	2020-10-01
8	研发部	2020-10-01

人员类别档案如表4-13所示。

表4-13

档案编码	档案名称	上级代码
10101	管理人员	101
10102	销售人员	101
10103	生产工人	101
10104	车间管理人员	101
10105	研发人员	101

人员档案如表4-14所示。

表4-14

人员编码	姓名	行政部门名称	部门	雇佣状态	人员类别	性别	业务人员	业务或费用部门名称
001	张总裁	总裁办公室	1	在职	管理人员	男	是	总裁办公室
002	胡人力	人力资源部	2	在职	管理人员	女	是	人力资源部
003	钱主管	财务部	3	在职	管理人员	女	是	财务部
004	杨会计	财务部	3	在职	管理人员	女	是	财务部
005	蔡主管	采购部	4	在职	管理人员	男	是	采购部
006	赵采购	采购部	4	在职	管理人员	男	是	采购部
007	升主管	生产部	5	在职	车间管理人员	男	是	生产部
008	李生产	生产部	5	在职	生产工人	男	是	生产部
009	肖主管	销售部	6	在职	销售人员	女	是	销售部
010	王销售	销售部	6	在职	销售人员	女	是	销售部
011	苍主管	仓储部	7	在职	管理人员	男	是	仓储部
012	吴仓储	仓储部	7	在职	管理人员	男	是	仓储部
013	言究员	研发部	8	在职	研发人员	男	是	研究部

实验指导

基础设置——业务信息

功能节点：【基础设置】—【基础档案】—【业务】—【仓库档案】、【收发类别】、【采购类型】

【仓库档案】，根据企业仓库特点，维护仓库档案信息，主要包括仓库编码、仓库名称和计价方式等。

【收发类别】，根据企业出入库业务特点，维护收发类别信息，主要包括收发类别编码、收发类别名称和收发标志（收或发）等。

【采购类型】，根据企业采购业务特点，维护采购类型信息，主要包括采购类型编码、采购类型名称和入库类别（各类采购业务属于哪种收发类别）。

4.4.3　收付款结算设置

收付款结算设置模块的功能是根据企业收付款结算的业务特征和管理需要，设置结算方式和付款条件。采购与付款子系统、销售与收款子系统和总账子系统共享收付款结算信息。

设置结算方式是将与银行结算业务有关的支票、汇兑、银行本票和银行汇票等结算方式输入并保存于系统中，以便收付款时选择相应方式。

付款条件即现金折扣，是指销售方为了鼓励采购方尽快支付货款而允诺在一定期限内给予的折扣。

付款条件将为采购发票与付款、销售发票与收款等环节提供基础信息。典型的付款条件设置如图 4－6 所示。

付款条件

序号	付款条件编码	付款条件名称	信用天数	优惠天数1	优惠率1	优惠天数2	优惠率2	优惠天数3	优惠率3
1	01	2/5, n/30	30	5	2.0000	0	0.0000	0	0.0000
2	02	4/5, 2/15, 1/30, n/60	60	5	4.0000	15	2.0000	30	1.0000
3	03	4/5, 2/20, 1/45, n/90	90	5	4.0000	20	2.0000	45	1.0000

图 4－6　付款条件设置

主要栏目说明如下：

（1）付款条件编码。用以标识某付款条件，用户必须输入，且录入值唯一。付款条件编码可以用数字 0～9 或字符 A～Z 表示。

（2）付款条件名称。系统根据录入的优惠天数和优惠率自动表达出来，如“2/5，n/30”。

（3）信用天数。指最大的信用天数，如果超过此天数，则不仅要按全额支付货款，还可能支付延期付款利息或违约金。

（4）优惠天数 n。指享受折扣优待的第 n 个时间段的最大天数，它应小于信用天数。

（5）优惠率 n。指在优惠天数 n 范围内付款而享受的优惠率，按照百分比计算，取值范围为 0～99。

例 4－4

洁白牙膏有限责任公司维护结算方式，如表 4－15 所示。

表 4－15

结算方式编码	结算方式名称
1	支票
2	汇兑
3	银行本票
4	银行汇票
5	商业汇票

洁白牙膏有限责任公司维护付款条件，如表4-16所示。

表4-16

付款条件编码	付款条件名称	信用天数	优惠天数1	优惠率1
001	n/10	10	0	0
002	n/30	30	0	0

洁白牙膏有限责任公司维护本单位开户银行信息，如表4-17所示。

表4-17

编码	银行账号	账户名称	付款单位名称
1	439122210856	洁白牙膏有限责任公司	洁白牙膏有限责任公司
开户银行	**所属银行编码**	**机构号**	**联行号**
中国银行人大支行	00002—中国银行	9070	104100005694

基础设置——收付结算

实验指导

功能节点：【基础设置】—【基础档案】—【收付结算】—【结算方式】、【付款条件】

【结算方式】，维护收付款结算使用的各类结算方式编码与名称。

【付款条件】，输入付款条件编码、信用天数、优惠天数、优惠率、付款条件名称自动生成。

与销售与收款子系统共享结算方式及付款条件。

4.4.4 期初余额设置

期初余额模块是采购与付款核算和管理向新系统环境切换的基础，是为了保证在系统中能完整、连续地处理会计业务。期初余额主要包括三部分数据：期初在途物资，即已经取得采购发票但所购存货还没有入库，需要在系统中录入期初采购发票；期初暂估存货，即还没有取得采购发票但所购存货已经入库，需要在系统中录入期初入库单；期初应付账款，录入期初尚未支付的应付账款明细信息。

录入期初余额后，需要执行记账，确认期初余额已经录入完毕。此后，通过系统录入的采购发票、入库单都是启用系统日期之后的非期初单据。

期初余额的录入将影响相关期初业务的后续处理。期初在途物资验收入库后，需要在系统中完成期初采购发票与入库单的采购结算处理，确定采购入库成本。期初暂估存货业务，获取采购发票后，需要在系统中完成采购发票与期初入库单的采购结算处理，确定采购入库成本。期初应付账款信用期限期满时，需要向供应商支付期初应付账款，并在系统中进行付款核销处理。

例4-5

洁白牙膏有限责任公司成立于2020年10月，该公司于11月份开始采购生产牙膏所需原材料。因此，该公司11月1日没有期初在途物资、期初暂估存货和期初应付账款。

直接执行“期初采购记账”，采购发票抬头由“期初增值税专用发票”更改为“增值税专用发票”，采购入库单抬头由“期初采购入库单”更改为“采购入库单”，为录入11月1日以后所发生采购业务的单据做准备。

实验指导

功能节点一：【业务工作】—【供应链】—【采购管理】—【采购入库】—【采购入库单】、【采购发票】—【专用采购发票】或【普通采购发票】或【运费发票】

录入启用系统前的期初暂估入库存货（即期初入库单）和期初在途物资（即三类期初发票）。

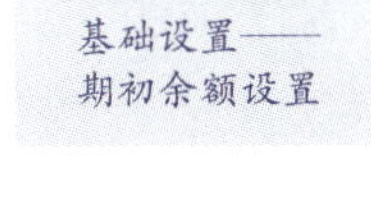

基础设置——期初余额设置

功能节点二：【业务工作】—【供应链】—【采购管理】—【设置】—【采购期初记账】

执行采购期初记账，记账后期初入库单和期初发票不能再修改；记账后录入的入库单和发票都是系统启用日期之后的非期初单据。

功能节点三：【业务工作】—【财务会计】—【应付款管理】—【期初余额】

录入启用系统前没有支付的应付款余额明细信息。

说明：尽管本章没有介绍存货档案，但必须先维护【基础设置】—【基础档案】—【存货】—【存货分类】及【存货档案】，【基础设置】—【基础档案】—【业务】—【仓库档案】，【采购管理】子系统才能录入各类业务单据（请参阅第6章）。

4.5　采购与付款子系统的采购管理

采购管理是采购与付款子系统中的主要功能模块。采购管理模块可以分为申请采购、采购订货、采购发票、采购结算等主要功能。

4.5.1　请购单管理

申请采购是采购业务的起点，各个存货需求部门向采购部门提交请购单。请购单也是物料需求计划（MRP）子系统的采购计划与采购订单的中间过渡环节。请购单用于记录采购需求，如采购什么、采购多少、何时使用、哪个部门使用等。请购单也可为采购订单提供建议内容，如建议供应商、建议订货日期等。

编制请购单如图4-7所示。

申请采购模块的功能包括：

(1) 录入请购单。请购部门需要购买存货时，录入请购单，并保存在请购单

采购请购单

业务类型　　单据号 *　　日期 *
请购部门　　请购人员　　采购类型

关闭　打开　存量　价格　需求源　关联单据　排序定位　显示格式

	存货编码	存货名称	规格型号	主计量	数量	本币单价	本币价税合计	税率	需求日期	建议订货日
1										
2										
3										
4										
5										
6										
7										
8										
9										
10										
11										
12										
合计										

制单人　　审核人　　关闭人

图 4-7　请购单

文件中。

（2）自动生成请购单。根据物料需求计划子系统的采购计划生成请购单，并保存在请购单文件中。

（3）审核请购单。对请购单进行审核，即将请购单与存货文件中的最高储量和最低储量进行比较，审核请购单是否合理。如果请求合理，则审核通过请购单，并作为编制采购订单的依据。

（4）关闭请购单。请购单执行完毕，状态自动更新为关闭；请购单部分执行后，剩余部分不打算继续执行，可以关闭请购单。如果请购单已关闭，以后又需要执行，可以打开请购单。

实验指导

功能节点：【业务工作】—【供应链】—【采购管理】—【请购】—【请购单】

【增加】请购单。

【审核】请购单。

4.5.2　采购订单管理

采购订单是企业与供应商之间签订的一种协议或者经济合同，主要包括采购什么货物、采购多少、由谁供货、什么时间到货、到货地点、运输方式、价格、运费等。

编制采购订单如图 4-8 所示。

采购订单　单据号/条码　高级

业务类型　　订单日期 *　　订单编号 *
采购类型　　供应商 *　　部门
业务员　　税率　　付款条件
币种 *　　汇率 *　　备注

关闭　打开　存量　价格　条码　需求源　关联单据　排序定位　显示格式

	存货编码	存货名称	规格型号	主计量	数量	原币含税单价	原币单价	原币金额	原币税额
1									
2									
3									
4									
5									
6									
7									
8									
9									
10									
合计									

制单人　　审核人　　变更人

图 4-8　采购订单

采购订单管理模块的功能主要包括编制采购订单、审核采购订单、关闭采购订单等。

（1）录入采购订单。当企业与供货单位签订采购意向协议时，可以将采购协议输入系统，保存于采购订单文件。

（2）生成采购订单。当企业通过请购方式管理请购信息时，可以根据请购单编制采购订单。在编制采购订单时，参照请购单，从请购单文件中获取相关请购单，生成采购订单的主要数据。

（3）审核采购订单。对提交的采购订单进行检查，确认订单无误，对采购订单进行审核。审核后的采购订单将作为后续执行采购业务的依据。

（4）关闭采购订单。采购订单执行完毕，状态自动更新为关闭；采购订单部分执行后，剩余部分不打算继续执行，可以关闭采购订单。如果采购订单已关闭，以后又需要执行，可以打开采购订单。

例 4-6

2020 年 11 月 1 日，洁白牙膏有限责任公司与三家供应商签订了三份采购合同，所购材料增值税税率为 13%。

（1）与天津铝管厂签订 11 月采购合同，采购铝管数量为 2 万个，不含税单价为 0.45 元，计划到货日期 11 月 4 日。

（2）与广东 D 材料厂签订 11 月采购合同，采购 D 材料 800 千克，不含税单价为每千克 35 元，计划到货日期 11 月 4 日。

（3）与广西 E 材料厂签订 11 月采购合同，采购 E 材料 1 200 千克，不含税单价为每千克 4.5 元，计划到货日期 11 月 4 日。

11 月 1 日，在采购管理子系统中以采购订单的形式录入以上三笔合同信息，并于同一天审核采购订单。

采购订单

实验指导

功能节点：【业务工作】—【供应链】—【采购管理】—【采购订货】—【采购订单】

【增加】采购订单，可以手工录入，也可以参照请购单生成采购订单主要数据，系统存储采购订单和被参照单据之间的追溯关系。

【审核】采购订单，审核采购订单后，才能参照该订单生成采购发票或采购入库单。

4.5.3 采购发票管理

采购发票是采购业务员从供应商处取得的采购货物的凭证，系统将根据采购发票确认采购成本，并据以登记应付账款业务账。采购发票包括增值税专用发票、普通发票。

采购发票模块主要包括录入、生成、采集电子发票与复核采购发票等功能，并将采购发票数据保存在采购发票文件中。

编制增值税专用发票如图 4-9 所示。

专用发票　单据号/条码　高级

业务类型　发票类型 *　发票号 *
开票日期 *　供应商 *　代垫单位 *
采购类型　税率　部门名称
业务员　币种 *　汇率 *
发票日期　付款条件　备注
收付款协议编码　收付款协议名称　立账日　到期日

存量 · 价格 · 关联单据　排序定位 · 显示格式 ·

	存货编码	存货名称	规格型号	主计量	数量	原币单价	原币金额	原币税额	原币价税合计
1									
2									
3									
4									
5									
6									
7									
8									
9									
合计									

结算日期　制单人　审核人

图 4-9　专用发票

（1）录入采购发票。将从供应商处获得的发票信息录入系统中。

（2）生成采购发票。如果采购业务签订过采购订单，则录入采购发票时可以参照采购订单生成采购发票；如果所购物料已经入库，则可以参照入库单生成采购发票。

（3）采集电子发票。如果供应商提供电子发票，可以在系统中扫描二维码，获取电子发票数据，写入采购发票文件，在采购发票录入界面进一步维护所关联的采购订单信息。

（4）复核采购发票。对采购发票进行检查，确认发票数据无误，对采购发票进行复核。复核后的采购发票可以执行款项支付、申请付款、采购结算以及发票审核（审核采购发票将形成应付账款业务账）等后续业务。

（5）现付。采购业务发生时，取得采购发票的同时支付货款。在采购发票保存后就可以进行现付款处理，录入付款结算方式、票号及金额等信息，系统自动生成一张付款单，保存于付款单文件中。采购发票一旦复核，就不能再做现付处理。

例 4－7

洁白牙膏有限责任公司开始执行例 4－6 中的订单，业务员从供应商处获取材料采购发票和运费发票。

11 月 4 日，业务员拿到天津铝管厂开出的增值税专用发票（发票号为 10001），数量为 2 万个，不含税单价为 0.45 元；款项已开出转账支票支付，支票号为 1101 号，支付日期为 11 月 4 日。

11 月 4 日，收到飞速运输公司开出的运输铝管的运费增值税专用发票（发票号为 90001），其中，运费 600 元，增值税额为 54 元，10 日内支付运费。

11 月 5 日，业务员拿到广东 D 材料厂开出的增值税专用发票（发票号为 13111），数量为 800 千克，不含税单价为每千克 35 元，款项尚未支付，付款条件：30 日内付款。

11 月 5 日，收到飞速运输公司开出的运输 D 材料的运费增值税专用发票（发票号为 91007），其中，运费 2 000 元，增值税额为 180 元，10 日内支付运费。

11 月 6 日，业务员拿到广西 E 材料厂开出的增值税专用发票（发票号为 14001），数量为 1 200 千克，不含税单价为每千克 4.5 元，款项尚未支付，付款条件：30 日内付款。

11 月 6 日，收到飞速运输公司运输 E 材料的运费增值税专用发票（发票号为 90301），其中，运费 3 000 元，增值税额为 270 元，10 日内支付运费。

在采购管理子系统中录入以上 6 张增值税专用发票，并于 11 月 6 日对发票进行复核。

实验指导

功能节点：【业务工作】—【供应链】—【采购管理】—【采购发票】—【专用采购发票】、【普通采购发票】

【增加】采购发票，可以手工录入，【专用采购发票】和【普通采购发票】可

采购发票

以参照采购订单、入库单生成采购发票主要数据，系统存储采购发票和被参照单据之间的追溯关系。

【现付】采购发票。现金采购的业务，在采购发票界面，执行【现付】，选择结算方式，录入结算金额及结算票号等信息；赊购类业务，不需要进行【现付】处理。【现付】采购发票，系统将根据付款结算信息自动生成一张付款单。

【复核】采购发票。对采购发票进行复核，对采购发票的正确性及是否符合采购管理制度等进行检查。

4.5.4 采购入库管理

采购入库是通过采购到货、质量检验环节，对合格到货的存货进行入库验收。采购入库单是根据采购到货的实收数量填制的单据。对于制造企业，采购入库单一般指采购原材料验收入库时填制的入库单据。对于商业企业，采购入库单一般指购进商品入库时填制的入库单据。

采购入库处理模块的功能是当采购的存货到达企业时，在系统中录入采购入库单，保存在入库单文件中（详见第6章）。

采购入库单可以直接录入，也可以参照采购订单或采购发票自动生成。

（1）录入采购入库单。在系统中录入入库单号、入库日期、仓库、供货单位、部门、业务员、采购类型、入库类别、存货编码、入库数量等采购入库单信息。

（2）生成采购入库单。如果采购业务签订过采购订单，则录入采购入库单时可以参照采购订单生成采购入库单。

（3）审核采购入库单。对采购入库单进行检查，确认单据信息无误，对采购入库单进行审核。

（4）采购入库单的入口。采购入库单通常由仓库在存货子系统输入并审核，与采购部门、财务部门共享采购入库信息。（采购入库单的处理详见第6章。）

例4-8

洁白牙膏有限责任公司收到例4-6中订购的三种材料，11月6日，库管员陆续收到以下材料，验收入库：

2万个铝管到货，验收合格入库。

800千克D材料到货，验收合格入库。

1 190千克E材料到货，验收合格入库，此外，有10千克合理损耗。

11月6日，在库存管理子系统中录入上述三张采购入库单，并对入库单进行审核。

实验指导

功能节点一：【业务工作】—【供应链】—【库存管理】—【采购入库】—【采购入库单】

采购入库单

【增加】采购入库单，可以手工录入，也可以参照采购订单生成采购入库单主要数据，系统存储采购入库单和采购订单之间的追溯关系。

【审核】采购入库单（详见第 6 章）。

说明：本书不介绍质量检验相关内容，因此，本小节省略到货环节，直接进行入库处理。

功能节点二：【业务工作】—【供应链】—【采购管理】—【采购入库】—【采购入库单】

查看采购入库单。

4.5.5　采购结算

采购结算也叫采购报账。在手工环境下，采购业务员拿着经主管领导审批的采购发票和仓库确认的入库单到会计部门，由会计人员确认采购成本。在 IT 环境下，各子系统之间实现数据共享，系统提供自动结算和人工结算两种方式确认采购成本。

1. 自动结算

系统将供应商、存货、数量完全相同的采购发票和采购入库单进行自动结算，用发票金额更新入库单文件的入库金额，更新采购发票文件和采购入库单文件的状态（已结算），并生成采购结算单，记录采购发票和采购入库单之间的对应关系。

针对在系统中用红字单据冲销蓝字单据的业务，系统将供应商、存货相同，数量一正一负且绝对值相等的红字入库单和蓝字入库单行记录进行结算，红蓝入库单彼此冲销，生成结算单；系统还将供应商、存货相同，金额一正一负且绝对值相等的红字采购发票和蓝字采购发票进行结算，红蓝发票彼此冲销，生成结算单。

2. 手工结算

如果出现以下两种情况之一，需要通过手工结算完成确认采购入库成本的工作：采购发票的采购数量与入库单的入库数量不相等；采购过程中发生了运费、挑选整理费等费用，需要结算费用，即需要将这些运费、挑选整理费等计入采购成本。手工结算如图 4－10 所示。

手工结算步骤如下：

（1）选择需要结算的采购发票（包括存货采购发票和费用采购发票）和入库单；

（2）如果发票数量和入库数量不一致，在相应发票栏填入“合理损耗数量”或“非合理损耗数量”及“非合理损耗金额”，确保以下数量关系正确：发票数

结算汇总

单据类型	存货编号	存货名称	单据号	结算数量	发票数量	合理损耗数量	非合理损耗数量	非合理损耗金额	分摊费用
采购发票		主板	0000000006		1000.00				0.00
采购入库单	01019002063		0000000048	1000.00					100.05
		合计		1000.00	1000.00	0.00	0.00	0.00	100.05
采购发票		硬盘-1000G	0000000006		1000.00	1.00			0.00
采购入库单	01019002065		0000000048	999.00					99.95
		合计		999.00	1000.00	1.00	0.00	0.00	99.95

选择费用分摊方式：○ 按金额 ◉ 按数量　　☐ 相同供应商

费用名称	发票号	供货单位	规格型号	计量单位	单价	金额
运输费	0000000007	物流公司		公里	2.00	200.00
合计	—	—	—	—	—	200.00

图 4-10　手工结算

量－合理损耗数量－非合理损耗数量＝入库单结算数量；

（3）如果有运费等费用需要计入采购入库成本，则需要按采购发票金额或者入库单的数量在不同存货之间分摊费用；

（4）执行手工结算，系统将更新入库单文件的入库金额，更新采购发票文件和采购入库单文件的状态（已结算），并生成采购结算单，记录采购发票和采购入库单之间的对应关系。

例 4-9

11 月 6 日，在采购管理子系统中办理三笔采购业务的采购结算，每张入库单对应一张材料采购增值税专用发票和一张运费增值税专用发票，逐笔进行采购结算，确认采购入库成本。

实验指导

功能节点一：【业务工作】—【供应链】—【采购管理】—【采购结算】—【自动结算】

功能节点二：【业务工作】—【供应链】—【采购管理】—【采购结算】—【手工结算】

执行【选单】，选择需要结算的采购发票和入库单；输入合理损耗数量、非合理损耗数量和非合理损耗金额；按数量或按金额【分摊】采购费用；执行【结算】。

功能节点三：【业务工作】—【供应链】—【采购管理】—【采购结算】—【结算单列表】

删除结算单，查询【结算单列表】，找到并删除相关结算单，相关采购发票和入库单更新为“未结算”状态。

采购结算

4.6　采购与付款子系统的付款管理

付款管理是采购与付款子系统中的主要功能模块。付款管理模块可以分为应付处理、付款申请、付款处理、核销处理等主要功能。

4.6.1　应付处理

应付处理模块包括采购业务产生的应付账款的管理以及其他业务产生的其他应付款的管理。

1. 审核采购发票

在应付处理模块中，对采购管理模块录入且已复核的采购发票（如图 4－9 所示）进行审核。如果发票尚未支付款项，系统将自动更新应付账款业务账①，从采购与付款子系统可以查询相应业务形成的应付账款；如果发票已经现付，系统将生成发票和现付款项之间的核销关系（核销详见本章 4.6.3 节）。

2. 管理应付单

采购管理模块没有处理其他应付款业务，例如应付租入包装物的租金。在应付处理模块中，可以录入应付单作为确认其他应付账款的业务单据，如图 4－11 所示。

图 4－11　应付单

（1）录入应付单。录入单据编号、单据日期、供应商、金额、付款条件、部门、业务员、摘要、项目等应付单基本信息。

（2）审核应付单。应付单录入后，需要进行审核，系统据以确认其他应付款。应付单的后续处理与据以确认应付账款的采购发票相同。

例 4－10

在应付款管理子系统中，由会计人员审核例 4－7 中已复核的 6 张采购发票，确认赊购业务产生的应付账款。

---

① 采购与付款子系统的业务账区别于总账子系统的会计账簿，总账子系统以记账凭证为依据输出会计账簿，采购与付款子系统以原始凭证为依据输出业务账。

实验指导

采购发票审核

功能节点一：【业务工作】—【财务会计】—【应付款管理】—【应付处理】—【采购发票】—【采购发票审核】

【审核】在【供应链】—【采购管理】子系统中录入的已复核采购发票。

功能节点二：【业务工作】—【财务会计】—【应付款管理】—【应付处理】—【应付单录入】、【应付单审核】

【增加】应付单，即记录其他应付款的业务单据。

【审核】应付单。

4.6.2 付款处理

付款处理模块主要包括录入、生成与审核付款单等功能，并将付款单数据保存在付款单文件中。付款单如图 4-12 所示。

付款单

单据编号　　日期 *　　供应商 *
结算方式 *　　金额 *　　供应商银行
供应商账号　　票据号　　部门
业务员　　项目　　摘要
本单位银行　　本单位账号

插行　删行　批改　显示格式　排序定位　关联单据

	款项类型	供应商	科目	金额	本币金额	部门	业务员	项目
1								
2								
3								
4								
5								
6								
7								
8								
9								
合计								

审核人　　录入人　　核销人

图 4-12　付款单

（1）录入付款单。手工录入付款单，或者参照付款申请单生成付款单。此外，在付款申请模块中，审核付款申请单时可以直接生成付款单。

（2）审核付款单。确认付款单正确无误，对付款单进行审核。

（3）导出网银。将付款单信息通过导出网银，实现与网上银行子系统之间的信息集成，在网上银行执行支付动作，将支付信息传递给银行系统。

（4）登记支票。如果付款单的结算方式为支票，则系统自动将结算方式和结算票号登记在总账子系统出纳模块的支票登记簿中。

例 4-11

11 月 15 日，洁白牙膏有限责任公司向供应商支付三笔应付款项，并预付一

笔货款：

支付广东 D 材料厂货款 30 000 元（结算方式：汇兑，票号：100001）。

支付广西 E 材料厂货款 6 102 元（结算方式：汇兑，票号：100021）。

支付飞速运输公司运费 6 104 元（结算方式：汇兑，票号：100025）。

预付天津铝管厂货款 20 000 元（结算方式：汇兑，票号：100026）。

在应付款管理子系统中，录入以上四张付款单，并审核这四张付款单。

实验指导

功能节点：【业务工作】—【财务会计】—【应付款管理】—【付款处理】—【付款单录入】、【付款单审核】

【增加】付款单，可以手工录入，也可以参照付款申请单生成付款单主要数据，系统存储付款单和付款申请单之间的追溯关系。

【审核】付款单。

4.6.3　核销处理

核销处理是指用付款核销应付款，记录付款单与采购发票（或应收单）之间的对应关系，更新采购发票文件的核销金额。及时核销应付款项，可以了解剩余应付款项的账龄分布，加强与供应商之间的往来款项管理，合理安排资金支付计划。应付款项的核销包括自动核销和手工核销两种方式。

1. 自动核销

系统以相同供应商、相等金额为前提确定付款单与采购发票（或应付单）的对应关系，完成付款与应付款项的自动核销。

2. 手工核销

负责核销工作的会计人员手工确定付款单与采购发票（或应付单）的对应关系，完成应付款项的全部或部分核销。

应付款项的手工核销如图 4 - 13 所示。

单据类型	单据编号	供应商	款项类型	结算方式	币种	汇率	原币金额	原币余额	本次结算	订单号
付款单	0000000030	物流公司	应付款	电汇	人民币	1.00000000	218.00	218.00	218.00	
							218.00	218.00	218.00	

☐ 显示发票明细

单据类型	单据编号	供应商	币种	原币金额	原币余额	可享受折扣	本次折扣	本次结算	订单号	凭证号
采购专用…	0000000007	物流公司	人民币	218.00	218.00	0.00	0.00	218.00		
其他应付单	0000000011	物流公司	人民币	100,000.00	100,000.00					
其他应付单	0000000014	物流公司	人民币	50,000.00	50,000.00					记-0085

图 4 - 13　应付款核销

查询某供应商的待核销付款单和采购发票（或应付单），根据实际付款情况在付款单的“本次结算”栏和发票及应付单的“本次结算”栏录入相应金额，二者金额应该相等。

例 4-12

在应付款管理子系统中，手工进行核销处理，逐张查询例 4-11 中支付给广东D材料厂、广西E材料厂和飞速运输公司的三张付款单，核销例 4-7 中对应供应商的相关应付账款。

实验指导

功能节点一：【业务工作】—【财务会计】—【应付款管理】—【核销处理】—【手工核销】、【自动核销】

执行【手工核销】或【自动核销】，系统存储付款单和采购发票（或应付单）之间的追溯关系。

功能节点二：【业务工作】—【财务会计】—【应付款管理】—【其他处理】—【取消操作】

执行【取消操作】，选择“操作类型”为“核销”，删除所选记录的核销关系。

4.7 采购与付款子系统的一体化策略

总账子系统是总括反映企业经营活动全过程的信息系统，因此，采购与付款业务都必须转化为会计信息——记账凭证，传递到总账子系统。为了实现采购与付款业务和财务的一体化策略，首先应该建立采购与付款业务和财务联系的纽带——凭证模板；在日常采购与付款业务发生时，系统依据凭证模板将业务单据转化为记账凭证。

1. 定义凭证模板

采购与付款业务转化成记账凭证的模板主要有以下两大类：以采购发票为原始凭证的凭证模板和以付款单为原始凭证的凭证模板。（以入库单为原始凭证的凭证模板详见第 6 章。）

（1）以采购管理模块中录入的采购发票为原始凭证，设计确认采购成本的凭证模板，如表 4-18 所示。

表 4-18　以采购发票为原始凭证的凭证模板

借贷方向	会计科目	科目来源	金额来源
借	在途物资	设置采购科目	采购发票文件：金额
	应交税费——应交增值税（进项税额）	设置采购业务的增值税科目	采购发票文件：税额

续表

借贷方向	会计科目	科目来源	金额来源
贷	应付账款等	非现付采购业务，设置与供应商的往来科目；现付业务，针对结算方式设置结算科目	采购发票文件：价税合计

（2）以应付款管理模块中录入的付款单为原始凭证，设计确认偿付应付款项的凭证模板，如表 4-19 所示。

表 4-19　以付款单为原始凭证的凭证模板

借贷方向	会计科目	科目来源	金额来源
借	应付账款	非现付采购业务，设置与供应商的往来科目	付款单文件：付款金额
贷	银行存款等	针对结算方式设置结算科目	付款单文件：付款金额

这两类凭证模板共享同类型科目，例如往来科目结算科目。部分企业的在途物资、应付账款等科目开设明细科目或者辅助核算科目，系统支持按照存货、供应商等基础信息分设相应明细科目或辅助核算科目。

2. 自动转账

当采购与付款业务发生时，系统根据采购发票文件、付款单文件和凭证模板自动生成记账凭证，传递到总账子系统的凭证文件中，实现财务业务一体化应用。其过程如图 4-14 所示。

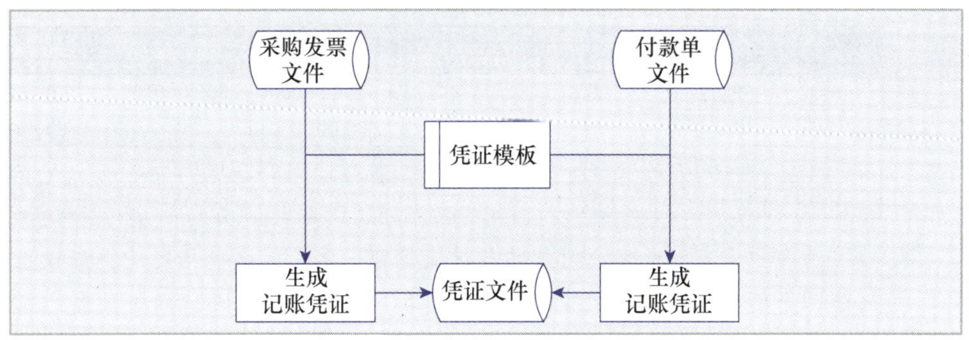

图 4-14　自动转账过程示意图

例 4-13

洁白牙膏有限责任公司在应用一体化策略前，需要在总账子系统完成凭证类别、会计科目、期初余额等期初设置。

记账凭证不分类。完成以下科目修改与设置：

“库存现金”设置为日记账；

“银行存款”设置为银行账、日记账；

“营业税金及附加”科目名称改为“税金及附加”；

增加“应交税费”“应付职工薪酬”下级科目，如表 4-20 所示。

表 4 - 20

科目编码	科目名称	余额方向	辅助核算
1121	应收票据	借	客户核算
1122	应收账款	借	客户核算
1123	预付账款	借	供应商核算
2201	应付票据	贷	供应商核算
2202	应付账款	贷	供应商核算
2203	预收账款	贷	客户核算
2221	应交税费	贷	
222101	应交增值税	贷	
22210101	进项税额	借	
22210102	销项税额	贷	
22210103	已交税金	借	
22210104	进项税额转出	贷	
22210105	转出多交增值税	贷	
22210106	转出未交增值税	借	
222102	未交增值税	贷	
222103	应交城市维护建设税	贷	
222104	应交教育费附加	贷	
222105	应交所得税	贷	

洁白牙膏有限责任公司成立于 2020 年 10 月，10 月筹措了资金并购置了厂房和设备，11 月启用系统，期初余额表如表 4 - 21 所示。

表 4 - 21

科目编码	科目名称	余额方向	年初余额	借方累计	贷方累计	期初余额
1002	银行存款	借		1 000 000.00	600 000.00	400 000.00
1601	固定资产	借		600 000.00		600 000.00
2501	长期借款	贷			400 000.00	400 000.00
4001	实收资本	贷			600 000.00	600 000.00

洁白牙膏有限责任公司采购与付款管理一体化策略包括定义凭证模板和自动转账两个环节。

定义凭证模板需要定义基本科目和结算科目。在应付款管理子系统中定义基本科目，基本科目如表 4 - 22 所示。

表 4 - 22

基本科目种类	科目	币种
应付科目	2202 应付账款	人民币
预付科目	1123 预付账款	人民币
采购科目	1402 在途物资	人民币
税金科目	22210101 应交税费——应交增值税（进项税额）	人民币

在应付款管理子系统中定义结算科目，结算科目如表 4 - 23 所示。

表 4-23

结算方式		币种	本单位账号	科目
1	支票	人民币		1002 银行存款
2	汇兑	人民币		1002 银行存款
3	银行本票	人民币		1012 其他货币资金
4	银行汇票	人民币		1012 其他货币资金

在应付款管理子系统中，审核发票和付款单时生成记账凭证，或者根据已审核的发票和付款单集中生成记账凭证。11 月 15 日，根据例 4-7 中的采购发票和例 4-11 中的付款单生成记账凭证，凭证列表如表 4-24 所示。

表 4-24

业务日期	业务类型	制单人	凭证日期	凭证号
2020-11-04	现结	杨会计	2020-11-15	记-0001
2020-11-04	采购专用发票	杨会计	2020-11-15	记-0002
2020-11-05	采购专用发票	杨会计	2020-11-15	记-0003
2020-11-05	采购专用发票	杨会计	2020-11-15	记-0004
2020-11-06	采购专用发票	杨会计	2020-11-15	记-0005
2020-11-06	采购专用发票	杨会计	2020-11-15	记-0006
2020-11-15	付款单	杨会计	2020-11-15	记-0007
2020-11-15	付款单	杨会计	2020-11-15	记-0008
2020-11-15	付款单	杨会计	2020-11-15	记-0009
2020-11-15	付款单	杨会计	2020-11-15	记-0010

如果发现生成的记账凭证有错误，可以在应付款管理子系统删除或冲销错误凭证，进行业务调整后，重新生成正确的记账凭证。

实验指导

功能节点一：【业务工作】—【财务会计】—【应付款管理】—【设置】—【科目设置】—【基本科目】、【控制科目】、【对方科目】、【结算科目】

设置凭证模板需用的各类会计科目。【基本科目】设置“应付科目”和“预付科目”；【控制科目】设置“应付科目”和“预付科目”的明细科目，如果“应付账款”“预付账款”在【总账】子系统已经设置为“供应商辅助核算”，系统会自动按辅助核算要求传递数据；【对方科目】设置采购科目及增值税科目；【结算科目】设置结算方式对应的付款科目。

功能节点二：【业务工作】—【财务会计】—【应付款管理】—【设置】—【摘要设置】

按单据定义自动转账生成的记账凭证摘要。

功能节点三：【应付款管理】—【应付处理】—【采购发票】—【采购发票审核】、【应付处理】—【应付单审核】、【付款处理】—【付款单据审核】

在采购发票、应付单及付款单进行审核时，系统支持逐张自动生成记账凭证。

功能节点四：【应付款管理】—【凭证处理】—【生成凭证】

单据审核时未生成记账凭证的原始凭证，可以在此功能节点集中生成记账凭证。

常用制单单据类型：发票（未现结发票）、应付单、核销、现结。

功能节点五：【应付款管理】—【凭证处理】—【查询凭证】

查询本月当前子系统生成的记账凭证。如果生成的记账凭证有错误，在总账子系统审核前可以在当前子系统删除错误凭证；在总账子系统审核后，可以在当前子系统冲销错误凭证。

4.8 采购与付款子系统的管理分析

采购与付款子系统管理分析模块的功能包括查询采购、应付款等业务的各种明细表、统计表、分析表和业务账。明细表主要包括采购明细表、入库明细表、结算明细表以及未完成业务明细表等。统计表主要包括采购订货收货统计表、采购综合统计表等。分析表主要包括采购业务追溯、采购执行进度表、采购成本分析、采购资金比重分析、欠款分析、付款预测、付款账龄分析等。业务账主要包括在途货物余额表、采购结算余额表等采购账簿以及应付款项业务总账、业务余额表、业务明细账等。本节详细介绍采购执行进度表、采购成本分析表、在途货物余额表、应付款业务账、付款预测等常用采购与付款报表。

4.8.1 采购分析

1. 采购执行分析

采购管理需要了解每个订单的执行进度，也要对采购业务进行统计分析。

采购执行进度表用于了解每个订单的入库、开票、付款等明细信息，掌握订单执行进度。洁白牙膏有限责任公司查询2020年11月1日至2020年11月30日的采购订单执行进度，采购执行进度分析表如图4-15所示。

采购执行进度表

业务类型	订单编号	日期	供应商	部门	业务员	币种	存货编号	存货名称	规...	主计量	数量	原币含税单价	原币单价	原币金额
普通采购	0000000001	2020-11-01	天津铝管	采购部	赵采购	人民币	002	铝管		个	20,000.00	0.51	0.45	9,000.00
普通采购	0000000002	2020-11-01	D厂	采购部	赵采购	人民币	003	D材料		千克	800.00	39.55	35.00	28,000.00
普通采购	0000000003	2020-11-01	E厂	采购部	赵采购	人民币	004	E材料		千克	1,200.00	5.09	4.50	5,400.00
小计											22,000.00			42,400.00

共3条记录

到货明细 | 入库明细 | 发票明细 | 付款明细

采购执行进度表(入库明细)

部门	业务员	供应商	制单人	审核人	备注	存货编码	存货名称	规格型号	主计量单位	数量
采购部	赵采购	天津铝管	殷建红	吴仓储		002	铝管		个	20,000.00
										20,000.00

图4-15　采购执行进度分析表

选择订单，在采购执行进度表的下方可以查询其入库明细，掌握该订单所购存货是否已经入库；查询发票明细，掌握该订单是否已经收到发票；查询付款明细，掌握该订单是否已经支付货款。

查询采购综合统计表，统计一定期间内订单的总体执行情况，可以选择按供应商、按部门、按业务员、按地区或按存货汇总。以按供应商汇总为例，采购综合统计表提供每个供应商供应的每种存货的入库数量、入库金额、发票数量、发票金额、发票价税合计以及累计付款金额等信息。

2. 采购成本和资金分析

采购管理需要了解存货实际采购成本是否在预期范围内，还需要了解存货采购资金占用情况。

采购成本分析表用于分析所购存货的实际成本与参考成本、计划价等的成本差异。洁白牙膏有限责任公司以参考成本为基准分析 2020 年 11 月 1 日至 2020 年 11 月 30 日的实际采购成本，采购成本分析如图 4－16 所示。

采购成本分析

	发票日期	存货名称	规格型号	主计量	数量	买价	分配费用额	总价	参考成本	增减(参考成本)	增减率(参考成本)
1	2020-11-04	铝管		个	20,000.00	9,000.00	600.00	9,600.00	0.40	1,600.00	20.00
2	2020-11-04	D材料		千克	800.00	28,000.00	2,000.00	30,000.00	34.00	2,800.00	10.29
3	2020-11-04	E材料		千克	1,200.00	5,400.00	3,000.00	8,400.00	6.50	600.00	7.69
4	总计				22,000.00	42,400.00	5,600.00	48,000.00	34.00	5,000.00	

图 4－16　采购成本分析

通过采购成本分析表，可以掌握所购进的每批存货实际成本（总价）和成本构成（买价和分配费用额）；可以分析实际成本（总价）与参考成本的差异和差异率；可以分析实际成本（总价）与计划价的差异和差异率，掌握存货的实际采购成本是否在期望控制内。

查询采购资金比重分析表，以采购发票为基础数据，了解一定期间内每种存货的采购金额和采购数量，计算每种存货在同期采购业务中资金占比和数量占比，便于分析期间内采购的主要存货构成。

3. 在途货物和暂估入库分析

采购管理需要了解采购发票已经获取但尚未入库的在途情况，还需要了解存货已经入库但尚未获取采购发票的暂估情况。

在途货物余额表用于分析普通采购业务采购发票记录的存货采购发生、采购结算以及未结算的在途货物情况。洁白牙膏有限责任公司查询 2020 年 11 月 1 日至 2020 年 11 月 30 日的在途货物余额，其在途货物余额表如图 4－17 所示。

通过在途货物余额表，可以了解上期结余（即上月尚未结算的在途货物）和本期采购货物的数量和金额，可以了解本期已经和入库单执行采购结算的数量、余额以及结算过程中分配的费用额、记录的非合理损耗金额和损耗数量（包括合理损耗数量和非合理损耗数量），可以掌握本期尚未办理采购结算的在途货物的数量和金额。

在途货物余额表

	存货编码	存货名称	供应商名称	主计量	上期结余		本期采购		本期结算				本期结余	
					数量	金额	数量	金额	分配费用额	数量	金额	损耗数量	数量	金额
1	002	铝管	天津铝管	个			20,000.00	9,000.00	600.00	20,000.00	9,600.00			
2	003	D材料	D厂	千克			800.00	28,000.00	2,000.00	800.00	30,000.00			
3	004	E材料	E厂	千克			1,200.00	5,400.00	3,000.00	1,190.00	8,400.00	10.00		
4	总计						22,000.00	42,400.00	5,600.00	21,990.00	48,000.00	10.00		

图4-17　在途货物余额表

采购分析

实验指导

功能节点：【业务工作】—【供应链】—【采购管理】—【报表】—【明细表】、【分析表】、【统计表】、【采购账簿】

根据管理需求，选择合适的报表；系统预置默认查询条件，根据分析需要修改查询条件。

4.8.2　应付款分析

1. 业务账

业务账是指以业务单据为依据，输出应付账款、预付账款、其他应付款等的总账、余额表以及不同供应商往来款项的明细账。数据来源于采购发票文件、应付单文件、付款单文件以及入库单文件的未结算的暂估入库单。

业务总账用于查询一定会计期间期初余额、本期应付、本期付款以及期末余额。应付业务总账既可以查询公司应付款整体情况，也可以按供应商、供应商分类、地区分类、部门、业务员、存货、存货分类等查询条件进行汇总查询。

业务明细账用于查询一定期间内与供应商之间发生的应付款及付款的明细情况。可以以供应商、供应商分类、地区分类、部门、业务员、存货、存货分类等查询条件进行明细查询。

业务余额表用于查看一定期间内与供应商之间应付款的期初余额、本期应付、本期付款以及期末余额。可以以供应商、供应商分类、地区分类、部门、业务员、存货、存货分类等查询条件查询应付款项的增减变动及余额情况。洁白牙膏有限责任公司查询2020年11月30日的业务余额表，其应付余额表如图4-18所示。

业务余额表又称为应付余额表，输出每家供应商的应付期初余额、本期应付、本期付款以及期末余额，并且计算每家供应商查询期间内的应付款周转率和周转天数。

应付款周转率计算公式如下：

$$应付款周转率=本期应付\div\frac{期初+余额}{2}$$

应付余额表

	供应商编码	供应商名称	期初	本期应付	本期付款	余额	周转率	周转天数
			本币	本币	本币	本币	本币	本币
1	001	天津铝管厂	0.00	0.00	20,000.00	-20,000.00	0.00	
2	(小计)···		0.00	0.00	20,000.00	-20,000.00	0.00	
3	002	广东D材料厂	0.00	31,640.00	30,000.00	1,640.00	38.59	0.78
4	(小计)···		0.00	31,640.00	30,000.00	1,640.00	38.59	0.78
5	003	广西E材料厂	0.00	6,102.00	6,102.00	0.00		0.00
6	(小计)···		0.00	6,102.00	6,102.00	0.00		0.00
7	004	飞速运输公司	0.00	6,104.00	6,104.00	0.00		0.00
8	(小计)···		0.00	6,104.00	6,104.00	0.00		0.00
9	总计		0.00	43,846.00	62,206.00	-18,360.00	-4.78	-6.28

图 4-18 应付余额表

2. 欠款分析

欠款分析的分析对象可以是供应商、供应商分类、地区分类、部门、业务员、存货、存货分类等。通过欠款分析可以了解截至某一日期分析对象的欠款金额、欠款组成以及欠款占信用额度的百分比。洁白牙膏有限责任公司分析 2020 年 11 月的欠款情况，欠款分析如图 4-19 所示。

欠款分析

供应商 全部　　币种:　　截止日期: 2020-11-30

供应商		欠款总计	信用额度	信用余额	货款		应付款		预付款	
编号	名称				金额	%	金额	%	金额	%
002	广东D材料厂	1,640.00	50,000.00	48,360.00	1,640.00	100.00				
001	天津铝管厂	-20,000.00		20,000.00					20,000.00	100.00
总计		-18,360.00			1,640.00	-8.93			20,000.00	108.93

图 4-19 欠款分析

通过以供应商为分析对象的欠款分析，可以掌握截至某一日期与供应商之间的欠款总额、信用额度、信用余额、欠款构成以及各项欠款占信用额度的百分比。

3. 付款预测

付款预测的预测对象可以是供应商、供应商分类、地区分类、部门、业务员、存货、存货分类等。通过付款预测可以掌握未来预测期间内的应付款项合计以及款项构成。洁白牙膏有限责任公司预测 2020 年 12 月 1—15 日的应付款项，付款预测如图 4-20 所示。

付款预测　　金额式

供应商 全部　　币种: 所有币种　　预测日期: 2020-12-01至2020-12-30

供应商		付款总计	货款	其他应付款	预付款
编号	名称	本币	本币	本币	本币
001	天津铝管厂	-20,000.00			20,000.00
002	广东D材料厂	1,640.00	1,640.00		
合计		-18,360.00	1,640.00		20,000.00

图 4-20 付款预测

通过以供应商为预测对象的付款预测，可以预测所选期间内应该支付给各家供应商的应付款总和、应付账款（即货款）、其他应付款和预付款的情况。付款预测为分析预测期间的资金需求、安排周转资金和编制资金计划等提供重要依据。

付款分析

实验指导

功能节点：【业务工作】—【财务会计】—【应付款管理】—【账表管理】—【业务账表】、【统计分析】

根据管理需求，选择合适的账表；系统预置默认查询条件，根据分析需要修改查询条件。

思考题

1. 简述采购与付款子系统的特点。
2. 简述采购与付款子系统的设计目标。
3. 以你熟悉的企业或在实习过程中接触的企业为依据，结合本章所学的原理，绘制 IT 环境下采购与付款子系统的详细流程图。
4. 为什么要进行基础设置？采购与付款子系统基础设置内容包括哪些？
5. 供应商档案包括哪些内容？试分析“供应商编码”或“供应商名称”将会在哪些处理过程中使用。
6. 采购订单号（或订单编号）是采购与付款子系统中非常重要的数据，它的作用是什么？在采购与付款子系统中模拟一项从采购到付款循环的业务，分析并说明采购订单号是如何将各个过程联系在一起的。
7. 什么是暂估存货、在途存货？为什么采购与付款子系统能够输出暂估明细表和在途明细表？
8. 某企业现需采购一批钢材，需要经历哪些过程？在此过程中，采购与付款子系统使用了哪些文件？数据的传输过程是怎样的？

扫码做题

第 5 章

Chapter 5 销售与收款核算与管理

学习目标

1. 理解销售与收款子系统的目标。
2. 掌握 IT 环境下销售与收款子系统的数据流程。
3. 掌握销售与收款子系统的主要数据文件和功能结构。
4. 掌握销售与收款子系统的基础设置和日常销售及收款处理。
5. 掌握财务业务一体化策略的作用及实现机理。
6. 了解销售与收款管理分析方法。

随着我国市场经济的发展，销售已成为企业价值实现的重要手段。而互联网、电子商务的迅猛发展和普及，丰富了企业的销售手段，有助于企业通过提高销售收入在竞争中取得优势。销售在企业经营中承担着越来越重要的角色。销售形式的多样化、商品流通环节税收机制及法律的不断完善，使得该子系统在整个会计信息系统中的地位越来越重要，设计也更加复杂。

本章着重讨论销售与收款子系统的基础功能和设计方法，通过对销售与收款业务的需求分析，为读者详细描述系统中主要数据文件结构及数据流程，阐述系统常用功能。

5.1 销售与收款核算和管理需求分析

5.1.1 销售与收款核算和管理概述

销售是指企业因向客户提供商品或劳务活动而取得收入的过程，是企业生产经营成果的实现过程。在商业信用环境下，企业大部分销售活动表现为赊销，即在产品与服务的提供和货款收取之间存在一定的时间差，因此多数企业销售活动包括两个方面：一方面，由企业向买方转让产品或提供服务，将生产出的产品发送给购货单位，这是企业经营活动的一个重要环节。另一方面，企业通过销售活动获取收入，将产品转化为货币资金或应收账款，促成资金运动持续健康运转；企业的销售收入用于补偿为生产产品而消耗的生产资料、人力资源成本、税金及其他费用，形成企业利润，确保企业的生存和发展。

销售核算和管理是企业会计工作的重要内容。在市场经济条件下，企业只有以销售为龙头灵活组织生产，才能有强大的生命力。因此，通过对企业销售数据的科学分析，为企业经营管理者提供可靠、合理的决策依据也是企业管理的重要方面。

不同类型的企业销售活动不完全相同，对应的会计核算也有区别。具有典型意义的两类企业是制造企业和商品流通企业。以下内容以制造企业为主。

企业销售活动时有发生，销售核算与管理也是频繁而复杂的管理活动，涉及的会计核算科目繁多，包括：销售收入、销售费用、销售成本、销售过程中的税金核算、应收账款、预收账款和银行存款等科目。企业销售业务大体分为销售报价、销售订单签订、销售开票、商品发货和财务结算等几个基本环节。

5.1.2 销售与收款业务流程分析

在销售和收款子系统中，除客户外，还涉及销售部、信用审核部、仓储发运部、财务部等部门，业务流程复杂。本小节将对销售与收款流程进行深入分析，系统地了解销售与收款业务。

1. 基本流程描述

由于行业不同，销售与收款业务流程也会不同；就同行业来说，不同企业的管理风格不同，其销售与收款业务流程也不尽相同。手工环境下销售与收款业务的基本流程如图5-1所示。

2. 流程说明

（1）销售报价。客户可以通过传统的方式如电话、邮件或上门洽谈购货意向，而更多的客户在网上购物系统（网上商城）向商家在线客服进行购物咨询，销售业务员根据商品价格政策给客户提供销售报价，双方进行协商，洽谈销售订单。销售部门据以填制销货通知单，引发其他销售作业步骤。

（2）销售订单签订。销售部门请求信用审核部审核客户信用状况（如果不在已有客户资料中，需要考虑将客户信息添加存储），批准是否可以赊销，以及对每个客户已授权的信用额度及信用期限进行赊销审批，通过审核后正式签订销售订单。企业根据销售订单安排生产。

（3）分发销货通知单。销售部门将经过批准的多联式销货通知单及其他销售交易资料分送仓储发运和财务等部门。

（4）发货。仓储发运部门根据已批准的销货通知单，安排从仓库提货、包装和发运货物，并把发运汇总资料转送财务部门进行开单。

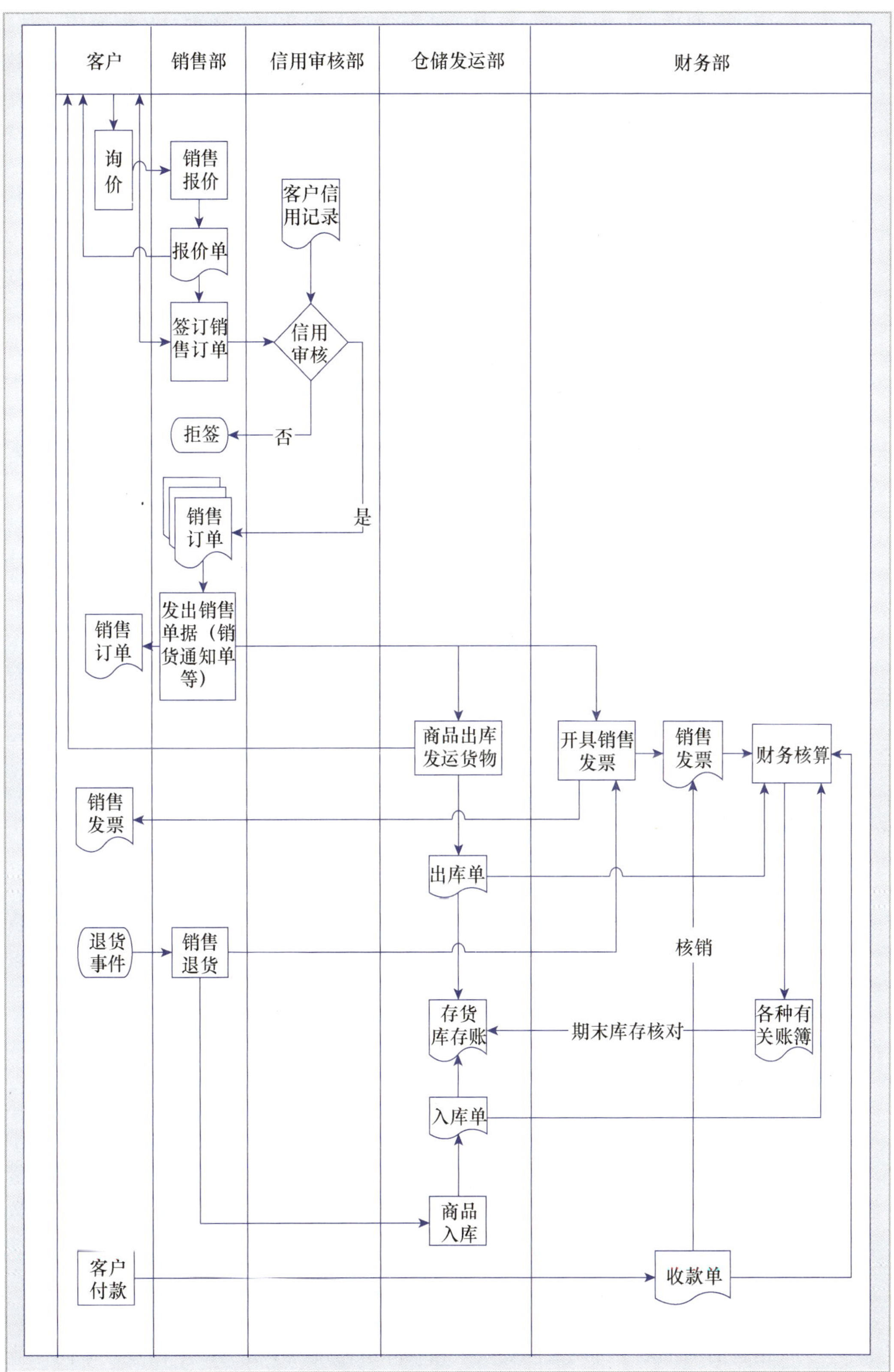

图 5-1　销售与收款业务流程

（5）开具发票。财务部门核对销货通知单与发运汇总单据，依据销售订单、企业的产品价格目录资料开出销售发票和提货单给客户（列明销售物品品种、数量、价格、运费、税金项目、销售折扣和付款方式等），然后将发票的副联留存在财务部门。客户以销售发票为凭据办理销售结算；如果客户自提货，客户可持提货单到仓库部门提取商品。

（6）财务确认销售收入。财务部门进行财务核算，编制记账凭证，记录销售过程，严格区分赊销和现销业务，并按销售发票编制记账凭证，再据以登记销售明细账、应收账款明细账及库存现金、银行存款日记账等，反映现金、应收账款及销售情况。

（7）财务结转成本。财务部门确认、计量并记录销售成本。根据存货计价方式和所销售商品数量，计算销售商品成本，编制记账凭证，再据以登记销售成本明细账和库存明细账。

（8）仓库登记库存数量账。仓储部门依据出库单以及相关部门转来的销售资料登记商品账簿，反映库存发出的数量情况。

（9）办理和记录销货退回业务。对于客户的退货事件，企业需要开具红字销售发票冲减原来已经确认的销售业务，财务部根据红字发票退还客户货款，并冲减已经确认的销售收入、销售税金及销售成本。仓库部门确认收回所退商品，并用红字登记库存账。

（10）坏账管理。根据企业应收账款状况和提取坏账准备的相关制度，及时准确提取坏账准备。对于确实无法收回的货款，获取货款无法收回的确凿证据，经审批后，注销这类坏账。对坏账计提、发生与收回编制会计凭证。

5.1.3 销售与收款核算和管理的特点

企业的销售活动频繁，涉及部门较多，销售方式灵活多样，实时性要求高，是较复杂的管理活动。销售系统业务处理过程中需要经常查询、共享总账、存货核算与管理子系统中的数据，这些因素决定了销售与收款核算和管理系统具有以下主要特点。

1. 业务频繁，数据量大

企业的销售活动是经常性业务，几乎每天都会有一定数量的销售业务和货款结算业务需要处理。对于销售商品种类很多的商业企业，这是显而易见的。对于制造企业，或者其经营的产品和零配件的种类比较多，或者虽然产品单一但产量大，业务处理比较频繁，因而相关的客户往来单位也比较多。无论哪种情况，数据量都会比较大。

2. 销售活动参与者众多，数据的实时性要求高

销售活动由多个部门共同完成，在实际运作过程中分为多个作业，不同作业由不同的部门或人员完成，前一作业的业务信息直接影响后一作业的开展。因

此，对这些作业进行处理时，需要实时将信息传递给下一作业的经手人，系统数据处理的实时性要求很高。

3. 业务处理复杂，可靠性要求高

在市场经济条件下，企业的销售模式和货款的结算方式灵活多样。销售方式可以分为普通销售（先开发票后发货、先发货后开发票）、委托代销、直运销售、分期收款等多种模式。结算方式有现金、支票、汇票、托收承付和商业票据等多种。另外，销售中还会有销售折扣和折让、销售退货等情况需要处理。所有这些业务处理和核算，既涉及资金流，也涉及物流核算，还涉及税收的合理计算，从企业内部管理角度和税务外部监督角度而言，都要求客观正确。因此，系统需要处理的业务复杂且系统处理的可靠性要求很高。

4. 核算与管理并重

为了使企业决策者及时制定出合理的生产、销售及催款策略，必须以销售和收款业务的核算为基础，加强销售与收款分析，如进行商品销售预测、商品盈利分析、应收账款账龄分析、应收账款周转分析等，为市场营销提供多层次、多角度的预测和决策信息。

5.2 IT 环境下销售与收款子系统的流程分析

5.2.1 销售与收款子系统的目标

为了加强对销售活动的管理，在促进销售增长的同时，加快销售回款速度，销售与收款子系统必须实现以下主要目标。

1. 规范销售流程，全面收集销售信息

经过对手工环境下销售与收款业务流程的分析，可以看出销售管理是一项流程性很强的管理工作。规范销售业务流程，使得相关部门熟悉销售业务处理过程，有利于提高工作效率，以统一的口径、多种手段、多种渠道和要求收集销售信息，有利于系统所记录的销售信息全面、一致、准确。当业务处理出现差错时，有利于发现问题环节和责任人，及时纠正偏差。

2. 实行动态管理，有效控制销售—发货—收款等环节

对一般企业而言，销售、发货、收款三个环节由不同部门、不同人员处理，这三个环节之间的信息传递与共享对于有效管理销售流程至关重要。销售发票的数量应该决定发货数量，在销售部门和仓库部门之间实现信息共享，并通过销售发票数量控制出库单数量，以在很大程度上减少销售发票信息与出库信息之间的差异。销售发票与收款信息直接决定企业应收账款的状况，一方面，将发票的关键信息（如客户编码及名称等）动态传递给收款环节；另一方面，提供销售发票和收款（包括预收款）之间的结算处理，保证应收账款信息的准确无误。

此外，动态了解每笔业务的执行情况，不仅有利于维系与客户的良好关系，而且有利于企业进行应收账款管理，减少应收账款占用资金成本，减少坏账损失，加快应收账款周转速度。

3. 实行信用管理，防范经营风险

销售信用政策对企业而言是一把双刃剑，需要权衡利弊，采用合理的信用政策，评价客户的偿债能力和信誉程度，适度控制赊销订单的签订，对客户资料和销售订单进行管理，既促进企业销售收入的增长，又减少相关成本费用，实现企业价值增长。因此销售与收款子系统借助 IT 技术快速计算、信息共享等特征，能够有效实施信用管理，防范企业经营风险。

4. 多角度销售和收款分析，提供销售决策支持信息

首先，销售活动涉及多方参与者，需要加强对参与者的管理。加强客户管理，对客户交易状况、信用情况等进行分析；加强销售人员管理，对销售人员进行业绩分析等。其次，以核算信息为基础，对产品盈利能力、各销售地区的销售业绩、销售增长趋势进行分析与预测。最后，从应收账款入手，进行资金回笼情况分析、账龄分析、逾期未收款分析等，从多个角度展开销售和收款分析，为企业日常管理与决策提供信息支持。

5. 与其他会计子系统集成使用

销售与收款子系统同其他会计子系统有着密不可分的联系。一方面，该子系统为其他子系统提供信息，如销售业务所产生的会计信息必须自动生成并传递给总账子系统；另一方面，该子系统需要获取其他子系统的相关信息，如从其他子系统中获取所销售产品的成本信息等。因此，销售与收款子系统应该和其他会计子系统集成使用，实现数据一次录入多方使用，借助信息共享特性，促进各部门之间的沟通与监督、各环节之间的衔接与控制。

5.2.2 销售与收款流程分析

销售与收款流程主要对从客户报价到实现销售、收回货款的业务全过程进行管理。销售与收款流程如图 5－2 所示。

1. 销售环节数据流程描述

（1）客户基本资料的输入。在进入销售流程之前，首先要进行建立客户资料的基础设置工作。将客户的基本资料存储在客户文件中，即建立客户档案，以便动态反映每一个客户的基本情况、信用情况、偿债能力和欠款状况，实现销售订

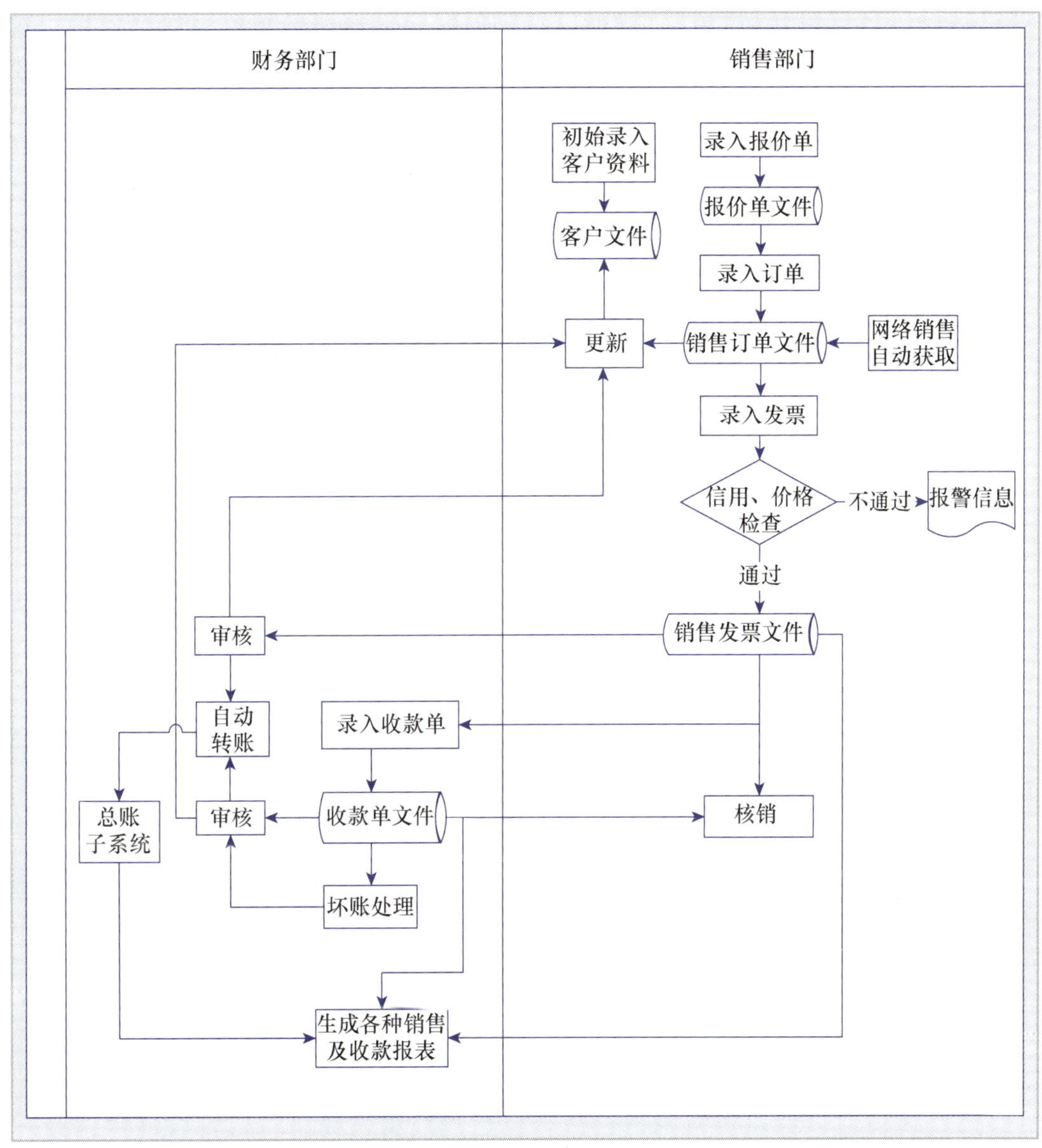

图 5-2　销售与收款数据流程

单与货款催收工作的管理。

（2）销售管理流程可以从销售报价单开始，也可以从销售订单或销售发票开始，需要根据企业管理要求和业务特点来选择具体流程起始点。在输入销售订单数据时，可以参考已经录入的报价单文件；同样，输入销售发票数据时，也可以参考已经录入的销售订单文件。这样，一方面减少输入数据的工作量；另一方面也能在录入的同时与以往录入的数据进行核对，保持数据的一致性，减少差错。本章从销售报价单开始介绍销售管理数据流程。

（3）综合客户购买商品的数量、提货时间以及商品最低售价控制政策等内外因素，在系统中录入报价单，并将报价单提交给客户。

（4）企业和客户针对报价单进行交易谈判，双方达成一致意见后，签署销售订单。在系统中录入销售订单时，如上所述，可以参照报价单，将商品名称、规格型号、销售单价等信息由系统自动写入销售订单。除了需要人工录入的销售订单外，还有一部分订单信息是通过网上销售自动获取的。

（5）根据企业管理需要，可以在销售订单环节进行信用和价格检查（也可以不在订单环节实施控制，只将控制点设置在销售发票处），检查订单所对应的客户是否满足信用条件，订单价格是否符合商品最低售价控制政策。对于不符合信用政策和价格政策的销售业务实施控制，既可有效促进销售增长，又可有效规避经营风险。系统根据销售订单自动更新客户文件中的相关信息。

（6）企业发货（或者客户于提货日到企业提货）并办理结算手续，企业需要在系统中录入销售发票，销售发票可以参照销售订单生成，销售订单信息将自动写入销售发票。根据销售发票更新客户文件中相关金额等信息。

（7）由于销售订单和销售发票的处理存在时间差，因此，需要针对销售发票再次进行信用和价格检查。当信用和价格检查通过或审批通过后，才能保存销售发票，并继续开展存货出库和销售收款处理。

（8）系统根据审核后的销售发票自动生成记账凭证，并将凭证转入总账子系统。

如果销售采用现金交易方式，则生成如下凭证：

借：银行存款

贷：主营业务收入

应交税费——应交增值税（销项税额）

如果销售采用赊销方式，则生成如下凭证：

借：应收账款

贷：主营业务收入

应交税费——应交增值税（销项税额）

2. 收款环节数据流程描述

（1）如果企业提前收到客户款项（预收款），则在收款单登记收款信息，款项类型为预收款；如果企业在已经发生销售活动后收到款项，则可以参照销售发票生成收款单，收款单的收款金额可能与销售发票不一致（例如款项部分收回等情况）。将收款信息保存到收款单文件中。

（2）系统根据审核后的收款单自动生成记账凭证，并将凭证转入总账子系统。

生成的凭证如下：

借：银行存款

贷：应收账款（或预收账款）

对于采用非赊销交易即现金交易的销售业务，只需在销售发票环节或收款环节生成一次记账凭证。

（3）录入收款单数据，更新客户文件信息，动态反映客户的回款状况、信用情况，系统可以随时生成、输出客户档案信息表。

(4) 将销售发票文件和收款单文件（包括预收款记录）进行核销结算，确认每张销售发票的对应收款情况。根据结算后的销售发票文件和收款单文件，系统可以输出销售与收款业务账和应收核销明细账，并支持应收账款账龄分析、收款预测等应收账款分析。

(5) 根据应收账款情况和企业所采用的坏账准备政策，及时、准确计提坏账准备，进行坏账发生和收回的核算，并针对坏账处理生成凭证转入总账子系统。

5.2.3 IT 环境下与手工环境下销售与收款流程的区别

通过上述流程分析可以看出，IT 环境下与手工环境下销售与收款流程有诸多不同之处：

(1) IT 环境下实现数据的高度共享和及时传递。在手工环境下，销售、仓库、会计等部门之间不能实现数据的实时共享。这些部门之间进行纸质单据的传递，信息的及时性大打折扣。而在 IT 环境下，销售与收款、存货、总账三个子系统之间保持密切的联系，数据能够实现动态共享、及时传递，销售、会计、仓库等部门之间可以实时共享信息。

(2) IT 环境下保证数据一致性和工作高效性。在手工环境下，由于销售、仓库、会计等部门之间不能实现信息共享和传递，销售部门常常因得不到准确的存货信息而盲目销售；会计部门、销售部门重复处理销售发票，会计部门、仓库重复处理出库单，造成各方数据不一致，工作效率低下。而在 IT 环境下，销售与收款、存货、总账子系统之间实现数据共享，销售、会计、仓库等部门可以共享信息，并实现数据一次录入、多处使用，保证了数据的一致性和工作的高效性。

(3) 实现对销售—发货—收款等环节的有效控制。许多管理方法在手工环境下只能是纸上谈兵。在 IT 环境下动态管理可以得到有效落实，将客户信用审核、客户付款条件、最低价格等控制点内嵌于销售与收款业务流程中，实行动态管理，有效降低风险。

(4) IT 环境下加强了统计、管理、分析能力。在手工环境下，由于数据不能共享，不能及时得到所需的数据，各种管理分析工作受到极大的影响。在 IT 环境下，实现了数据共享，同时充分发挥计算机的高速处理能力，使得统计分析能力大大加强，用户可以随时随地得到各种分析信息，如销售订单执行统计、出库统计、应收账款账龄分析、资金回笼情况分析、逾期未收款情况分析等。

5.3 销售与收款子系统总体结构设计

在现有的商品化系统中，有些系统将销售与收款子系统作为一个子系统；有些将其划分为两个子系统独立运行，即销售子系统和应收款子系统。无论系统如何划分，销售与收款之间都有着密切联系。

5.3.1 数据编码设计

销售与收款子系统使用了多个档案文件，本章以库存商品和客户档案文件中的客户编码为例分析数据编码设计方法。

1. 商品编码设计

销售与收款子系统中有关销售的所有数据处理是围绕商品这个中心展开的，为了使计算机更好地统计每种商品的销售情况，必须为每种商品统一编码。商品编码的设计要考虑到整个会计信息系统编码设计的系统性，存货子系统、成本子系统和销售与收款子系统都涉及商品编码的问题（商品流通企业中采购与付款子系统也涉及商品编码问题），因此商品编码在整个系统设计中要做到统一。企业的库存商品属于存货管理范畴，从软件的通用性角度来讲，系统为用户提供存货数据库，在系统进行基础设置时，用户可将本单位的商品名称、编码以及其他一些相关信息录入。商品编码要想详细反映出各种商品的类别、品种、序号、规格等情况，建议采用群码（即层次码）的方式编制，例如：

＃＃	＃＃	＃＃	＃＃
类别	品种	规格	序号

企业的库存商品，其编码设计属于存货编码设计范围，如果企业启用了存货核算与管理子系统，那么商品编码的初始化工作应在存货子系统中完成，可参考本书第6章中有关存货编码设计的内容。

2. 客户编码设计

销售与收款子系统中应收账款的数据处理是围绕客户这个中心环节设计的，有关销售、收款的数据处理都与客户密切相关，必须在系统的初始化阶段，将有关客户的固定信息存入计算机，这些固定信息包括客户编码、名称、简称、行政区域、邮政编码、电话、传真、地址、联系人、纳税登记号等。为了使计算机更好地对客户进行管理，必须对客户进行编码设计。

由于每个企业客户数量不同、地区分布不同、客户所处行业差异，客户编码通常采用群码（即层次码）的编码方式。编码要求与科目编码相同，便于根据需要对数据进行分类和汇总。在具体设计客户编码时，往往会考虑客户所在的地区，以便了解销售按地区的分布情况；同时，还要考虑客户的行业类型，以便进行市场潜力的分析。总之，每个企业的具体编码方式必须根据其客户群体特征和企业管理需求而定。

例如，某企业希望对客户按照不同地区、不同行业进行管理，则可以将客户编码分为三段：＃＃ ＃＃ ＃＃＃＃。前两位表示客户所处地区，第二段（第3、第4位编码）表示客户所处行业，第三段表示客户序号。

＃＃　　＃＃　　＃＃＃＃
地区　　行业　　客户序号

对于客户数量较少的企业，可根据具体情况压缩编码长度和编码层级。

5.3.2　数据文件设计

销售与收款子系统的数据文件结构与企业业务特征、核算与管理要求密切相关。不同企业、不同软件所采用的数据文件结构都会有差异。销售与收款子系统主要包括客户档案文件、销售订单文件、销售发票文件以及收款单文件等，销售出库单文件在第 6 章中介绍。

1. 客户档案文件

客户档案文件用于存储所有客户的固定信息，以及欠款等综合动态信息，以便对客户资料进行统一管理。文件中每条记录对应一个客户。根据此文件可以查阅客户的各种信息，输出与客户信息有关的管理用表。该文件的建立主要是为企业的销售与应收核算和管理服务，并保证在填制销售发票和收款单，进行销售与应收款结算，按客户进行录入、统计和分析时，系统提供一致的客户信息，保证各子系统中数据的一致性，为加强货款催收工作、提高销售管理效率提供基础支持。

客户档案文件是客户信息的唯一入口，其数据结构中主要项目如表 5－1 所示。

表 5－1　客户档案文件数据结构

序号	字段	说明
1	客户编码	编码必须唯一。
2	客户名称	汉字或英文字母。
3	客户简称	汉字或英文字母，用于业务单据和账表的屏幕显示。
4	客户地址	汉字、数字或英文字母。
5	客户电话	数字。
6	E-mail	数字或英文字母等字符。
7	邮政编码	客户通信地址所在的邮政编码。
8	开票单位	汉字或英文字母，给客户开具销售发票时的单位名称，必填。
9	发货地址	汉字、数字或英文字母。
10	开户银行	客户所在开户银行名称，必填。
11	银行账号	客户在其开户银行中的账号，必填。
12	税号	数字，客户的工商登记税号，用于销售发票的税号栏内容的屏幕显示和打印输出，一般纳税人必填项目。
13	法人	客户企业法人代表的姓名。

续表

序号	字段	说明
14	信用级别	对客户的信用评级。
15	信用额度	在规定的时间内，允许客户欠款的最大额度。
16	价格级别	对客户销售商品时使用的价格级别。
17	扣率	客户在一般情况下可以享受的购货折扣率。
18	信用期限	作为计算客户超期应收款项的计算依据，其度量单位为“天”。
19	付款条件	用于销售单据中付款条件的缺省取值。
20	应收余额	客户当前的应收账款的余额，系统自动维护，用户不能手工修改，执行客户信息更新的操作或打开查看客户档案，系统自动计算、更新显示客户当前应收款余额。
21	最近订单时间	已审核订单中最近一笔的单据日期；该时间为系统自动记录，用户不能手工修改。
22	最近发票时间	已复核发票中最近一笔的单据日期；该时间为系统自动记录，用户不能手工修改。
23	最近发票金额	按已复核发票的单据日期，显示客户最近一日发票的价税合计之和；该金额为系统自动记录，用户不能手工修改。
24	最近收款时间	按已审核收款单的单据日期，显示客户最近一笔收款日期；该时间为系统自动记录，用户不能手工修改。
25	最近收款金额	按已审核收款单的单据日期，显示客户最近一日收款单的收款金额之和；该金额为系统自动记录，用户不能手工修改。

文件说明：

（1）在日常业务处理过程中，销售订单、销售发票、出库单、收款单等单据需要频繁使用客户基本信息，可以直接参照客户档案文件的相关记录生成。保持各类单据所记载的客户信息完全一致，有利于按客户准确查询销售订单执行情况、销售收款与欠款情况、销售发货情况。

（2）客户档案文件将记载企业赋予客户的信用政策，信用级别用来动态反映客户的信用程度和偿债能力，信用政策将运用于编制销售订单、销售发票环节，实施信用控制。

（3）付款条件由现金折扣比率和最长信用期间构成。企业针对当前的销售业务，确定客户在不同期间的付款可以获取的现金折扣比率及最长的信用期间。付款条件运用于销售管理过程，有利于应收款项的催收工作。

（4）应收余额是根据“期初应收账款余额＋本期应收账款－本期收回账款”计算得出的。公式中的“本期应收账款”是记账时根据本期赊销业务的销售发票自动累计得出的；“本期收回账款”是根据本期收款凭证自动累计得出的。每笔销售业务发生时，系统动态更新客户档案文件中的应收账款余额信息以及最近收款时间、金额等信息，通过查询客户档案可以快速了解客户的欠款状况和信用管理执行力度。

(5) 客户档案文件作为查询用的目录文件，可以采用一年一个文件方式。该文件以“客户编码”为索引关键字建立索引文件。

企业根据核算和管理需要可以增加或减少相应的字段项目。

2. 销售订单文件

销售订货是指由购销双方确认的客户要货需求的过程，企业根据销售订单组织货源，并对订单的执行进行管理、控制和追踪。销售订单是反映由购销双方确认的客户要货需求的单据，它可以是关于货物的明细内容书面协议，也可以是一种订货的口头协议。

销售订单文件用于存储企业确认的各种销售订单，是整个流程的核心和基础文件。该文件用于存储所有签署销售订单的固定信息，以及订单执行过程中的综合动态信息。同一订单上可以记录多种商品的销售信息，因此，可以将销售订单文件拆分成两个文件：一个文件用于保存销售订单的固定信息，处于单据的上半部分的表头位置，文件中一条记录存储一个订单的固定信息，该文件称为订单的固定信息文件；另一个文件用于保存销售订单的变动信息，处于单据的下半部分的表体位置，文件中一条记录存储一种商品，多条记录可以存储同一订单中的多种商品，称为订单的变动信息文件。因此，一个订单就拆分为二，分别存储在两个不同的文件中。两个文件都有“订单编号”字段，查询和处理订单时，以相同的订单编号将两个文件链接起来，形成一个订单的完整信息，如表 5－2 所示。这样设计的目的是节省存储空间，避免重复存储。

表 5－2　销售订单文件数据结构

销售订单固定信息文件结构：		
序号	字段	说明
1	订单编号	数字或英文字母，录入或自动生成，编号唯一，必填。
2	订单日期	签署销售订单的日期，手工录入或参照日历表生成，默认为当前业务日期，可修改。
3	销售类型	录入或参照，必填。根据某些特征对销售业务进行分类，以便按照销售类型进行统计分析，可选销售类型包括普通销售、委托代销、直运销售、分期收款等。
4	客户编码	录入或参照客户档案文件，必填。
5	客户付款条件	企业为了鼓励客户偿还货款而允诺在一定期限内给予的折扣优待，这种折扣条件通常可表示为“5/10，2/20，n/30”格式。录入或参照客户档案文件。
6	销售部门	录入或参照部门档案文件，必填。
7	销售人员	录入或参照人员档案文件。
8	交货地点	向客户发货地址。
9	录入人	录入订单的操作员姓名。
10	审核人	审核订单的操作员姓名。
11	状态	用于记录订单的状态，如录入、审核、已执行、关闭等。

续表

销售订单变动信息文件结构：		
序号	字段	说明
1	订单编号	同固定信息文件。
2	存货编码	录入或参照存货档案文件，必填。
3	存货名称	录入或参照存货档案文件，必填。
4	增值税税率	系统根据文件中的存货编码从存货档案中读取增值税税率，可修改。
5	计量单位	
6	无税单价	为不含增值税单价，系统根据价格政策计算订货单价，或手工录入订货单价。
7	销售数量	销售订货数量，一般而言，订货数量不能小于零。
8	无税金额	根据无税单价×销售数量，自动算出。
9	税金	根据无税金额×增值税税率，自动算出。
10	价税合计	根据无税金额＋税金，自动算出。
11	发货日期	向客户发货日期。

文件结构的有关说明如下：

（1）销售订单文件可以参照销售报价单生成，销售报价单的信息自动传递给销售订单文件。

（2）根据订单文件可以按订单不同类别、订单归属的部门，输出正在执行的订单信息表、历史订单信息表等。

（3）固定信息文件以“订单编号”建立顺序文件；变动信息文件以“订单编号”＋“存货编码”建立顺序文件。采用一年一个销售订单文件的存储方式。

企业根据核算和管理需要可以增加或减少相应的字段项目。

3. 销售发票文件

销售发票是在销售开票过程中用户所开具的原始销售单据，包括增值税专用发票、普通发票等。销售发票是确认和计量销售收入、应交销售税金、应收账款的依据，销售发票管理是销售管理的重要环节。

销售业务的数据处理环节是以销售发票开始的，大部分原始信息源于销售发票，因此用户在使用该系统时，务必在系统给出的空白发票录入窗口中完整录入发票信息。由于许多原始数据存于该文件中，销售发票在整个系统中十分重要，可以说销售发票是销售和收款子系统中最重要的原始数据。

由于许多时候同一客户开具的一张销售发票可以包含多种商品的销售信息，因此，与销售订单相似，销售发票文件也可以拆分成固定信息和变动信息两个文件，如表5-3所示。

表 5-3　销售发票文件数据结构

销售发票固定信息文件结构：		
序号	字段	说明
1	销售发票号	数字或英文字母，录入或自动生成，编号唯一，必填。
2	开票日期	开具销售发票的日期，手工录入或参照日历表生成，默认为当前业务日期，可修改，可录入本月以后日期。
3	销售类型	录入或参照，必填。根据某些特征对销售业务进行分类，以便按照销售类型进行统计分析，可选销售类型包括普通销售、委托代销、直运销售、分期收款等。
4	销售订单号	销售发票所对应的销售订单的编号，参照订单时带入。在销售发票文件中记录销售订单编号，以便由销售发票追溯销售订单，对销售订单的执行情况进行跟踪。
5	客户编码	录入或参照客户档案文件，必填。
6	客户付款条件	企业为了鼓励客户偿还货款而允诺在一定期限内给予的折扣优待，这种折扣条件通常可表示为“5/10，2/20，n/30”格式。录入或参照客户档案文件。
7	销售部门	录入或参照部门档案文件，必填。
8	销售人员	录入或参照人员档案文件。
9	发货单号	系统带入，不可修改；先发货后开票：先开发货单，再参照发货单或出库单生成发票，将发货单号带入；开票直接发货：在发票复核时，系统自动生成发货单，将发货单号带入；以便跟踪与当前发票相关的销售发货出库情况。
10	开户银行	客户开户银行，参照客户档案录入。
11	银行账号	客户银行账号，参照客户档案录入。
12	纳税人登记号	客户的税号，参照客户档案录入。
13	核销金额	已经收款并核销的应收款项金额，为空表示该发票尚未进行核销操作。用来标志是否与收款单进行核销。
14	录入人	录入订单的操作员姓名。
15	复核人	复核订单的操作员姓名。复核是针对物流，一般由业务人员进行复核，也可以由财务人员进行复核。开票直接发货模式下，在发票复核时，系统自动生成发货单。
16	审核人	审核订单的操作员姓名，财务人员审核原始凭证。发票审核后系统自动生成应收账款业务明细账。确认销售发票生效标志，未审核之前的销售发票可以修改和删除，审核后的销售发票不能再做任何修改。如果需要修改或删除，必须进行取消审核和复核操作。
17	转账标志	用来标志该发票是否已经转化成记账凭证，并传递到总账子系统的凭证文件中。
销售发票变动信息文件结构：		
序号	字段	说明
1	销售发票号	同固定信息文件。
2	仓库编码	录入或参照仓库档案文件，必填，一张发票可以有若干个发货仓库。

3	存货编码	录入或参照存货档案文件，必填。
4	存货名称	录入或参照存货档案文件，必填。
5	增值税税率	系统根据文件中的存货编码从存货档案中读取增值税税率，可修改。
6	计量单位	
7	无税单价	为不含增值税单价，对于有销售订货环节的销售业务，从订单获取销售单价；对于没有销售订货环节的销售业务，系统自动根据价格政策计算销售单价，可手工录入或修改。
8	销售数量	成交销售数量。
9	无税金额	根据无税单价×销售数量，自动算出。
10	税金	根据无税金额×增值税税率，自动算出。
11	价税合计	根据无税金额＋税金，自动算出。

相关说明如下：

固定信息文件中每个客户对应一笔销售业务，即每张发票对应一个记录。变动信息中，每种商品对应一个记录。固定信息文件以“销售发票号”建立顺序文件，变动信息文件以“销售发票号”＋“存货编码”建立顺序文件。两个文件以“销售发票号”进行链接，形成完整销售发票信息。销售发票文件可以采用一年一个文件的方式存储。

企业根据核算和管理需要可以增加或减少相应的字段项目。

4. 收款单文件

收款单文件用于存储收款单信息，记录企业所收到的客户款项，每张收款凭证为一个记录，以提供生成应收账款明细账所需的收款信息，款项性质包括应收款、预收款、其他费用等信息。收款单文件结构如表5-4所示。

表5-4 收款单文件数据结构

序号	字段	说明
1	收款单号	编码唯一，不允许为空。根据单据编码生成规则中的设置由系统自动生成，若设置不是自动编码，则在系统自动生成的基础上可以修改，否则不允许修改。
2	单据日期	收到款项的日期，直接输入或参照日历表参照输入。不能为空，缺省为当前登录系统日期。
3	票据号	结算票据的编号。
4	客户编码	可以参照输入，不能为空。必须是客户档案中已经存在的记录。
5	客户账号	系统自动带入客户档案中的银行账号。也可以手工录入不在档案中的银行账号。
6	本单位账号	本单位收取款项的账号。
7	款项类型	根据业务情况选择“应收款”“预收款”“现款结算”“销售定金”“其他费用”等收款类型。

续表

序号	字段	说明
8	结算方式	收款的方式，如支票、汇票、现金等方式。可以参照输入，不能为空，必须是结算方式档案文件中已经存在的记录。
9	收款金额	本次收款的金额，直接输入。不能为空，只能输入大于 0 的数字。
10	余额	款项类型为应收款时，显示当前客户的应收款余额（未保存时的收款单不包括当前的单据金额，保存后的包含当前单据金额。此处的应收款余额和业务账中的应收款余额数据不同，因为账表中的应收款余额不包括未审核单据）；款项类型为预收款时，显示该客户款项类型为预收款的余额。
11	录入人	录入收款单的操作员姓名。
12	审核人	审核收款单的操作员姓名。
13	转账标志	用来标志该收款单是否已经生成记账凭证，并传递到总账子系统中。
14	核销标志	用来标志是否与销售发票或应收单进行核销。

相关说明如下：

收款单文件可以采用一年一个文件方式存储收款单信息，其组织方式是以“收款单号”建立顺序文件。

企业根据核算和管理需要可以增加或减少相应的字段项目。

5.3.3　功能结构设计

销售与收款子系统由基础设置、销售管理、收款管理、一体化策略及管理分析五个部分构成。销售与收款子系统功能结构如图 5－3 所示。

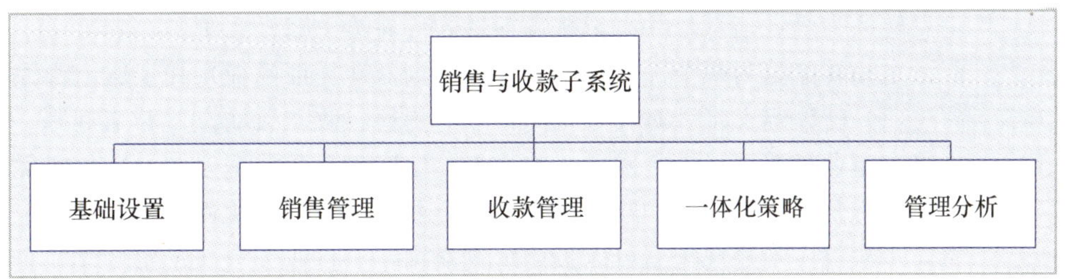

图 5－3　销售与收款子系统功能结构

各模块的基本功能介绍如下。

1. 基础设置

销售与收款子系统基础设置的主要作用是建立各类档案、各种初始设置及初始余额等数据的录入，如客户档案、部门档案、职员档案及存货档案等。基本档案的建立不仅有利于方便、快速地录入，更重要的是可以根据各类档案进行统计分析；另外，会计信息系统的各子系统都将使用相同的基本档案，这为各个子系统之间数据的共享与传递奠定了基础。各种初始设置包括开户银行账户设置、用户自定义转账规则（即凭证模板，可按此自动生成相关记账凭证）、账龄分析的时间段定义、税种税率设置等，同时还要完成应收账款的期初余额录入，特别是上期未核销的往来账余额录入等。部分档案的使用还将协助企业实现业务环节的相关控制与监督，如基础档案中的付款条件设置将用于发票处理环节，赊销类业务信用期限到期后，系统将自动提供应收预警信息，促进企业加快款项回收。

2. 销售与收款管理

主要用于规范销售与收款活动日常处理流程，具体而言体现在录入和审核各种单据、往来核销以及坏账处理。客户信用管理贯穿整个销售与收款的日常单据处理流程。

日常单据的录入包括报价单、销售订单、销售发票、退货单及收款单等。由于销售与收款活动的各个环节之间存在继承性，各种单据之间必须遵循一定的因果关系。该功能模块将根据销售类型的不同，约束各单据的处理顺序，界定同一单据内部不同数据项之间、不同单据的数据项之间的计算关系。例如，同一笔业务的收款单参照销售发票生成，两张单据的客户信息、交易信息保持一致。录入的单据需经过审核。对于往来核销，系统提供了自动核销和手工核销两种方式。此外，对应收账款坏账进行处理，包括坏账计提准备、坏账发生与收回、坏账查询等，全面掌握坏账信息，加强应收账款管理，减少坏账损失。

3. 一体化策略

销售与收款处理全面收集业务信息，一体化策略主要实现将销售与收款业务信息转换为会计信息，并以记账凭证形式传递给总账子系统。

自动转账分为两个部分：定义凭证规则（即凭证模板）和生成记账凭证。

（1）转账定义将针对具有相同特点的销售、收款活动设置转账规则，转账规则将决定业务单据（销售发票、收款单、出库单）各数据项如何转化成凭证的科目、借方贷方金额及辅助核算信息。在企业销售与收款业务特征保持稳定的情况下，一次设定转账规则后可以长期重复使用。一旦业务特征发生变化，企业需要修改转账规则。

（2）生成记账凭证模块是根据业务单据的各数据项的具体数值及已经设置的转账规则，将业务单据记载的业务信息转换成记账凭证信息传递给总账子系统，实现销售收入、销售成本、销售税金、应收账款与相关现金、银行存款的确认、计量与记录。

4. 管理分析

查询销售与收款的明细单据，按不同统计条件，分地区、客户类别、部门、人员、存货品种等，对一定期间内的销售与收款业务进行汇总统计。根据企业常用的销售与收款分析方法，提供内部管理及分析报表。同时可以查询销售与收款方面的业务账，包括业务总账、业务余额表和业务明细账。销售分析通常包括销售订单执行情况分析、销售构成分析、销售增长分析、销售毛利分析等。收款与应收分析通常包括应收账款账龄分析、未来期间收款预测、资金回笼情况分析、客户欠款分析及应收账款核销明细表分析等。不同企业可能采用不同的统计与分析方法，相关报表将为企业日常管理和决策提供支持信息。此外，该模块还可查询客户信息、订单及发票信息等。

由于企业的核算和管理需求不同，业务流程不同，可以在此基础上增加或减少模块，或者可以进行组合形成销售子系统和应收款子系统两个独立的子系统。

例 5－1

洁白牙膏有限责任公司使用销售管理、应收款管理两个子系统共同完成销售与收款管理，应用流程如下：在销售管理子系统完成销售订单与销售发票的管理；在应收款管理子系统完成会计审核销售发票、收款、核销处理和生成记账凭证四项财务工作。

洁白牙膏有限责任公司销售的牙膏是公司自制产成品，需要经过材料采购、车间领用材料投入生产、产成品完工入库后才能对外销售。因此，对外销售牙膏前，需要先在库存管理子系统完成除销售出库以外的出入库业务，即完成采购入库、材料出库和产成品入库业务，成品库中才有可以对外销售的牙膏。

实验指导

功能节点一：【基础设置】—【基础档案】

【基础档案】模块实现对销售与收款核算与管理所需的基础信息的管理。

功能节点二：【业务工作】—【供应链】—【销售管理】

【销售管理】子系统实现对销售业务的核算和管理。

功能节点三：【业务工作】—【财务会计】—【应收款管理】

【应收款管理】子系统实现对应收款及收款的基础设置、核算和管理。

5.4　销售与收款子系统的基础设置

基础设置是指企业在开始使用销售与收款子系统时，根据本企业的业务特征、会计核算和财务管理要求而设置的一系列基础信息，为日常核算和管理提供支持。基础设置包括两个步骤：系统基础设置前的准备工作和系统基础设置。

在进行系统基础设置前，应对手工的一些基础数据进行规范，包括：

(1) 整理已有的各类档案，包括客户档案、销售类型和存货档案等，制定合理的客户、存货等编码规则。

（2）按销售发票号逐笔整理出已有的未核销的往来业务，为初始录入应收账款、预收账款期初余额做好准备。

（3）确定销售发票及收款单据的格式和内容。

（4）整理出销售过程中的应缴纳税种和税率，使系统能自动计算出相应的税额和附加费额。

销售与收款子系统与其他子系统共享结算方式、付款条件、本单位开户银行、仓库档案、收发类别、存货档案等基础信息。仓库档案、收发类别、部门档案和人员档案等基础信息详见第 4 章 4.4.2 节“业务信息设置”。收付结算类基础信息详见第 4 章 4.4.3 节“收付款结算设置”。存货档案信息详见第 6 章 6.4.1 节“存货档案设置”。

本节重点介绍销售与收款子系统的客户档案、销售类型、期初余额等基础信息设置。

5.4.1 客户档案设置

客户档案记录往来客户的信息，用于对客户资料进行管理，客户档案资料将存入客户档案文件。录入业务单据时，直接参照客户档案，获取相关信息。进行统计分析时，可以客户档案作为查询或统计条件。客户档案设置主要完成客户信息的增加、修改与删除等功能。客户档案主要由四部分信息构成：基本信息、联系信息、信用信息和其他信息。客户档案的设置如图 5－4 所示，图中为客户基本信息页面。

图 5－4 客户档案基本信息设置

客户基本信息主要包括客户编码、客户名称、税号、开户银行、银行账号、开票单位等。

客户联系信息主要记载联系人、联系电话、联系地址、邮政编码、E-mail 地址、发货地址、发货方式等。

客户信用信息主要包括：

（1）价格折扣率。客户在一般情况下可以享受的购货折扣率，用于销售报价、销售订单签订、开具销售发票等环节。

（2）价格级别。同一产品可能具有多种对外销售价格，不同客户群体适用不同价格级别。价格级别信息将用于对客户进行产品报价等环节。

（3）信用等级。按照企业自行设定的信用等级分级方法，对客户展开信用评价，给出客户所适合的信用等级。

（4）信用额度。根据客户的信用等级，确定客户可以使用的信用额度，在销售订货和开票环节进行信用期限和信用额度检查。

（5）客户付款条件。由现金折扣比率和最长的信用期间构成。企业针对当前的销售业务，确定客户在不同期间的付款可以获取的现金折扣比率及最长的信用期间，系统将根据所选客户自动输出其对应的付款条件。现金折扣是企业为了鼓励客户尽早支付货款而允诺在一定期限内给予的折扣优待。

（6）最近发票日期。即客户最近一笔开票日期，系统自动维护最近发票日期。

（7）最近发票金额。即客户最近一笔开出发票的交易金额，系统自动维护最近发票金额。

（8）最近收款日期。即客户最近一笔收款的日期，系统自动维护最近收款日期。

（9）最近收款金额。即客户最近一笔收款业务的收款金额，系统自动维护最近收款金额。

（10）应收余额。即该客户当前的应收账款余额。根据“期初应收账款余额＋本期应收账款－本期收回账款”计算得出。公式中“本期应收账款”，记账时根据本期赊销业务的销售发票自动累计得出；“本期收回账款”，根据本期收款单自动累计得出。

（11）每笔销售和收款业务发生时，系统动态更新客户档案文件中的应收余额及最近已收款金额、时间信息，通过查询客户档案可以便捷了解客户的欠款状况和信用管理执行力度。

需要特别注意的是，在进行客户档案设置前，必须先设置客户分类档案和地区分类档案。

在进行客户档案初始设置时，必须进行客户的税号、开户银行、银行账号、开票单位项目的设置，否则在后续销售开票处理时，不能进行开具增值税专用发票的操作。

例5-2

洁白牙膏有限责任公司刚成立，客户规模小，客户不分类。客户基本信息如表5-5所示。

表 5-5

客户编码	客户名称	客户简称	币种	地区名称	税号	信用额度（元）	信用期限（天）	发展日期
001	现代商场	现代	人民币	华北地区	410305123456781	0	0	2020-11-01
002	明日百货	明日	人民币	华东地区	310226664347999	50 000.00	10	2020-11-01
003	安远商场	安远	人民币	华北地区	410305123456782	50 000.00	10	2020-11-01
004	宏大百货	宏大	人民币	华北地区	410305123456783	50 000.00	30	2020-11-01

同时，维护客户的开户银行信息，如表 5-6 所示。

表 5-6

客户名称	所属银行	开户银行	银行账号	账户名称	默认值
现代商场	中国银行	中国银行人大支行	601366776034	现代商场	是
明日百货	中国银行	中国银行上海徐汇区支行	601356569922	明日百货	是
安远商场	中国银行	中国银行人大支行	601387564025	安远商场	是
宏大百货	中国银行	中国银行人大支行	601356789024	宏大百货	是

此外，还需要维护客户的开票信息，如表 5-7 所示。

表 5-7

开户单位编码	开户单位名称	默认值	所属客户
001	现代商场	是	001
002	明日百货	是	002
003	安远商场	是	003

基础设置——客户档案

实验指导

功能节点：【基础设置】—【基础档案】—【客商信息】—【客户分类】、【客户档案】

如果对客户进行分类，首先维护【客户分类档案】，然后维护【客户档案】；如果对客户不分类，直接维护【客户档案】。

【地区分类】、【行业分类】、【客户联系人档案】等为维护【客户档案】的所属地区、所属行业、客户联系人等数据提供参照。

5.4.2 销售类型设置

根据企业的业务特征和管理需要（如按销售类型进行统计），在系统中维护销售类型。在销售与收款子系统中录入销售订单、销售发票等单据时，需要录入销售类型，为后续业务处理和统计分析提供依据。

企业常用销售类型包括销售商品或提供劳务的普通销售、不需要进行出入库处理的直运销售等类型。

例 5-3

洁白牙膏有限责任公司维护销售类型，如表 5-8 所示。

表 5-8

销售类型编码	销售类型名称	出库类别	是否默认值
01	普通销售	销售出库	是

实验指导

功能节点：【基础设置】—【基础档案】—【业务】—【销售类型】

维护企业常用销售类型。

5.4.3　期初余额设置

期初余额设置模块的功能是，企业第一次启用销售与收款子系统，在期初建账时必须录入尚未完成销售管理全流程的应收业务单据，作为期初建账的数据。即初次使用本系统时，要将上期未处理完的应收单据都录入系统中，便于以后处理，从而保持手工会计信息与计算机会计信息的延续性，保证计算机会计信息系统中每笔业务的完整性。当进入下一年度处理时，系统自动将上年度未处理完的单据转成下一年度的期初余额。在下一年度之初，期初余额可以进行调整。

期初余额录入后形成的期初余额明细表如图 5-5 所示。

本币合计：

期初余额明细表

单据类型	单据编号	单据日期	客户	部门	业务员	业务类型	科目	方向	本币金额	本币余额	订单号

图 5-5　期初余额明细表

有关这部分的流程说明如下：

（1）建账之初以单据形式录入期初余额，包括未结算完的销售发票和应收单、预收款单据、未结算完的应收票据以及未结算完毕的合同金额。这些期初数据必须是账套启用会计期间前的数据。

（2）录入完期初余额后，系统提供与总账数据核对的功能，确保在销售与收款子系统中录入的往来明细余额信息与在总账中录入的汇总往来信息一致。

（3）在日常业务中，可对期初发票、应收单、预收款、票据进行后续的核销、转账处理。

（4）在应收业务账表中查询期初数据。

例 5-4

洁白牙膏有限责任公司成立于 2020 年 10 月，该公司于 11 月份开始生产、销售牙膏。因此，该公司 11 月 1 日没有期初未收款的销售发票，不需要录入期初余额。

实验指导

功能节点：【业务工作】—【财务会计】—【应收款管理】—【期初余额】
录入启用系统前没有收回的应收款余额明细信息。

5.5 销售与收款子系统的销售管理

销售管理是销售与收款子系统中的主要功能模块。销售业务处理是指对销售活动的各个环节进行核算与管理，主要包括日常单据录入、单据审核等功能，涵盖销售报价、订货、开票、发货、退货等环节。销售单据日常处理是销售处理的核心部分，主要针对销售报价单、销售订单、销售发票等日常发生的原始单据，每类单据处理流程基本类似，主要包括单据的输入、修改与审核。

销售管理模块可以分为销售报价、销售订货、销售发货、销售开票、退货处理等主要功能。销售价格管理和客户信用管理将贯穿整个销售的日常业务处理流程。

5.5.1 客户信用管理

在基础设置模块中，已经设置了客户所适用的信用政策，具体包括信用额度、信用期间和客户付款条件。

1. 信用控制环节

用户可以选择在销售活动的一些环节实施信用检查。可选作信用控制的单据包括销售订单、销售发票、销售出库单，用户可以同时选择多个信用控制单据。在进行相关业务处理时，系统将提供信用控制。

选择信用控制的时点包括单据保存、单据审核。一般而言，只允许选择一个信用检查的时点。

2. 信用额度控制

当在信用控制环节出现超出信用额度的事件时，系统一般提供两种信用控制方式：一是相对宽松的控制方式，提示超信用；二是较严格的控制方式，超信用审批。如果采用第一种方式，则在业务处理过程中，系统将给出超信用提示，但是不控制后续环节的开展；如果采用第二种方式，则系统将控制后续环节的开展，等待专人审批，审批通过后方可继续后续处理环节。

此外，有些软件在登录系统时，将自动提供客户的超信用额度预警。

3. 信用期间管理及预警

根据客户付款条件所规定的信用期间，开出销售发票后，如果信用期间已经结束，而客户仍然没有付款结算，则成为逾期未收款。对于逾期未收款以及即将成为逾期未收款的情况，在登录系统时，系统将预警提醒。预警种类分为单据预警和信用预警两种。

信用预警：在系统初始设置选项中设置了自动根据客户的信用额度进行预警，则当有客户预警查询权限的用户登录时，系统显示该信用预警表。

单据预警：此种预警单列出即将到期或已经到期的单据（销售发票、应收单等）款项。需要用户设置报警距离到期日的提前天数。

单据预警包括信用期、折扣期两种预警类型，根据选择的预警类型来输入预警提前天数。当选择根据信用期预警时，设置距离信用期的预警提前天数；当选择根据折扣期预警时，设置距离最后一个折扣期的预警天数。

系统根据提前天数和信用期间自动生成的信用期预警单如图 5－6 所示。

信用期预警单

客户　全部　　　　提前天数：XX　　　　预警日期：20XX-XX-XX

单据类型	单据编号	客户	部门	业务员	本币金额	本币余额	审核人	到期日	付款条件	距离天数	状态
											逾期
											逾期
											逾期
合计	——	——	——	——			——	——	——	——	——

图 5－6　信用期预警单

信用期预警单中按单据列示的项目包含逾期未收款以及按提前天数即将逾期未收的款项。

到期日＝单据日期＋付款条件中的信用天数

距离天数＝预警日期－到期日

本币金额：单据上的交易金额。

本币余额：该单据尚未收回的款项金额。

5.5.2　销售报价

销售报价单是销售与收款子系统进行销售管理的第一个环节。销售报价单如图 5－7 所示。

销售报价模块的功能包括：

（1）录入报价单。销售部门给客户报价时，录入报价单，点击录入界面上方的“保存”按钮，保存在报价单文件中。单据状态为未审核。未审核的单据可以修改、删除。

（2）审核报价单。由具有审核权限的人员对业务员编制的报价单进行审核，确认可以依照该报价单对客户进行报价，通过审核的报价单则可以作为生成销售订单的参照依据。

为确保输入的信息正确无误，销售报价单、销售订单、销售发票、收款单等单据在系统中录入之后，应检查是否发生录入错误，因此需在流程中加入审核这

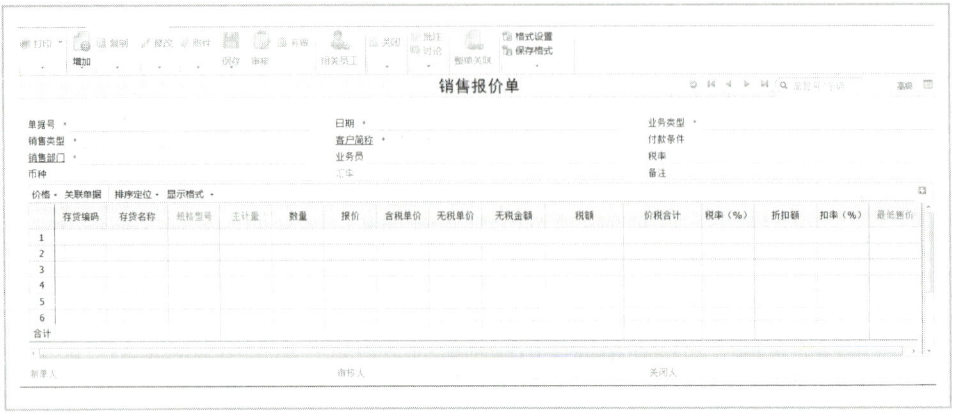

销售报价单

单据号 · 日期 · 业务类型 ·
销售类型 · 客户简称 · 付款条件
销售部门 · 业务员 税率
币种 汇率 备注

	存货编码	存货名称	规格型号	主计量	数量	报价	含税单价	无税单价	无税金额	税额	价税合计	税率（%）	折扣额	扣率（%）	最低售价
1															
2															
3															
4															
5															
6															
合计															

制单人 审核人 关闭人

图5-7 销售报价单

个控制节点，对单据进行审核。未经审核的单据不得进行后续处理。

审核：具有审核权限的审核人在单据审核界面点击“审核”按钮，确认审核，即对当前审核的票据签字。未审核的单据可以审核，单据状态为已审核，将不能修改、删除。已审核的单据为有效单据，可被其他单据、其他系统参照使用。

弃审：由具有审核权限的操作员对单据取消审核，也有软件严格规定只可对本人审核的单据进行取消审核操作。已审核未执行的单据可以弃审，弃审后单据状态为未审核。有下游单据生成的，系统视为该单据已执行，不能弃审。

修改：已经通过审核的单据不得修改。取消审核即操作弃审后，方可由制单人对相应单据进行修改。

上述审核、弃审、修改等操作逻辑同样适用于销售与收款子系统的其他单据。

（3）关闭报价单。报价单执行完毕，状态自动更新为关闭；报价单部分执行后，剩余部分不打算继续执行，可以关闭报价单。如果报价单已关闭，以后又需要执行，可以打开报价单。

报价单可修改、删除、审核、弃审、关闭、打开。

一般而言，企业可能有部分销售业务存在对外报价环节，而部分业务不需要对外报价，因此，销售报价单是销售流程中的可选环节，而非必选环节。

报价单界面上栏目说明如下：

1）功能按钮。在录入界面上方有一些功能按钮，点击按钮可执行相应的操作，方便信息的录入。以系统提供的“增加”和“修改”功能为例：点击录入界面中的“增加”按钮后，系统提供同种单据的空白录入界面，用户可录入一张新单据；点击“修改”按钮后，即可进入修改状态，进行录入数据的修改。这些功能按钮同样会出现在以下其他几种单据，如销售订单、销售发票、收款单等的录入界面中，功能大体一致。

2）单据日期。即录入界面上的“日期”，为报价日期。默认为登录系统日期，用户可以修改。

3）销售报价单上的业务类型、客户信息、销售部门、业务员、存货信息等，都可以参照基础设置中的相关档案，从档案中自动获取，以提高数据输入的准确性和效率。销售管理其他环节各单据所用此类信息同样来源于基础档案，使得同一笔销售业务各单据的相同数据项保持完全一致。

4）商品价格可以手工录入，如果系统的价格管理中含有商品价格表，也可以取自商品价格表中客户所适用的价格。界面中“报价”一栏为给客户报的不含税无折扣时销售单价，最终报价还要乘以该客户适用的折扣率，录入增值税税率后，系统自动计算出含税与不含税的销售单价等相关指标。

5）销售金额由系统自动计算而来：

无税金额＝销售数量×无税单价

价税合计＝无税金额＋税额

实验指导

功能节点：【业务工作】—【供应链】—【销售管理】—【销售报价】—【销售报价单】

【增加】销售报价单。

【审核】销售报价单。

5.5.3　销售订货

销售订货是指客户通过合同形式或口头协议方式向企业确认购买货物的信息。在竞争激烈、客户需求多样化的市场环境下，对于制造企业、商业企业而言，销售订货是其经营管理中至关重要的环节，销售订单的信息将直接决定其生产计划、采购计划等日常经营决策。

销售订单是用于记录由购销双方确认的客户要货需求的单据，是企业与客户之间签订的一种协议，记录销售发货的日期、货物明细、价格、数量等信息。销售订单如图 5－8 所示。

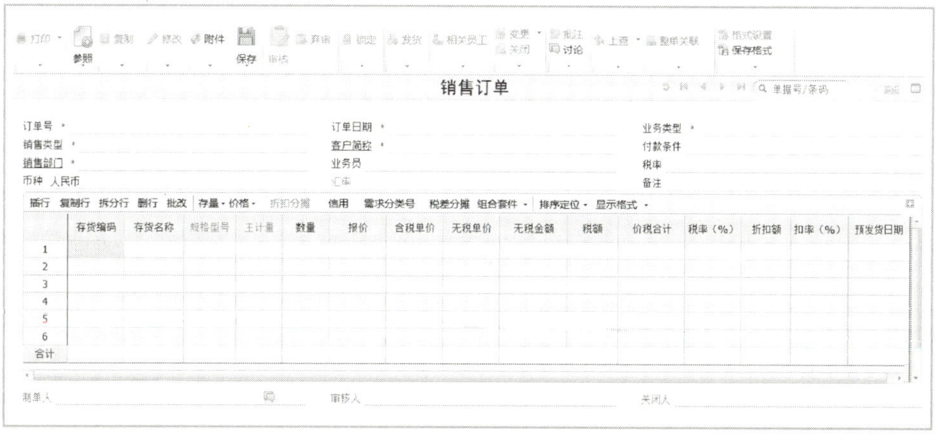

打印　参照　复制　修改　附件　保存　审核　弃审　锁定　发货　相关员工　变更　关闭　批注　讨论　上查　整单关联　格式设置　保存格式

销售订单

订单号 *　　订单日期 *　　业务类型 *

销售类型 *　　客户简称 *　　付款条件

销售部门 *　　业务员　　税率

币种　人民币　　汇率　　备注

插行　复制行　拆分行　删行　批改　存量・价格・　折扣分摊　信用　需求分类号　税差分摊　组合套件・　排序定位・　显示格式・

	存货编码	存货名称	规格型号	主计量	数量	报价	含税单价	无税单价	无税金额	税额	价税合计	税率（%）	折扣额	扣率（%）	预发货日期
1															
2															
3															
4															
5															
6															
合计															

制单人　　审核人　　关闭人

图 5－8　销售订单

销售订单管理模块的功能主要包括编制销售订单、审核销售订单、关闭销售订单等。

(1) 录入销售订单。与客户签订销售订单时，可以输入系统，保存在销售订单文件中。在编制销售订单时，可以参照报价单，从报价单文件中获取相关信息，生成销售订单的主要数据。

(2) 审核销售订单。对保存的销售订单进行检查，确认订单无误，对销售订单进行审核。审核后的销售订单将作为后续执行销售业务的依据。发货单和销售发票可以参照审核通过的销售订单生成。

(3) 修改销售订单。已经通过审核的单据不得修改。取消审核即操作弃审后，方可由制单人对相应单据进行修改。

(4) 关闭采购订单。销售订单执行完毕，状态自动更新为关闭；销售订单部分执行后，剩余部分不打算继续执行，可以关闭销售订单。如果销售订单已关闭，以后又需要执行，可以打开销售订单。

两种情况下可以关闭订单。其一，销售订单执行完毕，也就是说某销售订单已发货并且已收款取得销售发票后，可以关闭该订单。其二，对确实不能执行的某些销售订单，经销售主管批准后，也可以关闭该订单。

销售订单可修改、删除、审核、弃审、关闭、打开。

不同企业对于销售订单的管理方法有差异，如有的企业完全以订单为龙头和核心进行管理，对于每笔销售业务都要求有销售订单，销售订单属于业务流程中的必选环节；有些企业对于订单的要求则相对宽松，部分业务有订单，而部分业务没有订单，销售订单属于业务流程中的可选环节。

销售订单录入过程中的相关说明如下：

1) 订单日期：订单签订日期，默认值为登录系统时间，用户可以修改。

2) 订单号：系统自动给出，也有软件可由用户自行编号输入，连续且不允许重号。

3) 录入界面中有些单元可以参照初始设置中的相关档案，从档案中自动获取，以提高数据输入的准确性和效率，使得同一笔销售业务各单据的相同数据项保持完全一致。例如，“客户名称”字段，系统会弹出客户资料库的内容，用户可选择信息录入；如果是新客户，须先将客户资料存入客户文件。

4) 对于有销售报价环节的销售业务而言，销售订单可以参照报价单生成，点击销售订单界面上方的“参照”按钮，选择相应报价单后，报价单上的相关信息将自动传递给销售订单；如果销售订单没有参照报价单，而是手工直接录入，则录入完销售数量、含税单价或无税单价和税率后，系统将自动计算含税金额、无税金额及税额等指标。

5) 销售订单应该记录发货日期，同一订单中不同存货对应的发货日期可能不同。

6) 如果企业选择销售订单为信用检查环节，在保存或审核销售订单时，系统将执行信用检查。一旦发现当前客户超过信用额度，立即提示客户超信用信息或要求专人进行信用审批。不符合信用条件的客户采用现销方式，严重者甚至终止订单。

7）对于符合信用条件的订单，系统要检查所售商品的库存量，销售订单一旦经过审核，制造企业将根据交货日期合理组织生产，商业企业将根据交货日期合理组织采购。

以普通销售流程为例，有关销售订单的业务流程如下：

1）购销双方签订销售合同后，填制并审核订单。

2）在先发货后开票流程下，发货单可参照销售订单生成，并参照发货单生成销售发票。

3）在开票直接发货流程下，销售发票可参照销售订单生成，并生成销售发货单。

4）销售出库单根据销售发货单生成。

5）对于已执行完成的订单或不能执行完成的订单，可以手工关闭。

6）查询订单的发货执行情况、开票情况、收款情况。

例 5－5

2020 年 11 月 10 日，洁白牙膏有限责任公司与 4 家客户签订了 3 份销售合同，所售牙膏增值税税率为 13%。

与现代商场签订销售合同，拟销售 1 000 支牙膏，每支不含税单价为 12 元。

与明日百货签订销售合同，拟销售 1 000 支牙膏，每支不含税单价为 13 元，付款条件为 10 日内付款。

与安远商场签订销售合同，拟销售 1 000 支牙膏，每支不含税单价为 13 元，付款条件为 10 日内付款。

与宏大百货签订销售合同，拟销售 1 000 支牙膏，每支不含税单价为 13 元，付款条件为 30 日内付款。

11 月 10 日，在销售管理子系统中以销售订单的形式录入以上 4 份合同信息，并于同一天审核销售订单。

实验指导

功能节点：【业务工作】—【供应链】—【销售管理】—【销售订货】—【销售订单】

【增加】销售订单，可以手工录入，也可以参照销售报价单生成销售订单主要数据，系统存储销售订单和被参照单据之间的追溯关系。

【审核】销售订单，审核销售订单后，才能参照该订单生成销售发票或销售发货单。

5.5.4　销售发货

根据销售发货和开票的顺序可以将销售流程分为两类：先发货后开票和先开

票后发货。实行先开票后发货流程，企业先开出销售发票，销售发票的提货联作为客户去仓库提货的依据。实行先发货后开票流程，企业先开出销售发货单，销售发货单作为客户去仓库提货的依据。

在销售管理子系统中，实行先开票后发货流程：第一步，参照销售订单生成销售发票；第二步，复核销售发票，系统自动生成并审核销售发货单，系统自动生成销售出库单（前提：将销售管理子系统的选项“是否生成销售出库单”设置为“是”）；第三步，仓库管理员发货，审核销售出库单。

在销售管理子系统中，实行先发货后开票流程：第一步，参照销售订单生成销售发货单；第二步，审核销售发货单，系统自动生成销售出库单（前提：将销售管理子系统的选项“是否生成销售出库单”设置为“是”）；第三步，仓库管理员发货，审核销售出库单；第四步，销售开票时，可参照销售发货单，给客户开出销售发票，并对销售发票进行复核。销售发货单如图 5-9 所示。

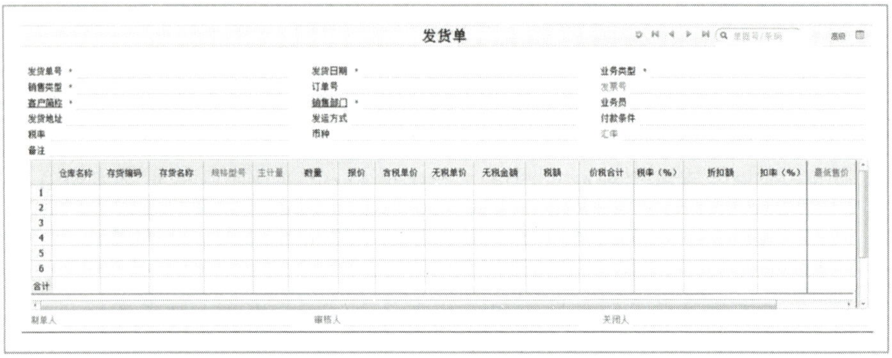

图 5-9　发货单

实验指导

功能节点：【业务工作】—【供应链】—【销售管理】—【销售发货】—【发货单】

【增加】销售发货单，在先发货后开票业务流程下，参照销售订单生成销售发货单，客户可持发货单去仓库提货；在先开票后发货业务流程下，审核销售发票时自动生成且审核销售发货单，发货单不能进行增删改和审核等操作。

【审核】，在先发货后开票业务流程下【审核】发货单，系统生成销售出库单。

5.5.5　销售开票

销售发票是销售业务发生时填列的原始单据，是确认销售收入的重要依据，是业务信息向会计信息转化的纽带之一。为了完整反映销售收入情况，现销和赊销情况的发票都要录入系统。销售发票分为给客户开具的增值税专用发票和普通发票两种。系统将根据销售发票确认销售收入，并据以登记应收账款业务账。

销售发票是以发票号来区分的，每张发票对应一个发票号。可用增值税发票号，也可自编一套发票号。对于机器开票的销售发票，发票号可由计算机连续给出，也可手工输入。也有些软件不要求发票号连续，但不可重号。

录入的销售发票存储于销售发票文件中，增值税销售专用发票录入界面如图 5－10 所示。

销售专用发票

发票号 * 开票日期 * 业务类型
销售类型 * 订单号 发货单号
客户简称 * 销售部门 * 业务员
付款条件 客户地址 联系电话
开户银行 账号 税号
币种 汇率 税率
备注

	仓库名称	存货编码	存货名称	规格型号	主计量	数量	报价	含税单价	无税单价	无税金额	税额	价税合计	税率（%）	折扣额	扣率（%）	最低售价
1																
2																
3																
4																
5																
6																
合计																

单位名称 本单位税号 本单位开户银行 *
制单人 复核人 银行账号

图 5－10　销售发票

销售发票模块主要包括录入、生成、复核、修改、作废等功能。

（1）录入或生成销售发票。在先开票后发货流程下，有销售订单的业务，参照销售订单生成销售发票；没有销售订单的业务，手工输入销售发票。在先发货后开票流程下，可以参照销售发货单生成销售发票。

（2）复核销售发票。对销售发票进行检查，确认发票上信息无误，对销售发票进行复核。复核后的销售发票可以执行后续业务。

（3）销售发票可以修改、删除、复核、弃复、作废。

（4）现结/弃结。现结是在货款两讫的情况下，在销售结算的同时向客户收取货款，即在开票的同时采用现金结算的业务。

在销售发票收到货款后可以随时对其单据进行现结处理，现结操作必须在对销售发票进行复核操作之前进行。一张销售发票可以全额现结，也可以部分现结。现结时将录入收款结算信息，系统自动生成一张收款单，保存于收款单文件中。已现结的发票在未复核状态下，可以弃结。

对于未执行“现结”的销售发票或者销售发票尚未收款结算完毕的金额，即为客户所欠企业应收款。

对于一般企业而言，销售发票是销售流程的必选环节。一张订单或发货单可以拆单或拆记录生成多张销售发票，也可以用多张订单或发货单汇总生成一张销售发票。

销售发票录入过程中的相关说明如下：

1）销售发票的单据号：录入或自动生成。

2）单据日期：系统默认为当前业务日期，可修改，可录入本月以后日期。

3）销售订单号：参照销售订单生成的销售发票将记录销售订单号，根据销售订单及与销售订单有关的销售发票信息，则可以跟踪销售订单执行情况。

4）发货单号：系统带入，不可修改。

5）付款条件。记录客户当前业务的付款条件，对于某个期间有现金折扣的付款条件，在收款环节将对现金折扣做相应处理。此外，销售发票一旦付款延期超过信用期间，企业登录销售与收款子系统时，系统将自动提供预警，显示超过信用期间的业务单据信息与超过信用期间的天数。

6）如果企业选择销售发票为信用检查环节，在保存或审核销售发票时，系统将执行信用检查，一旦发现当前客户超过信用额度，立即提示客户超信用信息或要求专人进行信用审批。

7）不同财务软件在提供录入销售收入界面时，有含税或不含税之分，因此在应交税费——应交增值税（销项税额）的处理上，可有两种选择：一是录入不含税的销售收入，则

销售金额＝不含税销售收入

销项税额＝不含税销售收入×增值税税率

应收账款＝不含税销售收入＋销项税额

二是录入价税合一的收款总额，则

$$不含税销售收入=\frac{收款总额}{1+增值税税率}$$

应收账款＝含税的收款总额

销项税额＝不含税销售收入×增值税税率

例5-6

洁白牙膏有限责任公司销售业务施行先开票后发货流程，2020年11月15日，执行例5-5中的4份销售订单，开出4张增值税专用发票。

销售1 000支牙膏给现代商场，每支不含税单价为12元，增值税税率为13%，收到货款13 560元（结算方式：汇兑，票号：100033）；

销售1 000支牙膏给明日百货，每支不含税单价为13元，增值税税率为13%，付款条件为10日内付款；

销售1 000支牙膏给安远商场，每支不含税单价为13元，增值税税率为13%，付款条件为10日内付款；

销售1 000支牙膏给宏大百货，每支不含税单价为13元，增值税税率为13%，付款条件为30日内付款。

11月15日，在销售管理子系统中录入以上4张增值税专用发票，并于同一天复核这4张销售发票（系统自动生成并审核销售发货单，不需要对销售发货进行额外处理）。

销售开票

实验指导

功能节点：【业务工作】—【供应链】—【销售管理】—【销售开票】—【销售专用发票】、【销售普通发票】

【增加】销售发票，可以手工录入，也可以参照销售订单、出库单生成销售发票主要数据，系统存储销售发票和被参照单据之间的追

溯关系。

【复核】销售发票。

如果开出销售发票时已收款，则需要做【现结】处理，录入结算方式及收款金额。

5.6 销售与收款子系统的收款管理

收款管理是销售与收款子系统的主要功能模块，它对收款活动进行核算与管理，主要包括应收处理、收款处理、核销处理和坏账处理等功能。单据日常处理是收款处理的核心部分，主要针对收款单等日常发生的原始单据进行录入与处理，包括单据的输入、修改与审核。

5.6.1 应收处理

应收处理模块包括两部分内容：一是销售业务产生的应收账款的管理；二是其他业务产生的其他应收款的管理。

1. 审核销售发票

在应收处理模块中，对销售管理模块录入且已复核的销售发票（如图 5-10 所示）进行审核，如果发票尚未收取款项，系统将自动更新应收账款业务账①，从销售与收款子系统可以查询相应业务形成的应收账款；如果发票已经现结，系统将生成发票和现结款项之间的核销关系（核销详见本章 5.6.3 节）。

2. 管理应收单

销售管理模块没有处理其他应收款业务，例如应收出租包装物的租金。在应收处理模块中，可以录入应收单作为确认其他应收账款的业务单据，如图 5-11 所示。

（1）录入应收单。录入单据编号、单据日期、客户、金额、数量、付款条件、部门、业务员、摘要、项目等应收单的基本信息。通常系统自动给出单据编号。

（2）审核应收单。应收单录入后，需要进行审核，系统据以确认其他应收款。应收单的后续处理与据以确认应收账款的销售发票相同。

---

① 销售与收款子系统的业务账区别于总账子系统的会计账簿，总账子系统以记账凭证为依据输出会计账簿，销售与收款子系统以原始凭证为依据输出业务账。

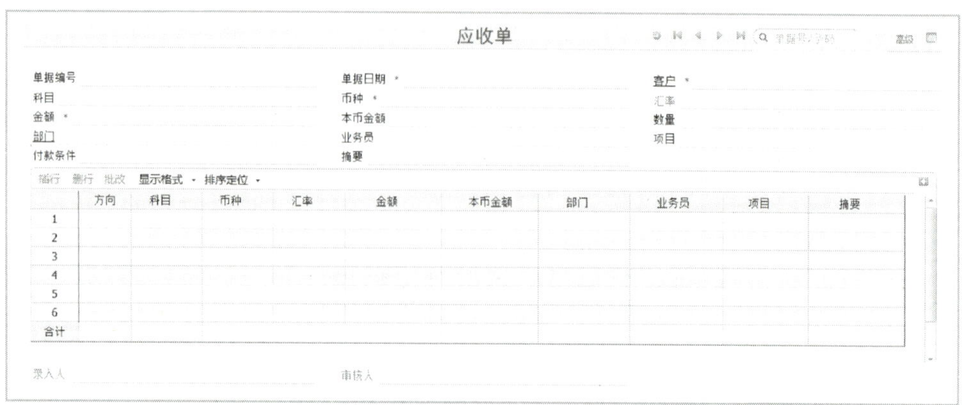

图 5-11　应收单

例 5-7

在应收款管理子系统中，由会计人员审核例 5-6 中已复核的 4 张销售发票，确认赊销业务产生的应收账款。

应收处理——审核销售发票

实验指导

功能节点一：【业务工作】—【财务会计】—【应收款管理】—【应收处理】—【销售发票】—【销售发票审核】

【审核】在【供应链】—【销售管理】子系统中录入的已复核的销售发票。

功能节点二：【业务工作】—【财务会计】—【应收款管理】—【应收处理】—【应收单录入】、【应收单审核】

录入应收单，即记录其他应收款的业务单据。

【审核】应收单。

5.6.2　收款处理

当收到客户的款项时，应填制收款单，用以记录企业收到的款项，因此收款单是确认由于收到款项而引起的现金或银行存款增加、预收款增加或应收款减少等的依据，是业务信息向会计信息转化的纽带之一。

收款单据处理主要是对结算单据（收款单、付款单即红字收款单）进行管理，包括收款单、付款单的录入、审核。

应收系统的收款单用来记录企业所收到的客户款项，款项类型包括应收款、预收款、销售定金、现款结算、其他费用等。其中应收款、预收款性质的收款单将与发票、应收单、付款单进行核销勾对。有关核销内容参见本章 5.6.3 节。

应收系统的付款单即红字收款单，用来记录发生销售退货时，企业开具的退付给客户的款项。该付款单可与应收、预收性质的收款单、红字应收单、红字发票进行核销。

收款单用于记录对客户收款的信息，主要包括客户、款项类型、结算方式、结算单号、收款日期、收款金额、部门、业务员等内容。收款单录入界面如图 5-12 所示。

图 5-12　收款单

收款处理模块主要包括录入、生成与审核收款单等功能，并将收款单数据保存在收款单文件中。

（1）录入收款单。手工录入收款单，在单据界面上，点击“增加”按钮可新增收款单，输入各个项目，录入完毕后点击“保存”按钮。

（2）生成收款单。如果收到款项是客户按照销售订单要求支付的销售订金，则可以参照销售订单生成收款单，参照的销售订单为未审核的销售订单，且销售订单必须有定金。生成的收款单金额一定要大于等于销售订单上的定金金额，销售订单才能审核，进行后续处理。

此外，在销售开票模块中，录入销售发票界面，采用现结方式结算时，直接生成收款单。

（3）审核收款单。确认收款单正确无误，对收款单进行审核。审核人点击“审核”按钮对已保存的收款单进行审核。若审核后发现单据错误，需执行弃审操作后再进行修改。

审核完成后，系统提示是否制单，可选择立即制单，也可选择在制单处理模块中统一进行制单。如果选择立即制单，则系统弹出记账凭证界面，可以进行修改并保存，向总账子系统传递相关业务的记账凭证。

审核后，点击“核销”按钮，即可实时进行核销，即币种相同的发票、应收单与收款单进行勾对。有关核销说明参见 5.6.3 节。

（4）登记支票。如果收款单的结算方式为支票，则系统自动将结算方式和结算票号登记在总账子系统出纳模块的支票登记簿中。

收款单上的栏目说明如下：

1）单据编号：可由系统连续分配管理。

2）款项类型：企业收到的款项可能来源于已经发生的赊销业务，也可能来源于提前收取尚未发生的销售业务的预收款项（或定金），还可能来源于客户归还企业代垫费用等。款项类型用于记录企业款项的来源，一方面有利于进行统计分析，另一方面有利于应收款项和收款之间的核销。

款项类型允许选择如下信息：应收款、预收款、现款结算、销售定金、其他费用等。对于不同类型的款项，系统提供的后续业务处理不同。只有应收款和预收款才允许核销，即将收款单与其对应的销售发票或应收单核销勾对，进行冲销客户债务的处理；对于现款结算的款项，系统控制一定要和对应的发票进行核销；对于销售定金的款项，只能业务完成后做转出处理再进行核销；对于其他费用、手续费及利息用途的款项，则不需要进行核销。

3）余额：系统根据客户的欠款总额和累计还款额，自动计算本次收款后的应收余额，以便交易双方准确了解应收信息。

4）收款单的输入主要用于现销方式以外的销售业务，对于现销业务，系统可以直接根据销售发票生成收款单。

5）对于同一张收款单，如果包含不同用途的款项，可在表体记录中分行填列。

例 5－8

2020 年 11 月 25 日，洁白牙膏有限责任公司收到两家客户支付的货款。

收到明日百货全部货款 14 690 元（结算方式：汇兑，票号：500001）。

收到安远商场全部货款 14 690 元（结算方式：汇兑，票号：200001）。

11 月 25 日，在应收款管理子系统中，录入以上两张收款单，并审核这两张收款单。

收款处理

实验指导

功能节点：【业务工作】—【财务会计】—【应收款管理】—【收款处理】—【收款单据录入】、【收款单据审核】

【增加】收款单。

【审核】收款单。

5.6.3 核销处理

在日常业务处理过程中，销售与收款子系统还有一个重要功能——往来核销。为了准确核算应收客户款项，促进应收账款的回收，需要对应收账款进行往来核销。

收款单是收到款项而输入的单据，包括收到货款、预收款等。收款形式多样，例如预收账款，无法预先知道该笔款项所属的销售业务，而且收款出纳在根据发票收款时，也可能出现没有记录对应销售发票号的现象。收款核销是指用已收款核销应收款，确定并记录收款单与销售发票（或应收单）之间的核销对应关系，更新销售发票文件的核销金额。即在系统中明确每一笔收款是收的哪一笔或哪几笔销售业务的应收款项。及时核销应收款项，可以了解每笔销售业务的回款情况，为账龄分析提供基础信息，了解剩余应收款项的账龄分布，便于加强应收账款管理。

往来核销包括自动核销和手工核销，核销规则要在系统初始设置时预先进行参数设定，如图 5 - 13 所示。

账套参数设置

常规 | 凭证 | 权限与预警 | 核销设置

应收款核销方式　按单据

规则控制方式　严格　提示

核销规则

客户　部门　业务员

合同　订单　项目

发（销）货单

图 5 - 13　核销规则参数设置

应收款核销方式：包括按单据、按产品两种方式。

按单据核销：系统将满足条件的未结算单据全部列出，核销人员选择要结算的单据进行核销。

按产品核销：系统将满足条件的未结算单据按存货列出，核销人员选择要结算的存货进行核销。

如果客户付款时，没有指定具体支付的是购买哪种存货的款项，则可以采用按单据核销。对于单位价值较高的存货，企业可以采用按产品核销，即所收货款指定到具体存货上。通常，大多数企业按单据核销即可。

在系统使用过程中，可以随时修改该参数的设置。

核销规则如下：通常默认按客户进行核销，也可按客户＋其他项进行组合选择。如选择客户＋部门，则表示核销时，在对应单据金额相等的情况下，需满足客户相同并且部门相同的条件，方可核销。其他以此类推。

可组合的选项有：客户、部门、业务员、合同、订单、项目、发（销）货单。

下面以往来核销—手工核销为例，执行核销操作的界面如图 5 - 14 所示。

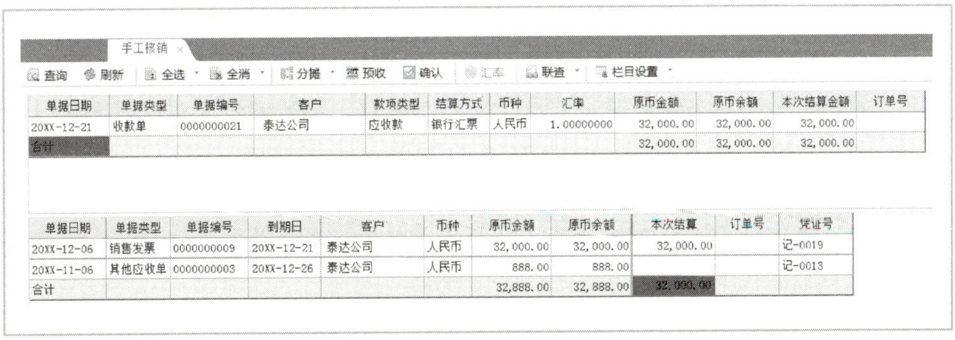

手工核销

查询　刷新　全选　全消　分摊　预收　确认　汇率　联查　栏目设置

单据日期	单据类型	单据编号	客户	款项类型	结算方式	币种	汇率	原币金额	原币余额	本次结算金额	订单号
20XX-12-21	收款单	0000000021	泰达公司	应收款	银行汇票	人民币	1.00000000	32,000.00	32,000.00	32,000.00	
合计								32,000.00	32,000.00	32,000.00	

单据日期	单据类型	单据编号	到期日	客户	币种	原币余额	原币余额	本次结算	订单号	凭证号
20XX-12-06	销售发票	0000000009	20XX-12-21	泰达公司	人民币	32,000.00	32,000.00	32,000.00		记-0019
20XX-11-06	其他应收单	0000000003	20XX-12-26	泰达公司	人民币	888.00	888.00			记-0013
合计						32,888.00	32,888.00	32,000.00		

图 5 - 14　往来核销—手工核销

往来核销具有以下功能：

（1）期初余额：初始设置根据尚未处理完结的票据（如销售发票、应收单等），逐单录入以往会计期间未核销应收账款往来账余额，以便与以后发生的往来款项进行核销，保持手工会计信息与计算机会计信息的延续性，保证计算机会计信息系统中每笔业务的完整性。录入界面应包括以下字段：单据日期、单据类型、单据编号、客户、款项类型、销售部门、业务员、付款条件、借贷方向、发生额等。

（2）自动核销：自动核销是指系统自动确定需要核销的收款单与其对应的应收单据（销售发票、其他应收单等）的工作。可以根据查询条件选择需要核销的单据，然后系统自动核销，以提高往来款项核销的效率。

系统以相同客户、相等金额为前提确定收款单与销售发票（或应收单）的对应关系，完成收款与应收款项的自动核销。

自动核销时，系统将所有两清的往来业务打上勾对标志。两清依据包括按客户、按部门、按项目两清等。参见上述核销规则。自动核销可对多个客户进行核销处理，依据核销规则对客户单据进行核销处理。自动核销允许在取消操作中按客户分别取消核销处理。

具体操作如下：在填制完收款单或者查询出以前填制的收款单后，执行“核销”功能，系统将在收款单下方的表体列示对应往来单位的赊销发票或应收单。选择“自动核销”选项，执行自动核销功能，系统根据销售发票或应收单列示的先后顺序，将收款单金额用于先核销列示在前的单据，剩余金额再用于核销依次列示的销售发票或应收单。

（3）手工核销：对于自动核销后尚未建立对应关系的发票和收款单，即无法自动勾对的，需要执行手工核销。核销操作人员通过手工勾对，将往来业务手工打上勾对标记，指定收款单与销售发票（或应收单）的对应关系，完成收款与应收款项的全部或部分核销。手工核销是对自动核销的补充，从而加强了往来款项核销的灵活性。手工核销方式下，可能出现一张销售发票对应一条或几条收款记录。客户也可能就几笔销售业务一次付款，因此，手工核销方式下，也可能几张销售发票对应一张收款单。

具体操作如下：在填制完收款单或者查询出以前填制的收款单后，执行“核销”功能，系统将在收款单下方的表体列示对应往来单位的赊销发票或应收单。选择“手工核销”选项，如图 5－14 所示，如果在核销条件中选择按客户单位进行核销，核销界面上半部分显示该客户的收款单列表，收款单列表显示收款单的明细记录，包括款项类型为应收款和预收款的记录，核销时可以选择其中一条记录进行。余额为零的记录不在此列表中显示。核销界面下半部分为同一客户的销售发票和应收单列表。人工核对收款单与销售发票（或应收单）的本次结算金额。

在执行手工核销功能时，可以在“本次结算”栏手工输入结算金额，将本次收款金额在不同销售发票之间进行分配。

（4）核销情况说明：

1）收款单的数额等于销售发票（或应收单）的核销数额，则收款单与销售发票（或应收单）完全核销。

2）在核销时使用预收款的情况：如果客户预付了一部分款项，在业务完成后又结清了余款，将这两笔款项同时结算，则在核销时需要使用预收款。具体操作如下：在收到第一笔款项时，先录入一张收款单，款项类型为预收款；在收到第二笔款项后，再录入一张收款单，款项类型为应收款。核销时，在核销界面将这两笔收款一起选择，同时对两次（或多次）收款进行一次结算。

3）收款单的数额部分核销以前的销售发票（或应收单），余额部分可以再次核销。

4）收款单的数额小于销售发票（或应收单）的数额，单据仅得到部分核销。

5）预收款项大于实际结算的货款，则需退付给客户货款。

6）分摊规则：系统提供自动分摊功能，即将当前收款单列表中已经输入的本次结算金额合计，根据当前被核销单据列表（销售发票或应收单）的界面排列顺序自动分摊到对应本次结算栏目中。分摊到每条记录上的本次结算金额不能大于该记录的原币余额，总计可分摊的金额等于收款单列表中本次结算金额之和。

7）没有审核过的或者原币余额为零的单据记录均不显示在核销与被核销单据列表中。

（5）查询应收核销明细表。应收核销明细表按客户的不同发票号提供详细完整的核销情况，如图5－15所示。

应收核销明细表

单据日期	客户	单据类型	单据编号	应收本币金额	结算本币金额	本币余额	结算方式	核销日期	收回单据类型	收款单编号	票据号	存货编码	存货名称
20XX-01-06	中国腾远	销售发票	0000000009	34,888.00									
					32,000.00	2,888.00	银行汇票	20XX-01-30	收款单	0000000021			
20XX-01-06	上海博达	销售发票	0000000010	39,000.00		39,000.00							
20XX-01-06	北京创科	其他应收单	0000000011	10,000.00									
					10,000.00	0.00		20XX-01-06	应收冲应付	YCFAP00002			
合计				83,888.00	42,000.00	41,888.00							

图5－15　应收核销明细表

例5－9

在应收款管理子系统中，手工进行核销处理，逐张查询例5－8中明日百货和安远商场两家客户的收款单，核销相关应收账款（见例5－7）。

实验指导

功能节点一：【业务工作】—【财务会计】—【应收款管理】—【设置】—【核销设置】

功能节点二：【业务工作】—【财务会计】—【应收款管理】—【核销处理】—【手工核销】、【自动核销】

执行【手工核销】或【自动核销】，系统存储收款单和销售发票（或应收单）之间的追溯关系。

功能节点三：【业务工作】—【财务会计】—【应收款管理】—【其他

处理】—【取消操作】

执行【取消操作】，选择“操作类型”为“核销”，删除所选记录的核销关系。

5.6.4 坏账处理

在加强对企业和客户之间的往来款项进行管理的同时，还要尽量减少坏账。销售与收款子系统的另一项重要功能就是对坏账进行管理。系统中的坏账处理部分包括坏账准备的初始设置、计提坏账准备处理、坏账发生处理、坏账收回处理、坏账查询等。

1. 坏账准备的初始设置

企业于期末分析各项应收款项的可收回性，并预计可能产生的坏账损失，计提坏账准备。计提坏账准备的方法包括应收账款余额百分比法、销售余额百分比法、账龄分析法和直接核销法等。企业依据应收账款管理经验、债务单位的实际情况，制定计提坏账准备的政策，明确计提坏账准备的范围、方法、账龄的划分和提取比例。

(1) 设置坏账计提方法。计提坏账准备首先必须在初始设置时设定企业所采用的坏账计提方法。大多数企业通常选择应收账款余额百分比法。

(2) 设置坏账准备参数：提取比率（%）、坏账准备期初余额、坏账准备科目及对方科目、起止天数。

选择不同的坏账处理方法，其初始设置内容也不尽相同：

账龄分析法：初始设置时需录入坏账准备期初余额、坏账准备科目及对方科目、账龄起止天数以及对应的提取比率（%）；

直接核销法：无须录入上述参数；

应收账款余额百分比法或销售余额百分比法：初始设置时需录入坏账准备期初余额、坏账准备科目及对方科目、提取比率（%），如图 5-16 所示。

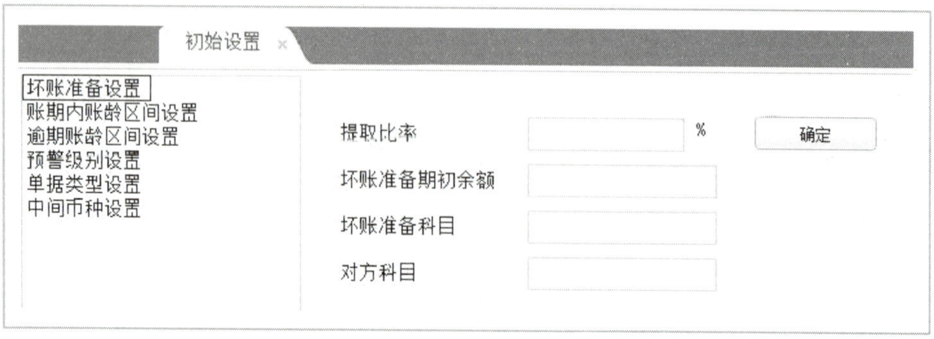

初始设置 ×
坏账准备设置
账期内账龄区间设置
逾期账龄区间设置
预警级别设置
单据类型设置
中间币种设置
提取比率 %
确定
坏账准备期初余额
坏账准备科目
对方科目

图 5-16 坏账准备计提方法—应收账款余额百分比法设置

生成向总账子系统传递坏账处理的记账凭证时，需要使用设置转账规则时填

入的坏账准备科目及对方科目。

2. 计提坏账准备

系统将自动根据企业所选择的应收账款坏账准备计提方法，计算与当前应收账款匹配的坏账准备余额，并根据本次计提前的坏账准备余额，计算当前应计提额。

如果所选坏账处理方法为应收账款余额百分比法或销售余额百分比法，则系统将自动计算本次应计提的坏账准备。以应收账款余额百分比法为例，如表 5－9 所示。

表 5－9　应收账款余额百分比法—计提坏账准备

应收账款总额	计提比例	坏账准备余额		本次计提
		计提后	计提前	

其中，应收账款总额、计提比例、计提前坏账准备余额由系统自动获取。

计提后坏账准备余额＝应收账款总额×计提比例

本次计提＝计提后坏账准备余额－计提前坏账准备余额

如果所选坏账处理方法为应收账款账龄分析法，系统自动算出各账龄区间应收余额，并根据计提比例计算出本次计提金额，如表 5－10 所示。

表 5－10　账龄分析法—计提坏账准备

账龄区间	计提比例（%）	应收账款余额	计提后坏账准备余额	计提前坏账准备余额	本次计提
合计	—				

其中

本次计提＝计提后坏账准备余额－计提前坏账准备余额

当确认计提坏账准备操作后，系统会提示“是否立即制单”，如果回答“是”，则生成记账凭证向总账子系统传递。

借：资产减值损失——计提的坏账准备

　贷：坏账准备

3. 坏账发生

坏账发生是指企业确定某些应收款为坏账的工作。可选定发生坏账的应收业务单据（销售发票或应收单），确定一定期间内应收账款发生的坏账，便于及时用坏账准备进行冲销，避免应收账款长期呆滞的现象。

系统需记录被确定为坏账的应收款信息，以便详细掌握坏账发生的明细内容。确认并记录坏账发生信息如表5-11所示。

表5-11 坏账发生信息表

发票号	单据日期	客户名称	到期日	应收余额	本次发生坏账金额	销售部门	销售人员

进行坏账发生处理时，系统将满足坏账条件的所有应收业务单据全部列出。企业可以在明细单据中输入本次坏账发生金额。本次坏账发生金额只能小于等于单据余额。也可以进行全选操作，系统将明细单据中的余额自动带入本次发生坏账金额，进行全额坏账处理。

各单据坏账金额输入完成后，确认所选的发票或应收单进行坏账处理，执行记账功能。在合计行中显示所有记录的金额合计。确认坏账发生处理后，对应客户的应收余额也应相应减少。系统自动将已经输入本次发生坏账金额的单据（销售发票或应收单）记入应收明细账中。系统允许取消具体单据的坏账发生处理。

发生坏账时生成凭证分录如下：

借：坏账准备

　贷：应收账款——××单位

坏账计提多了，冲回分录如下：

借：坏账准备

　贷：资产减值损失——计提的坏账准备

4. 坏账收回

已经确认为坏账的应收款项如果又被收回，则需要在系统中指定哪张收款单为坏账收回单，并与已经确认为坏账的发票进行核销。也有些财务软件针对收回货款，重新输入一张收款单，进行收款处理。

坏账收回的账务处理分录如下：

借：应收账款——××单位

　贷：坏账准备

借：银行存款

　贷：应收账款——××单位

5. 坏账查询

坏账查询是对系统内进行坏账处理过程和处理结果的查询。企业可以查询一定期间内发生的应收坏账业务处理情况、处理结果以及坏账收回的综合情况，从而加强对坏账的监督。

实验指导

功能节点一：【业务工作】—【财务会计】—【应收款管理】—【设置】—【选项】

选择坏账处理方式，本节实验指导采用常用坏账处理方式——应收账款百分比法。

功能节点二：【业务工作】—【财务会计】—【应收款管理】—【初始设置】—【坏账准备设置】

设置提取比率、坏账准备期初余额、坏账准备科目及对方科目。

功能节点三：【业务工作】—【财务会计】—【应收款管理】—【坏账处理】—【计提坏账准备】、【坏账发生】、【坏账收回】

5.7 销售、收款业务与财务的一体化策略

销售与收款子系统通过录入各种相应的原始凭证，全面收集了销售活动中产生的业务信息，而总账子系统是总括反映企业经营活动全过程信息的子系统，因此销售与收款业务信息都必须转化为会计信息——记账凭证的形式，传递到总账子系统中。系统可以通过自动转账的方式，完成这种业务信息到会计信息的转换过程，进而实现销售、收款业务与财务的一体化策略。自动转账的基本目标是：根据每个子系统输入的业务数据按照一定的规则生成记账凭证，形成会计信息传递到总账子系统，以便进行账务处理。

为实现销售、收款业务与财务的一体化策略，自动转账处理主要包括两个功能：

(1) 定义凭证模板：首先应该建立销售与收款和财务联系的纽带——凭证模板，即定义信息转化规则，并将其保存在动态会计平台中。

(2) 生成记账凭证：在日常销售与收款业务发生时，系统通过动态会计平台，根据上面定义的转账流程，自动将业务单据如销售发票和收款单所记载的业务信息转化为记账凭证形式的会计信息。

5.7.1 定义凭证模板

销售业务涉及的会计科目与销售方式和结算方式有明确的对应关系，在销售与收款子系统中，记账凭证是通过在动态会计平台中存储的凭证模板，在销售业务确认处理的同时根据输入的有关原始凭证自动生成的。

定义凭证模板是根据不同的单据、业务特征，定义将业务信息转化为记账凭证的规则。一般只需要在期初定义一次，在销售业务发生变化的情况下需要调整规则。

销售与收款业务转化成记账凭证的模板主要有以下两大类：以销售发票为原始凭证的凭证模板和以收款单为原始凭证的凭证模板。（以出库单为原始凭证的凭证模板详见第 6 章。）

（1）以销售管理模块中录入的销售发票为原始凭证，设计确认销售收入的凭证模板，如表5-12所示。

表5-12　以销售发票为原始凭证的凭证模板

借贷方向	会计科目	科目来源	金额来源
借	应收账款、库存现金、银行存款、预收账款等	非现销业务，设置与客户的往来科目；现销业务，针对结算方式设置结算科目	销售发票文件：价税合计
贷	主营业务收入	设置销售收入科目	销售发票文件：金额
	应交税费——应交增值税（销项税额）	设置销售业务的增值税科目	销售发票文件：税额

此外，根据销售发票文件中的销售数量和从存货子系统中得到的单位产品成本数据，生成结转产品销售成本的记账凭证会计分录如下：

借：主营业务成本——××库存商品

　贷：库存商品——××库存商品

根据总账子系统转来的当期应交的流转税额，生成结转税金及附加的记账凭证会计分录如下：

借：税金及附加

　贷：应交税费——××税

　　　　　　——教育费附加

下面以上述第一个凭证为例，简述IT环境下如何实现转账定义。

IT环境下，在系统中预先定义好销售发票对应的记账凭证的借贷规则，并嵌入动态会计平台中。系统根据销售发票自动生成记账凭证的条件是：根据企业核算要求设置借方科目和贷方科目，借方科目为应收账款或货币资金，贷方科目一般为主营业务收入和增值税。

对于主营业务收入科目，系统可以提供几种科目设置方式。例如，会计上只需要核算到主营业务收入一级科目；会计上按照存货、客户、销售部门或销售类型等关键信息设置主营业务收入的明细科目；会计上以存货、客户、销售部门或销售类型等关键信息作为主营业务收入科目的辅助核算项。因此上述例子中，系统至少提供三种主营业务收入科目的设置方式。

假设某企业主营业务收入按存货设定明细科目，无辅助核算，则销售发票转化为会计凭证时的贷方科目（主营业务收入）转账规则设置如表5-13所示。

表5-13　主营业务收入科目

存货编码	存货名称	主营业务收入科目	
		一级科目	二级科目
0001	计算机	主营业务收入	计算机
0002	打印机	主营业务收入	打印机
0003	传真机	主营业务收入	传真机

对于应收账款或货币资金科目，系统将根据销售发票的付款方式自动选择其

中一种。销售发票可以分为现结和赊销两种。对于现结的销售发票，根据结算方式即可确定其为货币资金（即借方科目），因此，需要在系统中设置不同结算方式下的对应科目，如表 5－14 所示。

表 5－14　货币资金科目

结算方式	科目	备注
现金结算	库存现金	
现金支票结算	银行存款——建行存款	建行存款、中行存款是银行存款的二级科目
转账支票结算	银行存款——中行存款	

对于赊销的销售发票，需要在系统中设置应收账款科目，应收账款科目的具体核算方式与销售收入类似。一般主要分为三种科目设置方式：一是会计上只需要核算到应收账款一级科目；二是会计上按客户等关键信息设置应收账款的明细科目；三是会计上以客户等关键信息作为应收账款科目的辅助核算项。

假设某企业应收账款按客户设定明细科目，无辅助核算，则赊销的销售发票转化为记账凭证时的借方科目（应收账款）转账规则设置如表 5－15 所示。

表 5－15　应收账款科目

客户编码	客户名称	应收账款科目	
		一级科目	二级科目
001	A 公司	应收账款	A 公司
002	B 公司	应收账款	B 公司
003	C 公司	应收账款	C 公司

（2）以应收款管理模块中录入的收款单为原始凭证，设计确认收取款项的凭证模板。

收款单作为原始凭证，记录有许多重要的有关收款的原始信息，其中包括结算方式。系统根据输入并审核的收款单上记录的结算方式，以及根据该结算方式对应的记账凭证模板，再根据收款单上记录的收款金额生成记账凭证分录，如表 5－16 所示。

表 5－16　以收款单为原始凭证的凭证模板

借贷方向	会计科目	科目来源	金额来源
借	银行存款（或库存现金）	针对结算方式设置结算科目	收款单文件：付款金额
贷	应收账款（预收账款、应收票据）	非现销业务，设置与客户的往来科目	收款单文件：付款金额

在 IT 环境下，将收款单对应记账凭证的借贷规则事先嵌入动态会计平台中。因此，只需要设置货币资金类科目和应收账款（或预收账款）科目。货币资金类科目由收款对应的结算方式确定，与现结方式下的销售发票借方科目设置方法相同。

收款单转化为记账凭证时，贷方科目需要根据收款类型而定。如果收到款项属于应收款项的收回，则贷方科目为应收账款科目，其确定方法与销售发票的借方科目设置方法相同；如果收到款项属于预收货款，则贷方科目为预收账款，其核算方式与应收账款类似。

5.7.2 自动转账

在系统基础设置模块将凭证模板定义完成后，每月日常核算工作中，要进行记账凭证的生成，即系统根据凭证模板上的转账规则，自动将业务单据上的数据传送给对应科目的借贷方，生成完整的记账凭证。

当销售与收款业务发生时，系统根据销售发票文件、收款单文件和凭证模板，自动生成记账凭证，传递到总账子系统的凭证文件中，实现财务业务一体化应用，其过程如图 5-17 所示。

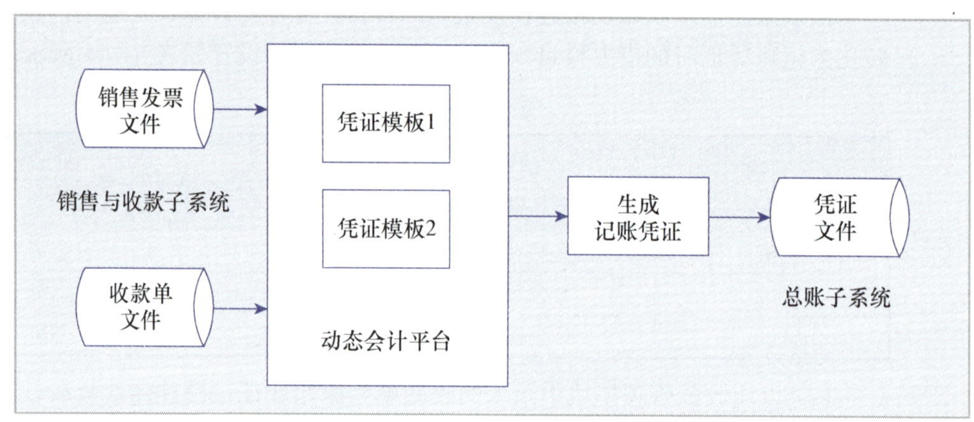

图 5-17 自动转账过程示意图

以销售发票为例，假设在系统中已经设置现金结算方式的对应科目为“库存现金”，销售打印机的收入对应科目为“主营业务收入——打印机”，销售税金的对应科目为“应交税费——应交增值税（销项税额）”。

一笔销售业务发生后，录入并审核销售发票，在执行转账生成时，系统对销售发票的结算方式进行识别，进而搜索现金结算方式对应科目、存货为“打印机”的销售收入对应科目，然后将销售发票所记载数据传递给记账凭证，假设增值税税率为 13%，如表 5-17 所示。

表 5-17

销售发票		对应凭证		
字段	金额	科目	借贷方向	金额
含税销售金额	1 130	库存现金	借	1 130
不含税销售金额	1 000	主营业务收入——打印机	贷	1 000
销售税金	130	应交税费——应交增值税（销项税额）	贷	130

转账生成的时间点由企业选择，可以选择每笔业务发生后立即执行转账生成，以提高会计信息的及时性；也可以定期一天一次执行此操作，以对一批业务同时执行转账生成，提高工作效率。

值得注意的是，在销售与收款子系统中，为方便用户的使用，应允许用户选择自动生成或不自动生成记账凭证。若用户选择自动生成记账凭证，则按预先设置的凭证模板自动生成记账凭证，在对应的凭证文件中的“制单人”字段，系统自动填入制单人的姓名；若用户选择不自动生成记账凭证，则由用户在记账凭证设置功能中另外进行处理。销售与收款子系统在与总账子系统集成运行时，生成的记账凭证一般是实时传送到总账子系统的。

例 5 - 10

洁白牙膏有限责任公司销售与收款管理一体化策略包括定义凭证模板和自动转账两个环节。

定义凭证模板需要定义基本科目和结算科目。在应收款管理子系统中定义基本科目，基本科目如表 5 - 18 所示。

表 5 - 18

基本科目种类	科目	币种
应收科目	1122 应收账款	人民币
预收科目	2203 预收账款	人民币
商业承兑科目	1121 应收票据	人民币
银行承兑科目	1121 应收票据	人民币
销售收入科目	6001 主营业务收入	人民币
税金科目	22210102 应交税费——应交增值税（销项税额）	人民币

在应收款管理子系统中定义结算科目，结算科目如表 5 - 19 所示。

表 5 - 19

结算方式		币种	本单位账号	科目
1	支票	人民币		1002 银行存款
2	汇兑	人民币		1002 银行存款
3	银行本票	人民币		1002 银行存款
4	银行汇票	人民币		1002 银行存款

在应收款管理子系统中，审核发票和收款单时生成记账凭证，或者根据已审核的发票和收款单集中生成记账凭证。11 月 25 日，根据例 5 - 6 中的销售发票和例 5 - 8 中的收款单生成记账凭证，凭证列表如表 5 - 20 所示。

表 5 - 20

业务日期	业务类型	制单人	凭证日期	凭证号
2020-11-15	现结	杨会计	2020-11-25	记-0011
2020-11-15	销售专用发票	杨会计	2020-11-25	记-0012
2020-11-15	销售专用发票	杨会计	2020-11-25	记-0013
2020-11-15	销售专用发票	杨会计	2020-11-25	记-0014
2020-11-25	收款单	杨会计	2020-11-25	记-0015
2020-11-25	收款单	杨会计	2020-11-25	记-0016

如果发现生成的记账凭证有错误，可以在应收款管理子系统删除或冲销错误凭证，进行业务调整后，重新生成正确的记账凭证。

实验指导

功能节点一：【业务工作】—【财务会计】—【应收款管理】—【设置】—【科目设置】—【基本科目】、【控制科目】、【对方科目】、【结算科目】

设置凭证模板需用的各类会计科目。【基本科目】设置“应收科目”和“预收科目”；【控制科目】设置“应收科目”和“预收科目”的明细科目，如果“应收账款”“预收账款”在【总账】子系统已经设置为“客户辅助核算”，系统会自动按辅助核算要求传递数据；【对方科目】设置销售收入科目及增值税科目；【结算科目】设置结算方式对应的收款科目。

一体化策略

功能节点二：【业务工作】—【财务会计】—【应收款管理】—【设置】—【摘要设置】

按单据定义自动转账生成的记账凭证摘要。

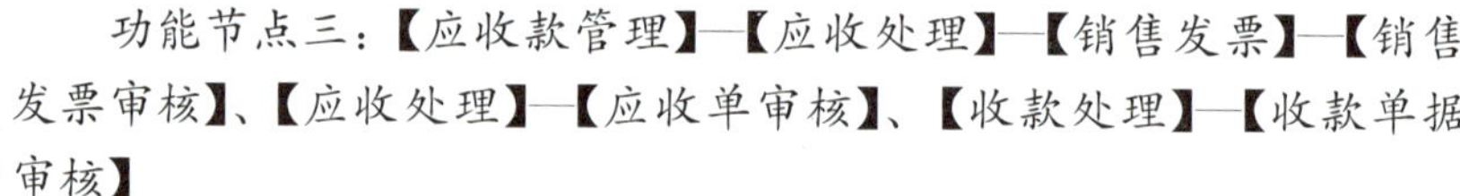

功能节点三：【应收款管理】—【应收处理】—【销售发票】—【销售发票审核】、【应收处理】—【应收单审核】、【收款处理】—【收款单据审核】

在销售发票、应收单及收款单进行审核时，系统支持逐张自动生成记账凭证。

功能节点四：【应收款管理】—【凭证处理】—【生成凭证】

单据审核时未生成记账凭证的原始凭证，可以在此功能节点集中生成记账凭证。

常用制单单据类型：销售发票（未现结发票）、应收单、收款单、核销、现结、坏账处理。

功能节点五：【应收款管理】—【凭证处理】—【查询凭证】

查询本月当前子系统生成的记账凭证。如果生成的记账凭证有错误，在总账子系统审核前可以在当前子系统删除错误凭证；在总账子系统审核后，可以在当前子系统冲销错误凭证。

5.8 销售与收款子系统的管理分析

销售与收款子系统管理分析模块的功能包括查询销售、应收款等业务的各种执行表、明细表、统计表、分析表和业务账。执行表主要包括销售执行进度表、订单跟踪汇总表、发货汇总表等；明细表主要包括发货明细表、销售明细表、发票使用明细表以及出库单开票情况表等；统计表主要包括销售执行状况表、销售订发货统计表、销售综合统计表等；分析表主要包括销售增长分析、销售结构分析、销售毛利分析、客户分析、欠款分析、收款预测、应收账款账龄分析等；业务账主要包括销售明细账、销售收入、成本、分项明细账等销售账簿以及应收款项业务总账、业务余额表、业务明细账等。

本节主要介绍销售订单执行分析、销售毛利分析、销售结构分析、业务账、应收账款账龄分析、欠款分析和收款预测等常用的销售与收款业务账表。

销售与收款子系统输出设计包括屏幕查询和打印输出两种方式，提供上述各种分析信息。

5.8.1　销售分析

1. 销售订单执行分析

销售订单执行分析可以跟踪订单，掌握销售订单的发货、出库、开票、收款、预收款的执行情况。销售订单执行分析有利于减少发货滞后事件，维系与客户的良好关系；同时，有利于企业掌握订单执行情况，合理组织后续生产和采购；此外，还有利于企业掌握订单收款情况，加快款项回收。洁白牙膏有限责任公司查询 2020 年 11 月 1 日至 2020 年 11 月 30 日的销售订单执行进度，销售执行进度表如图 5－18 所示。

销售执行进度表

选择	业务类型	销售类型	订单号	订单日期	客户简称	币种	汇率	销售部门	业 务 员	存货编码	存
☑	普通销售	普通销售	0000000001	2020-11-10	现代	人民币	1	销售部	王销售	001	
☐	普通销售	普通销售	0000000002	2020-11-10	明日	人民币	1	销售部	王销售	001	
☐	普通销售	普通销售	0000000003	2020-11-10	安远	人民币	1	销售部	王销售	001	
☐	普通销售	普通销售	0000000004	2020-11-10	宏大	人民币	1	销售部	王销售	001	
小计											

共 4 条记录　已选择行数:1　　每页显示 30 条　1 /1　跳转

销售发货明细 | 销售出库明细　销售发票明细 | 销售收款明细 |

	单据类型	发票号	发票日期	业务类型	客户简称	币种	仓库名称	存货名称	发票数量	发票单价	发票金额	收款金额
1	销售专用发票	0000000001	2020-11-15	普通销售	现代	人民币	成品库	牙膏	1000.00	13.56	13560.00	13560.00
2												
3												
4												
合计									1000.00		13560.00	

图 5－18　销售执行进度表

图 5－18 中，选择销售订单执行进度表上半部分的某个订单，界面下半部分将显示出与此订单相关的销售发票的明细信息。

2. 销售毛利分析

销售毛利分析通过分析各种存货、销售地区、客户、部门、业务员等在一定期间内的销售毛利，掌握不同存货的盈利能力，预测不同地区的销售潜力，了解不同客户的利润贡献，评价不同销售部门或业务员的销售业绩。

洁白牙膏有限责任公司希望了解 11 月份牙膏的销售毛利情况，查询 2020 年 11 月销售毛利分析，输出结果如图 5－19 所示。

销售毛利分析

	部门	存货名称	前期				本期			
			前期数量	前期售价	前期成本	前期毛利	本期数量	本期售价	本期成本	本期毛利
1	销售部	牙膏					4,000.00	12.75		27,000.00
2	(小计)销…						4,000.00	12.75		27,000.00
3	总计						4,000.00	12.75		27,000.00

图5-19　销售毛利分析表

3. 销售结构分析

销售结构分析能够分析企业在某时间段的销售构成情况。可以从多角度进行销售构成分析，如以存货、销售地区、客户、客户大类、销售部门或业务员等为主体进行分析。分析时间段由企业自行选择。

销售结构分析通过比较一定期间内不同客户、业务员、存货等的分析指标值占总指标值的比重，了解当前销售结构，为预测未来销售局势、制定营销策略提供支持。

为了掌握众多客户在某个时期的销售构成情况，了解客户对于企业的利润贡献，划分客户级别，及时识别VIP客户进行重点维护，可以将客户作为分析主体，分析一定期间销售收入、销售成本、销售毛利等指标占相应总额的比重，进行客户之间对比分析。洁白牙膏有限责任公司希望了解主要客户对11月份收入、成本及毛利的贡献，以客户作为分类依据分析11月份的销售结构，销售结构分析表如图5-20所示。

销售结构分析

	客户	存货名称	销售数量	销售数量%	销售收入	销售收入%	销售成本	销售成本%	销售毛利	销售毛利%
1	总计		4,000.00	100.00%	51,000.00	100.00%	24,000.00	100.00%	27,000.00	100.00%
2	安远商场	牙膏	1,000.00	25.00%	13,000.00	25.49%	6,000.00	25.00%	7,000.00	25.93%
3	宏大百货	牙膏	1,000.00	25.00%	13,000.00	25.49%	6,000.00	25.00%	7,000.00	25.93%
4	明日百货	牙膏	1,000.00	25.00%	13,000.00	25.49%	6,000.00	25.00%	7,000.00	25.93%
5	现代商场	牙膏	1,000.00	25.00%	12,000.00	23.53%	6,000.00	25.00%	6,000.00	22.22%

图5-20　销售结构分析表

分析对象为存货时，分析指标包含数量项，其他分析对象则没有数量项。按销售部门分析时，可以指定部门的级次，以决定最低分析到哪一级部门；按存货分析时，可以指定存货的级次，以决定最低分析到哪一级存货分类。

$$\text{占分析对象百分比}=\frac{\text{某分析对象}}{\text{分析指标值}}\div\frac{\text{总分析对象}}{\text{分析指标值}}\times 100\%$$

销售毛利＝销售收入－销售成本

例如，对A客户的销售收入为10 000元，对所有客户的销售收入为40 000元，那么A客户销售收入所占百分比为10 000÷40 000×100%＝25%。

销售分析

实验指导

功能节点：【业务工作】—【供应链】—【销售管理】—【报表】—【执行表】、【明细表】、【统计表】、【销售分析】、【客户分析】、【综合分析】

根据管理需求，选择合适的报表；系统预置默认查询条件，根据分析需要修改查询条件。

5.8.2　应收款分析

1. 业务账

业务账是指以业务单据为依据，输出应收账款、预收账款、其他应收款等的总账、余额表以及不同客户往来款项的明细账。数据来源于销售发票文件、应收单文件、收款单文件等。

业务总账用于查询一定会计期间期初余额、本期应收、本期收款以及期末余额。应收业务总账既可以查询公司应收款整体情况，也可以按客户、客户分类、地区分类、部门、业务员、存货、存货分类等查询条件进行汇总查询。

业务明细账用于查询一定期间内与客户之间发生的应收款及收款的明细情况。可以以客户、客户分类、地区分类、部门、业务员、存货、存货分类等查询条件进行明细查询。

业务余额表可以查看一定期间内与客户之间应收款的期初余额、本期应收、本期收款以及期末余额。可以以客户、客户分类、地区分类、部门、业务员、存货、存货分类等查询条件查询应收款项的增减变动及余额情况。洁白牙膏有限责任公司查询 2020 年 11 月 1—30 日的应收余额表，输出结果如图 5-21 所示。

应收余额表

	客户编码	客户名称	期初	本期应收	本期收回	余额	周转率	周转天数
			本币	本币	本币	本币	本币	本币
1	002	明日百货	0.00	14,690.00	14,690.00	0.00		0.00
2	003	安远商场	0.00	14,690.00	14,690.00	0.00		0.00
3	004	宏大百货	0.00	14,690.00	0.00	14,690.00	2.00	15.00
4	总计		0.00	44,070.00	29,380.00	14,690.00	6.00	5.00

图 5-21　应收余额表

业务余额表又称为应收余额表，输出每个客户的应收期初余额、本期应收、本期收款以及期末余额，并且计算每个客户查询期间内的应收款周转率和周转天数。

2. 应收账款账龄分析

应收账款账龄分析适用于分析客户、存货、业务员、销售部门或单据的应收款余额的账龄区间分布，有利于协助较长账龄应收款的催收工作，减少坏账损失。应收账款账龄分析表主要按账龄分析的时间段不同，反映客户欠款金额的情况。每一个客户为一个记录。

（1）设定账龄区间。账龄区间设置指由企业定义应收账款时间间隔，便于企业清楚掌握在不同期间内发生的应收款情况。账龄区间的设置在系统初始化阶段完成。用户可以按照企业管理需要自定义账龄区间，以便进行账龄分析。洁白牙膏有限责任公司逾期账龄区间设置如图5-22所示。

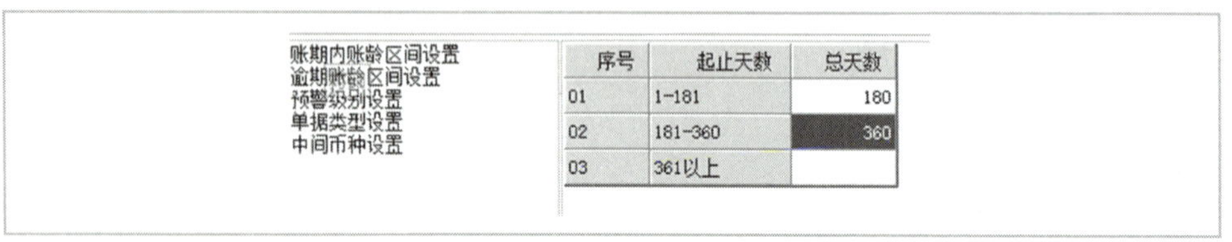

图5-22　逾期账龄区间设置

（2）账龄分析输出。根据设置的逾期账龄，选择分析对象（如客户、部门、业务员、存货、单据种类等），系统将自动输出账龄分析表。洁白牙膏有限责任公司以客户为分析对象，对截至2020年11月30日的应收账款进行账龄分析，输出结果如图5-23所示。

应收账龄分析　　金额式

客户 全部　　币种：全部　　截止日期：2020-11-25

客户		本币余额	账期内		1-181		181-360		361以上	
编号	名称		本币金额	%	本币金额	%	本币金额	%	本币金额	%
004	宏大百货	14,690.00	14,690.00	100.00						
数量			1							
金额		14,690.00	14,690.00	100.00						

图5-23　应收账款账龄分析表

3. 欠款分析

欠款分析的分析对象可以是客户、客户分类、地区分类、部门、业务员、存货、存货分类等。通过欠款分析可以了解分析对象在欠款方面的详细信息，例如以客户为分析对象，对客户进行欠款分析，可以掌握截至某一日期，与客户之间的欠款总额、信用额度、信用余额、欠款构成以及各项欠款占信用额度的百分比。洁白牙膏有限责任公司以客户为分析对象，查询截至2020年11月30日的客户欠款，输出结果如图5-24所示。

欠款分析

客户 全部　　币种：　　截止日期：2020-11-25

客户		欠款总计	信用额度	信用余额	货款	应收款	预收款
编号	名称				金额	金额	金额
004	宏大百货	14,690.00	50,000.00	35,310.00	14,690.00		
总计		14,690.00			14,690.00		

图5-24　欠款分析表

4. 收款预测

收款预测适用于预测未来某一期间内预测对象的收款情况，收款预测的预测对象可以是客户、客户分类、地区分类、部门、业务员、存货、存货分类等。通过收款预测可以掌握未来预测期间内的应收款项合计以及款项构成，为积极组织收款提供信息，同时有利于企业合理编制未来期间的资金计划。

洁白牙膏有限责任公司以客户为预测对象，以 2020 年 12 月 1—31 日为预测期间，系统依据销售订单、销售发票、先发货后开票流程下的发货单等单据记录的付款条件预测具体业务的收款时间，对预测期间内应该从客户收取的款项进行预测，输出结果如图 5-25 所示。

收款预测　全额式

客户 全部　币种：所有币种　预测日期：2020-12-01至2020-12-31

客户		收款总计	货款	应收款	预收款
编号	名称	本币	本币	本币	本币
004	宏大百货	14,690.00	14,690.00		
合计		14,690.00	14,690.00		

图 5-25　收款预测表

以客户为预测对象的收款预测可以预测所选期间内应该从各客户收取的收款总计，包括应收账款（即货款）、其他应收款和预收款的情况。收款预测为分析预测期间的资金需求、安排周转资金和编制资金计划等提供了重要依据。

实验指导

功能节点一：【业务工作】—【财务会计】—【应收款管理】—【账表管理】—【业务账表】、【统计分析】

功能节点二：【业务工作】—【财务会计】—【应收款管理】—【设置】—【初始设置】—【逾期账龄区间设置】

功能节点三：【业务工作】—【财务会计】—【应收款管理】—【应收处理】—【账龄分析】

思考题

1. 简要叙述销售与收款业务核算和管理的基本内容。
2. 销售与收款核算和管理系统有哪些主要特点？
3. 在 IT 环境下，销售与收款子系统的主要设计目标是什么？
4. 销售与收款子系统中常用的数据文件包括哪些？它们在系统中的作用是什么？
5. 为什么将销售发票文件拆分成固定信息和变动信息两个文件？它们各自的文件结构都包含哪些字段？两个文件可以哪个字段相互链接？又分别以哪些字

段作为关键字建立相应的索引文件？

6. 某企业销售一批商品，需要经历哪些过程？在此过程中，销售与收款子系统使用了哪些文件？数据的传输过程是怎样的？

7. 简要叙述销售与收款子系统的功能结构。

8. 销售与收款子系统基础设置主要包括哪些基本内容？它们在系统中的作用是什么？

9. 销售与收款子系统的日常管理包括哪些功能？

10. 销售订单录入界面中的“参照”功能按钮的作用是什么？

11. 试述应收账款的核销过程。

12. 销售与收款子系统是如何自动生成记账凭证的？

13. 销售与收款子系统可以查询输出哪些主要的管理账表？

扫码做题

第 6 章

Chapter 6 存货核算与管理

学习目标

1. 了解存货核算与管理的特点。
2. 理解存货核算与管理的业务流程。
3. 掌握 IT 环境下存货核算与管理的流程分析方法。
4. 掌握存货子系统的存货编码设计和主要数据文件。
5. 理解存货子系统的基础设置。
6. 掌握出入库单据管理。
7. 掌握单据记账与期末处理。
8. 了解存货管理分析等。

6.1 存货核算与管理需求分析

存货是指企业所拥有的除货币资金、固定资产外的有形资产。如制造企业所持有的原材料、在产品、产成品，商业企业所持有的商品，企业所持有的包装物、办公耗材等自用物品，等等。存货核算与管理的好坏直接影响企业的资产质量、营业成本、盈利能力等。

6.1.1 存货核算与管理的基本业务流程分析

为深入了解存货核算与管理的特点，我们首先分析手工条件下的业务处理流程，其流程图如图 6－1 所示。

存货业务流程描述如下：

（1）采购部门或者供应商将材料送达企业，生产部门生产的产品生产完工，质检部门进行质量检查，质检合格后，仓库保管员将材料或产成品收入仓库，编制并审核入库单。

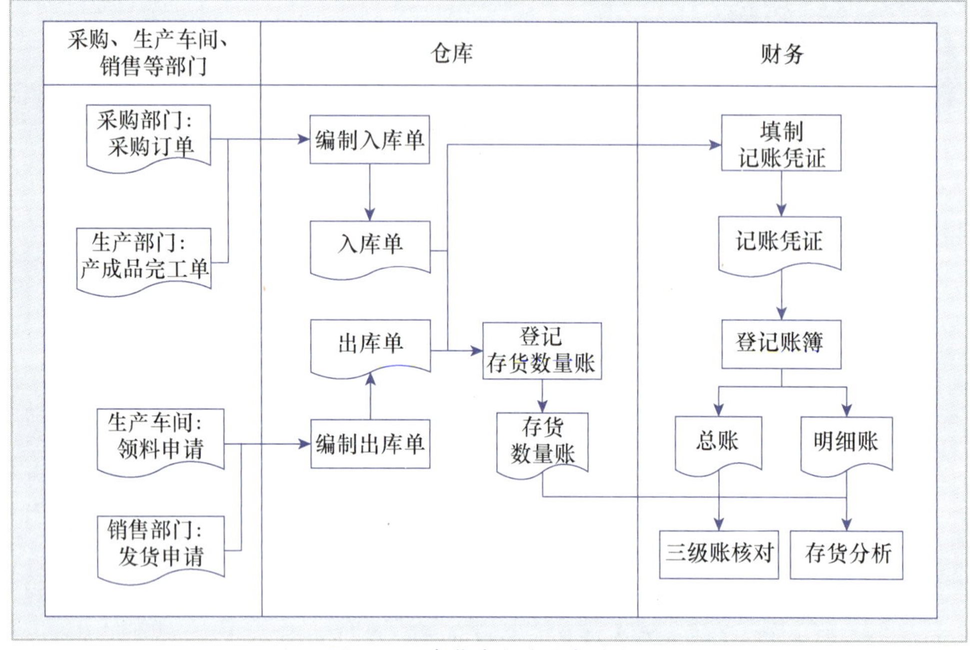

图 6-1 存货出入库业务流程

（2）生产车间向仓库提出领料申请，销售部门向仓库提出发货申请，仓库保管员根据业务需求发出材料或产成品，编制并审核出库单。

（3）仓库保管员根据入库单和出库单登记存货数量账。

（4）对于采购发票已经取得且存货已经入库的入库业务，会计人员根据入库单和采购发票执行采购结算（详见第 4 章），并填制记账凭证；对于已经入库但采购发票尚未获取的入库业务，会计人员期末做暂估入库处理，并填制记账凭证，下月月初红字冲回。对于生产完工的产成品入库业务，会计人员以入库单和产品单位生产成本为依据，填制记账凭证。

（5）对于存货出库业务，会计人员根据存货计价方法以及出入库明细记录，计算存货出库成本，并据之填制、审核记账凭证。

（6）会计人员根据记账凭证登记明细账和总账。

（7）将仓库管理员登记的存货数量账、存货明细账、总账进行核对，检查三级账簿的一致性。

（8）以存货数量账、明细账和总账为依据，进行存货管理分析。

6.1.2 存货核算与管理的特点

存货核算与管理具有数据存储量大且变化频繁、存货成本核算复杂、与其他子系统数据传递关系较多、管理要求高等特点。

1. 数据存储量大且变化频繁

无论是制造企业还是商业企业，存货的品种规格都非常多，有的多达几万种，对每个具体品种的入库和出库都要进行详细、全面的反映，同时每种材料的核算既要反映其数量指标，又要反映其价值指标，既要反映动态状况，又要反映静态信息。因此，存货子系统中需要存储和处理的数据量极大，可以说存货子系统是会计信息系统中数据量最大的子系统。

为了保证生产或销售的顺利进行，必须经常进行存货的采购活动，因此，有大量的材料入库业务；与此同时，随着销售业务量的增加，产品出库也非常频繁。无论材料采购入库、产成品完工入库，还是材料领用、产品销售出库，都伴随着大量财务数据的产生和变化。因此，存货子系统的数据输入频率和处理频率都相当高，数据变化相当频繁。

2. 存货成本核算复杂

存货成本核算的方法较多，可以按实际成本组织核算，也可按计划成本组织核算。按实际成本核算的方法包括先进先出法、加权平均法、移动加权平均法、个别计价法等。按计划成本组织的核算中，还要进行成本差异的计算和分配。资产负债表日，如果存货账面价值与实际价值相差较大，还需要采用成本与市价孰低法，按存货项目、存货类别或者全部存货对存货成本进行期末计价。

3. 与其他子系统数据传递关系较多

存货子系统与采购与付款子系统、销售与收款子系统、生产制造子系统、总账子系统有着密切的联系。采购与付款子系统采购的原材料需要在存货子系统中做入库处理，销售与收款子系统销售的产品需要在存货子系统中做出库处理。存货子系统还与生产制造子系统有着密切联系，车间领用原材料需要在存货子系统中做出库处理，车间产品生产完工需要在存货子系统中做入库处理。此外，存货子系统的上述入库单和出库单都是总账子系统填制记账凭证的依据。存货子系统的各种存货成本信息、存货结存信息都需要与销售、采购、生产等子系统共享。

4. 管理要求高

存货核算与管理不仅要求正确反映存货的入库、出库、结存等信息，而且要求从管理的视角为各业务部门及时、准确地提供各种信息。

（1）成本管理信息，如存货成本、商品销售成本。

（2）存货预警信息，如哪些存货超储，哪些存货储量不足，存货超储期是多少。

（3）占用资金分析信息，如每种存货占用多少资金，超储存货占用多少资金等。

（4）存货管理效率信息，如各种存货的周转率、周转天数等。

（5）存货管理人员的评价信息，如优质存货是由谁采购的，创造价值最多的采购人员的信息等。

6.1.3 手工环境下存货核算和管理的难点分析

通过上述分析，我们确实感受到存货核算和管理的内容多，核算方法复杂，数据处理和存储量大，数据变化频繁，数据传递涉及的部门比较多。在手工条件下，由于人工处理的局限性，存货核算和管理存在以下难点。

1. 三级账一致性问题

同一入库单和出库单分别由仓库保管员、存货核算明细会计和总账会计三个人，按照不同的需求转抄在不同的账簿上，因此，当存货出入库业务量较大时，经常出现存货实物、存货一级账、二级账、三级账之间账账不符、账物不符的情况。

例6-1

某企业采购一批材料并入库，其保管员、会计A、材料会计、总账会计分别登记材料数量账，编制记账凭证，登记材料明细账和总账，如图6-2所示。

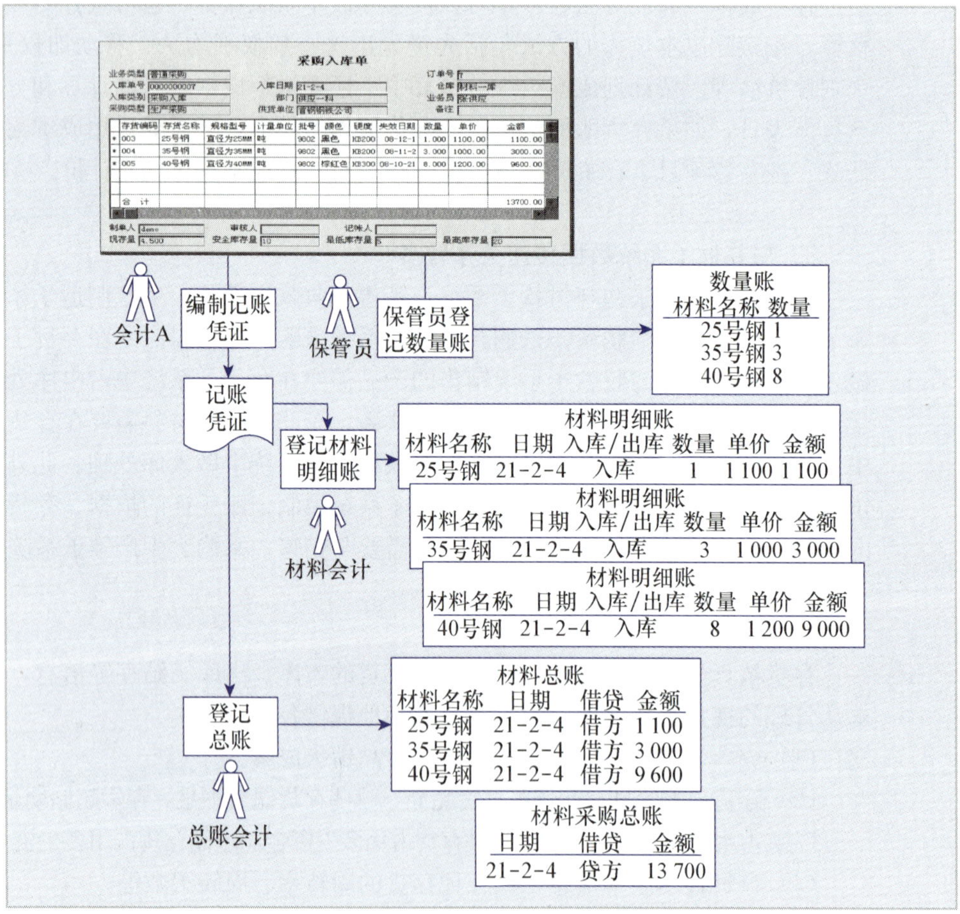

采购入库单

业务类型 普通采购　入库单号 0000000007　入库类别 采购入库　采购类型 生产采购

入库日期 21-2-4　部门 供应一科　供货单位 首钢钢铁公司

订单号　仓库 材料一库　业务员 张洪应　备注

	存货编码	存货名称	规格型号	计量单位	批号	颜色	硬度	失效日期	数量	单价	金额
*	003	25号钢	直径为25MM	吨	9802	黑色	KB200	08-12-1	1.000	1100.00	1100.00
*	004	35号钢	直径为35MM	吨	9802	黑色	KB200	08-11-2	3.000	1000.00	3000.00
*	005	40号钢	直径为40MM	吨	9802	棕红色	KB300	08-10-21	8.000	1200.00	9600.00
	合　计										13700.00

制单人 demo　审核人　记账人

现存量 4.500　安全库存量 10　最低库存量 5　最高库存量 20

会计A　编制记账凭证

保管员　保管员登记数量账

数量账

材料名称	数量
25号钢	1
35号钢	3
40号钢	8

记账凭证

登记材料明细账　材料会计

材料明细账

材料名称	日期	入库/出库	数量	单价	金额
25号钢	21-2-4	入库	1	1 100	1 100

材料明细账

材料名称	日期	入库/出库	数量	单价	金额
35号钢	21-2-4	入库	3	1 000	3 000

材料明细账

材料名称	日期	入库/出库	数量	单价	金额
40号钢	21-2-4	入库	8	1 200	9 000

登记总账　总账会计

材料总账

材料名称	日期	借贷	金额
25号钢	21-2-4	借方	1 100
35号钢	21-2-4	借方	3 000
40号钢	21-2-4	借方	9 600

材料采购总账

日期	借贷	金额
21-2-4	贷方	13 700

图6-2　根据入库单登记账簿的过程

从图6-2可以看出，材料会计的疏忽导致材料明细账登记错误，结果三级账不相符。本月发生了大量出入库业务，月底账簿数据量非常大，因此，至少要有两个部门的三个人员从大量的数据中找出三级账不一致的原因，并进行改正。

2. 很难选择更合理的存货计价方法

当企业出入库业务比较频繁时，存货成本计算量也随之增大。因此，为了减少手工计算工作量，很多企业的会计人员一般选择加权平均法计算存货成本，而不是从管理的角度出发，合理选择存货成本计算方法并计算存货价值。下面通过案例进行分析。

例 6 - 2

某企业存货成本采用加权平均法计算，AA 存货本月入库与出库情况如表 6 - 1 所示。

表 6 - 1　某企业 AA 存货出入库情况表

日期	数量（个）	入库价值（元）
4 月 5 日	10	100
4 月 7 日	10	110
4 月 10 日	−10	
4 月 15 日	10	120
4 月 20 日	10	130
4 月 22 日	−20	
4 月 23 日	10	140
4 月 25 日	10	150

期初存货数量为 0，期末存货数量为 30 个。

按照加权平均计价方法只能在期末计算出存货价值和销售成本：

$$\text{本月结存单价}=\frac{\text{本月期初金额}+\text{本月收金额}}{\text{本月期初数量}+\text{本月收数量}}$$

$$=\frac{100+110+120+130+140+150}{10+10+10+10+10+10}$$

$$=12.5(\text{元})$$

$$\text{销售成本}=30\times12.5=375(\text{元})$$

$$\text{期末存货价值}=30\times12.5=375(\text{元})$$

这种计算方法是否高估了存货的价值，高估了利润呢？

如果该企业选择移动加权平均法、先进先出法，那么对存货的价值、销售成本到底有什么影响？下面给出这几种计算方法的结果，如表 6 - 2 所示。

表 6 - 2　各种存货成本计算方法比较

方法	销售成本	期末存货价值
加权平均法	375.00	375.00
移动加权平均法	341.67	408.33
先进先出法	330.00	420.00

从表 6 - 2 可以看出，不同的方法所得到的销售成本和期末存货价值是不同的。如果只选择加权平均法计算，在存货市场价格波动比较大的情况下，并不能正确地反映存货价值；同时，管理者也不能动态、正确地了解存货的价值和销售成本。

3. 存货管理能力低下

当会计人员把大量时间和精力浪费在编制记账凭证和核对账簿数据上，没有时间和精力对存货进行有效管理时，也就无法准确回答如下问题：存货价值与市价相比相差多少？哪种存货占用了大量资金，导致资金的周转效率低下？哪些存货超储了，超储期是多少？哪些存货采购和保管员绩效好？

6.2 IT 环境下存货核算与管理的数据流程

6.2.1 存货子系统的目标

通过上述流程分析可以看出，存货核算与管理的内容非常复杂，在手工环境下核算和管理的难度非常大，特别是当企业存货种类多、仓库多时，手工管理难度更大。因此，将信息技术与存货管理有机融合，建立存货子系统，对于提高存货核算的准确性和存货管理的效率有重要的意义。

存货子系统的目标包括以下几个方面：

（1）支持按计划成本核算和按实际成本核算。存货子系统不仅支持按计划成本核算，而且应该支持按实际成本核算，采用加权平均、移动加权平均、先进先出、个别计价等多种计算方法，以满足工商企业存货核算和管理的需求。

（2）正确反映出入库情况。存货子系统应该提供入库、出库单据的处理，正确反映存货入库、出库情况，及时反映其增减变化，保护材料物资的安全完整。

（3）正确计算期末存货结存信息。存货子系统应该能够正确地计算存货期末的结存数量、单价、金额，及时提供存货的储备资金占用情况，既保证生产需求，又减少资金积压。

（4）反映和监督各生产单位材料的耗用。通过存货子系统反映和监督材料的耗用情况，正确计算产品的材料费用，考核各部门材料消耗情况，促进企业节约材料开支，降低产品成本。

（5）提供完整的存货账簿。存货子系统应该及时、准确地提供各种存货的总账、明细账等账簿的查询和打印输出。

（6）提供存货管理和分析功能。存货子系统能够提供各种存货汇总表、存货资金占用分析、入库成本分析、ABC 成本分析、库存资金占用规划、存货周转率分析等管理和分析功能。

（7）与其他子系统实现信息集成。存货子系统与其他子系统（如总账、采购与付款、销售与收款子系统等）有密切的联系，因此，该子系统与其他子系统应建立标准接口，既能够及时向其他子系统提供信息，同时又可接收其他子系统传入的信息，实现信息集成。

6.2.2 存货核算与管理数据流程

存货日常核算与管理数据流程如图6-3所示。

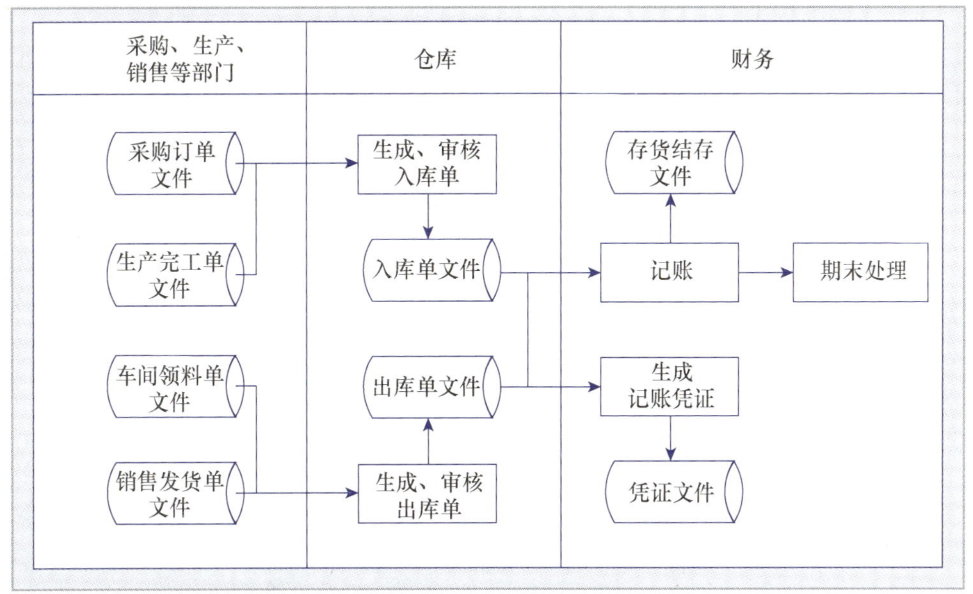

图6-3 存货日常核算与管理数据流程

存货日常核算与管理数据流程的具体说明如下。

1. 出入库单生成与审核

参照采购订单、生产完工单等单据，生成入库单，保存在入库单文件中，对入库单进行审核。

参照车间领料单、销售发货单等单据，生成出库单，保存在出库单文件中，对出库单进行审核。

2. 出入库单记账

对出入库单进行记账，根据存货计价方法计算出库单的单价和金额，更新出库单文件的单价、金额、记账人等信息，更新入库单文件的记账人信息，更新存货结存文件。

3. 期末处理

如果存货计价方法为期末平均计价法，则通过期末处理计算发出存货的成本，更新出库单文件的单价和金额，更新存货结存文件。

如果存货按计划价（或售价）进行核算，则通过期末处理计算存货差异率（或差价率）及本月的应分摊差异（或差价），更新存货结存文件。

自动生成下月或下年存货结存文件，将本月期末结存数据结转到下月结存文件，作为下月期初数据。

4. 根据出入库单生成记账凭证

根据数据文件中存储的出入库单信息、凭证模板，系统自动生成记账凭证，保存在凭证文件中。

6.2.3 IT 环境下与手工环境下存货核算与管理流程的区别

IT 环境下与手工环境下相比，存货核算与管理流程发生了很大变化，其主要变化如下：

（1）可以根据需要选择各种存货计价方法。在手工环境下，由于先进先出等方法比较复杂、工作量大，很少有企业真正采用，大多数企业使用最简单的加权平均法进行存货成本计算。在存货子系统中，会计人员可以根据存货核算和管理的需要选择最适合的存货成本计算方法，计算机能够自动、准确地完成核算工作。

（2）可以高效、准确地完成核算工作。在存货子系统中，一旦选择了成本核算方法，输入了出入库等单据，计算机便能够自动准确地处理出入库业务，计算出发出存货成本，自动计算成本差异，自动计算期末结存单价、数量、金额等。这大大减轻了会计人员的劳动强度，提高了核算准确性。

（3）可以及时、准确地提供存货账簿，并保证账账相符。在手工环境下，由于人工处理的局限性，同一数据由不同人员按照不同的需求转抄在不同的账簿上，差错率比较高，经常是存货实物、存货一级账、二级账、三级账之间账账不符、账物不符，需要花费很多人力和物力核对和更改。而在存货子系统中，各种存货总账、明细账来自同一数据源（存货结存文件、入库单文件、出库单文件），因此，计算机根据同一数据源自动生成并输出账簿，保证了账账相符。另外，计算机能够存储存货核算和管理的各种数据，生成和输出数量账、数量金额账、金额账，只是提取的数据不同而已，各级会计人员和业务人员可以根据需要及时、准确地查询任意存货的总账、明细账。

（4）各部门之间实现数据共享。在手工环境下，销售部门、采购部门需要从存货子系统及时获得发出存货成本、存货结存数据等信息，但由于部门之间数据传递方式的限制，不能及时、准确地得到所需的数据；同一入库单和采购发票在采购部门需要处理（登记、结算）一次，在仓库或财务部门又要处理一次（登记、结算）。而在 IT 环境下，存货子系统一般作为一个相对独立的子系统使用，同时它又和采购与应付子系统等保持密切的联系，实现了一个完整的支出循环。随着企业网络信息系统的不断建立，通过标准接口，存货子系统不仅与会计信息系统中的其他子系统如总账子系统、采购与付款子系统、销售与收款子系统相互传递信息，实现数据共享，而且与其他系统（MRP，JIT，EDI 等系统）紧密结合，实现数据的自动传递和共享，形成高度集成的管理信息系统。任何一个子系统都可及时、准确地获取和共享其他子系统的信息；任何一种单据只有一个入口，一次录入，多处使用（如入库单、采购发票，如果在采购子系统录入，那么就可以在存货子系统、应付子系统、总账子系统等多处使用），充分保证了数据的一致性、传递的及时性。

（5）可以及时、准确地提供存货管理和分析数据。在手工环境下，存货数据不能及时报送和汇总，不能及时、准确地提供各种分析数据。而在 IT 环境下，实现了数据的及时登记、及时传递以及数据共享，因此，可以及时、准确地得到各种分析表，并进行存货管理和存货分析，如 ABC 成本分析等。

6.3　存货子系统的总体结构设计

6.3.1　存货子系统数据编码设计

存货子系统涉及的数据编码比较多，如存货编码、存货类别编码、仓库编码等，因此，数据编码设计是非常重要的内容。

1. 存货类别编码设计

存货在生产经营过程中的用途不同，所起的作用也不尽相同。为了满足按存货的类别进行统计、汇总等核算和管理的需要，可以对存货进行分类，进行存货类别编码设计，即定义类别编码、名称。根据核算和管理需要，存货类别可以设置得“粗”一些，即只按大类设置，如 01 材料、02 产成品等，这样系统只能对所有存货按大类进行统计和汇总。存货类别可以按照粗细粒度进行分类，分类编码可以采用位数编码的方法。例如，某企业将存货分类编码方案定义为 123，这表明将存货类别分为三级，一级编码为 1 位，二级编码为 2 位，三级编码为 3 位。存货类别编码、类别名称举例如表 6－3 所示。

表 6－3　存货类别编码示例

级次	类别编码	类别名称
1	1	材料
2	101	碳素钢
2	102	合金钢
3	102001	低合金钢
3	102002	高合金钢
1	2	产成品
2	201	防盗门
2	202	保险柜

这样系统就可以按照各级、各类等多种方式对所有存货进行统计和汇总，满足不同核算和管理需要。

2. 存货编码设计

存货子系统的数据处理工作都是围绕着存货这个中心展开的，为了使计算机更好地对存货进行核算和管理，必须为每种存货统一编码。然而，在一个企业中，往往因为存货的类别、品种和规格繁多，存货编码的设计非常困难。如果没有标准的存货编码方案可依，企业可以自行编制，但要求每个存货编码必须唯一。

例如，某企业采用 123 的编码原则设计存货类别编码，存货编码设计为 3 位，那么“102001：材料—合金钢—低合金钢”类别下存货编码如表 6-4 所示。

表 6-4　存货编码示例 1

类别编码	存货编码	存货名称
102001	001	A3 钢
102001	002	20 号钢
102001	003	25 号钢
102001	004	35 号钢

有些企业采用位数编码方式对存货进行编码，即存货编码中包含存货类别编码和存货编码。例如，某企业将存货编码长度设计为 9 位，其编码方式如下：

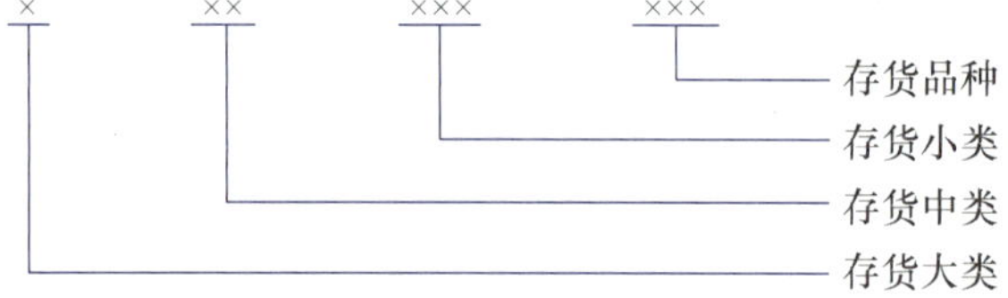

按上述编码方式设计存货编码举例如表 6-5 所示。

表 6-5　存货编码示例 2

级次	存货编码	存货名称
1	1	材料
2	101	碳素钢
2	102	合金钢
3	102001	低合金钢
4	102001001	A3 钢
4	102001002	20 号钢
4	102001003	25 号钢
4	102001004	35 号钢

6.3.2　数据文件设计

存货子系统涉及的数据文件很多，如存货档案文件、仓库文件、部门文件、供应商文件、入库单文件、出库单文件和存货结存文件等。其中，有些文件是供各个处理模块查询参照用的字典文件（如存货档案文件），有些文件是在处理过程中要频繁使用的主数据文件（如存货结存文件）。

下面对主要数据文件的作用、结构、存储策略和组织方式进行讨论。

1. 存货档案文件

（1）存货档案文件的作用。存货档案文件用来存放：1）存货基本信息，如存货编码、存货名称、计量单位、规格型号等；2）存货成本信息，如计划价/售价、参考售价、最新成本、最低售价等；3）存货控制信息，如经济批量、ABC分类、安全库存、最高库存、最低库存、呆滞积压标准等；4）存货其他信息，如单位重量、单位体积、启用日期、停用日期等。

通过阅读该文件便可以掌握企业有什么存货，多少种存货，每一种存货的规格型号、成本、控制等信息，因此，称之为存货档案文件或存货文件。

（2）存货档案文件的结构。如表6-6所示。

表6-6　存货档案文件

序号	项目	说明
1	存货编码	必须唯一
2	存货名称	汉字或英文字母
3	规格型号	汉字或英文字母
4	计量单位	汉字或字符，如千克、吨
5	存货类别	根据分类特征，确定属于哪个存货类别
6	计划价/售价	供计划价核算的制造企业或售价核算的商业企业使用
7	最新成本	最新入库成本
8	最高进价	购进时不能超过最高进价
9	参考售价	销售存货时用户参考的销售单价
10	最低售价	销售时不能低于最低售价
11	经济批量	最优经济订货批量
12	ABC分类	用于ABC存货分析
13	安全库存	应对不确定因素的缓冲库存量
14	最高库存	在仓库中所能存储的最大数量
15	最低库存	在仓库中应保存的最小数量
16	呆滞积压标准	最低存货周转率，以此作为存货是否呆滞积压的判断标准
17	存货属性	销售、外购、生产领用、自制等

企业根据核算和管理需要可以增加或减少相应的项目。

（3）存储策略。存货档案文件一般一年为一个文件。

（4）组织方式。存货档案文件的组织方式是按存货编码建立索引文件。

2. 存货结存文件

（1）存货结存文件的作用。存货结存文件用来存放所有存货的收、发汇总和结存数据，为查询存货的业务账以及各种存货分析提供信息。

（2）存货结存文件的结构。如表6-7所示。

表6-7 存货结存文件

序号	项目名称	说明
1	存货编码	必须唯一
2	本月期初数量	
3	本月期初单价	
4	本月期初金额	数量×单价
5	本月收数量	本月收数量合计
6	本月收金额	本月收金额合计
7	本月发数量	本月发数量合计
8	本月发金额	本月发金额合计
9	本月结存数量	
10	本月结存单价	
11	本月结存金额	

（3）存货结存文件存储策略。存货结存文件是比较复杂的文件，它的设计要考虑到企业所采用的存货计价方法。按照实际成本核算，存货成本计算方法又分为期末加权平均法、移动加权平均法、先进先出法和个别计价法。下面分别讨论不同计价方法下存货结存文件的设计和存储策略。

1）期末加权平均法。期末加权平均法是在期末将本月收入和期初结存加权平均的计算方法。采用这种方法，只有期末才需计算出结存单价，并对出库存货进行计价。

$$本月结存单价=\frac{本月期初金额+本月收金额}{本月期初数量+本月收数量}$$

在期末加权平均法下，存货结存文件中一种存货占一条记录。

2）移动加权平均法。采用移动加权平均法，每发生一笔入库业务，就要重新计算一次结存单价：

$$结存单价=\frac{本次入库前结存金额+本次入库金额}{本次入库前结存数量+本次入库数量}$$

用结存单价的值更新本月结存单价后，再更新本月结存数量和本月结存金额。

在移动加权平均法下，存货结存文件中一种存货占一条记录。

3）先进先出法。先进先出法假定先购进的存货先领用。入库时，如果入库的两批或三批存货价格不同，则要用两个或三个单价计价，即逐笔登记存货结存单价、结存数量和结存金额；出库时，按照先进先出的原则，逐笔登记存货发出和结存的单价、数量和金额。

表6-8和表6-9给出了先进先出法下存货结存文件中的本月结存数据存储情况。

表 6-8　5 月存货结存文件（5 月 30 日状态）

存货编码	本月收数量	本月收金额	本月发数量	本月发金额	本月结存数量	本月结存单价	本月结存金额
1230909					100	18	1 800
1230909					50	21	1 050

表 6-9　6 月存货结存文件（6 月 30 日状态）

存货编码	本月收数量	本月收金额	本月发数量	本月发金额	本月结存数量	本月结存单价	本月结存金额
1230909					20	20	400
1230909					40	21	8 400
1230909					100	22	2 200

在先进先出法下，一种存货可能有多个结存单价、结存数量，因此，一种存货可能有多条记录。

4）个别计价法。个别计价法是以某批存货入库时的实际单位成本作为该批存货发出时的实际成本，即发出某批存货要根据该批存货入库时的实际单位成本计算。这样每批存货的批号应不同，以便确认入库的批次。在个别计价法下，一批存货占一条记录。

3. 入库单文件

（1）入库单文件的作用。入库单文件用于存放采购子系统传入的采购入库数据或通过入库单录入模块输入的产成品入库单等。入库单文件为查询存货业务账、存货分析、自动转账等提供数据。

（2）入库单文件结构。如表 6-10 所示。

表 6-10　入库单文件

序号	项目名	说明
1	日期	单据的入库日期
2	入库单号	系统自动从 1 开始编号
3	订单号	采购订单号等
4	部门编码	负责入库业务的库管部门
5	业务员编码	负责入库业务的库管员
6	入库类别	录入收发类别中的收货类别，如采购入库、产成品入库
7	存货编码	收入仓库的存货
8	数量	入库存货数量
9	单价	入库存货单价
10	金额	数量×单价
11	仓库编码	存货存放的仓库
12	结算标识	用来表示收货的类型，该标志有两种值："1" 表示已经做完采购结算，按实际采购价格收货；"2" 表示没有执行采购结算，按暂估价收货
13	转账标识	是否已经转账生成记账凭证

续表

序号	项目名	说明
14	录入人	录入单据的操作员姓名
15	审核人	审核单据的操作员姓名
16	记账人	执行记账的操作员姓名

（3）入库单文件存储策略。入库单文件既可一个月一个文件，也可以一年一个文件。为了方便存货的核算和管理，可以将入库单分为：

1）采购入库单。对于制造企业，采购入库单一般指采购原材料验收入库时填制的入库单据；对于商业企业，一般指商品进货入库时填制的入库单。无论是制造企业还是商业企业，采购入库单都是企业入库单据的主要部分，因此在本系统中，采购入库单也是日常业务的主要原始单据之一。

2）产成品入库单。产成品入库单是指制造企业生产的产成品、半成品入库时填制的入库单据，是制造企业常用的原始单据之一。

3）其他入库单。其他入库单是指采购入库、产成品入库等形式以外的存货其他入库形式所填制的入库单据，如盘盈入库、调拨入库等。

如果将入库单分成三类，那么其存储策略如下：一种方式可以对原入库单文件结构进行适当的修改，形成新的入库单文件；另一种方式是分别对三类入库单建立三个入库单文件，分别存放不同类别的入库单。

（4）入库单文件组织方式。入库单文件组织方式是按入库单号建立顺序文件。

4. 出库单文件

（1）出库单文件的作用。出库单输入系统后存于出库单文件中，为查询存货业务账、存货分析、自动转账等提供数据。

（2）出库单文件结构。如表 6－11 所示。

表 6－11　出库单文件

序号	项目名	说明
1	日期	单据的出库日期
2	出库单号	系统自动从 1 开始编号
3	部门编码	负责出库业务的库管部门
4	业务员编码	负责出库业务的库管员
5	出库类别	录入收发类别中的发货类别，如领料出库、销售出库
6	存货编码	发出的存货
7	数量	出库存货数量
8	单价	出库存货单价
9	金额	数量×单价
10	仓库编码	存货存放的仓库
11	转账标识	是否已经转账生成记账凭证
12	录入人	录入人姓名
13	审核人	审核人姓名
14	记账人	记账人姓名

（3）出库单文件存储策略。出库单文件既可一个月一个文件，也可以一年一个文件。

（4）出库单文件组织方式。出库单文件组织方式是按出库单号建立顺序文件。

6.3.3　系统功能结构

存货子系统一般可以划分为基础设置、出入库管理、存货成本核算、一体化策略和管理分析五个功能模块。存货子系统功能结构如图 6－4 所示。每个功能模块又可以继续划分为若干个功能模块，直到每个功能模块都能够承担相对独立的功能。

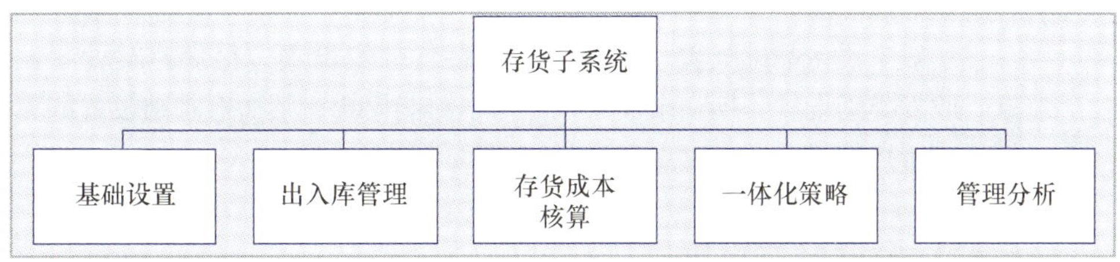

图 6－4　存货子系统功能结构

随着存货管理的需求不断增加，其功能模块可以不断扩充。下面对其基本功能模块进行讨论。

（1）基础设置。基础设置模块可以划分为存货分类设置、存货档案设置、仓库设置、收发类别设置、期初余额录入等功能模块。它根据企业个性化存货核算和管理需求，在系统中维护所需基础信息和期初信息。

（2）出入库管理。出入库管理模块可以划分为入库管理和出库管理等功能模块。

（3）存货成本核算。存货成本核算模块可以划分为单据记账模块和期末处理模块等。

（4）一体化策略。一体化策略模块又可以进一步划分为转账规则设置和转账凭证生成等模块。

（5）管理分析。管理分析模块可以分为存货总账、存货明细账和管理分析表等查询模块。

上述模块除基础设置、出入库管理外，其他功能模块的处理工作与手工有相当大的区别，成本核算、管理分析和转账凭证生成等工作都是系统在人工触发下，自动、高效、准确地完成各项工作。

例 6－3

洁白牙膏有限责任公司使用库存管理、存货核算两个子系统共同完成存货核算与管理，库存管理子系统主要管理存货物流，存货核算子系统主要进行存货价值管理。应用流程如下：在库存管理子系统中完成采购入库、材料出库、产成品入库和销售出库业务的数量管理；在存货核算子系统中主要对以上出入库单进行记账，即根据存货计价方法确定出库成本及结存成本，完成存货的价值管理。

实验指导

功能节点一：【基础设置】—【基础档案】

【基础档案】模块实现对存货核算与管理所需基础信息的管理。

功能节点二：【业务工作】—【供应链】—【库存管理】、【存货核算】

【库存管理】子系统实现对存货实物数量的核算和管理，【存货核算】子系统实现对存货成本的核算和管理。

6.4 存货子系统的基础设置

一般来说，基础设置模块主要包括存货分类设置、存货档案设置、仓库设置、收发类别设置、期初余额录入等基本功能模块。下面对基础设置的主要功能模块进行详细讨论。

6.4.1 存货档案设置

存货档案设置模块的功能是根据企业的需要增加、修改、删除、查询存货档案，并将结果保存在存货档案文件中。

存货档案设置模块首先提供存货类别设置功能，企业根据企业存货核算和管理的需要对存货进行分类，在系统中维护存货类别信息。在存货类别设置基础上，维护各类别下的存货基本信息、成本信息、控制信息和其他信息。

1. 基本信息

存货档案设置模块提供基本信息输入功能，以满足存货核算和管理需求，如图 6－5 所示。

（1）计量单位。设置计量单位组、主计量单位和各子系统默认计量单位。

企业物流管理中，同一种存货在供应链的不同环节可能适用不同的计量单位。例如，啤酒零售商按箱购进啤酒，按瓶售出啤酒，需要设置由箱和瓶组成的计量单位组，瓶可以设置为主计量单位，箱为辅计量单位，并设置瓶和箱之间的换算关系。采购默认单位为箱，销售默认单位和库存默认单位为瓶。

如果企业经营多种存货，不同存货按照完全不同的计量属性计量，则可能使用多个计量单位组。例如，零售商既经营啤酒，又经营大米，啤酒和大米使用完全不同的计量单位。

（2）存货属性。根据核算和管理需要将存货属性大致分为五类。

1）销售。具有该属性的存货可用于销售，发货单、销售发票、销售出库单等与销售有关的单据参照存货时，系统提供具有销售属性的存货。销售发票上的应税劳务费用应设置为销售属性，否则开发货单或发票时无法参照。

图 6-5　存货档案设置——基本信息

2）外购。具有该属性的存货可用于采购，采购发票、采购入库单等与采购有关的单据参照存货时，系统提供具有外购属性的存货。采购发票上的应税劳务费用应设置为外购属性，否则开具采购发票时无法参照。

3）生产耗用。具有该属性的存货可用于生产耗用，如生产产品耗用的原材料、辅助材料等。具有该属性的存货可用于材料的领用，材料出库单参照存货时，参照的都是具有生产耗用属性的存货。

4）自制。具有该属性的存货可由企业生产自制，如制造企业生产的产成品、半成品等存货。具有该属性的存货可用于产成品或半成品的入库，产成品入库单参照存货时，参照的都是具有自制属性的存货。

5）应税劳务。指开具在采购发票上的运费、包装费等采购费用或开具在销售发票或发货单上的应税劳务、非应税劳务等。具有应税劳务性质的存货不需要做出库和入库处理。

2. 成本信息

存货档案设置模块提供成本信息输入界面，以满足存货成本核算需求。根据需要输入下列成本信息：

（1）计划价/售价。计划价核算的制造企业或售价核算的商业企业，才需要输入存货的计划价或售价。该企业如果有计划价或售价核算的存货，通过仓库目录中各仓库的计算方法设置。计划价/售价不能为负数。

（2）参考成本。该成本指非计划价或售价核算的存货填制出入库成本时的参考成本，类似于计划价或售价核算的存货的计划价或售价。采购商品或材料暂估时，参考成本可作为暂估成本。存货出库时，参考成本可作为出库成本。

（3）最新成本。指存货的最新入库成本，最新入库成本由系统自动维护。

（4）参考售价。指销售存货时参考的销售单价。存货销售时，系统将此单价作为默认的销售单价。

（5）最低售价。指存货销售时的最低销售单价。如果在销售子系统选择要进行最低售价控制，则存货销售时，若销售单价低于此最低售价，系统将根据设置发出警示或实施控制。

（6）最高进价。指进货时的最高购进价格。如果在采购子系统录入了最高进价金额，则进入采购管理模块输入单据时，若单价高于最高进价，系统将根据设置发出警示或实施控制。

3. 控制信息

存货档案设置模块提供控制信息输入界面，以满足存货管理需求。用户根据管理的需要输入下列信息：

（1）提前期。指采购提前期，是采购订单下达到物料采购入库的时间。它是采购子系统生成采购计划时需要考虑的因素之一。

（2）经济批量。即材料采购经济订货批量，是指在保证生产经营需要的前提下，能使全部材料相关总成本最低的采购批量。经济批量是采购计划系统生成采购计划时需要考虑的因素之一。

（3）ABC 分类。指定每一存货的 ABC 类别。基本原理是按成本比重高低将各成本项目分为 A，B，C 三类，对不同类别的成本采取不同的控制方法。这一方法符合“抓住关键少数”“突出重点”的原则，是一种比较经济合理的管理方法。

（4）安全库存。在库存中保存的货物项目数量，预防需求或供应方面不可预料的波动。

（5）最高库存。存货在仓库中所能储存的最大数量，超过此数量就有可能形成存货的积压。最高库存不能小于最低库存。用户在填制入库单时，如果某存货的目前结存量高于最高库存，系统将予以报警。

（6）最低库存。存货在仓库中应保存的最小数量，低于此数量就有可能形成短缺，影响正常生产。用户在填制出库单时，如果某存货的目前结存量低于最低库存，系统将予以报警。

（7）呆滞积压标准。存货子系统将以此作为存货是否呆滞积压的判断标准。存货子系统中呆滞积压标准是按存货的周转率计算的，因此此处应输入周转率。小于此呆滞积压标准的存货，即周转率小于此标准的存货，将被统计为呆滞积压存货。

存货档案的设置为 IT 环境下存货的成本控制、价格管理、库存管理等提供了保证。

例 6－4

洁白牙膏有限责任公司维护存货档案，如表 6－12 所示。

表 6－12

存货编号	存货名称	存货属性	主计量单位	增值税税率（%）	计划价/售价	参考成本	安全库存	最高库存	最低库存	积压标准
001	牙膏	内销，自制	支	13	12.5	6	2 000	10 000	1 000	2
002	铝管	采购，生产耗用	个	13		0.4	5 000	20 000	4 000	2
003	D 材料	采购，生产耗用	千克	13		34	500	2 000	400	2
004	E 材料	采购，生产耗用	千克	13		4	500	2 000	400	2
005	运费	采购，应税劳务	元	9						

基础设置——存货档案

实验指导

功能节点：【基础设置】—【基础档案】—【存货】—【存货分类】、【存货档案】、【计量单位】

如果对存货进行分类，先维护【存货分类】，后维护【计量单位】和【存货档案】；如果对存货不分类，直接维护【计量单位】和【存货档案】。维护存货档案时，需要确定每种存货的计量单位。

6.4.2 其他档案设置

1. 仓库档案设置

存货一般是用仓库来保管的，对存货进行核算和管理，首先应对仓库进行管理，因此进行仓库档案设置是重要的基础准备工作之一。仓库档案设置的内容包括：

（1）仓库编码。仓库编码必须输入，且必须唯一。

（2）仓库名称。仓库名称指某一具体仓库的名称，必须输入。

（3）所属部门。当企业存货选择“按部门核算”时，必须输入。

（4）仓库地址、电话、负责人。仓库地址、电话、负责人为存货核算和管理提供辅助信息，企业可以根据需要输入或不输入。

（5）计价方法。一般来说企业存货核算可以采用六种计算方法，如制造企业有计划价法、期末加权平均法、移动加权平均法、先进先出法、个别计价法；商业企业有售价法、期末加权平均法、移动加权平均法、先进先出法、个别计价法。在仓库档案设置中应该为每个仓库选择一种计算方法。

（6）可用量控制。是否允许零出库，即如果某存货库存量为 0，是否允许录入该存货的销售单据和出库单。

2. 收发类别设置

收发类别设置是指设置收货类别和发货类别，录入采购业务和生产入库业务相关单据时需要使用收货类别，录入生产出库业务和销售业务相关单据时需要使用发货类别。收发类别不仅可以作为查询条件进行数据筛选，而且根据存货入库单和出库单生成记账凭证时，是用来设置转账规则和生成记账凭证的重要依据。

例 6-5

洁白牙膏有限责任公司的仓库档案、收发类别等其他档案信息，详见 4.4.2 节“业务信息设置”。

基础设置——仓库档案/收发类别

实验指导

功能节点：【基础设置】—【基础档案】—【业务】—【仓库档案】、【收发类别】

6.4.3 期初余额录入

期初余额模块的功能是将系统启用前存货期初数据存入存货结存文件中，为衔接新系统启用前后的存货核算和管理提供基础数据。期初余额录入如图 6-6 所示。

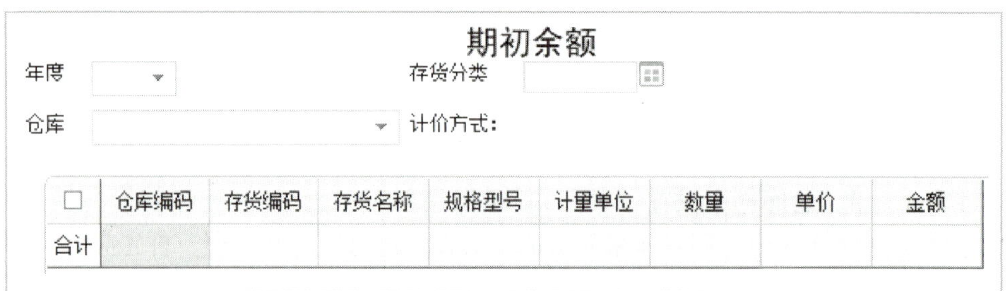

图 6-6　期初余额录入

说明如下：

(1) 选择存货所在的仓库。首先，选择要录入存货所在的仓库，系统自动从仓库档案文件中提取相应的计算方法，并将其显示在仓库右边。然后，按仓库输入其中每种存货的期初结存数量、单价和余额。

(2) 进行期初记账。通过期初记账功能，系统自动将各仓库各存货的所有期初数据记入存货结存文件。

例 6-6

洁白牙膏有限责任公司 2020 年 11 月开始开展日常经营活动，存货没有期初余额，但是需要在存货核算子系统执行记账功能，确认已经完成期初余额录入工作。

实验指导

功能节点一：【业务工作】—【供应链】—【库存管理】—【设置】—【期初结存】

录入第一次启用系统前库存明细信息。如果【存货核算】已录入期初余额，可以使用【取数】功能从【存货核算】获取期初数据。

【对账】，与【存货核算】录入的期初余额对账，要求对账一致。

功能节点二：【业务工作】—【供应链】—【存货核算】—【设置】—【期初余额】

录入第一次启用系统前存货明细信息。如果【库存管理】已录入期初库存，可以使用【取数】功能从【库存管理】获取期初数据。

【对账】，与【库存管理】录入的期初库存对账，要求对账一致。

【记账】，期初余额记账后不能修改。

期初余额录入

6.5 存货子系统的出入库管理

存货子系统每天要处理大量出入库单据，出入库管理模块又可以划分为入库单管理模块和出库单管理模块。

6.5.1 入库管理

仓库管理员收到采购或生产的货物，进行入库管理。入库业务通常包括采购入库、生产入库和其他入库等三种类型。

1. 采购入库

对于制造企业，采购入库指仓库保管员对采购的原材料进行验收入库管理；对于商业企业，采购入库指仓库保管员对采购的库存商品进行验收入库管理。采购入库单如图 6-7 所示。

采购入库单

入库单号 *		入库日期 *		仓库 *	
订单号		业务员		到货日期	
业务类型		入库类别		审核日期	
采购类型		供货单位 *		部门	

	存货编码	存货名称	规格型号	主计量单位	数量	本币单价	本币金额	原币单价
1								
2								
3								

图 6-7　采购入库单

(1) 编制采购入库单。仓库保管员可以根据收到材料（或商品）的数量、规格型号等录入采购入库信息，保存在入库单文件中。当入库业务有相应采购订单时，可以参照采购订单生成采购入库单的主要数据。

(2) 审核采购入库单。仓库保管员对采购入库数量等进行审核确认。

2. 生产入库

生产入库指仓库保管员对车间生产完工的产成品或半成品进行入库管理。产成品入库单如图6-8所示。

产成品入库单

入库单号 * 入库日期 * 仓库 *

生产订单号 生产批号 入库类别

备注 业务员 部门编码

条码 扫码验货 存量 序列号 货位 关联单据 排序定位 显示格式

	产品编码	产品名称	规格型号	主计量单位	数量	单价	金额
1							
2							
3							

图6-8 产成品入库单

(1) 编制产成品入库单。仓库保管员根据收到产成品的数量、规格型号等录入生产入库信息，保存在入库单文件中。

(2) 审核产成品入库单。仓库保管员对产成品的入库数量等进行审核确认。

3. 其他入库

其他入库业务包括采购入库、产品入库等形式以外的其他业务入库处理，如盘盈入库、调拨入库等。仓库保管员录入其他入库单信息，保存在入库单文件中，且需要对其他入库单进行审核确认。

6.5.2 出库管理

仓库发出材料或商品，仓库保管员进行出库管理。出库业务主要包括材料出库、销售出库和其他出库等三种类型。

1. 材料出库

材料出库指仓库保管员对生产车间领用材料的出库业务进行管理。材料出库单如图6-9所示。

(1) 编制材料出库单。仓库保管员根据发出材料的数量、规格型号等录入材料出库信息，保存在出库单文件中。

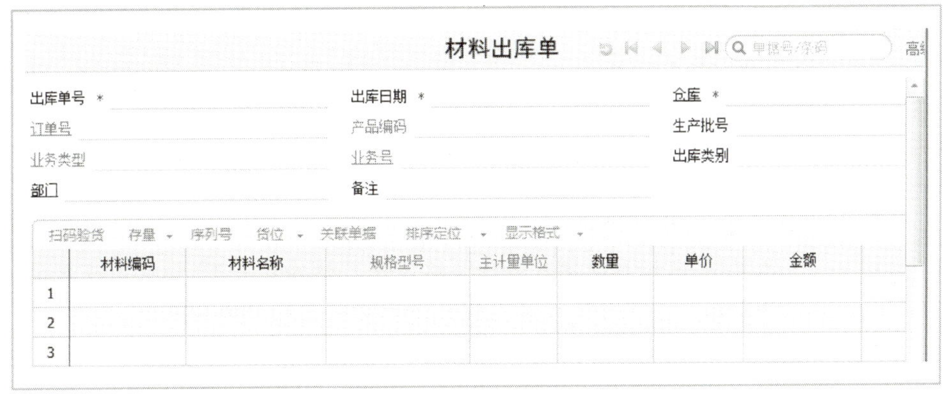

图 6-9　材料出库单

（2）审核材料出库单。仓库保管员对发出材料的出库数量等进行审核确认。

2. 销售出库

销售出库指仓库保管员对销售商品的出库业务进行管理。销售出库单如图 6-10 所示。

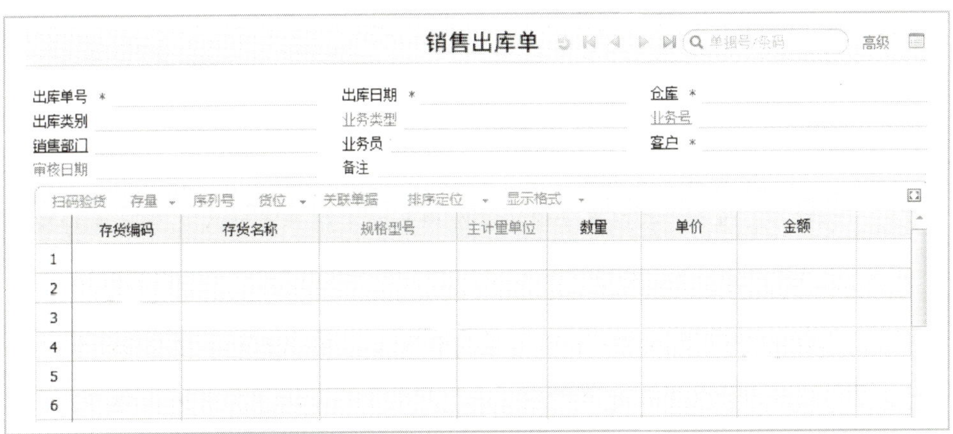

图 6-10　销售出库单

（1）生成销售出库单。根据销售管理流程，销售业务分为开票直接发货和先发货后开票两种类型。开票直接发货业务，审核销售发票时，系统自动生成销售出库单；先发货后开票业务，审核销售发货单时，系统自动生成销售出库单。系统生成的销售出库单保存在出库单文件中。

（2）审核销售出库单。仓库保管员对发出商品的出库数量等进行审核确认。

3. 其他出库

其他出库是指销售出库、材料出库以外的其他出库业务，如盘盈出库、调拨出库等。仓库保管员录入其他出库单信息，保存在出库单文件中，且需要对其他出库单进行审核确认。

 例 6 - 7

（1）采购入库业务。

洁白牙膏有限责任公司收到第 4 章例 4 - 6 中订购的 3 种原材料，11 月 6 日，库管员陆续收到以下材料，验收入库：

20 000 个铝管到货，验收合格入库；

800 千克 D 材料到货，验收合格入库；

1 190 千克 E 材料到货，验收合格入库，此外，有 10 千克合理损耗。

11 月 6 日，在库存管理子系统中录入上述 3 张采购入库单，并对这 3 张单据进行审核。

说明：本例中的 3 笔原材料采购入库业务，与第 4 章例 4 - 8 中的 3 笔采购入库业务完全相同，请勿重复录入。

（2）材料出库业务。

11 月 8 日，3 个车间各领用原材料一批：

一车间领用 D 材料 200 千克，领用 E 材料 300 千克，投入生产；

二车间领用铝管 5 000 个，投入生产；

三车间领用 D 材料 200 千克，领用 E 材料 300 千克，投入生产。

11 月 8 日，在库存管理子系统中录入上述 3 张材料出库单，并对这 3 张单据进行审核。

（3）产成品入库业务。

11 月 10 日，5 000 支牙膏生产完工，验收合格，仓库将这批牙膏做入库处理，每支牙膏单位生产成本为 6 元。

11 月 10 日，在库存管理子系统中录入 1 张产成品入库单，并对这张单据进行审核。

（4）销售出库业务。

在第 5 章例 5 - 6 中开出 4 张销售发票，复核这 4 张销售发票时，系统已自动生成对应的 4 张销售出库单，不需要录入销售出库单。这 4 笔销售出库业务的信息如下：

仓库管理员发出 1 000 支牙膏给现代商场；

仓库管理员发出 1 000 支牙膏给明日百货；

仓库管理员发出 1 000 支牙膏给安远商场；

仓库管理员发出 1 000 支牙膏给宏大百货。

11 月 15 日，仓库管理员发货后，在库存管理子系统中审核这 4 张销售出库单。

实验指导

功能节点一：【业务工作】—【供应链】—【库存管理】—【采购入库】—【采购入库单】

【增加】采购入库单，手工录入，还可以参照采购订单生成采购入库单的主要数据，系统存储采购入库单和被参照单据之间的追溯关系。

【审核】采购入库单。

功能节点二：【业务工作】—【供应链】—【库存管理】—【材料出库】—【材料出库单】

【增加】材料出库单，手工录入；如果启用生产制造子系统，还可以参照生产订单生成材料出库单的主要数据。

出入库管理

【审核】材料出库单。

功能节点三：【业务工作】—【供应链】—【库存管理】—【生产入库】—【产成品入库单】

【增加】产成品入库单，手工录入；如果启用生产制造子系统，还可以参照生产订单生成产成品入库单的主要数据。

【审核】产成品入库单。

功能节点四：【业务工作】—【供应链】—【库存管理】—【销售出库】—【销售出库单】

审核销售发票（开票直接发货业务）或销售发货单（先发货后开票业务）时已生成销售出库单。

【审核】销售出库单。

6.6 存货子系统的存货成本核算

仓库保管员录入并审核入库单和出库单时，主要对出入库数量负责，单价和金额需要会计人员采用会计方法进行核算后确定。存货成本核算包括存货入库成本核算和出库成本核算。采用实际成本法核算存货成本，外购存货的实际成本通过采购结算模块完成入库成本核算（详见第4章），未收到采购发票无法执行采购结算的暂估入库成本由企业根据计划价或参考成本等确定；自制存货的实际成本通过成本管理子系统计算获取，如果未启用成本管理子系统，在录入产成品入库单时或者在单据记账时录入完工产品单位生产成本；存货出库成本则需要根据存货计价方法计算获取。

存货子系统中出库成本的计算主要通过单据记账和期末处理两个模块完成。

6.6.1 单据记账

单据记账模块的功能是系统根据存货计价方法、入库单文件和出库单文件中已审核单据，计算出库单价和金额，更新入库单文件、出库单文件和存货结存文件。下面详细讨论出入库单记账过程。

1. 根据入库单文件进行记账的过程

对入库单文件中的已审核记录进行记账，系统将根据待记账存货的计价方法，更新存货结存文件。不同计价方法对存货结存文件的处理不同，如表 6-13 所示。

表 6-13　入库单记账

计价方法	存货结存文件
期末加权平均法	将入库单上的数量和金额累加至“本月收数量”“本月收金额”“本月结存数量”“本月结存金额”。
移动加权平均法	将入库单上的数量和金额累加至“本月收数量”“本月收金额”“本月结存数量”“本月结存金额”；计算并更新“本月结存单价”。
先进先出法	将入库单上的数量和金额累加至“本月收数量”“本月收金额”；如果入库单价与最近一条结存记录的入库单价相等，则将入库单上的数量和金额累加至该条结存记录；如果入库单价与最近一条结存记录的入库单价不相等，则按照入库单上的数量、单价和金额增加一条新结存记录。
个别计价法	将入库单上的数量和金额累加至“本月收数量”“本月收金额”；按照入库单上的批号、数量、单价和金额增加一条新结存记录。

更新完存货结存文件后，系统用操作员的姓名更新入库单文件记账记录的“记账人”。

2. 根据出库单文件进行记账的过程

对出库单文件中的已审核记录进行记账，系统将根据待记账存货的计价方法，更新出库单文件和存货结存文件。不同计价方法对出库单文件和存货结存文件的处理不同，如表 6-14 所示。

表 6-14　出库单记账

计价方法	出库单文件	存货结存文件
期末加权平均法		将出库单上的数量累加至“本月发数量”，从“本月结存数量”中扣减出库数量。
移动加权平均法	根据最新“本月结存单价”，计算并更新出库单的“金额”：金额＝本月结存单价×数量。	将出库单上的数量和金额累加至“本月发数量”“本月发金额”，从“本月结存数量”“本月结存金额”分别扣减出库数量和金额。
先进先出法	遵循从前往后发货的计价假设，计算并更新出库单的“金额”。	将出库单上的数量和金额累加至“本月发数量”“本月发金额”；遵循从前往后发货的假设，删除（全部发货）或扣减（部分发货）已视同发货的结存记录。
个别计价法	遵循按批号发货的计价原则，计算并更新出库单的“金额”。	将出库单上的数量和金额累加至“本月发数量”“本月发金额”，根据发货批号删除（全部发货）或扣减（部分发货）已发货批次的结存记录。

更新完存货结存文件后，系统用操作员的姓名更新出库单文件记账记录的“记账人”。

3. 记账方式

存货记账时可以采用两种方式，即在线记账和批量记账。在线记账，即输入一张单据马上审核，审核之后立即记账。批量记账，即将所有审核之后的入库单和出库单集中进行记账。

例 6－8

11 月 15 日，对例 6－7 中的 3 张采购入库单、3 张材料出库单、1 张产成品入库单和 4 张销售出库单执行批量记账。

实验指导

记账

功能节点一：【业务工作】—【供应链】—【存货核算】—【记账】—【正常单据记账】

选择待记账出入库单，执行【记账】。

功能节点二：【业务工作】—【供应链】—【存货核算】—【记账】—【恢复记账】

如果需要取消记账，可以执行【恢复记账】。

6.6.2　期末处理

期末处理模块主要包括期末加权平均法下存货发出成本和结存成本的核算、计划成本法下成本差异的分摊以及期末存货结存结转下月期初等功能。

1. 期末加权平均法的存货成本核算

采用期末加权平均法计价的存货，月中无法通过单据记账计算出库单的金额（即发出成本），无法更新存货结存文件的单价和金额信息。执行期末处理，系统计算存货的期末加权平均单价，计算并更新出库单文件的金额；将出库单上的金额累加至存货结存文件的“本月发金额”，从“本月结存金额”中扣减出库金额，更新“本月结存单价”。

2. 计划价法的成本差异分摊

采用计划价法计价的存货，入库单文件、出库单文件和存货结存文件都反映按计划价计算的金额。对实际采购成本与计划成本的差异，执行差异率计算和期末分摊处理，计算按计划价法核算的存货的差异率和本期发出存货应分摊的差异额。

3. 期末结存结转下月期初

自动生成下月或下年1月存货结存文件，将本月期末结存转作下月期初，存入下月存货结存文件。

例6-9

11月30日，洁白牙膏有限责任公司对001材料库和002成品库执行期末处理。

实验指导

功能节点：【业务工作】—【供应链】—【存货核算】—【记账】—【期末处理】

选择期末待处理的仓库和待处理的存货，执行【处理】。

6.7 存货子系统的一体化策略

总账子系统是总括反映企业经营活动全过程的信息系统，因此，存货出入库业务都必须转化为会计信息——记账凭证，传递到总账子系统。为了实现存货出入库业务和财务的一体化策略，首先应该建立存货出入库业务和财务联系的纽带——凭证模板；在日常发生入库业务或者出库业务时，系统依据凭证模板将出入库单转化为记账凭证。

1. 定义凭证模板

存货出入库业务转化成记账凭证主要有以下两大类：以入库单为原始凭证确认入库成本的记账凭证和以出库单为原始凭证确认出库成本的记账凭证。

（1）以入库管理模块中录入的入库单为原始凭证，设计确认入库成本的凭证模板，如表6-15所示。

表6-15 以入库单为原始凭证的凭证模板

借贷方向	会计科目	科目来源	金额来源
借	原材料或库存商品等	根据存货或存货类别等设置存货科目	入库单文件：金额
贷	在途物资或生产成本等	根据入库类别设置存货对方科目（即贷方科目）：例如采购入库使用在途物资科目，生产入库使用生产成本科目，未完成采购结算的采购入库使用暂估入库科目等	入库单文件：金额

（2）以出库管理模块中录入的出库单为原始凭证，设计确认出库成本的凭证模板，如表6-16所示。

表 6-16　以出库单为原始凭证的凭证模板

借贷方向	会计科目	科目来源	金额来源
借	生产成本或主营业务成本等	根据出库类别设置存货对方科目（即借方科目）：例如生产领用材料使用生产成本科目，销售出库使用主营业务成本科目等	出库单文件：金额
贷	原材料或库存商品等	根据存货或存货类别等设置存货科目	出库单文件：金额

这两类凭证模板共享同类型科目：根据存货或存货类别等设置存货科目，决定入库业务的借方科目和出库业务的贷方科目；根据收发类别（包括入库类别和出库类别）设置存货对方科目，即入库业务的贷方科目和出库业务的借方科目。

2. 自动转账过程

当发生存货出入库业务时，系统根据入库单文件、出库单文件和凭证模板自动生成记账凭证，传递到总账子系统的凭证文件中，实现财务业务一体化应用，其过程如图 6-11 所示。

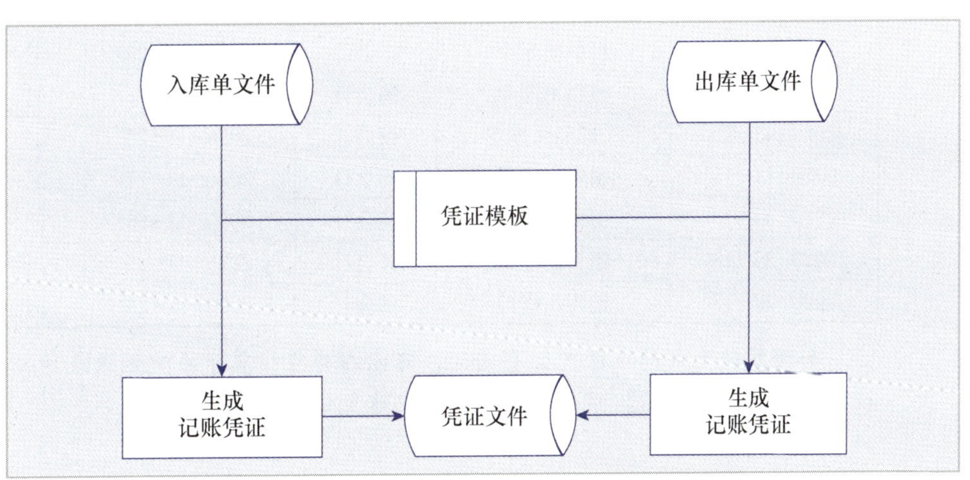

图 6-11　自动转账过程示意图

例 6-10

洁白牙膏有限责任公司存货核算与管理一体化策略包括定义凭证模板和自动转账两个环节。

定义凭证模板需要定义存货科目和（存货）对方科目。在存货核算子系统中，定义存货科目，存货科目如表 6-17 所示。

表 6-17

仓库编码	仓库名称	存货科目编码	存货科目名称
001	材料库	1403	原材料
002	成品库	1405	库存商品

在存货核算子系统中，定义对方科目，对方科目如表6-18所示。

表6-18

收发类别编码	收发类别名称	对方科目编码	对方科目名称
1	采购入库	1402	在途物资
2	完工入库	5001	生产成本
3	领料出库	5001	生产成本
4	销售出库	6401	主营业务成本

11月25日，根据例6-8中已记账的出入库单生成记账凭证（出入库单记账后，即可生成记账凭证），凭证列表如表6-19所示。

表6-19

业务日期	业务类型	制单人	凭证日期	凭证号
2020-11-06	采购入库单	杨会计	2020-11-25	记-0017
2020-11-06	采购入库单	杨会计	2020-11-25	记-0018
2020-11-06	采购入库单	杨会计	2020-11-25	记-0019
2020-11-08	材料出库单	杨会计	2020-11-25	记-0020
2020-11-08	材料出库单	杨会计	2020-11-25	记-0021
2020-11-08	材料出库单	杨会计	2020-11-25	记-0022
2020-11-10	产成品入库单	杨会计	2020-11-25	记-0023
2020-11-15	销售出库单	杨会计	2020-11-25	记-0024
2020-11-15	销售出库单	杨会计	2020-11-25	记-0025
2020-11-15	销售出库单	杨会计	2020-11-25	记-0026
2020-11-15	销售出库单	杨会计	2020-11-25	记-0027

如果发现生成的记账凭证有错误，可以在存货核算子系统删除或冲销错误凭证，进行业务调整后，重新生成正确的记账凭证。

实验指导

功能节点一：【业务工作】—【供应链】—【存货核算】—【设置】—【存货科目】、【对方科目】

根据存货、存货分类等设置存货科目、对方科目等。

功能节点二：【业务工作】—【供应链】—【存货核算】—【凭证处理】—【生成凭证】

功能节点三：【业务工作】—【供应链】—【存货核算】—【凭证处理】—【查询凭证】

查询本月当前子系统生成的记账凭证。如果生成的记账凭证有错误，在总账子系统审核前可以在当前子系统删除错误凭证；在总账子系统审核后，可以在当前子系统冲销错误凭证。

一体化策略

6.8　存货子系统的管理分析

存货子系统的管理分析模块主要包括物流角度的存货数量分析和资金流角度的存货价值分析两部分功能。管理分析的数据来源于存货档案文件、入库单文件、出库单文件和存货结存文件等。

6.8.1　存货数量分析

企业需要保持合理的存货库存量，一方面避免超储积压，另一方面避免存货短缺，在满足生产和销售需要的同时，降低存货短缺成本和存货占用资金成本。存货数量分析主要包括安全库存预警、超储存货和短缺存货查询、呆滞积压存货分析以及库龄分析等。

1. 库存合理性分析

管理存货档案时，存货档案文件存储了每种存货的安全库存量、最高库存量和最低库存量等基础信息，是安全库存预警、超储和短缺分析的依据。如果某种存货的实际库存量低于安全库存量，则系统将触发安全库存预警。安全库存预警报表用于报告低于安全库存的存货、可用量、安全库存量和差量。超储存货查询用于查询超过最高库存量的存货、可用量、最高库存量和超储量。短缺存货查询用于查询低于最低库存量的存货、可用量、最低库存量和短缺量。

洁白牙膏有限责任公司在存货档案中设置了存货的安全库存量，查询 2020 年 11 月 30 日存货安全库存预警，输出结果如图 6－12 所示。

安全库存预警

	存货编码	存货名称	主计量单位	安全库存量	可用量	差量
1	001	牙膏	支	2,000.00	1,000.00	-1,000.00
2	002	铝管	个	5,000.00	15,000.00	10,000.00
3	003	D材料	千克	500.00	400.00	-100.00
4	004	E材料	千克	500.00	590.00	90.00
5	总计			8,000.00	16,990.00	8,990.00

图 6－12　安全库存预警

2. 库龄分析

存货存放时间越长，不仅占用资金和仓库，而且有减值风险。企业通过库龄分析，可以分析存货存放的时间分布，对存放时间过长的存货加强管理。

洁白牙膏有限责任公司将库龄区间设置为 4 个区间——小于 91 天、91～180

天、181～365 天、大于 365 天，分析存货的库龄分布，输出结果如图 6－13 所示。

库龄分析汇总表

存货编码	存货名称	主计量单位	小于91天		91-180天		181-365天		大于365天		合计	
			数量	金额	数量	金额	数量	金额	数量	金额	数量	金额
001	牙膏	支	1,000.00	6000.00							1,000.00	6000.00
002	铝管	个	15,000.00	7200.00							15,000.00	7200.00
003	D材料	千克	400.00	15000.00							400.00	15000.00
004	E材料	千克	590.00	4165,40							590.00	4165.40
合计			16,990.00	32365.40	0.00	0.00	0.00	0.00	0.00	0.00	16,990.00	32365.40

图 6－13　库龄分析

库龄等于当前日期减去入库日期（入库单的日期），单位为天数。通常按照倒挤法计算库龄，将结存数量遵循先进先出的实物流转假设在入库单中分配。

3. 呆滞积压分析

管理存货档案时，存货档案文件存储了呆滞积压标准。呆滞积压标准是指存货最低周转率，低于最低周转率的存货处于呆滞或积压状态。洁白牙膏有限责任公司分析 2020 年 11 月份存货呆滞积压情况，输出结果如图 6－14 所示。

呆滞积压存货分析

	存货编码	存货名称	主计量单位	当前库存量	单价	总金额	最高库存量	超储量	呆滞积压标准	周转率	差率	状态
1	001	牙膏	支	1,000.00	6.00	6,000.00	10,000.00	-9,000.00	2.0000	2.8169	0.8169	
2	002	铝管	个	15,000.00	0.40	6,000.00	10,000.00	5,000.00	2.0000	0.3650	-1.6350	积压
3	003	D材料	千克	400.00	34.00	13,600.00	2,000.00	-1,600.00	2.0000	0.9804	-1.0196	呆滞
4	004	E材料	千克	590.00	6.50	3,835.00	2,000.00	-1,410.00	2.0000	0.9944	-1.0056	呆滞
5	总计			16,990.00	46.90	29,435.00	24,000.00	-7,010.00	8.0000	5.1567	-2.8433	

图 6－14　呆滞积压存货分析

周转率、差率等相关指标的计算方法如下：

周转率＝查询期间内存货的出库数量÷查询期间内存货的平均结存数量

差率＝周转率－呆滞积压标准

其中

平均结存数量＝查询期间内存货每天的平均结存数量之和÷天数

每天的平均结存数量＝(当天的期初结存数量＋当天的期末结存数量)÷2

周转率低于呆滞积压标准且超过最高库存量的存货为积压存货，状态为积压；周转率低于呆滞积压标准且未超过最高库存量的存货为呆滞存货，状态为呆滞。

实验指导

功能节点：【业务工作】—【供应链】—【库存管理】—【业务报表】—【分析表】—【安全库存预警】、【超储存货查询】、【短缺存货查询】、【库龄分析】、【呆滞积压存货分析】

6.8.2　存货价值分析

1. 存货业务账

存货业务账以出入库单为依据，输出存货的总账、明细账和流水账。

存货总账以借贷余三栏的形式反映各存货或存货分类各月份的收入合计、发出合计和结存金额。存货明细账用于查询每种存货在某期间内每笔出入库业务的数量、单价和金额，以及对存货结存的影响。从存货总账可以追溯查询存货明细账，从存货明细账可以追溯查询出入库单据，如果相应记账凭证已经生成，从存货明细账还可以联查记账凭证。流水账用于查询任意期间内存货的出入库流水账，了解一段时间内的存货收入与发出业务。

洁白牙膏有限责任公司查询 2020 年 11 月份材料库的 002 铝管的总账，输出结果如图 6－15 所示。

总账

打印

仓库(001)材料库 存货:铝管(002)

月份	摘要	收入		发出		结存	
		数量	金额	数量	金额	数量	金额
	期初结存					0.00	0.00
11月	本月合计	20,000.00	9,600.00	5,000.00	2,400.00	15,000.00	7,200.00
	本年累计	20,000.00	9,600.00	5,000.00	2,400.00		

图 6－15　存货总账

2. 存货周转分析

存货周转分析用于了解每种存货的周转速度，即使用效率。洁白牙膏有限责任公司分析 2020 年 11 月份存货周转情况，输出结果如图 6－16 所示。

存货周转率分析

起始日期	结束日期	仓库		存货			分析					
		编码	名称	编码	名称	单位	期初余额	期末余额	平均库存	出库成本	周转率	周转天数
2020-11-01	2020-11-30	002	成品库	001	牙膏	支		6,000.00	3,100.00	24,000.00	7.74	3.88
2020-11-01	2020-11-30	001	材料库	002	铝管	个		7,200.00	3,720.00	2,400.00	0.65	46.50
2020-11-01	2020-11-30	001	材料库	003	D材料	千克		15,000.00	7,750.00	15,000.00	1.94	15.50
2020-11-01	2020-11-30	001	材料库	004	E材料	千克		4,164.00	2,151.40	4,236.00	1.97	15.24
合　计								32,364.00	16,721.40	45,636.00	12.30	81.12

图 6－16　存货周转率分析

存货周转分析可以根据金额分析，存货周转率及周转天数指标计算公式如下：

存货周转率＝查询期间内存货出库金额÷查询期间内存货的平均库存余额

存货周转天数＝查询期间天数÷存货周转率

平均库存余额＝查询期间内存货每天的平均库存余额之和÷查询期间天数

每天的平均库存余额＝(当天的期初结存余额＋当天的期末结存余额)÷2

存货周转分析也可以根据数量进行分析，存货周转率和周转天数指标计算公式如下：

存货周转率＝查询期间内存货的出库数量÷查询期间内存货的平均库存量

存货周转天数＝查询期间天数÷存货周转率

3. 存货ABC成本分析

通常，A类存货结存金额占A，B，C三类成本总和的比重最大，一般应为70%以上，但实物数量不超过20%；B类存货结存金额占20%左右，其实物数量一般不超过30%；C类存货实物数量不低于50%，但其结存金额比重不超过10%。A类存货是重点管理对象，B类存货是一般管理对象，C类存货不是主要管理对象。洁白牙膏有限责任公司分析2020年11月份存货ABC分类，输出结果如图6-17所示。

ABC成本分析

	存货					分析					
	编码	名称	代码	规格	单位	数量	数量比例	金额	金额比例	ABC类别	备注
1	001	牙膏			支	1,000.00	5.89%	6,000.00	18.54%	B	
2	002	铝管			个	15,000.00	88.29%	7,200.00	22.25%	B	
3	003	D材料			千克	400.00	2.35%	15,000.00	46.34%	B	
4	004	E材料			千克	590.00	3.47%	4,164.00	12.87%	B	
5	总计					16,990.00	100.00%	32,364.00	100.00%		

图6-17 存货ABC成本分析

实验指导

功能节点一：【业务工作】—【供应链】—【存货核算】—【账簿】—【总账】、【明细账】、【流水账】

功能节点二：【业务工作】—【供应链】—【存货核算】—【分析表】—【存货周转率分析】、【ABC成本分析】

思考题

1. 简述存货子系统的特点和目标。

2. 分析手工存货业务流程和IT环境下存货子系统的数据处理流程，并说明它们之间有什么区别。

3. 根据你所熟悉的企业或实习企业的存货情况，分析其存货的特点，设计存货编码和存货类别编码，并说明你进行编码设计的理由。

4. 存货档案文件中应该包含哪些项目？为什么？

5. 分析存货结存文件的结构，并说明先进先出、期末加权平均、移动加权平均法下存货结存文件的存储策略有何不同。

6. 试分析入库单文件和出库单文件在记账、输出账表、统计分析时的作用。

7. 存货设置的基本信息包括哪些？其中存货属性又包括哪些项目？各项目的意义是什么？

8. 简述入库单、出库单的记账过程。

扫码做题

第7章 其他业务核算与管理

Chapter 7

学习目标

1. 理解薪资核算与管理、固定资产核算与管理的业务流程和数据流程。

2. 了解薪资子系统、固定资产子系统的数据编码和数据文件。

3. 了解薪资子系统、固定资产子系统的功能结构、基础设置、日常处理和管理分析等。

4. 了解薪资子系统、固定资产子系统的一体化策略。

7.1 薪资核算与管理

人力资源（human resource）管理是企业取得与运用所需人力资源的过程，其主要目标是向企业提供合适的人力满足企业持续发展的需要。人力资源的取得是获取/支付循环的一部分，但其控制和处理程序有自身特点，因此，通常将人力资源的各项管理活动作为一个独立的业务流程进行考察。

大中型企业均需构建和实施人力资源管理系统（human resource management system，HRMS）。通常，人力资源管理系统包含人事管理、绩效管理和薪资管理等子系统。人事管理旨在满足企业各部门、各岗位的人力需要，开展人员的招聘、培训、调动、升迁与离职等管理活动。绩效管理旨在提高职员、部门和企业的绩效，事前制定绩效计划，事中进行绩效辅导，事后进行绩效考核和反馈。薪资管理旨在平衡员工的付出与回报，需要合理设计薪资制度，有效执行薪资的日常管理。这三个子系统共享人力资源基础信息，相互传递和共享日常管理信息。

薪资管理是人力资源管理的重要职能，薪资的发放与核算也是会计核算与管理的重要内容。本节着重讨论人力资源日常管理中的薪资核算与管理。

7.1.1 薪资核算与管理流程分析

薪资核算与管理由人力资源部门和会计部门共同完成。人力资源部门设计薪资制度，根据行业性质、企业规模等确定薪资水平，根据人员结构、组织结构等规划薪资结构，根据行业性质、相关法规等明确薪资构成。日常管理中，人力资源部门依据薪资制度、考勤等信息计算应该发放给员工的薪资，并计算应该由公司扣缴的个人所得税。会计人员据之支付薪资、缴纳税款并进行会计核算。

1. 薪资核算与管理业务流程分析

薪资核算与管理的业务流程如图 7-1 所示。

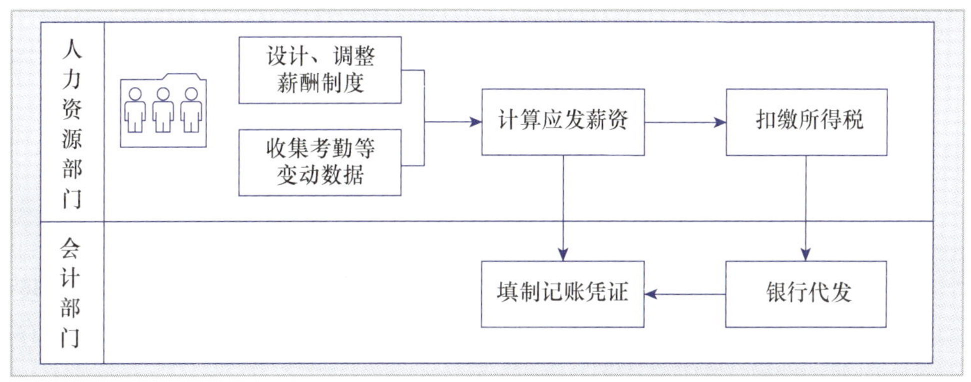

图 7-1 薪资核算与管理业务流程

薪资核算与管理业务流程如下：

（1）人力资源部门设计薪资制度，并根据相关法规的变化、宏观经济情况、企业经营业绩等因素调整薪资制度；

（2）每月收集员工出勤、代扣房屋租金等款项、计件工资模式下的完工件数等变动数据；

（3）根据薪资制度、每月收集的影响薪资的变动数据，计算应发薪资；

（4）根据应发薪资和个人所得税税率表，计算应扣缴的个人所得税；

（5）会计部门根据扣缴个人所得税后的应发税后薪资和员工银行账号信息，委托银行代发每月薪资；

（6）会计部门根据应发薪资和实发薪资情况，编制计提薪资和发放薪资的记账凭证。

2. 薪资核算与管理数据流程分析

薪资核算与管理的数据流程如图 7-2 所示。

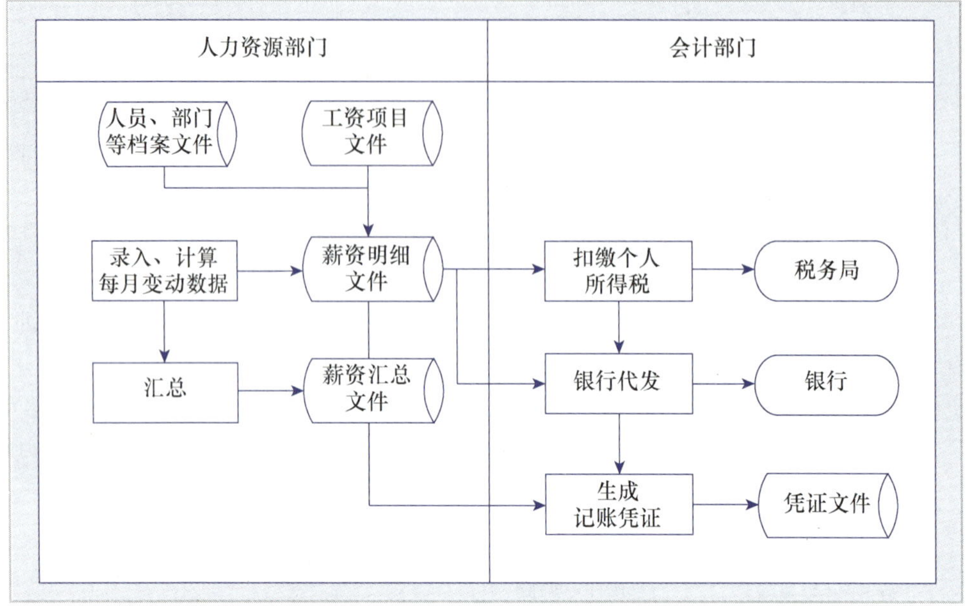

图7-2　薪资核算与管理数据流程

薪资核算与管理数据流程如下：

（1）薪资管理中需要维护人员档案、部门档案等组织信息，保存在员工档案文件、部门档案文件等文件中；根据企业薪酬制度，设计薪资的构成项目，并定义部分工资项目的计算公式，保存在工资项目文件中；根据企业薪酬制度，维护每位员工的基本工资、职务工资、各项补贴等各月不变的薪资数据，保存在薪资明细文件中。

（2）日常管理中，如果出现员工升迁、岗位调整、企业整体调薪等情况，需要对薪资基本数据进行局部或整体调整，更新薪资明细文件。

（3）每月录入出勤、代扣房屋租金等款项、计件工资模式下的完工件数等变动数据，并重新计算薪资明细构成数据，保存在薪资明细文件中。

（4）对薪资明细文件进行汇总，保存于薪资汇总文件中。

（5）计算企业代为扣缴的个人所得税，集中为员工缴纳个人所得税，将个人所得税数据传送给税务局。

（6）计算扣除个人所得税后的应发薪资，委托银行代发薪资，将员工账号及实发薪资信息传送给银行。

（7）根据薪资汇总文件生成计提薪资费用的记账凭证；根据银行代发信息生成发放薪酬的记账凭证。

7.1.2　薪资子系统总体结构设计

1. 数据编码设计

为便于输入、存储和处理薪资数据，在薪资子系统中，要为员工及部门分别设计统一的编码。

(1) 部门编码。企业通常将不同的职能授予不同部门，采用部门方式设计组织结构，部门内部又通常采用层次结构，因此，企业往往采用位数编码的方法对部门进行编码。

例如，在会计信息系统中需要对组织结构进行二级管理，可以设置编码方案为 2—2，一级部门 2 位编码，二级部门 4 位编码，营销中心和供应中心的编码如表 7－1 所示。

表 7－1 部门编码举例

部门编码	部门名称	部门编码	部门名称
03	营销中心	04	供应中心
0301	市场部	0401	采购部
0302	销售部	0402	仓储部
0303	电子商务部	0403	质检部

(2) 人员编码。小规模企业员工较少，通过员工隶属的部门可以了解员工的组织信息。如果不需要通过人员编码记录员工的特定个人信息，人员编码可以采用顺序编码的方法。编码长度既要尽量简短，又需要考虑到员工规模的发展。如某企业短期内员工人数不会超过 1 000 人，可以采用长度为 3 位的顺序编码。

对员工较多的企业，人员编码可以采用分组编码和顺序编码相结合的方法。企业可以根据员工的特点和管理要求，确定哪些员工信息反映在人员编码中。例如将员工的入职年份融入人员编码中，人员编码采用 8 位编码，前 4 位表示入职年份，后 4 位表示顺序编码，20190015 标识的是 2019 年入职的第 15 位员工。

2. 主要数据文件设计

薪资子系统的数据文件包括人员类别文件、员工档案文件、部门档案文件、工资项目文件等基础信息文件，还包括薪资明细文件、薪资汇总文件、扣缴个人所得税文件、银行代发文件等日常管理数据文件。本节重点介绍工资项目文件、薪资明细文件和薪资汇总文件。

(1) 工资项目文件。工资项目文件用于存储根据薪资制度定义的薪资构成项目及其计算公式。工资项目文件结构如表 7－2 所示。

表 7－2 工资项目文件

序号	项目	说明
1	项目名称	根据薪资制度定义薪资构成项目名称
2	类型	工资项目的数据类型，如数字、字符等
3	长度	工资项目存储数据最大长度
4	小数位	工资项目存储数据小数位

续表

序号	项目	说明
5	增减项	增项增加应发薪资，减项增加扣款合计，其他项对应发薪资和扣款合计没有直接影响
6	计算公式	部分工资项目需要定义计算公式，由计算表达式、常数、工资项目、函数以及加减乘除等算术运算符号组成

某企业根据薪资制度定义的工资项目文件存储内容如表7-3所示。

表7-3　工资项目文件存储内容

序号	项目名称	类型	长度	小数位	增减项	计算公式
1	基本工资	数字	8	2	增项	无公式
2	岗位工资	数字	8	2	增项	无公式
3	绩效工资	数字	8	2	增项	无公式
4	通讯补贴	数字	8	2	增项	无公式
5	交通补贴	数字	8	2	增项	无公式
6	事假扣款	数字	8	2	减项	根据薪资制度定义公式，如：事假天数×日工资
7	病假扣款	数字	8	2	减项	根据薪资制度定义公式，如：病假天数×日工资×扣款率
8	社会保险扣款	数字	8	2	减项	根据薪资制度定义公式：缴纳基数×缴纳比例
9	住房公积金扣款	数字	8	2	减项	根据薪资制度定义公式：缴纳基数×缴纳比例
10	代扣税	数字	10	2	减项	系统预置数据项，系统预置个人所得税计算方法
11	应发合计	数字	10	2	增项	系统预置数据项，系统预置公式：企业自定义数据项为“增项”的工资项目之和
12	扣款合计	数字	10	2	减项	系统预置数据项，系统预置公式：企业自定义数据项为“减项”的工资项目之和
13	实发合计	数字	10	2	增项	系统预置数据项，系统预置公式：应发合计－扣款合计
14	日工资	数字	8	2	其他项	为计算事假扣款和病假扣款提供数据。根据薪资制度定义公式，如：基本工资/22
15	事假天数	数字	2	1	其他项	统计每月事假天数，为计算事假扣款提供数据
16	病假天数	数字	2	1	其他项	统计每月病假天数，为计算病假扣款提供数据

我国《个人所得税法》规定有六项可以在全年应纳税所得额中扣减的专项附

加扣除：子女教育、继续教育、大病医疗、住房贷款利息、住房租金和赡养老人。为了准确计算个人所得税，可以在工资项目文件中增加这六个专项附加扣除数据项。

（2）薪资明细文件。薪资明细文件是薪资子系统的主要文件，用来存储日常每月薪资详细数据。由于不同企业的薪资项目结构不同，其薪资明细文件的结构也不同。除部门编码、人员编码、代扣个人所得税、应发合计、扣款合计、实发合计等通用字段外，薪资明细文件的其他字段需要根据企业的薪资构成项目设计。例如，某企业的薪资明细文件如表 7－4 所示。

表 7－4　薪资明细文件

序号	项目	说明
1	部门编码	员工所在部门编码
2	人员编码	必须唯一
3	基本工资	按照薪资制度规定的职工工资标准
4	岗位工资	按不同岗位或岗位等级发放的工资
5	绩效工资	以员工绩效考核为基础发放的工资
6	通讯补贴	根据业务需要给予相关人员类别或岗位通信费用补贴
7	交通补贴	根据业务需要给予相关人员类别或岗位交通费用补贴
8	事假扣款	根据事假天数和缺勤管理办法计算的事假应扣款项
9	病假扣款	根据病假天数和缺勤管理办法计算的病假应扣款项
10	社会保险扣款	由员工承担的养老保险、医疗保险、失业保险、工伤保险、生育保险
11	住房公积金扣款	由员工承担的住房公积金
12	代扣税	根据应纳税所得额（应发合计－事假扣款－病假扣款－社会保险扣款－住房公积金扣款）计算由员工承担、企业代为扣缴的个人所得税
13	应发合计	基本工资、岗位工资、绩效工资、通讯补贴、交通补贴等工资项目之和
14	扣款合计	事假扣款、病假扣款、社会保险扣款、住房公积金扣款、代扣个人所得税等扣款项目之和
15	实发合计	应发合计扣减扣款合计的差额
16	日工资	根据月工资和工作天数计算日工资，可作为计算事假扣款和病假扣款的依据
17	事假天数	因为事假缺勤天数
18	病假天数	因为病假缺勤天数

薪资明细文件的数据结构受工资项目文件自定义的工资项目影响。薪资明细文件一般每月一个文件；如果每年一个文件，除上述数据字段外，还需要增加“月份”字段。

（3）薪资汇总文件。薪资汇总文件用来存放按月、部门、人员类别汇总的薪资数据。薪资汇总文件如表7-5所示。

表7-5 薪资汇总文件

序号	项目	说明
1	月份	薪资汇总月份
2	部门编码	按部门编码汇总
3	人员类别编码	按人员类别编码汇总
4	员工人数	按月份、部门、人员类别汇总的员工合计数
5	基本工资	按月份、部门、人员类别汇总的基本工资合计数
6	岗位工资	按月份、部门、人员类别汇总的岗位工资合计数
7	绩效工资	按月份、部门、人员类别汇总的绩效工资合计数
8	通讯补贴	按月份、部门、人员类别汇总的通讯补贴合计数
9	交通补贴	按月份、部门、人员类别汇总的交通补贴合计数
10	事假扣款	按月份、部门、人员类别汇总的事假扣款合计数
11	病假扣款	按月份、部门、人员类别汇总的病假扣款合计数
12	社会保险扣款	按月份、部门、人员类别汇总的社会保险扣款合计数
13	住房公积金扣款	按月份、部门、人员类别汇总的住房公积金扣款合计数
14	代扣税	按月份、部门、人员类别汇总的代扣个人所得税合计数
15	应发合计	按月份、部门、人员类别汇总的应发合计数
16	扣款合计	按月份、部门、人员类别汇总的扣款合计数
17	实发合计	按月份、部门、人员类别汇总的实发合计数

薪资汇总文件的数据结构受工资项目文件自定义的工资项目影响。薪资汇总文件一般一年一个文件。

3. 薪资子系统功能结构

根据上述对薪资核算与管理业务流程的分析，设计薪资子系统的功能结构。薪资子系统主要包括基础设置、薪资处理、一体化策略和管理分析等模块，其功能结构如图7-3所示。

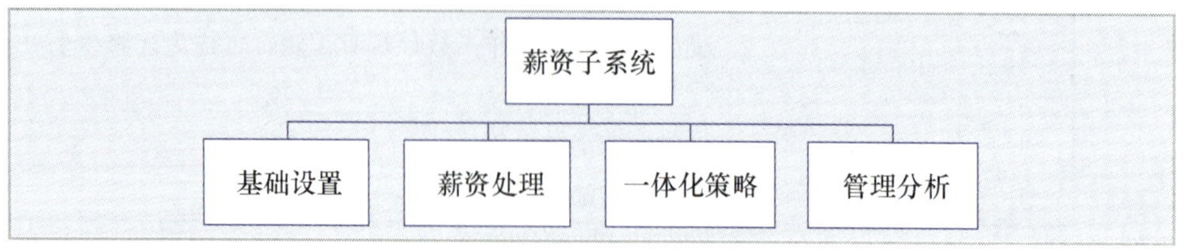

图7-3 薪资子系统功能结构

基础设置、薪资处理、一体化策略和管理分析四个模块的主要功能如下：

（1）基础设置模块主要包括工资类别、部门档案、人员类别、人员档案、工资项目等基础信息的维护与管理。

（2）薪资处理模块主要包括输入变动数据、工资计算与汇总、代扣所得税、银行代发等功能。

（3）一体化策略模块主要完成每月薪资费用计提的会计处理，定义转账规则，每月生成计提薪资费用的记账凭证。

（4）管理分析模块主要包括部门薪资汇总分析、人员类别薪资汇总分析、薪资增长分析等功能。

例 7－1

本节沿用第 4～6 章所使用的洁白牙膏有限责任公司案例，在洁白牙膏账套内完成该公司薪资核算与管理。登录 U8 企业应用平台，启用薪资子系统。

洁白牙膏有限责任公司的薪资子系统处理一个工资类别，该子系统处理薪资币种为人民币，从工资中代扣个人所得税，不需要做薪资扣零处理。

薪资子系统启用

实验指导

功能节点一：【基础设置】—【基本信息】—【系统启用】—【薪资管理】

功能节点二：【业务工作】—【人力资源】—【薪资管理】

7.1.3　薪资子系统的基础设置

薪资子系统的基础设置主要包括设置部门档案、人员类别、人员档案等组织人员信息和设置工资类别、工资项目档案。

1. 机构人员

通过机构人员模块维护部门档案、人员类别和人员档案。会计信息系统各个子系统共享机构人员信息。

（1）部门档案。维护组织机构的部门编码、部门名称、负责人和分管领导等机构信息，保存在部门档案文件中。企业调整组织机构后，需要对部门档案进行调整。

（2）人员类别。对人员进行分类，维护人员类别档案，保存在人员类别文件中。维护人员档案管理时，需要制定每个员工的人员类别。例如，企业可以根据员工结构和管理需求，将员工分为管理人员、销售人员、生产工人、科研人员等人员类别。

（3）人员档案。维护员工的人员编码、姓名、人员类别、部门、性别、职位、出生年月等基本信息和员工的联系信息，以及开户银行和银行账号等银行信息。

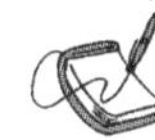

例7-2

薪资子系统和采购与付款管理等子系统共享部门档案、人员类别和人员档案。洁白牙膏有限责任公司在第4章4.4.2节“业务信息设置”的例4-3中已经维护了这三类基本信息，详见4.4.2节“业务信息设置”的例4-3，本节不再重复介绍。

在薪资子系统中，通过“批增”功能引入例4-3中设置的人员基本信息，进一步维护与薪资发放有关的银行及账号等信息，如表7-6所示。

表7-6

人员编码	姓名	银行	银行账号	其他信息
001	张总裁	中国银行	6528061192310001	默认值
002	胡人力	中国银行	6528061192310002	默认值
003	钱主管	中国银行	6528061192310003	默认值
004	杨会计	中国银行	6528061192310004	默认值
005	蔡主管	中国银行	6528061192310005	默认值
006	赵采购	中国银行	6528061192310006	默认值
007	升主管	中国银行	6528061192310007	默认值
008	李生产	中国银行	6528061192310008	默认值
009	肖主管	中国银行	6528061192310009	默认值
010	王销售	中国银行	6528061192310010	默认值
011	苍主管	中国银行	6528061192310011	默认值
012	吴仓储	中国银行	6528061192310012	默认值
013	言究员	中国银行	6528061192310013	默认值

实验指导

机构人员

功能节点一：【基础设置】—【基础档案】—【机构人员】—【机构】—【部门档案】

功能节点二：【基础设置】—【基础档案】—【机构人员】—【人员】—【人员类别】、【人员档案】

功能节点三：【业务工作】—【人力资源】—【薪资管理】—【设置】—【人员档案】

2. 工资项目设置

根据企业的工资构成定义工资项目及其计算公式，工资项目设置如图7-4所示。

（1）定义工资项目的名称、类型、长度、小数、增减项。增项的工资项目将增加应发合计，减项的工资项目将增加扣款合计。

工资项目名称	类型	长度	小数	增减项	人事与薪资项目	停用
基本工资	数字	8	2	增项		否
岗位工资	数字	8	2	增项		否
绩效工资	数字	8	2	增项		否
通讯补贴	数字	8	2	增项		否
交通补贴	数字	8	2	增项		否
事假扣款	数字	8	2	减项		否
病假扣款	数字	8	2	减项		否
社保扣款	数字	8	2	减项		否
住房公积金扣款	数字	8	2	减项		否
代扣税	数字	10	2	减项		否
应发合计	数字	10	2	增项		否
扣款合计	数字	10	2	减项		否
实发合计	数字	10	2	增项		否
日工资	数字	8	2	其他		否

图 7-4　工资项目设置

（2）根据薪资管理制度，针对需要进行计算的工资项目定义计算公式。例如：

日工资＝基本工资/22

事假扣款＝事假天数×日工资

病假扣款＝病假天数×日工资×扣款率

例 7-3

洁白牙膏有限责任公司的工资项目如表 7　3 所示，在薪资子系统中维护其工资项目及计算公式。

实验指导

功能节点：【业务工作】—【人力资源】—【薪资管理】—【设置】—【工资项目设置】

7.1.4　薪资子系统的薪资处理

薪资子系统的日常薪资处理主要包括变动数据处理、代扣个人所得税和银行代发等模块。

1. 变动数据处理

变动数据处理模块主要包括录入变动数据、计算工资和汇总工资等功能。

（1）录入变动数据。工资项目可以分为固定项目和变动项目两大类。在一定期间内，员工的固定项目薪资基本稳定不变，如基本工资、岗位工资、交通补贴、通讯补贴等；而变动项目薪资每月都会变化，如绩效工资、计件工资、事假扣款、病假扣款、水电费扣款等。

对于固定性质的薪资，第一次启用系统时录入，保存于薪资明细文件中。在调整薪资制度或者员工晋升等情境下，才需要再次维护固定性质的薪资。

与固定性质的薪资处理不同，每月都需要录入变动项目的薪资数据或者影响变动项目的其他数据（如事假天数、病假天数等），如图7-5所示。

工资变动

过滤器 ▼　　　　☐定位器

选择	人员编号	姓名	部门	绩效工资	事假天数	病假天数

图7-5　录入变动数据

（2）计算工资。录入变动数据后，要执行“计算工资”功能。变动性质的工资项目之间存在计算关系，设置工资项目时计算公式保存于工资项目文件中。“计算工资”功能遵循工资项目之间的计算逻辑，按照数据文件中存储的计算公式，逐个计算变动性质的工资项目数据。计算结果存储于薪资明细文件中。

1）计算自定义公式的工资项目数据，例如日工资、事假扣款、病假扣款。

2）计算系统预置公式的工资项目数据：应发合计等于性质为“增项”的工资项目之和；扣款合计等于性质为“减项”的工资项目之和；实发合计等于应发合计与扣款合计之差。以工资项目设置中举例的工资项目为例：

$$\text{应发合计}=\text{基本工资}+\text{岗位工资}+\text{绩效工资}+\text{通讯补贴}+\text{交通补贴}$$

$$\begin{matrix}\text{扣款}\\\text{合计}\end{matrix}=\begin{matrix}\text{事假}\\\text{扣款}\end{matrix}+\begin{matrix}\text{病假}\\\text{扣款}\end{matrix}+\begin{matrix}\text{社会保险}\\\text{扣款}\end{matrix}+\begin{matrix}\text{住房公积金}\\\text{扣款}\end{matrix}+\begin{matrix}\text{代扣个人}\\\text{所得税}\end{matrix}$$

$$\text{实发合计}=\text{应发合计}-\text{扣款合计}$$

（3）汇总工资。“汇总工资”功能将薪资明细文件数据按照月份、部门和人员类别进行汇总，汇总数据保存在薪资汇总文件中，为以现金形式发放工资和一体化策略的应用提供支持。

以现金形式发放工资时，为方便工资顺利发放，会计人员需要掌握各级部门的工资数据，从银行提取现金，按照各级部门汇总数，分发给各级部门负责人。

薪资计提信息转化为会计信息时，往往由部门和人员类别决定成本和费用科目，例如生产部的生产工人薪资记入“生产成本”科目，生产部的车间管理人员薪资记入“制造费用”科目。薪资汇总文件按部门和人员类别汇总薪资数据，便于应用一体化策略时直接获取所需汇总数据。

例 7－4

洁白牙膏有限责任公司第一次在薪资子系统中进行薪资核算与管理，进行基础设置时，使用“变动数据处理”功能，维护固定性质的工资项目数据，如表 7－7 所示。

表 7－7

人员编码	姓名	基本工资	岗位工资	通讯补贴	交通补贴
001	张总裁	10 000.00	3 000.00	200.00	1 000.00
002	胡人力	8 000.00	2 000.00	100.00	400.00
003	钱主管	8 000.00	2 000.00	100.00	400.00
004	杨会计	7 000.00	1 500.00	0	300.00
005	蔡主管	8 000.00	2 000.00	100.00	400.00
006	赵采购	7 000.00	1 500.00	100.00	300.00
007	升主管	8 000.00	2 000.00	100.00	400.00
008	李生产	7 000.00	1 500.00	0	300.00
009	肖主管	5 000.00	2 000.00	200.00	500.00
010	王销售	4 000.00	1 500.00	200.00	500.00
011	苍主管	8 000.00	2 000.00	100.00	400.00
012	吴仓储	7 000.00	1 500.00	0	300.00
013	言究员	8 000.00	2 000.00	100.00	400.00

2020 年 11 月末，根据当月考勤信息、绩效信息等，使用“变动数据处理”功能，维护 11 月变动性质的工资项目数据，如表 7－8 所示。

表 7－8

人员编码	姓名	绩效工资	事假天数	病假天数
001	张总裁			
002	胡人力			
003	钱主管		1	
004	杨会计			1
005	蔡主管			
006	赵采购			
007	升主管			2
008	李生产			
009	肖主管	4 500		
010	工销售	3 500		
011	苍主管		1	
012	吴仓储			
013	言究员			

录入“工资变动”后数据，执行“计算”“汇总”功能，系统根据工资项目

间的计算公式计算数据，汇总生成各部门、各人员类别薪资汇总数据。

薪资处理

实验指导

功能节点：【业务工作】—【人力资源】—【薪资管理】—【业务处理】—【工资变动】

录入变动数据，执行【计算】、【汇总】。

2. 代扣个人所得税

代扣个人所得税模块主要包括维护个人所得税税率表、计算个人所得税和输出个人所得税申报表等功能。

（1）维护个人所得税税率表。员工薪资所得适用执行3%～45%的七级超额累进税率，如表7-9所示。

表7-9　个人所得税税率表（综合所得适用）

级数	全年应纳税所得额	税率（%）	速算扣除数
1	不超过36 000元的	3	0
2	超过36 000元至144 000元的部分	10	2 520.00
3	超过144 000元至300 000元的部分	20	16 920.00
4	超过300 000元至420 000元的部分	25	31 920.00
5	超过420 000元至660 000元的部分	30	52 920.00
6	超过660 000元至960 000元的部分	35	85 920.00
7	超过960 000元的部分	45	181 920.00

系统预置个人所得税税率表、中国居民个人每月起征点和附加费用（适用于非中国居民），税法修订后，需要更新个人所得税税率表。

（2）计算每个月个人所得税。依据《个人所得税法》，个人所得税计算公式为：

累计应纳税所得额＝本年度累计应发税前工资－累计个税起征点
－累计五险一金个人承担部分－累计专项附加扣除

本月应纳税额＝(累计应纳税所得额×税率－速算扣除数)－累计已缴纳税额

式中，中国居民个税起征点为5 000元，累计个税起征点为5 000元/月×n月；专项附加扣除包括子女教育、继续教育、大病医疗、住房贷款利息、住房租金和赡养老人等六项。

系统依据应纳所得税额的计算公式、个人所得税税率表以及员工薪资所得，计算每位员工本月应纳所得税额，并更新薪资明细文件中的代扣税金额、扣款合计和实发合计。

（3）输出个人所得税申报信息。依据各地税务局的要求，薪资子系统以Excel文件格式输出个人信息登记表、扣缴个人所得税报表和扣缴汇总报告表等申报信息。通过个人所得税申报（企业申报）软件导入上述Excel文件完成税务申报，或者使用纳税机器人完成个人所得税税务申报。

例 7-5

洁白牙膏有限责任公司使用系统预置的个人所得税税率表，在“业务处理—工资变动”功能节点执行“计算”功能时，系统自动计算各员工 11 月应纳税额。

代扣个人所得税

实验指导

功能节点：【业务工作】—【人力资源】—【薪资管理】—【业务处理】—【扣缴所得税】

执行【税率】，维护个人所得税税率表。

执行【输出】，输出税务局所需申报文件。

3. 银行代发

目前企业基本都采用银行代发的方式向员工发放薪资。与现金发放方式相比，银行代发既减少了会计部门发放薪资的繁杂工作，又有效地避免了会计部门到银行提取大笔款项所承担的风险，还提高了对员工个人薪资的保密程度。

若采用通过银行发放薪资的支付方式，银行对员工薪资数据有规定的格式，因此，需要按银行提供的数据接口要求，生成标准格式的银行代发数据文件。此文件中的数据不是薪资明细文件的简单备份，而是要按银行规定的数据结构进行数据转换。

例 7-6

洁白牙膏有限责任公司输出 2020 年 11 月银行代发一览表，如表 7-10 所示。

表 7-10　银行代发一览表

单位编号	人员编码	账号	金额	录入日期
1234934325	001	61192310001	11 275.90	2020-11-30
1234934325	002	61192310002	8 298.00	2020-11-30
1234934325	003	61192310003	7 945.27	2020-11-30
1234934325	004	61192310004	6 800.23	2020-11-30
1234934325	005	61192310005	8 298.00	2020-11-30
1234934325	006	61192310006	7 051.55	2020-11-30
1234934325	007	61192310007	7 945.27	2020-11-30
1234934325	008	61192310008	6 954.55	2020-11-30
1234934325	009	61192310009	10 558.10	2020-11-30
1234934325	010	61192310010	8 438.65	2020-11-30
1234934325	011	61192310011	7 945.27	2020-11-30
1234934325	012	61192310012	6 954.55	2020-11-30
1234934325	013	61192310013	8 298.00	2020-11-30
合计			106 763.34	

实验指导

功能节点：【业务工作】—【人力资源】—【薪资管理】—【业务处理】—【银行代发】

选择代发银行，调整代发银行模板；生成银行代发一览表；【输出】银行代发文件。

7.1.5 薪资子系统的一体化策略

总账子系统是总括反映企业经营活动全过程的信息系统，因此，每月员工薪资需要转化为会计信息——记账凭证，传递到总账子系统。为了实现薪资业务与财务的一体化策略，首先应该建立薪资业务和财务联系的纽带——凭证模板；在日常计算完员工薪资时，系统依据凭证模板将薪资数据转化为记账凭证。

1. 定义凭证模板

薪资业务的会计核算主要是以按部门和人员类别的薪资汇总表为原始凭证，生成确认相关费用和成本，以及“应付职工薪酬——工资”等的记账凭证。计提“应付职工薪酬——工资”的凭证模板如表7-11所示。

表7-11　计提“应付职工薪酬——工资”的凭证模板

借贷方向	会计科目	科目来源	金额来源
借	管理费用、销售费用、生产成本或制造费用等	根据部门和人员类别设置费用和成本科目，例如：营销中心的销售人员、市场人员薪酬记入“销售费用”；生产中心的管理人员薪酬记入“管理费用”，车间管理人员薪酬记入“制造费用”，生产工人的薪酬记入“生产成本”等	薪资汇总文件：应付合计
贷	应付职工薪酬——工资	根据分摊类型设置，分摊应付工资，贷方科目设置为“应付职工薪酬——工资”	薪资汇总文件：应付合计

除“应付职工薪酬——工资”需要设置凭证模板外，还需要针对“应付职工薪酬”的其他二级科目（社会保险费、住房公积金等）设置凭证模板。

2. 自动转账过程

完成日常薪资处理后，系统根据薪资汇总文件自动生成记账凭证，传递到总账子系统的凭证文件中，实现财务业务一体化应用。其过程如图7-6所示。

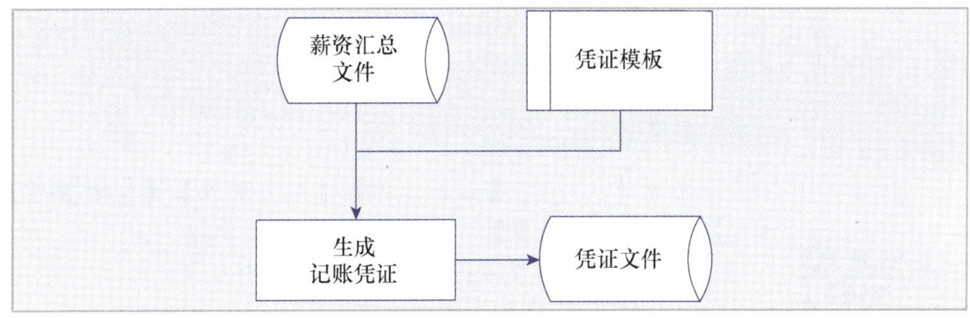

图 7-6　薪资子系统自动转账过程示意图

洁白牙膏有限责任公司在应用一体化策略前，需要在总账子系统完成与薪资核算有关的会计科目设置，如表 7-12 所示。

表 7-12

科目编码	科目名称	余额方向	辅助核算
2211	应付职工薪酬	贷	
221101	工资	贷	
221102	社会保险费	贷	
221103	住房公积金	贷	
6601	销售费用	借	部门核算
6602	管理费用	借	部门核算

洁白牙膏有限责任公司薪资核算与管理一体化策略包括定义凭证模板和自动转账两个环节。

在薪资子系统设置计提工资费用、计提社会保险费和计提住房公积金的凭证模板，其中，计提工资费用的凭证模板如表 7-13 所示。

表 7-13

部门名称	人员类别	工资项目	借方科目	贷方科目
总裁办公室、人力资源部、财务部、采购部、仓储库	管理人员	应发合计	6602 管理费用	221101 应付职工薪酬——工资
销售部	销售人员	应发合计	6601 销售费用	
生产部	生产工人	应发合计	5001 生产成本	
生产部	车间管理人员	应发合计	5101 制造费用	
研发部	研发人员	应发合计	5301 研发支出	

11 月 30 日，根据例 7-4 中已计算、汇总的薪资数据生成记账凭证，凭证列表如表 7-14 所示。

表 7-14

业务日期	业务类型	凭证日期	凭证号	制单人
2020-11-30	计提工资费用	2020-11-30	记-28	杨会计
2020-11-30	计提社会保险费	2020-11-30	记-29	杨会计
2020-11-30	计提住房公积金	2020-11-30	记-30	杨会计

如果发现生成的记账凭证有错误，可以在薪资子系统删除或冲销错误凭证，进行业务调整后，重新生成正确的记账凭证。

实验指导

功能节点一：【业务工作】—【人力资源】—【薪资管理】—【设置】—【分摊类型设置】

设置计提薪酬费用的借方科目和贷方科目。

功能节点二：【业务工作】—【人力资源】—【薪资管理】—【业务处理】—【工资分摊】

执行【制单】功能，生成计提薪酬费用的记账凭证。

功能节点三：【业务工作】—【人力资源】—【薪资管理】—【凭证查询】

查询本月当前子系统生成的记账凭证。如果生成的记账凭证有错误，在总账子系统审核前可以在当前子系统删除错误凭证；在总账子系统审核后，可以在当前子系统冲销错误凭证。

7.1.6 薪资子系统的管理分析

薪资子系统管理分析数据主要来自薪资明细文件和薪资汇总文件，部门档案文件、人员档案文件等为管理分析提供基础信息。

1. 薪资汇总查询

（1）按员工汇总查询：查询员工一个或多个工资项目在查询期间的汇总金额。

（2）按人员类别查询：查询人员类别汇总表，输出各人员类别查询期间按月汇总薪资。

（3）按部门汇总查询：查询部门汇总表，输出各部门查询期间按月汇总薪资。洁白牙膏有限责任公司查询 2020 年 11 月部门薪资汇总表，输出结果如表 7－15 所示。

表 7－15　部门薪资汇总表

部门	人数	应发合计	扣款合计	实发合计	代扣税
总裁办公室	1	14 200.00	2 924.10	11 275.90	194.10
人力资源部	1	10 500.00	2 202.00	8 298.00	102.00
财务部	2	19 300.00	4 554.50	14 745.50	146.77
采购部	2	19 400.00	4 050.45	15 349.55	165.45
生产部	2	19 300.00	4 400.18	14 899.82	151.54
销售部	2	21 900.00	2 903.25	18 996.75	278.25
仓储部	2	19 300.00	4 400.18	14 899.82	151.54
研发部	1	10 500.00	2 202.00	8 298.00	102.00
合计	13	134 400.00	27 636.66	106 763.34	1 291.65

2. 薪资构成分析

（1）分部门各月薪资构成分析：对单一工资项目进行部门构成分析，了解单一工资项目哪些部门人均偏高。

（2）部门工资项目构成分析：对多个工资项目进行部门构成分析，了解哪些部门哪些工资项目总额偏高。洁白牙膏有限责任公司分析 2020 年 11 月部门薪资应发合计构成情况，输出结果如表 7－16 所示。

表 7－16　部门薪资应发合计构成分析

部门	人数	基本工资	岗位工资	绩效工资	通讯补贴	交通补贴	应发合计
总裁办公室	1	10 000.00	3 000.00	0.00	200.00	1 000.00	14 200.00
人力资源部	1	8 000.00	2 000.00	0.00	100.00	400.00	10 500.00
财务部	2	15 000.00	3 500.00	0.00	100.00	700.00	19 300.00
采购部	2	15 000.00	3 500.00	0.00	200.00	700.00	19 400.00
生产部	2	15 000.00	3 500.00	0.00	100.00	700.00	19 300.00
销售部	2	9 000.00	3 500.00	8 000.00	400.00	1 000.00	21 900.00
仓储部	2	15 000.00	3 500.00	0.00	100.00	700.00	19 300.00
研发部	1	8 000.00	2 000.00	0.00	100.00	400.00	10 500.00
合计	13	95 000.00	24 500.00	8 000.00	1 300.00	5 600.00	134 400.00

3. 薪资增长分析

对薪资总额和人均薪资与上年同期进行对比分析，了解薪资总额较上年同期增长额和增长率，了解人均薪资较上年同期增长额和增长率。薪资增长分析如表 7－17 所示。

表 7－17　薪资增长分析

期间：20××年××月

部门	工资总额		比上年同期增长率	人均工资		比上年同期增长率
	上年	本年		上年	本年	
合计						

管理分析

实验指导

功能节点：【业务工作】—【人力资源】—【薪资管理】—【账表】－【工资表】、【工资分析表】

按管理需要查询相关账簿与报表。

7.2　固定资产核算与管理

固定资产与存货同属实物资产，但在核算与管理上有其特殊性。固定资产单位价值高，变动不频繁，分散使用，管理难度较大。管好用好固定资产对于增加产品产量、提高产品质量、降低产品成本具有重要意义。在许多制造企业中，固定资产在总资产中占比较大，大额的固定资产购建会影响企业的现金流量，而固定资产的折旧、维修等费用是影响利润的重要因素。

7.2.1 固定资产核算与管理流程分析

1. 固定资产核算与管理业务流程分析

固定资产的业务处理流程主要包括固定资产的增加（如购置）、减少（如报废清理）以及折旧的计提等。固定资产业务处理的基本流程如图7-7所示。

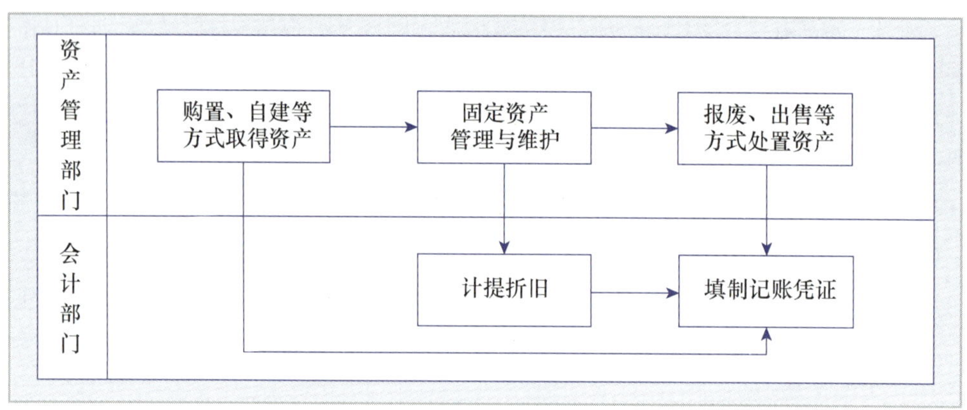

图7-7 固定资产业务流程

固定资产核算与管理业务流程如下：

（1）通过购置、自建、接受投资、接受捐赠等方式取得固定资产；

（2）日常资产管理部门对固定资产进行管理与维护；

（3）通过报废、出售、对外投资、对外捐赠等方式处置固定资产；

（4）无论以何种形式取得固定资产或处置固定资产，会计部门都需要进行会计核算，依据相关原始凭证填制记账凭证；

（5）会计部门每月需要计算固定资产折旧，并据之填制确认折旧费用的记账凭证。

2. 固定资产核算与管理数据流程分析

固定资产核算与管理数据流程如图7-8所示。

固定资产核算与管理数据流程如下：

（1）参照资产类别、部门档案、卡片项目、增减方式等基础信息，录入固定资产原始卡片，在系统中管理启用系统前已经投入使用的固定资产卡片数据，保存在固定资产卡片文件中；

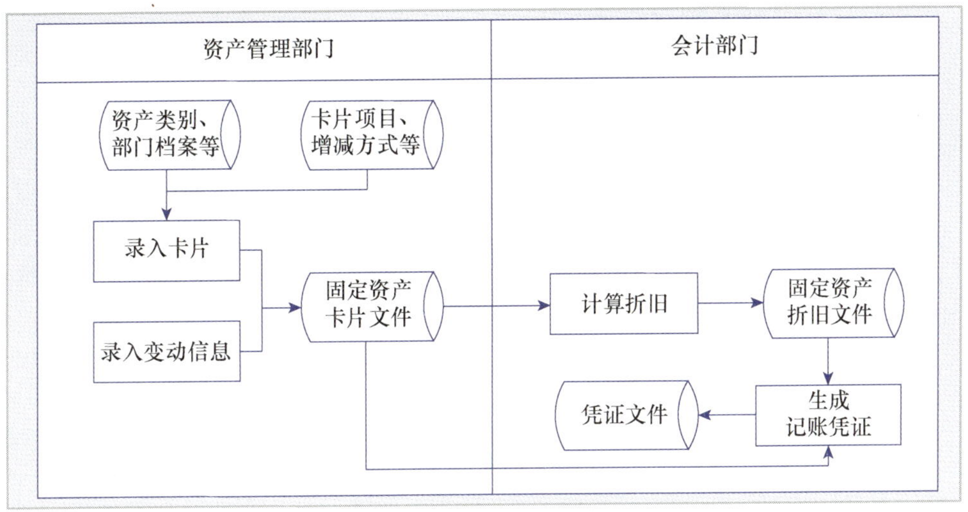

图 7-8　固定资产数据流程

(2) 新增固定资产、处置固定资产、固定资产的使用年限等属性进行调整时，录入固定资产变动信息，保存在固定资产卡片文件中；

(3) 每月根据固定资产卡片文件，计算固定资产应提折旧，保存在固定资产折旧文件中；

(4) 发生新增固定资产、处置固定资产、计提折旧等业务时，系统根据固定资产卡片文件和固定资产折旧文件以及相应凭证模板，生成记账凭证，保存在总账子系统的凭证文件中。

7.2.2　固定资产子系统的总体结构设计

1. 数据编码设计

固定资产编码设计时需要考虑编码的唯一性、扩展性和系统性等原则要求，可以采用位数编码的方式对每项固定资产进行编码。例如，假设固定资产的编码由 7 位构成：

第 1~3 位标识固定资产所属的类别，如第 1 位标识按照固定资产大类进行的分类，第 2～3 位标识按照固定资产的使用功能进行的分类。第 4～7 位标识固定资产的具体编号。

采用这种编码方式，可以反映固定资产的所属类别及其相互关系，便于系统自动根据编码进行判断处理，提高数据处理的效率。

2. 主要数据文件设计

在图 7－8 中，涉及的主要数据文件有固定资产卡片文件和固定资产折旧文件，本节重点介绍这两个数据文件。

（1）固定资产卡片文件。固定资产卡片文件用来存储所有固定资产卡片数据，固定资产卡片文件数据反映了固定资产的各项特征和计提折旧所需的基本信息。第一次启用固定资产子系统时，要将启用系统前所有固定资产卡片数据输入此文件中。日常管理中，新增固定资产、处置固定资产以及固定资产的其他变动，都将更新固定资产卡片文件。文件中一项固定资产一条记录，记录中的字段详细反映固定资产的具体特征。从固定资产卡片文件中可以看出企业当前固定资产的最新存量。

固定资产卡片文件的结构如表 7－18 所示。

表 7－18

序号	项目	说明
1	卡片编号	必须唯一
2	填制日期	填制固定资产卡片的时间
3	资产编码	必须唯一
4	资产名称	汉字
5	部门编码	使用该项固定资产的部门
6	类别编码	根据核算和管理的需要对固定资产所做的分类
7	规格型号	固定资产的主要特征参数
8	生产厂家	固定资产的制造商
9	存放地点	该项固定资产在企业中的存放地
10	启用日期	开始使用的时间
11	原值	该项固定资产的原始价值
12	使用年限	预计使用年限
13	净残值率	预计净残值率
14	折旧方法	计提固定资产折旧的具体方法，如直线法、年数总和法、双倍余额递减法、工作量法等
15	累计折旧	该项固定资产已计提的折旧额
16	减值准备	已计提的固定资产减值准备
17	购入日期	该项固定资产购入的时间
18	增加方式	如购入、自行建造、融资租入等，是生成转账凭证时确定会计分录贷方科目的依据
19	处置日期	处置固定资产的时间
20	处置方式	如报废、销售、对外投资、对外捐赠等

企业根据核算和管理需要可以增加或减少相应的项目。企业通常设置一个固定资产卡片文件，存储所有固定资产的基本数据。

(2) 固定资产折旧文件。固定资产折旧文件用于存储每月按折旧方法计算的各项固定资产折旧额及相关数据，其结构如表 7－19 所示。

表 7－19

序号	项目	说明
1	资产编码	固定资产的编码
2	月份	计提折旧的月份
3	本月折旧额	依据折旧计提方法计提的本月折旧额
4	累计折旧	累计已提折旧额
5	原值	固定资产原值，取自固定资产卡片文件
6	减值准备	已计提的固定资产减值准备，取自固定资产卡片文件
7	净值	原值－累计折旧－减值准备
8	净残值	预计净残值
9	本月折旧率	本月计提折旧的折旧率
10	本月工作量	采用工作量法计提折旧所需本月工作量
11	单位折旧	采用工作量法计提折旧使用的单位工作量计提折旧额

固定资产折旧文件通常按年设置，一年一个数据文件。

3. 固定资产子系统功能结构

根据固定资产业务及数据流程的分析，进行系统功能模块的设计。其功能模块设计如图 7－9 所示。

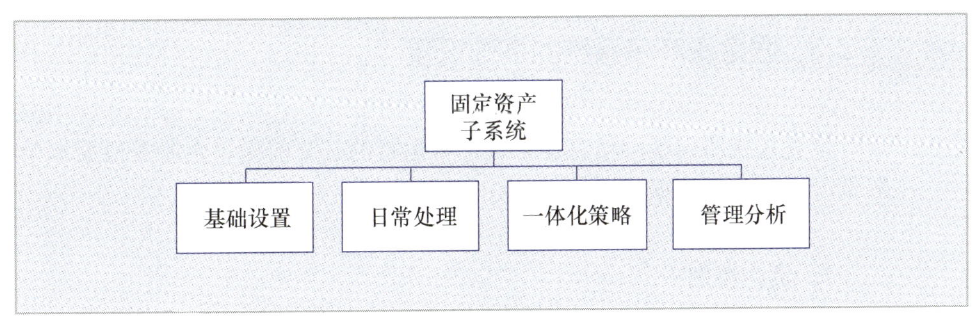

图 7－9　固定资产子系统功能结构

固定资产子系统主要包括基础设置、日常处理、一体化策略和管理分析四个模块，其主要功能如下：

(1) 基础设置模块主要包括设置资产类别、增减方式、折旧方法、卡片项目、卡片样式以及录入启用系统前的固定资产原始卡片等功能。

(2) 日常处理模块主要包括增加和处置固定资产、计提折旧、计提减值准备、折旧方法和使用年限等属性的调整等功能。

(3) 一体化策略模块主要完成增加和处置固定资产、计提折旧、计提减值准备等业务的会计处理，定义转账规则，每月生成对应业务的记账凭证。

（4）管理分析模块主要包括固定资产的部门构成分析、类别构成分析、折旧明细以及汇总查询等功能。

例 7-7

本节沿用第 4～6 章所使用的洁白牙膏有限责任公司案例，2020 年 10 月已经购入 60 万元固定资产并投入使用，在洁白牙膏账套内完成该公司固定资产核算与管理。登录 U8 企业应用平台，启用固定资产子系统。

洁白牙膏有限责任公司第一次运行固定资产子系统，系统提示进行初始化处理。确定固定资产子系统启用月份：2020 年 11 月；本账套计提折旧，默认折旧计提方法：平均年限法（二）；资产类别编码采用系统默认编码规则 2—1—1—2，固定资产编码采用自动编码：类别编号＋部门编号＋序号（序号长度设为 3 位）；与账务系统进行对账，固定资产对应科目“1601 固定资产”，累计折旧对应科目“1602 累计折旧”。如果需要调整初始化参数，可以在“设置—选项”中进行修改。

固定资产子系统启用

实验指导

功能节点一：【基础设置】—【基本信息】—【系统启用】—【固定资产】

功能节点二：【业务工作】—【财务会计】—【固定资产】

功能节点三：【业务工作】—【财务会计】—【固定资产】—【设置】—【选项】

7.2.3 固定资产子系统的基础设置

设置系统所需基础信息是系统正常运行的必要前提，企业需根据本单位的实际情况进行基础数据的维护。

1. 资产类别

根据企业的资产特点，对固定资产进行分类，在系统中设置资产类别。例如，将固定资产分成房屋建筑物、运输工具、设备三类，设备又可以细分为生产设备、办公设备和施工设备等类别。资产类别设置如图 7-10 所示。

通过资产类别设置模块，设置资产类别的上级名称、类别编码、类别名称、计量单位、卡片样式等基本信息，还可以设置同一类资产适用的使用年限、净残值率、计提属性、折旧方法等属性的默认值。增加固定资产卡片，系统会根据所属资产类别提供默认值，但可以更改。

2. 卡片项目和卡片样式

（1）自定义卡片项目。卡片项目是记录资产特征的栏目，如资产名称、规格

类别编码 04
上级名称
类别名称
使用年限 年 月
净残值率
计量单位
计提属性 正常计提
折旧方法 年数总和法
卡片样式 通用样式（二）
不允许转回减值准备 新增资产当月计提折旧

图 7-10　资产类别设置

型号、厂家、品牌、原值、使用年限、折旧方法等。不同的资产需要管理的特征存在差异，例如房屋建筑物需要管理其面积、楼层等特征，电力设备需要管理其品牌、功率等特征。企业需要根据资产的特点，在系统提供的基本卡片项目基础上，自定义本单位需要使用的其他项目。固定资产卡片记录的数据存储在固定资产卡片文件中，因此，自定义卡片项目将影响固定资产卡片文件的数据结构。

（2）设计卡片样式。系统提供的卡片项目和企业自定义的项目构成卡片项目全集，能反映企业各类资产的所有特征。但不同类别的资产所需的卡片项目存在差异，企业还需要针对资产类别设计卡片样式，即从卡片项目全集中选择适用于特定资产类别的卡片项目子集，并设计其卡片样式。例如，设计房屋建筑物卡片样式、运输工具卡片样式、生产设备卡片样式等。

3. 折旧方法

折旧方法设置是系统计算固定资产折旧的基础。系统支持四种常用方法：平均年限法、工作量法、年数总和法、双倍余额递减法。企业可以根据需要自定义折旧方法。

4. 固定资产原始卡片

固定资产原始卡片是指启用固定资产子系统前，企业已经投入使用的固定资产的卡片。在基础设置中，需要将这类资产信息录入系统，便于每月计提折旧，加强这类固定资产的后续管理。录入原始卡片如图 7　11 所示。

固定资产原始卡片上的“开始使用日期”通常早于填制原始卡片的“日期”。

固定资产卡片 | 附属设备 | 大修理记录 | 资产转移记录 | 停启用记录 | 原值变动

固定资产卡片

卡片编号				日期	
固定资产编号	01100011	固定资产名称			
类别编号	011	类别名称	生产设备	资产组名称	
规格型号		使用部门			
增加方式		存放地点			
使用状况		使用年限(月)	180	折旧方法	
开始使用日期		已计提月份	0	币种	人民币
原值	0.00	净残值率	0%	净残值	0.00
累计折旧	0.00	月折旧率	0	本月计提折旧额	0.00
净值	0.00	对应折旧科目		项目	
录入人	demo			录入日期	

图7-11　录入原始卡片

例7-8

洁白牙膏有限责任公司的固定资产分为办公设备、电子设备、机器设备和房屋建筑四类，如表7-20所示。

表7-20

类别编码	类别名称	使用年限	计量单位	净残值率（%）	折旧方法	其他项目
01	办公设备	5	套		平均年限法（二）	默认值
02	电子设备	3	台		平均年限法（二）	默认值
03	机器设备	10	台	5%	年数总和法	默认值
04	房屋建筑	20	栋	5%	平均年限法（二）	默认值

表7-20设置了不同资产类别的使用年限、净残值率及折旧方法等属性，增加固定资产卡片时，系统会依据资产所属类别自动设置这些属性，但是可以修改，即具体资产的这些属性可以与所属资产类别不同。

洁白牙膏有限责任公司在录入固定资产原始卡片前，设置部门对应折旧科目，以便录入卡片时系统自动根据使用部门参照出对应折旧科目。部门对应折旧科目如表7-21所示。

表7-21

部门编码	部门名称	折旧科目
1	总裁办公室	6602 管理费用
2	人力资源部	6602 管理费用
3	财务部	6602 管理费用
4	采购部	6602 管理费用
5	生产部	5101 制造费用
6	销售部	6601 销售费用
7	仓储部	6602 管理费用
8	研发部	5301 研发支出

2020 年 10 月，洁白牙膏有限责任公司购入 60 万元厂房与设备，并于当月投入使用。2020 年 11 月 1 日，在固定资产子系统中录入设备与厂房的固定资产原始卡片。原始卡片如表 7－22 所示。

表 7－22

卡片编号	固定资产编号	资产类别	资产名称	使用状态	使用部门
00001	011001	办公设备	办公桌椅	在用	8 个部门使用，每个部门平均分摊 12.5%的折旧
00002	011002	办公设备	文件柜	在用	
00003	021001	电子设备	计算机 ZC	在用	总裁办公室
00004	022001	电子设备	计算机 RL	在用	人力资源部
00005	023001	电子设备	计算机 CW	在用	财务部
00006	024001	电子设备	计算机 CG	在用	采购部
00007	025001	电子设备	计算机 SC	在用	生产部
00008	026001	电子设备	计算机 XS	在用	销售部
00009	027001	电子设备	计算机 CC	在用	仓储部
00010	028001	电子设备	计算机 YF	在用	研发部
00011	035001	机器设备	生产设备 A	在用	生产部
00012	035002	机器设备	生产设备 B	在用	生产部
00013	035003	机器设备	生产设备 C	在用	生产部
00014	035004	机器设备	生产设备 D	在用	生产部
00015	041001	房屋建筑	厂房	在用	生产部
00016	028002	电子设备	实验设备	在用	8 个部门使用，生产部分摊 65%，其他每个部门平均分摊 5%的折旧
卡片编号	**增加方式**	**开始使用日期**	**使用年限**	**原值**	**净残值率**
00001	直接购入	2020-10-20	5	33 000.00	
00002	直接购入	2020-10-20	5	9 000.00	
00003	直接购入	2020-10-20	3	3 600.00	
00004	直接购入	2020-10-20	3	3 600.00	
00005	直接购入	2020-10-20	3	3 600.00	
00006	直接购入	2020-10-20	3	3 600.00	
00007	直接购入	2020-10-20	3	3 600.00	
00008	直接购入	2020-10-20	3	3 600.00	
00009	直接购入	2020-10-20	3	3 600.00	
00010	直接购入	2020-10-20	3	5 400.00	
00011	直接购入	2020-10-20	10	60 000.00	5%
00012	直接购入	2020-10-20	10	80 000.00	5%
00013	直接购入	2020-10-20	10	90 000.00	5%
00014	直接购入	2020-10-20	10	88 000.00	5%
00015	直接购入	2020-10-01	20	200 000.00	5%
00016	直接购入	2020-10-20	3	9 400.00	
合计（共计卡片 16 张）				600 000.00	

实验指导

固定资产——基础设置

功能节点一：【业务工作】—【财务会计】—【固定资产】—【设置】—【资产类别】、【增减方式】、【折旧方法】、【卡片项目】、【卡片样式】

设置固定资产子系统所需的基础信息。

功能节点二：【业务工作】—【财务会计】—【固定资产】—【卡片】—【录入原始卡片】

录入启用系统前在用的固定资产卡片。

7.2.4 固定资产子系统的日常处理

1. 计提折旧

系统按固定资产卡片文件中存储的固定资产原值、使用年限、净残值、减值准备、开始使用日期、当前期间、折旧方法（直线法、年数总和法、双倍余额递减法等）等信息，自动计算当月应计提的折旧额，将相关数据存储在固定资产折旧文件中。如果采用工作量法计提折旧，计提折旧前，需要在系统中录入固定资产当月工作量。

需要注意的是：按照会计制度的规定，折旧计提的依据是月初固定资产原值，所以应以当月固定资产卡片文件更新前的数据作为计提折旧的依据，即当月新增固定资产不提折旧，当月减少固定资产仍提折旧。

2. 固定资产的变动

固定资产的变动包括固定资产的增加、减少、内部调动，以及使用年限、净残值、折旧方法等属性调整。

（1）固定资产增加。企业新增固定资产，如果在采购与付款子系统中对其采购过程进行了管理，则系统将自动获取固定资产基本信息，增加与折旧计提相关的信息后，存入固定资产卡片文件中；如果固定资产不是由采购与付款子系统采购获取，则可以通过资产增加模块直接录入新增固定资产卡片，存入固定资产卡片文件中。

（2）固定资产处置。当发生固定资产处置业务时，需要填制固定资产处置单，并将固定资产处置日期、处置方式、清理收入、增值税、清理费用、清理原因等数据输入系统，更新固定资产卡片文件的相关数据。

（3）固定资产内部调动。当发生固定资产内部调配业务时，需要填制固定资产内部调动通知单，并将固定资产变动的相关数据输入系统，更新固定资产卡片文件的相关数据。

（4）固定资产其他变动。如果企业需要调整固定资产的折旧方法、使用年限、工作总量、增值税、净残值等信息，可以在系统中录入变动单，更新固定资产卡片文件的相关数据。

3. 计提减值准备

（1）在启用系统之前，已经计提减值准备的固定资产，需要在系统中录入固定资产减值准备的期初金额，以便进行正确的后续核算与管理。

（2）资产负债表日，对固定资产逐项进行检查，如果由于市价持续下跌或技术陈旧等原因，其可回收金额低于账面价值，应当根据可回收金额低于账面价值的差额计提固定资产减值准备。固定资产减值准备按单项资产计提。

例 7 - 9

洁白牙膏有限责任公司于 11 月 30 日，执行“计提本月折旧”功能，计提表 7 - 22 中的固定资产的折旧，生成折旧清单。

实验指导

功能节点一：【业务工作】—【财务会计】—【固定资产】—【折旧计提】

【计提本月折旧】，查看折旧清单。

如果使用工作量法计提折旧，执行【工作量输入】后，再【计算本月折旧】。

功能节点二：【业务工作】—【财务会计】—【固定资产】—【卡片】—【资产增加】

录入新增固定资产。

功能节点三：【业务工作】—【财务会计】—【固定资产】—【卡片】—【采购资产】

从采购与付款子系统获取采购的固定资产信息。

功能节点四：【业务工作】—【财务会计】—【固定资产】—【变动单】

调整固定资产原值、折旧方法、使用年限、预计净残值等。

功能节点五：【业务工作】—【财务会计】—【固定资产】—【减值准备】

进行减值准备期初设置；资产负债表日计提减值准备。

功能节点六：【业务工作】—【财务会计】—【固定资产】—【资产处置】

记录固定资产处置过程产生的相关信息。

7. 2. 5　固定资产子系统的一体化策略

总账子系统是总括反映企业经营活动全过程的信息系统，因此，固定资产的增加、处置、计提折旧、计提减值准备都需要转化为会计信息——记账凭证，传递到总账子系统。为了实现固定资产业务与财务的一体化策略，首先应该建立固定资产业务和财务联系的纽带——凭证模板；系统依据凭证模板将固定资产增加、处置、计提折旧和减值准备的数据转化为记账凭证。

1. 定义凭证模板

固定资产日常处理主要涉及新增固定资产、处置固定资产、计提折旧、计提减值准备四类业务，会计部门需要根据这四类业务产生的原始凭证，生成记账凭证。本节主要介绍计提折旧的一体化策略。

计提固定资产折旧的凭证模板如表7-23所示。

表7-23 计提固定资产折旧的凭证模板

借贷方向	会计科目	科目来源	金额来源
借	管理费用、销售费用、制造费用等	根据部门设置折旧科目，例如：营销中心的折旧记入“销售费用”，生产中心的折旧记入“制造费用”，供应中心、财务中心等机构的折旧记入“管理费用”	固定资产折旧文件：汇总“本月折旧额”
贷	累计折旧	设置固定资产累计折旧对应科目	固定资产折旧文件：汇总“本月折旧额”

新增固定资产业务，需要设置固定资产和增值税对应科目，按增加方式设置对方科目，例如接受投资方式对应“实收资本”科目；处置固定资产业务，需要设置固定资产、累计折旧、固定资产清理、营业外收入和营业外支出等对应科目；计提减值准备业务，需要设置固定资产减值准备、资产减值损失对应科目。各类业务的会计核算共享固定资产、累计折旧对应科目。

2. 自动转账过程

计提固定资产折旧后，系统根据固定资产折旧文件中的折旧数据自动生成记账凭证；新增或处置固定资产、计提完减值准备后，系统根据固定资产卡片文件中的变动数据自动生成记账凭证。记账凭证保存于总账子系统的凭证文件中，实现财务业务一体化应用。其过程如图7-12所示。

洁白牙膏有限责任公司固定资产核算与管理一体化策略包括定义凭证模板和自动转账两个环节。本节主要介绍定义计提折旧的凭证模板及其自动转账。

计提折旧业务的凭证模板需要定义累计折旧科目和成本或费用科目。在固定资产子系统的“选项”设置中，将“1602 累计折旧”设置为折旧科目，即设置计提折旧业务的贷方科目。在维护固定资产卡片时，录入“对应折旧科目”作为计提折旧业务的借方科目，即成本或费用科目。

期末，固定资产子系统执行“计提本月折旧”功能后，就可以根据折旧清单以及凭证模板生成记账凭证。

11月30日，根据例7-9生成的折旧清单生成记账凭证，凭证列表如表7-24所示。

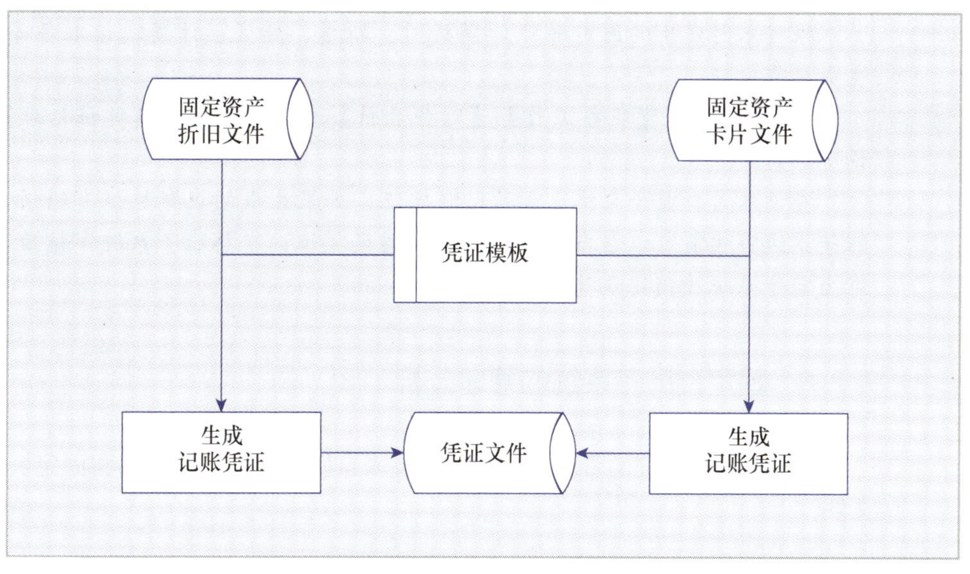

图 7-12　固定资产子系统自动转账过程示意图

表 7-24

业务日期	业务类型	凭证日期	凭证号	制单人
2020-11-30	计提折旧费用	2020-11-30	记-30	杨会计

如果发现生成的记账凭证有错误，可以在固定资产子系统删除或冲销错误凭证，进行业务调整后，重新生成正确的记账凭证。

实验指导

功能节点一：【业务工作】—【财务会计】—【固定资产】—【选项】

选择“与账务系统接口”，设置［固定资产］缺省入账科目、［累计折旧］缺省入账科目、［减值准备］缺省入账科目、［增值税进项税］缺省入账科目、［固定资产清理］缺省入账科目。

固定资产——一体化策略

功能节点二：【业务工作】—【财务会计】—【固定资产】—【部门对应折旧科目】

设置部门折旧对应费用或成本科目。

功能节点三：【业务工作】—【财务会计】—【固定资产】—【卡片】

设置每项固定资产对应折旧科目，默认值为【部门对应折旧科目】中设置的科目，但可以修改，优先级高于【部门对应折旧科目】。

功能节点四：【业务工作】—【财务会计】—【固定资产】—【增减方式】

设置增减方式对应的固定资产对方科目。

功能节点五：【业务工作】—【财务会计】—【固定资产】—【凭证处理】—【批量制单】

根据本月发生的固定资产计提折旧、新增、处置、计提减值准备等业务，生成记账凭证。

功能节点六：【业务工作】—【财务会计】—【固定资产】—【凭证处理】—【查询凭证】

查询本月当前子系统生成的记账凭证。如果生成的记账凭证有错误，在总账子系统审核前可以在当前子系统删除错误凭证；在总账子系统审核后，可以在当前子系统冲销错误凭证。

7.2.6 固定资产子系统的管理分析

固定资产子系统的管理分析数据主要来自固定资产卡片文件和固定资产折旧文件。

1. 固定资产构成分析

按部门对固定资产的构成进行分析，了解固定资产在各部门的分布情况。洁白牙膏有限责任公司查询2020年11月固定资产部门构成分析表，输出结果如表7-25所示。

表7-25

使用部门	资产类别	期末原值	占部门百分比（%）	占总值百分比（%）
总裁办公室（1）		18 850.00	100.00	3.14
	办公设备（01）	5 250.00	27.85	0.88
	电子设备（02）	3 600.00	19.10	0.60
	房屋建筑（04）	10 000.00	53.05	1.67
⋮				
生产部（5）		456 850.00	100.00	76.14
	办公设备（01）	5 250.00	1.15	0.88
	电子设备（02）	3 600.00	0.79	0.60
	生产设备（03）	318 000.00	69.61	53.00
	房屋建筑（04）	130 000.00	28.46	21.67
⋮				
合计		600 000.00	100.00	100.00

按资产类别对固定资产的构成进行分析，了解固定资产在各类别的分布情况。洁白牙膏有限责任公司查询2020年11月固定资产类别构成分析表，输出结果如表7-26所示。

表 7－26

资产类别	数量	计量单位	期末原值	占类别百分比（%）	占总值百分比（%）
办公设备（01）	2	套	42 000.00	100.00	7.00
电子设备（02）	9	台	40 000.00	100.00	6.67
生产设备（03）	4	台	318 000.00	100.00	53.00
房屋建筑（04）	1	栋	200 000.00	100.00	33.33
合计	16		600 000.00	100.00	100.00

2. 固定资产折旧清单

查询固定资产计提折旧清单，了解各部门各项资产计提折旧的详细情况。洁白牙膏有限责任公司查询 2020 年 11 月固定资产折旧清单，输出结果如表 7－27 所示。

表 7－27

资产编号	资产名称	原值	本月折旧额	累计折旧	净残值
011001	办公桌椅	33 000.00	550.00	550.00	0.00
011002	文件柜	9 000.00	150.00	150.00	0.00
⋮					
028002	实验设备	9 400.00	261.11	261.11	0.00
合计		600 000.00	7 194.70	7 194.70	25 900.00

3. 折旧汇总分析

查询各部门按资产类别汇总的折旧情况，并与上月同类别资产的折旧进行对比。洁白牙膏有限责任公司查询 2020 年 11 月部门固定资产折旧汇总表，输出结果如表 7－28 所示。

表 7－28

部门名称	计提原值	折旧额
总裁办公室（1）	18 850.00	227.08
人力资源部（2）	18 850.00	227.08
财务部（3）	18 850.00	227.08
采购部（4）	18 850.00	227.08
生产部（5）	456 850.00	5 294.01
销售部（6）	18 850.00	227.08
仓储部（7）	18 850.00	227.08
研发部（8）	30 050.00	538.21
合计	600 000.00	7 194.70

固定资产——管理分析

实验指导

功能节点：【业务工作】—【财务会计】—【固定资产】—【账表】—【账簿】、【折旧表】、【统计表】、【分析表】、【减值准备表】

按管理需要查询相关账簿与报表。

思考题

1. 描述人力资源管理的业务流程及薪资子系统的数据处理流程。
2. 设计薪资子系统时需要建立哪些主要的数据文件？这些数据文件的作用是什么？
3. 薪资子系统的日常处理包括哪些具体功能？
4. 描述固定资产管理的业务流程及数据处理流程。
5. 设计固定资产子系统时需要建立哪些主要的数据文件？这些数据文件的作用是什么？
6. 固定资产子系统的日常处理包括哪些具体功能？
7. 如何实现薪资管理、固定资产与财务一体化策略？
8. 薪资子系统和固定资产子系统各包括哪些主要管理分析表？

扫码做题

第8章 会计报表编制

Chapter 8

学习目标

1. 掌握报表子系统的主要特点及编制流程。
2. 掌握报表子系统的功能结构及基本功能。
3. 掌握报表子系统与其他子系统之间的关系。

8.1 会计报表需求分析

财务会计报告是会计信息系统的最终产品。会计信息系统的重要功能之一就是在日常核算的基础上，按照会计规范和信息使用者的要求编制财务会计报告。会计报表是财务会计报告的主要组成部分，是会计信息系统的最终输出结果。

报表子系统不同于会计信息系统的其他子系统，该系统并非对经营交易或事项的直接处理，而是侧重于系统输出或信息生成，即加工处理其他子系统处理产生的数据，输出财务会计报表和管理会计表。

8.1.1 报表子系统的概述

1. 报表子系统的应用范围

在我国，随着计算机的应用日益广泛，办公自动化程度不断提高，经济管理和业务部门迫切需要利用计算机处理日常工作中大量庞杂的报表数据。报表子系统的主要功能是依据会计准则和有关法规，定期编制与报送规定的会计报表和企业内部管理所需的各种报表。

报表子系统按照编制单位会计报表可以分为个别报表、汇总报表和合并报表。个别报表是由自主经营、独立核算的会计主体根据自身的账簿记录编制的会计报表。汇总报表是由上级公司或行政管理部门根据所属企业报送的会计报表，连同本单位的会计报表，对报表各项目进行加总而编制的会计报表。合并报表是以母公司和子公司组成的企业集团为会计主体，在母公司和子公司单独编制的个别报表的基础上，由母公司编制的综合反映企业集团经营成果、财务状况及其现金和现金等价物流入与流出情况的会计报表。

个别会计报表包括财务会计报表和管理会计报表两部分，其构成如图8-1所示。

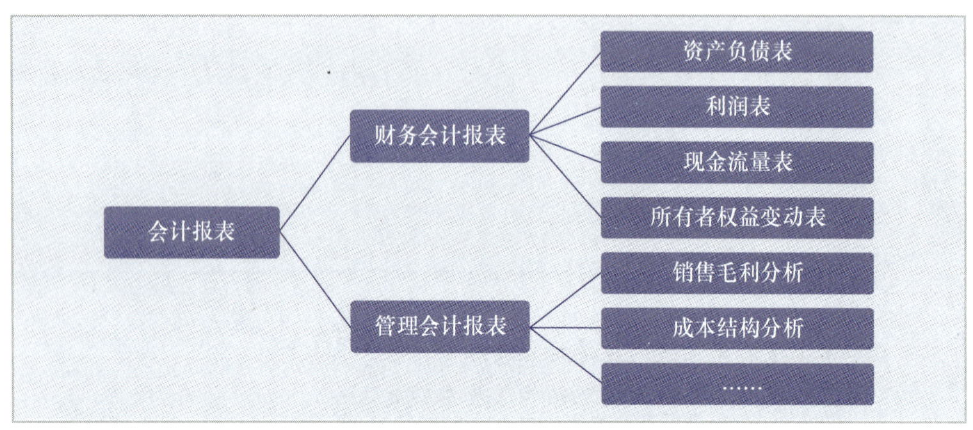

图8-1 个别会计报表的构成

财务会计报表是企业提供给政府部门、投资者和债权人等外部利益相关者使用的会计报表，报表的格式、内容、报送时间、报送方式等都有统一规定，如我国现行企业会计准则规定的报表。管理会计报表是为满足企业经营管理需要而编制的适应企业内部经营管理需要、不对外公开的会计报表。这类报表不规定统一的格式，也没有统一的指标体系，报表的格式和数据来源可因企业不同而不同，甚至同一企业在不同的时期也可能不一样。

在会计信息系统中，总账子系统提供基于记账凭证的会计账簿以及辅助核算账簿，其他各子系统提供基于业务单据的业务账、统计表以及分析表等企业管理经营所需的账表，这些账表的查询与输出见第3～7章。本章主要讨论通过报表子系统编制对外报送的财务会计报表和内部管理使用的管理会计报表。

2. 报表子系统的特点

报表子系统与会计信息系统其他子系统相比，具有以下特点：

（1）输入数据量少。报表子系统以数据库中存储的数据作为数据源，通过函数等方法从数据库中读取数据，因此，报表子系统所输出的数据大部分来自其他子系统日常管理中输入的数据，只需要输入部分辅助性数据。例如，需要编制第一、二、三季度的利润表，该表中的收入、费用数据都来自数据库。又如，需要编制以同行业某家绩优上市公司业绩水平为基数的利润比较分析表，该表中企业的收入、费用数据来自数据库，而比较基准公司的收入、费用数据需要通过网络或其他途径获取，并将这部分外部数据导入或输入报表子系统。

（2）不提供直接修改报表数据的功能。在会计信息系统其他子系统中对输入数据提供修改数据功能，是为了保证输入数据的正确性。但是，《会计核算软件

基本功能规范》第三十四条规定："对根据机内会计凭证和据以登记的相应账簿生成的各种机内会计报表数据，会计核算软件不能提供直接修改功能。"由于报表数据生成的特殊性，报表数据只能依其数据来源的变动而变动，不允许直接修改，同样是为了保证数据的正确性。

（3）通用性强，适用面广。报表子系统所要解决的核心问题是从数据库中获取符合信息需求的数据，并且以使用者偏好的样式展现。报表格式与数据获取这两大问题的解决为编制各类管理报表提供了技术保障。因此，报表子系统编制报表的流程与方法，不仅适用于财务会计报表的编制，同样适用于管理会计报表的编制。尽管不同企业的报表内容和输出样式千差万别，但编制报表的流程与方法具有相似性，尤其是对运用同一供应商所提供的 ERP 系统的企业而言，报表子系统的功能具有通用性强、适用面广的特点。

（4）数字与图形并重。会计报表的主要表现形式是以表格为载体的数字，通过数字反映企业当前财务状况与经营成果，通过数字评价过去期间不同管理层的管理绩效，通过数字展望未来期间的经营规划。与单一的数字表现手段相比，数字和图形相结合的表现手段能更直观、准确地表达主题。数字准确、客观地表达所要传递的信息，图形生动、直接地表达所要表现的内容，二者相互结合能减少财务报表阅读者的阅读时间，进一步增强财务报表的表现力。

8.1.2 报表编制流程分析

1. 手工环境下报表编制流程分析

手工环境下报表编制流程如图 8-2 所示。

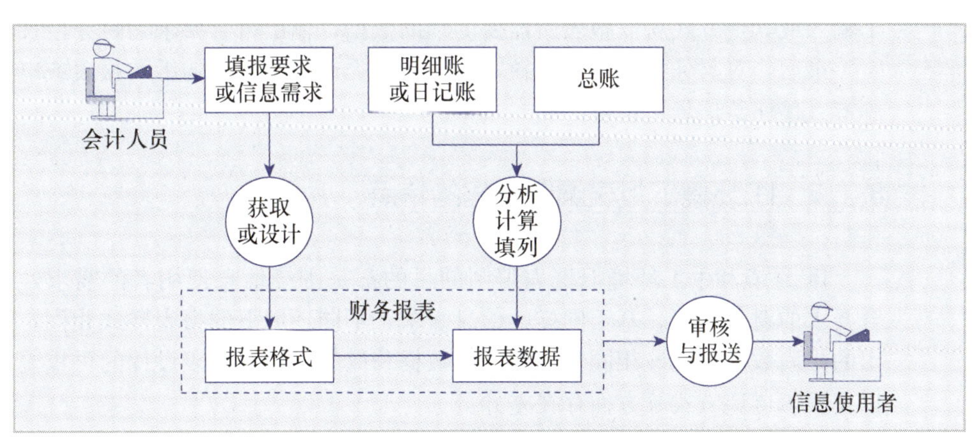

图 8-2 手工环境下报表编制流程

首先，财务人员根据外部信息需求者提出的填报要求获取报表格式，或者财务人员需要分析内部信息需求者的信息需求分析并设计报表格式。

其次，对所需要提供的报表数据进行分析，从明细账或日记账、总账等会计账簿中获取数据，并进行计算，将数据填列于报表格式内。

最后，对报表数据进行审核，确认正确无误后报送给相关信息使用者。

2. IT环境下报表编制流程分析

IT环境下报表编制流程由基础设置阶段的报表格式设计和数据来源定义、日常处理阶段的报告输出三个核心环节构成，其流程图如图8-3所示。

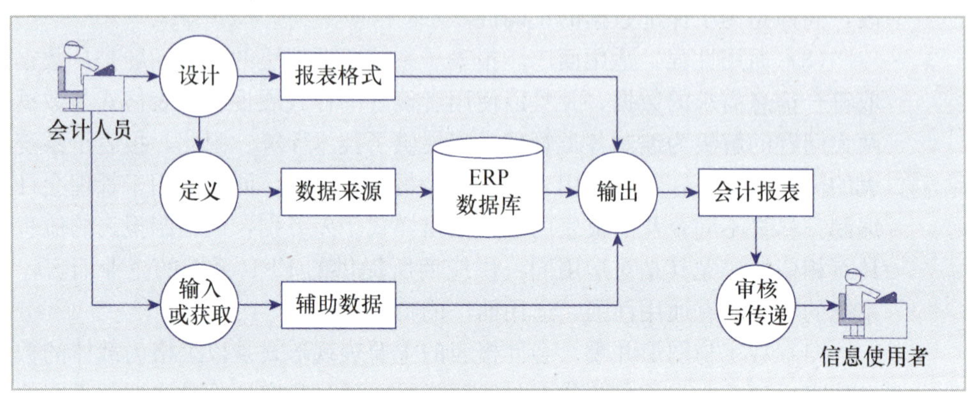

图8-3　IT环境下报表编制流程

财务人员分析信息使用者的信息需求，明确财务报表的格式以及数据来源。报告的数据来源多样化，大部分数据来源于企业ERP系统对应数据库，部分数据需要从网络上获取或手工录入。

首先，在报表子系统中进行财务报表格式设计，形成符合信息使用者要求的报表输出样式。

其次，根据财务报表的数据来源，使用报表子系统所提供的相关函数，定义数据公式。

再次，根据所定义的数据公式以及查询条件从数据库获取核心数据，并以手工输入或其他方式获取报表所需要的辅助数据，输出符合要求的财务报表。

最后，对财务报表进行审核，确认正确无误后以打印的纸质报表或电子文件等形式传递给信息使用者。

8.1.3　IT环境下报表编制流程的特点

IT环境和手工环境下报表编制的目的都是围绕信息使用者的需求，提供符合要求的财务报表。基于同样的信息需求，不同环境下的报表样式相同，最终输出的报表数据也应该相同。但二者在数据获取的方式、报表设计的可重复利用性以及报表传递方式等方面存在差异。

1. 数据获取的方式不同

手工环境下，需要对会计账簿进行分析，从账簿中抄录所需要的报表数据，并进行相关计算。这种方法要求从账簿中找到每个报表数据的出处，分析工作量大，影响报表编制效率。由于需要从众多账簿中抄录数据，抄录、计算过程难免出现差错，报表数据准确性较差。此外，由于手工环境下编制报表的效率低下，基于成本效益原则，财务人员将大部分精力放在对外报表的编制上，为企业内部管理提供的管理报表甚少。

IT 环境下，报表数据通过定义公式的方式直接从数据库中读取，只要确认数据公式没有错误，就能保证报表数据正确无误。而且，按照系统所提供的函数与方法设计公式，不需要在众多的账簿中逐一查找数据，将大幅提高报表的编制效率。

2. 报表格式与数据公式可重复利用

手工环境下针对某位（或某类）信息需求者设计的报表格式与获取的报表数据，在编制一次报表后，不能重复使用。下个期间遇到同样的信息需求，需要重复设计报表格式，且需要重新从相关账簿中分析、计算获取新期间的报表数据。

IT 环境下，针对某类信息需求设计完报表格式与数据公式后，可以重复利用。如果下个会计期间需要生成相似的编制报表，只需要调用已设计好的财务报表，输入新的查询条件，即可输出新的会计期间报表。因此，IT 环境下，报表子系统一般会针对大多数企业的共性要求，提供若干财务报表模板。企业需要编制报表时可以调用相关报表模板，进行适当修改，生成符合企业要求的财务报表。

3. 报表传递方式不同

手工环境下的报表一般以纸张为信息载体，以纸质报表的形式传递给报表使用者。对某一报表的信息需求者如果众多，需要复印多份传递给相关人员。这种方式一方面增加了报表的报送成本；另一方面，如果报表使用者身处异地，报表的传递会存在时滞，无法保证时效性。

IT 环境下的报表采用电子数据存储方式，除了可以打印输出成纸质报表形式进行传递外，还可以直接以电子文件的方式共享与传递。一般而言，企业内部管理者根据数据授权，能直接通过系统查阅其有权限的报表。随着云应用的推广以及移动应用的普及，电子报表的异地共享已经非常普遍。

8.2 报表子系统的总体结构设计

8.2.1 报表子系统的目标

一般来说，为了适应编制会计报表的管理需求，报表子系统的目标应该包括：

（1）支持自定义设计报表格式，适应各种对外会计报表和对内管理报表的表样需求；

（2）支持自定义报表数据来源公式，通过公式从会计信息系统的数据文件中获取数据；

（3）快速生成财务报表，提高财务报表的时效性，及时服务于利益相关者的决策需求；

（4）通过数据公式直接从 ERP 系统的数据库读取数据，避免数据摘抄、计算过程中出现错误，提高财务报表的正确性；

（5）支持报表的重复使用，可以按不同会计期间、不同账套查询同一张报表；

（6）支持以 Excel 文件、txt 文件和数据库文件（如 mdb 文件）等格式输出报表数据。

此外，报表子系统输入数据量极少，其核心数据来自会计信息系统所收集的原始数据，因此，要求建立报表子系统与其他子系统的数据接口，实现财务、业务数据的及时获取。

8.2.2 报表子系统的集成关系

报表子系统与其他子系统的集成关系如图 8－4 所示。

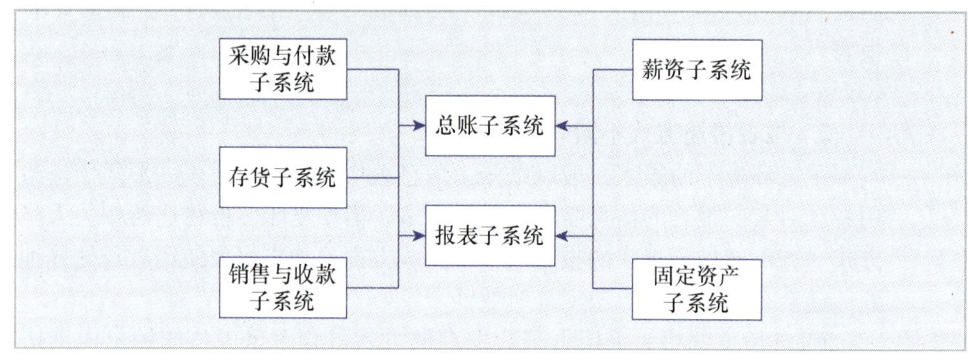

图 8－4　报表子系统集成关系

从图 8－4 可以看出，总账子系统和报表子系统都会集成来自采购与付款、存货、销售与收款、薪资和固定资产核算与管理等子系统的数据。但是，二者实现信息集成的方式不同。各子系统依据一体化策略设置的记账凭证模板，将收集的业务单据转化为记账凭证，传递给总账子系统，实现信息集成。而报表子系统则是通过函数（如销售函数、采购函数、库存管理函数、存货管理函数、应收应付函数、工资函数、固定资产函数等），从其他子系统对应数据文件中获取数据，实现信息集成。同样，总账子系统也以账务函数形式为报表子系统提供期初余额、借方发生额合计、贷方发生额合计、期末余额等账务数据。

8.2.3 报表子系统的功能结构

由于报表子系统设计人员思路差异等因素，不同报表子系统的功能结构不尽相同。报表子系统的基本功能结构如图 8－5 所示。

报表子系统功能结构由基础设置、报表数据处理和报表管理三部分构成。

基础设置是指在分析信息使用者所需要财务信息特征后，在系统中完成报表

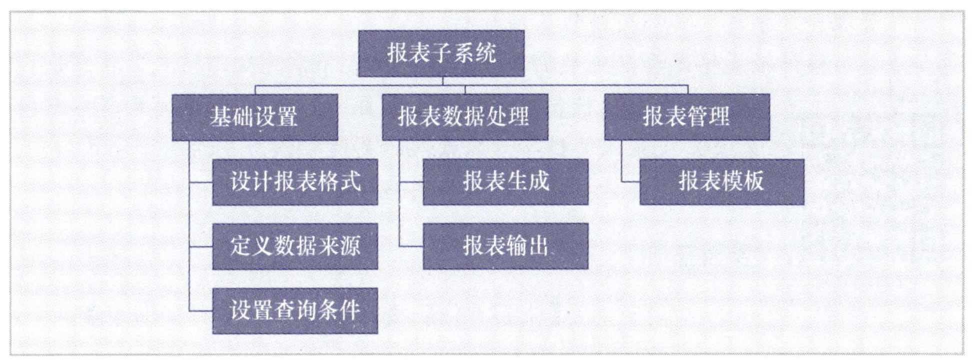

图8-5 报表子系统功能结构

格式设计和报表数据公式设计工作，根据需要以报表数据为基础设计符合信息特征的图形。

报表数据处理是根据初始设置中所定义的财务报表格式与数据来源，输入诸如报表期间等查询条件，生成相应财务报表，并由责任人对财务报表进行审核，确认报表数据正确无误，最后将报表以信息需求者选择的传输方式完成报表传送工作。

报表管理功能主要用于导入已经设计并备份的报表模板，为生成报表提供快捷路径；对设计好的财务报表格式和公式进行备份，为以后重复利用做好存储工作；还可以删除不需要继续使用的报表，减少冗余的报表，简化报表体系。

例8-1

方华通讯设备有限责任公司于2020年10月1日建立账套，第3章例3-2至例3-12完成了总账子系统的基础设置，填制了10月份的记账凭证，并进行了审核和记账。需要使用报表子系统生成2020年10月31日的资产负债表和10月份的利润表。

方华公司使用报表子系统编制报表的操作流程如图8-6所示。

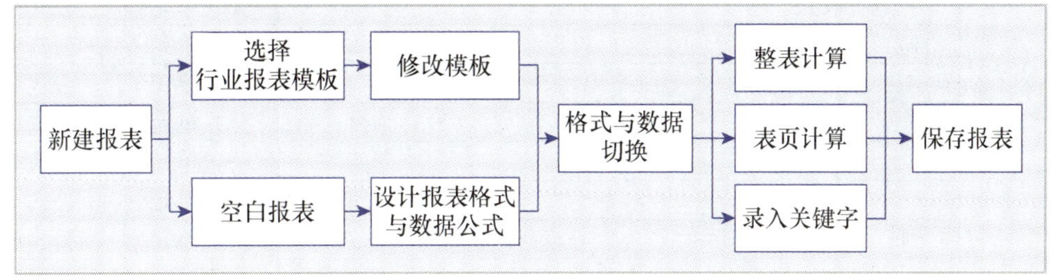

图8-6 财务报表子系统操作流程

报表子系统分为“格式”（设计报表格式）和“数据”（生成报表数据）两种状态。在“格式”状态下完成报表的基础设置，即设计报表格式、定义报表数据来源和设置查询条件。在“数据”状态下生成报表数据。

方华公司在报表子系统的“格式”状态下，选择行业报表模板设计对外报送的财务会计报表（如资产负债表和利润表），建立空白报表设计提供给管理层的管理会计报表（如部门销售业绩分析）。

设计报表格式和定义数据来源后，将报表子系统从“格式”状态切换到“数据”状态，执行整表计算（多表页一起计算）、表页计算（只计算当前表页）或录入关键字（以录入的关键字作为查询条件计算），生成会计报表，将会计报表保存到指定路径。

功能结构

实验指导

功能节点：【业务工作】—【财务会计】—【UFO报表】

8.3 报表子系统的基础设置

报表子系统的基础设置主要包括设计报表格式和定义报表数据来源。此外，为了使报表能满足编制不同会计期间报表的需求，还需要设置查询条件。将设计的报表保存成.rep文件，下次需要修改或生成报表时，在报表子系统打开相应文件即可。

8.3.1 设计报表格式

1. 报表的构成

报表通常由表头、表体和表尾三个部分组成。方华公司的利润表如表8-1所示。

表8-1 利润表

会企02表

编制单位：方华公司　　2020年10月　　单位：元

项目	行数	本期金额	上期金额
一、营业收入	1	公式单元	公式单元
减：营业成本	2	公式单元	公式单元
税金及附加	3	公式单元	公式单元
销售费用	4	公式单元	公式单元
管理费用	5	公式单元	公式单元
财务费用	6	公式单元	公式单元
加：投资收益（损失以“—”号填列）	7	公式单元	公式单元
二、营业利润（亏损以“—”号填列）	8	公式单元	公式单元
加：营业外收入	9	公式单元	公式单元
减：营业外支出	10	公式单元	公式单元
三、利润总额（亏损总额以“—”号填列）	11	公式单元	公式单元
减：所得税费用	12	公式单元	公式单元
四、净利润（净亏损以“—”号填列）	13	公式单元	公式单元

编制人：杨会计

表头位于每张报表的前端，一般填列报表的标题、编号、编制单位、编制日期及计量单位等信息。对外报送的财务会计报表的表头体现会计基本假设的要求，编制单位体现会计主体假设，编制日期体现持续经营和会计分期假设，计量单位体现会计货币计量假设。表头信息一般通过设计报表格式或输出查询条件实现。表 8－1 的表头显示这张表是方华公司编制的 2020 年 10 月的利润表（报表编号为会企 02 表），金额单位为元。

表体是报表的主体部分，通常以表格形式展现。表体由报表项目名称及数据构成，报表项目的名称通过设计报表格式实现，报表项目的数据通过定义报表数据来源实现。表 8－1 的表体由 4 列、列标题行和 13 个报表项目行构成，第 1 列通过格式设计设定利润表的各报表项目名称，第 2 列是行次，第 3 列和第 4 列输出本期金额和上期金额。

表尾位于表体的下方，主要填列报表的编制人、审核人及其他说明信息。表尾信息一般通过设计报表格式实现。表 8－1 的表尾填列这张利润表的编制人信息。

2. 设计报表格式

报表格式包括表头、表尾以及表体三部分，可以按照以下步骤设计报表格式。

步骤一：输入表头文本，输入表体行标题、列标题，输入表尾文本。

步骤二：设置所输入文本信息的字体、字号、加粗、颜色及对齐方式等文本效果。

步骤三：定义数据区域数据类型，例如确定数据区域是数值型数据还是字符型数据，定义数值型数据的小数位数、是否需要逗号分隔符、是否需要百分号、是否需要货币符号等。

步骤四：对表头、表体、表尾三个单元区域设置合适的行高、列宽及单元背景色等。

步骤五：给表体区域设置合适的边框等。

使用报表子系统“格式”设置功能，设计与报表内容匹配的直观、美观的报表格式，保存为.rep 文件。

8.3.2　定义数据来源

分析报表表体部分的数据来源，如果需要从数据库、本表或其他报表获取，可以通过定义单元公式实现取数目的。

1. 基本公式定义

在数据区域单元格中执行“数据—编辑公式—单元公式”功能，系统将提供公式编辑对话框，如图 8－7 所示。

在对话框中直接输入单元公式，或者运用可视化“函数向导”引导创建公式，系统将检查公式的合法性。

图 8-7 定义公式对话框

2. 函数向导运用

如果对函数的名称及参数不够了解，无法在公式编辑框中直接输入公式，则可以通过函数向导定义公式，函数向导将提供快捷、易用的定义过程。例如需要定义“税金及附加”的本期金额公式，使用函数向导，如图 8-8 所示。

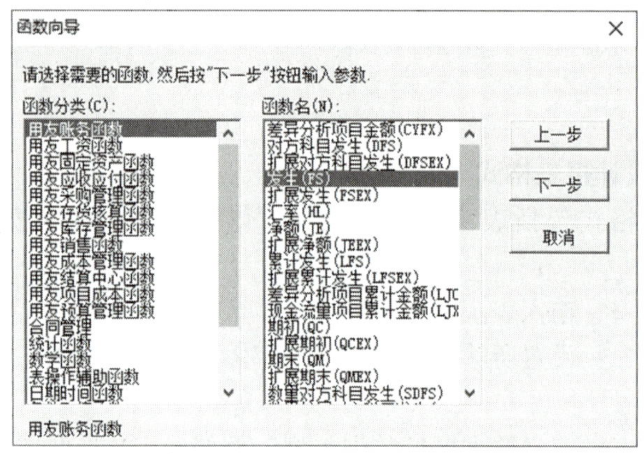

图 8-8 函数向导——选择函数

在左侧“函数分类”栏，定位于用友账务函数，右侧将显示所有待选择账务函数名称，选择发生（FS）函数，点击“下一步”，可以直接输入函数或者选择参照，参照界面如图 8-9 所示。

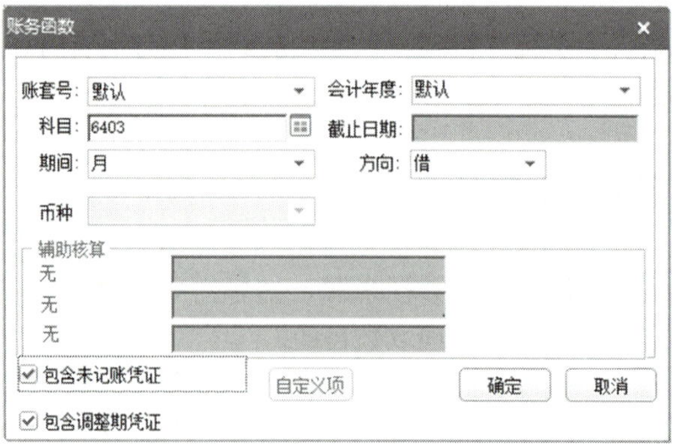

图 8-9 函数向导——设定函数参数

参照界面用于确定所选函数需要设定的相关参数，如账套号、会计年度、会计科目、期间、方向等。如图 8-9 所示，税金及附加的本期金额对应账务函数中的发生函数（FS()）。该函数所用参数为：

账套号：默认，即账套号将读取“数据—账套初始”功能所选择的账套号（便于该报表模板运用于不同账套报表的查询）；

会计年度：默认，即会计年度将读取“录入关键字”功能中输入的会计年度（便于该报表模板运用于不同会计年度报表的查询）；

科目：6403，即取会计科目 6403 税金及附加的发生额；

期间：月，即查询每个月的发生金额，而非日、季、年发生金额；

方向：借，即获取 6403 科目的借方发生金额，而非贷方发生金额。

如果该科目有辅助核算，还可以指定特定的辅助核算值，如查询某部门的管理费用发生金额；选择报表所输出的数据是否包含未记账凭证。

遵循函数向导，完成获取税金及附加的本期借方发生金额的公式定义。

3. 表内公式定义

表内公式可以分为两类：同一表页内公式与不同表页间公式。

(1) 同一表页内公式。在同一表页内的公式，如利润表的“净利润”＝“利润总额”－“所得税费用”，净利润存储于 C24 单元格，利润总额存储于 C22 单元格，所得税费用存储于 C23 单元格，则净利润的计算公式如图 8－10 所示。

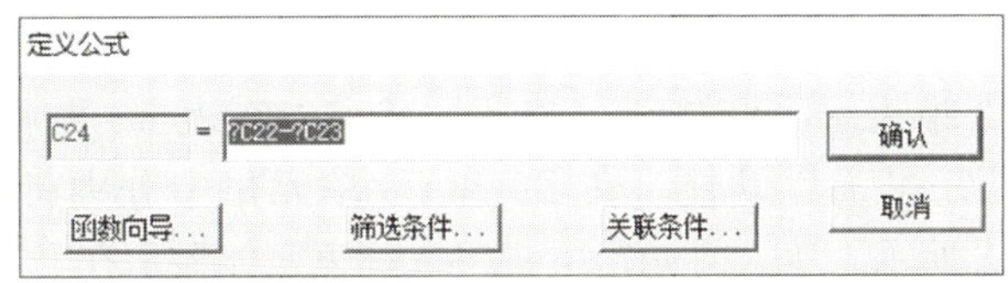

图 8－10　同一表页内公式

说明：报表子系统的单元格公式分为绝对公式和相对公式（与 Excel 中的绝对地址和相对地址相似）。在相对公式中，如果进行了行列的插删，数据源区域的首尾将自动调整为新位置。而绝对公式中的数据源区域不改变。对绝对公式进行移动或复制时，财务报表将精确地复制初始公式中的绝对引用。而相对公式自动调整为新位置，所以公式复制或移动后，相对公式指向不同的单元格，而不是初始公式中的引用。这些单元格与包含公式备份的单元格之间的关系等同于原始公式中引用的单元格与包含公式本身的单元格之间的关系。

类似 B19，列表加行标的表达方式属于绝对公式；而相对公式则是在单元格地址前面加上符号“?”，如?B19 属于相对公式。

(2) 不同表页间公式。当所取数据所在的表页页号已知时，用式（8－1）的方式可以方便地取得本表他页的数据：

＜目标区域＞＝＜数据源区域＞@＜页号＞　　(8－1)

例如，式（8－2）令各页 B2 单元均取当前表第一页 C5 单元的值：

B2＝C5@1　　(8－2)

例如，利润表中上期金额取自同一张表的不同表页，可以采用 SELECT 函数结合表页间公式的方式设计公式，如图 8-11 所示。

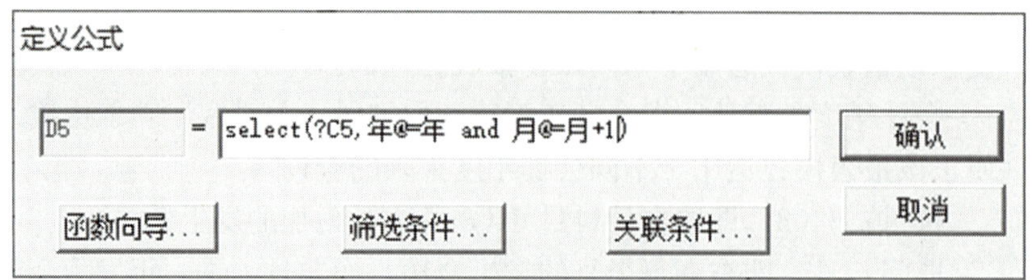

图 8-11 不同表页间公式

说明：如需进一步了解有关函数的运用与表页间公式的定义，请参阅练习软件报表子系统的“帮助”。

8.3.3 设置查询条件

关键字是一类特殊数据单元，可以唯一标识一个表页。报表子系统共提供了以下六种关键字，每个报表可以定义多个关键字。这六种关键字分别为单位名称、单位编号、年、季、月、日。年、季、月、日四个关键字可以用作表页的查询条件。一般来说，资产负债表的关键字为年、月、日，利润表的关键字为年、月或者年。

例如，报表子系统处于“格式”状态，在表 8-1 利润表的表头执行“数据—关键字—设置”功能，在 B3 和 C3 单元格中分别将年、月设置为关键字，如图 8-12 所示。年、月两个关键字以红色字体显示在 B3 和 C3 单元格，这两个关键字将作为利润表的查询条件。

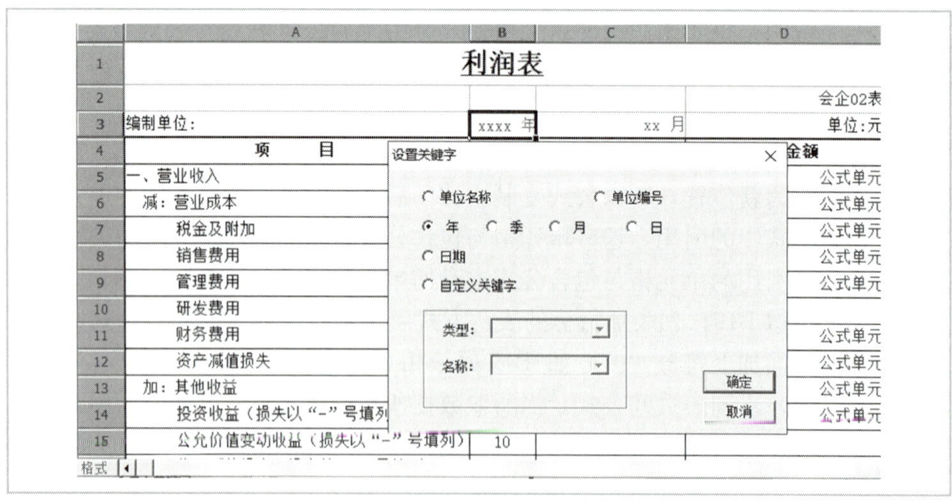

图 8-12 设置关键字

例 8-2

方华公司使用基础设置的功能和报表子系统的模板管理功能，在报表模板的基础上，设计资产负债表和利润表的简表，保存资产负债表和利润表各自的.rep 文件。

基础设置

实验指导

功能节点一：【UFO 报表】—【格式】、【编辑】
功能节点二：【UFO 报表】—【数据】—【关键字】—【设置】
功能节点三：【UFO 报表】—【文件】—【另存为.rep 文件】
说明：报表子系统处于“格式”状态（主界面左下角显示状态）时，执行本节功能。

8.4　报表子系统的日常处理

8.4.1　生成报表数据

1. 录入关键字，生成报表数据

将报表子系统从“格式”状态切换到“数据”状态（切换功能按钮在主界面左下方），在“数据”状态下，执行“数据—关键字—录入”功能，如图 8－13 所示。

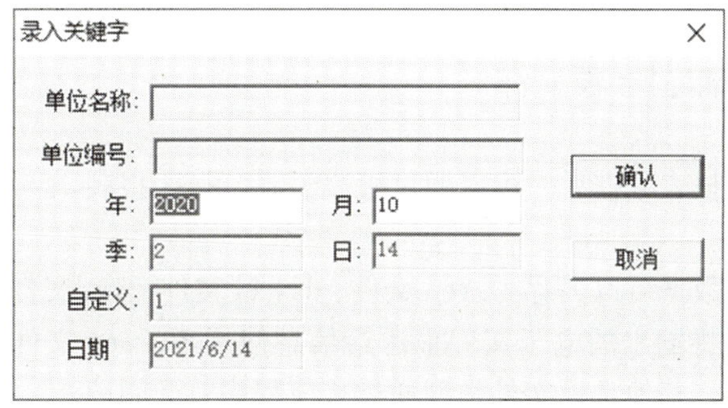

图 8－13　录入关键字

在图 8－13 所示界面中录入关键字——2020 年 10 月，系统将根据录入的关键字（即查询条件）、已经设计的报表格式和数据公式，生成方华公司 2020 年 10 月的利润表，如表 8－1 所示。

说明：由于方华公司账套启用日期为 2020 年 10 月，系统中只有 10 月份的账务数据，因此上期金额（9 月）为空。

2. 增加表页，生成不同期间报表

按报表的期间分类，报表可以分为年报、季报、月报。表 8－1 的利润表属于月报，这意味着一个会计年度将会有 12 张利润表，分别展现 12 个月的经营成果。为了满足同一张表适用于不同期间的报表编制需求，在报表子系统中，对同一报表，可以增加表页，用不同的表页存储不同期间的报表。

在报表的“数据”状态下，执行“编辑—插入—表页”或“编辑—追加—表页”功能。例如，在利润表的“数据”状态下执行追加表页功能，报表由 1 页

（10月份报表）增加为2页（10月份报表及空白报表）。在新增的空白报表页，执行“数据—录入—关键字”功能，录入以下关键字信息——2020年11月，系统将生成方华公司2020年11月的利润表。

3. 整表重算与表页重算

如果多个会计期间账务数据有变动，需要重新计算当前报表所有表页的单元公式，在“数据”状态下执行“数据—整表重算”功能，系统将根据各表页最新录入的关键字重新计算所有表页。

如果只是某个会计期间账务数据有变动，在“数据”状态下，打开需要更新数据的会计期间报表页，执行“数据—表页重算”功能，系统将根据当前页最新录入的关键字重新计算当前表页，其他表页不重新计算。

整表重算与表页重算将触发报表重新计算，这两个功能与“录入关键字”功能的不同之处在于：不能修改关键字，继续沿用最近一次计算时录入的关键字。

例8-3

方华公司打开资产负债表，录入关键字——2020年10月31日，生成资产负债表；打开利润表，录入关键字——2020年10月，生成利润表。

8.4.2 输出报表文件

生成报表数据后，可以通过报表子系统打印报表，将纸质报表报送给信息使用者。

报表数据可以另存为.rep文件、Excel文件、txt文件或者数据库（mdb）文件，可以将输出的电子文件报送给信息使用者。.rep文件需要通过UFO报表子系统运行，其他常见文件类型通过相应程序打开阅读。

报表数据可以转化为XML，HTML，PDF等文件格式，实现报表数据的共享与传递。

例8-4

将方华公司的资产负债表和利润表分别输出为.rep文件、.xls文件两种文件类型。

实验指导

功能节点一：【UFO报表】—【数据】—【关键字】—【录入】

功能节点二：【UFO报表】—【数据】—【整表重算】、【表页重算】

功能节点三：【UFO报表】—【文件】—【另存为.rep/excel/txt/mdb等数据文件】

功能节点四：【UFO报表】—【文件】—【导出】—【其他格式XML/HTML/PDF】

说明：报表子系统处于“数据”状态（主界面左下角显示状态）时，执行本节功能。

8.5 报表子系统的模板管理

报表子系统的模板包括系统提供的报表模板和企业自定义的报表模板两大类。系统根据行业、企业会计制度等提供了资产负债表、利润表、现金流量表和所有者权益变动表的模板，企业编制对外报送的财务会计报表时，可以使用系统提供的报表模板，基于报表模板修改报表格式，快速完成设计报表格式和定义报表数据来源的基础设置工作。企业也可以将常用报表设置为自定义模板，每次编制报表时，调用自定义报表模板即可。

8.5.1 参照报表模板设计报表

系统预置模板通常适用于对外报送财务报表的需求，例如提供资产负债表、利润表等财务会计报表的模板。建立空白报表后，参照格式设置中的“报表模板”。参照模板新建报表，报表基本格式和数据公式都已经设计好，但仍然需要对报表格式进行检查，确认是否符合报表填报要求；需要对数据公式进行逐一检查，确认数据公式是否正确无误，尤其是报表模板所使用的会计科目编码与账套中总账子系统的会计科目编码是否一致。如果新建的报表与需要设计的报表有差异，需要对报表格式或数据公式进行修改。

例8-5

方华公司设计资产负债表简表。

方华公司建立账套时预置了2007年会计准则科目体系，在新建资产负债表时，可以使用“2007年会计制度科目”下的报表模板，科目体系与报表模板保持一致，减少修改数据来源公式的工作量。

系统根据报表模板生成资产负债表的格式及单元公式，方华公司在此基础上修改格式，调整数据来源公式，将报表修改成符合其业务特点的资产负债表简表，如图8-14所示。

报表子系统从“格式”状态切换到“数据”状态，生成方华公司2020年10月31日的资产负债表简表。

8.5.2 自定义报表模板

系统除提供预制报表模板外，支持自定义模板的建立与应用。自定义模板主要用于满足建立对内报表的需求，每个企业的管理会计报表体系都有很大差异，系统无法提供通用模板，通过自定义模板可以建立起符合内部管理需求的报表模板。

资产负债表

会企01表

单位名称：xxxxxxxxxxxxxxxxxxxxxxxxxxxxx年xx 月 xx 日 单位：元

资　产	期末余额	年初余额	负债和所有者权益（或股东权益）	期末余额	年初余额
流动资产：			流动负债：		
货币资金	公式单元	公式单元	短期借款	公式单元	公式单元
应收票据	公式单元	公式单元	应付票据	公式单元	公式单元
应收账款	公式单元	公式单元	应付账款	公式单元	公式单元
预付款项	公式单元	公式单元	应付职工薪酬	公式单元	公式单元
其他应收款	公式单元	公式单元	应交税费	公式单元	公式单元
存货	公式单元	公式单元	其他应付款	公式单元	公式单元
流动资产合计	公式单元	公式单元	流动负债合计	公式单元	公式单元
非流动资产：			非流动负债：		
固定资产	公式单元	公式单元	长期借款	公式单元	公式单元
非流动资产合计	公式单元	公式单元	非流动负债合计	公式单元	公式单元
			负债合计	公式单元	公式单元
			所有者权益：		
			实收资本	公式单元	公式单元
			资本公积	公式单元	公式单元
			盈余公积	公式单元	公式单元
			未分配利润	公式单元	公式单元
			所有者权益（或股东权益）合计	公式单元	公式单元
资产总计	公式单元	公式单元	负债和所有者权益(或股东权益)总计	公式单元	公式单元

编制人：杨会计

图 8－14　参照模板设计的资产负债表简表

执行“格式—自定义模板”功能，按模板向导，先自定义行业名（即模板所属类别名称），如将模板类别名称定义为“对内报表”。

按照报表设计的方法设计报表格式和数据公式，保存为. rep 文件。如设计并保存“部门销售业绩分析. rep”文件。

按模板向导，在所定义的模板类别内添加模板。如选择“部门销售业绩分析. rep”文件，添加到“对内报表”模板类别中，完成自定义模板的过程。

需要编制“部门销售业绩分析”报表时，可以参照“对内报表”模板类别中的“产品分析表”模板建立报表，不需要重新设计报表格式和数据公式。

例 8－6

沿用第 3 章长江商贸有限责任公司的案例，长江商贸用报表子系统编制“部门销售业绩分析”报表，并将这张表设置为报表模板。

长江商贸新建一张空白表，保存为“部门销售业绩分析. rep”，这张表主要分析各部门每个月的销售收入、销售成本及销售毛利，如图 8－15 所示。

B4　=FS("6001",月,"贷",,,"201",,"y")

	A	B	C	D
1	部门销售业绩分析			
2		xxxx 年	xx 月	金额单位：元
3		销售一部	销售二部	销售部
4	销售收入	公式单元	公式单元	公式单元
5	销售成本	公式单元	公式单元	公式单元
6	销售毛利	公式单元	公式单元	公式单元

图 8－15　部门销售业绩分析

增加自定义模板类别：对内报表。

将“部门销售业绩分析.rep”文件加入“对内报表”模板类别，部门销售业绩分析被设置成一个可以随时调用的报表模板。

模板管理

实验指导

功能节点一：【UFO 报表】—【格式】—【报表模板】

功能节点二：【UFO 报表】—【格式】—【自定义报表模板】

说明：报表子系统处于“格式”状态（主界面左下角显示状态）时，执行本节功能。

思考题

1. 报表子系统与会计信息系统其他子系统相比有何特点?
2. 报表子系统的报表编制流程有哪些特点?
3. 报表子系统的主要功能包括哪些?
4. 在报表子系统中怎样设计报表格式?
5. 在报表子系统中怎样定义报表数据的来源?
6. 在报表子系统中怎样设计报表查询条件?
7. 报表子系统的报表模板有什么作用?
8. 报表子系统与其他子系统之间的关系怎样?
9. 利用报表子系统的功能，实践会计报表的编制。

扫码做题

第 9 章 Chapter 9 会计信息系统的建设

学习目标

1. 掌握会计信息系统的 IT 平台构建策略。
2. 理解会计软件的选择策略。
3. 了解会计软件招标。
4. 理解会计信息系统的实施方法。

9.1 会计信息系统的 IT 平台构建

会计信息系统是一个人机结合的系统，其基本构成包括硬件资源、软件资源（如网络操作系统、数据库管理系统、会计软件）、信息资源（如数据文件、会计规范）和会计人员等基本要素。因此，根据会计核算、控制和管理需要构建支持会计信息系统运行的 IT 平台，即根据会计核算与管理的需要合理配置硬件资源、软件资源、信息资源所形成的平台，是建设和实施会计信息系统最基础的工作。

对于单一企业来讲，其内部单位基本在同一地区，通过配置网络硬件资源、软件资源，选择云应用、B/S（浏览器/服务器）或者 C/S（客户/服务器）应用体系，就能够保证信息在各个部门之间实时传递和共享，IT 平台构建比较简单。但对于企业集团来讲，要合理配置硬件资源、软件资源、信息资源，构建支持企业集团跨越时空的会计信息系统 IT 平台则有一定难度。因此，我们主要讨论企业集团 IT 平台的构建问题。

随着市场经济的发展，企业集团发展越快、规模越大，会计核算的准确性、会计控制力弱化等问题就越突出。从客观上讲，由于资产规模大，资本链条长，管理跨度宽，地域分布广，在没有信息技术支持的条件下，受集团会计管理部门人员在能力、时间、精力和经验等方面的限制，企业集团的会计信息如同一个个信息孤岛，集团只能被动地在特定的会计期末获取整个集团成员的信息资源，并进行事后核算和分析，很难真实、准确地掌控下属成员单位的财务状况和经营成果。以网络为代表的信息技术的迅猛发展能够打破空间、时间的界限，为企业集团信息资源集中，成员之间信息协调、共享提供技术支持。因此，企业集团财务集中管理，即整个集团或者集团分层数据集中、信息集中、管理集中，受到越来越多企业集团的关注。

与此同时，我国政府部门也提出了财务集中管理的建议："要进一步提高中央企业集团公司对下属子公司的控制力，尤其是要加强集团财务的集中管理，逐步加大信息化建设力度，尽快建立健全财务预算管理制度，进一步强化总部对各级子企业实施资金集中管理和资金使用的预算控制，发挥集团公司的整体优势，控制经营风险。"因此，财务集中管理是企业集团财务管理的发展趋势。

企业集团组织结构、管理范围、实时控制力度等管理需求不尽相同，导致构建 IT 平台的方案有较大差异。对企业集团组织结构、管理范围和控制力度等要素进行综合考虑后，IT 平台的构建方案可以归纳为三种：实时集中、定期集中和混合集中。

9.1.1　实时集中 IT 平台

实时集中 IT 平台是指在 B/S 应用体系结构支持下，管理中心（总部）与各分支机构（分部）之间建立实时的网络通信系统（专网/公网），只在管理中心（总部）设立服务器，整个单位只使用一套会计软件；所有分支机构全部通过网络进行日常业务处理，并将所有数据全部实时传递到管理中心的服务器上进行集中存储；服务器由管理中心（总部）进行统一维护与管理，同时还可以通过统一的设置（如人员权限、会计科目等）来实现整个集团财务信息的集中管理。在这种 IT 平台支持下，集团可以统一调配信息资源，并对经营活动进行实时控制。实时集中 IT 平台模型如图 9－1 所示。

9.1.2　定期集中 IT 平台

定期集中 IT 平台是指在 C/S 技术或者 B/S 应用体系支持下，上级主管单位与其下属分支单位运行统一的会计软件，但各单位设立数据库服务器。在日常工作过程中，各下级单位财务管理人员通过本单位的服务器进行业务处理，并将数据保存在本地的服务器中，但在一定时期（如每月、每周、每日）通过网络或磁盘等传输介质将各下级单位的财务数据上传到集团的数据服务器中进行集中管理，为集团查询、统计、汇总、分析以及实时控制提供支持。定期集中 IT 平台模型如图 9－2 所示。

根据管理和控制的要求不同，定期集中模式又分为账集中与表集中两种不同 IT 平台。

(1) 账集中 IT 平台。账集中 IT 平台是指将集团下属分支单位的所有财务数据（包括凭证、账簿等明细数据）定期全部集中到集团，集团可以定期对下属单位的所有数据进行查询和分析，并对经营活动实施控制。

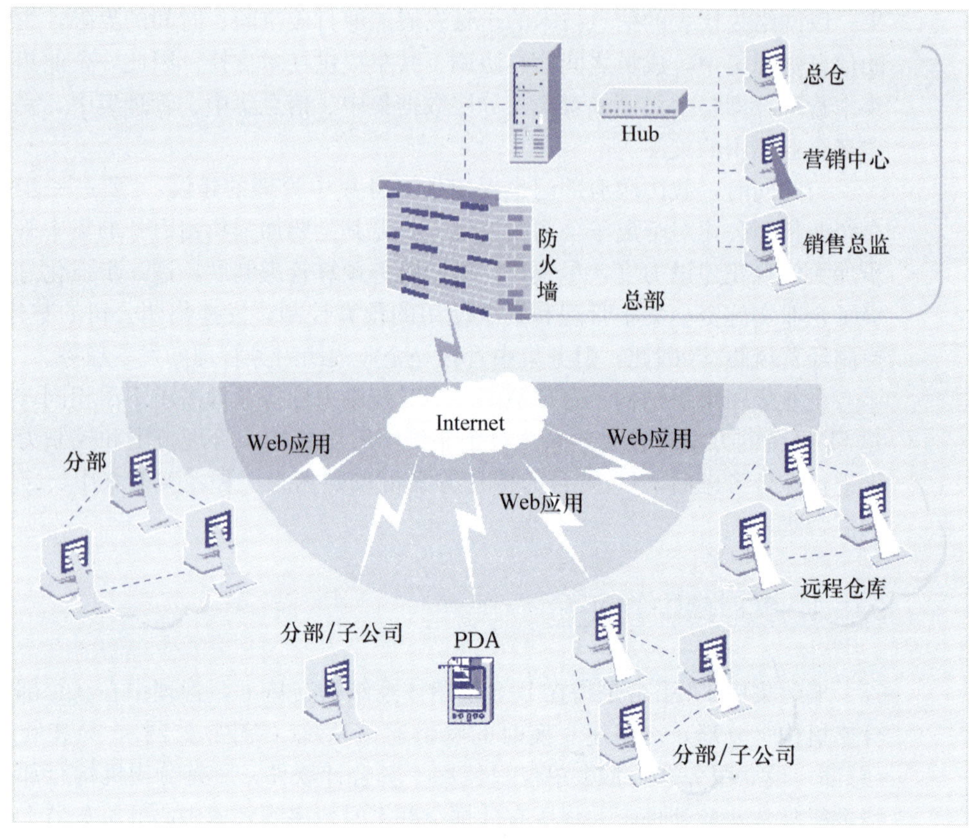

图9-1 实时集中IT平台模型

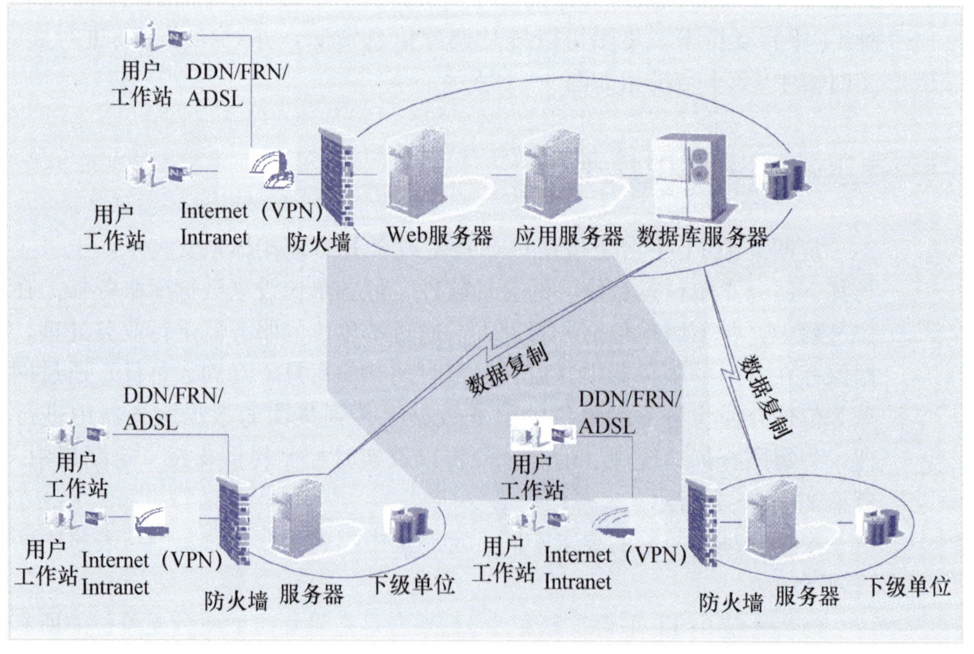

图9-2 定期集中IT平台模型

（2）表集中 IT 平台。表集中 IT 平台是指集团下属分支单位定期将上级所需的报表数据通过电子形式上报，然后由集团或上级单位通过统一的软件系统进行汇总、统计、分析、查询和控制。

账集中是表集中的高级形式，账集中能向上级单位提供尽可能详尽的财务信息，而表集中只能提供有限的经过处理的财务信息。实时集中与定期集中 IT 平台都是财务集中管理及网络信息技术成熟后发展起来的先进 IT 平台。从管理和控制角度来看，实时集中比定期集中更先进，因为实时集中可以提供更加全面、及时的财务信息，并对经济业务进行实时控制；定期集中在信息反馈上存在一定的滞后，只能定期对经济业务进行实时控制。从技术角度看，实时集中对网络连接、软件信息系统等支撑环境要求比较高，要求有比较稳定的远程网络连接和技术比较成熟的管理软件；相对而言，定期集中技术要求比较低，尤其是对于尚不具备网络实时互联条件的企业集团比较适合。

9.1.3　混合集中 IT 平台

混合集中 IT 平台是指在 B/S 技术或者 B/S+C/S 应用体系支持下，采用实时集中和定期集中 IT 平台共存的混合形式，它具有两者的共同特征。这种 IT 平台特别适合这样一类单位，即集团或者管理中心对一些下属单位需要实时集中管理和控制，而对另一些下属单位只需要粗放管理、定期集中数据和实时控制。

图 9－3 根据企业集团的管理特点和管理需求分别给出了相应的 IT 平台。

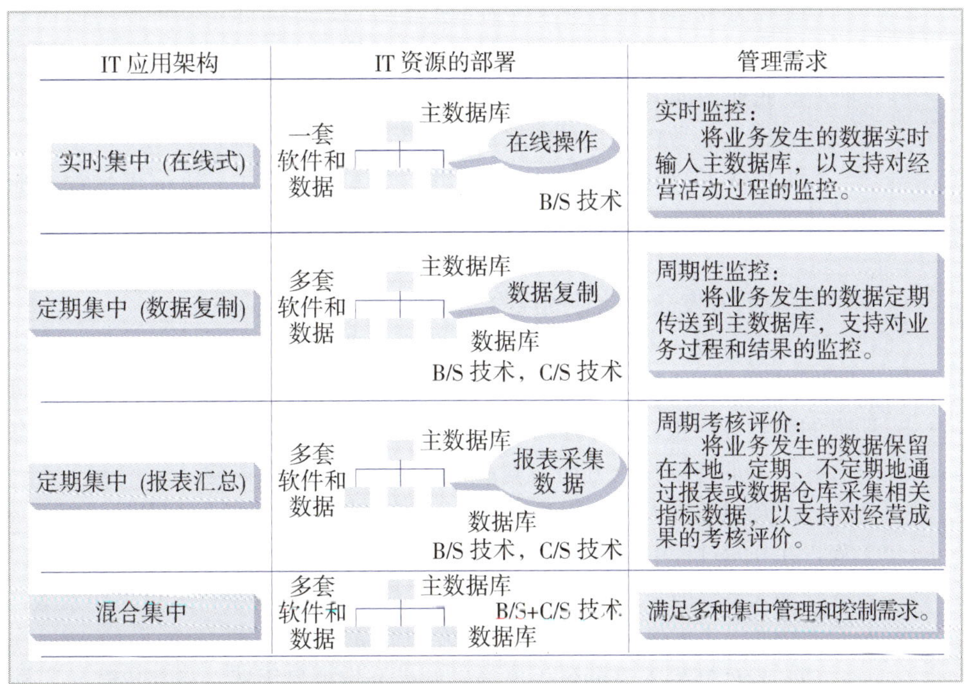

IT 应用架构	IT 资源的部署	管理需求
实时集中（在线式）	一套软件和数据　主数据库　在线操作　B/S 技术	实时监控：将业务发生的数据实时输入主数据库，以支持对经营活动过程的监控。
定期集中（数据复制）	多套软件和数据　主数据库　数据复制　数据库　B/S 技术，C/S 技术	周期性监控：将业务发生的数据定期传送到主数据库，支持对业务过程和结果的监控。
定期集中（报表汇总）	多套软件和数据　主数据库　报表采集数据　数据库　B/S 技术，C/S 技术	周期考核评价：将业务发生的数据保留在本地，定期、不定期地通过报表或数据仓库采集相关指标数据，以支持对经营成果的考核评价。
混合集中	多套软件和数据　主数据库　B/S+C/S 技术　数据库	满足多种集中管理和控制需求。

图 9－3　企业集团的管理需求与 IT 平台对照信息

9.2 会计软件的选择策略

随着业务的不断开展，越来越多的企业管理者感觉到需要一个强大的会计信息系统，以实现加快信息交流与分析、降低成本、强化资金管理与财务管理等至关重要的目标。会计软件（财务软件）是会计信息系统的核心，为了建立自己的会计信息系统，企业有两种策略选择会计软件：一是自行组织开发会计软件；二是外购会计软件。

9.2.1 自行组织开发会计软件策略

自行组织开发会计软件策略是指企业自己组织会计信息系统的开发队伍，完成从需求分析到程序设计等工作，最终交付会计软件。

1. 自行组织开发会计软件的益处

（1）多方组成的软件开发人员参与业务需求调研、业务流程优化与重组，有利于业务流程优化与重组在具体软件中的实现。

（2）从企业最需要信息化的环节出发，可以只进行必要功能模块的开发，使新系统更有针对性。

（3）充分考虑企业自身业务需求，不必考虑作为通用软件而增加很复杂的设置与配置功能，从而使软件更加切合企业发展需要，简单易操作。

（4）企业内部 IT 人员参与了会计信息系统的开发全过程，一旦系统出现问题或需改进，企业内部人员能够快速进行自我支持与维护。

（5）企业 IT 部门锻炼了一支队伍，人员素质在计算机应用、管理水平、团队协作等方面都会有较大的提升。

2. 自行开发会计软件的风险分析

（1）资金投入不足的风险。企业信息化建设是“一把手”工程，领导层的全力支持是必不可少的。自行开发软件需要相当长时间，企业不能在短时间内看到明显的效益和回报，领导层可能会在中途对自行参与开发的方案持怀疑态度，在资金、人力的持续投入方面力度不足，增加软件开发风险。

（2）项目负责人的协调能力制约了软件开发。会计软件开发是一项复杂的系统工程，在开发过程中需要多个部门的人员共同参与，如会计人员、软件技术人员、业务管理人员。但是，由于企业各部门工作多，特别是会计人员工作繁重，当项目负责人协调能力不强时，会计软件开发进程易受挫，甚至导致项目流产。

（3）软件开发人员的流失风险。软件开发项目周期一般都比较长，软件开发人员经过一段时间的训练后，综合分析问题和解决问题的能力普遍增强。由于软件设计与开发人员的稀缺，企业的软件设计与开发骨干人员可能被商品化软件公司挖走，带来软件开发人员流失的风险，导致软件开发受阻。

（4）软件的升级方面存在较大风险。随着 IT 技术的发展和应用平台的升级，软件升级换代是企业今后必然会遇到的问题。自行开发的软件升级工作需要企业自身 IT 人员来完成。但是，由于软件开发不是企业的主营业务，软件开发人员 IT 知识的更新受到制约；与此同时，随着企业管理的变革和创新，开发人员如果不能与时俱进，也会导致软件升级方面的风险。

综上所述，自行组织开发会计软件需要企业有很强的 IT 队伍，而且要保持人员长时期的相对稳定，只有这样才有可能保证软件开发、运行和升级维护的正常进行。这对大多数企业而言都是难以做到的，而且自行开发项目的投入成本实际上远远高于购买商品化软件的费用。因此，目前大部分企业集团都不采用自行组织开发会计软件的策略。

9.2.2　购买商品化会计软件策略

在会计信息系统发展初期，不少企业自己组织开发软件，这不仅不符合产业分工细化和专业化原则，而且大多数企业的软件开发与应用工作都不成功，有的甚至彻底失败。

随着信息技术的广泛应用和企业管理变革的深入，企业对会计软件（财务软件）的要求越来越高，很多软件公司孕育而生，专门从事会计软件或管理软件的生产、销售和服务。迄今为止，国内通过财政部评审的商品化会计软件公司已近 40 家，如用友、金蝶软件，而通过地方财政部门评审的会计软件公司也有近 200 家。外国软件公司也纷纷进入中国，如甲骨文和 SAP 等。大多数专业化软件公司开发的会计软件产品既通用，又比较稳定实用。因此，购买成型的商品化通用会计软件，已成为企业会计信息系统建设的一种重要方式。然而，用户在面对众多的商品化会计软件时，怎样选择最适合自己需要的会计软件呢？一般来说，应主要考虑以下几方面因素：

（1）了解软件功能是否满足本企业业务处理的要求。明确企业业务处理要求并了解软件功能能否满足这些要求，是企业选择会计软件最重要的一个方面。不仅要了解软件是否具有期望的功能，还要了解软件功能的实现是否准确。

在选择软件时要关注软件如何支持行业特征。在对本企业的行业特征进行需求分析后，认真分析所选择的软件是否能够满足本企业行业特征的需求。目前，市场上销售的软件基本功能都很相似，只是在功能细节方面各有不同。企业的行业功能需求主要体现在功能细节方面，这就要求企业在选购软件时，应了解软件功能在细节上能否满足自己的特殊要求或侧重点，并判断软件在功能实现的准确性方面是否到位。

在选择软件时要了解软件功能的完整性。企业可能分阶段完成会计信息系统的建立，可以先实施总账、报表、工资、固定资产，再实施采购与付款、存货、销售与收款，最后实施人力资源管理系统。在这种情况下，企业购买某一软件时，应考察该软件是否具有这些功能，能否从功能上满足分阶段实施计划。

（2）考察软件系统设置的灵活性、开放性与可扩展性。会计信息系统的建立实际上是在现代管理理论的指导下，用现代技术加强、改造、完善或建立全新的信息管理系统。因此，在软件系统运行后还必须考虑由于信息技术的飞速发展所引起的商业活动方式的变化对企业经营管理方式提出的要求。随着经营活动范围的扩大和方式的多样化，产生了许多新的市场机会，企业抓住这些机会的必要条件之一就是进一步调整、增强和完善信息管理系统的功能。这就要求软件系统的设置具有一定的灵活性，以便调整软件操作规程，适应新的业务处理流程的变化。同时，软件在与其他信息系统进行数据交换以及进行二次开发方面的功能，对于适应企业不断变化的管理工作是非常重要的。

（3）考察会计软件的运行稳定性与易用性。软件运行稳定性是软件质量和技术水平的体现。软件在运行时经常死机或非法中断，势必影响会计信息系统的运行效果和数据的安全性。一般而言，软件开发至少需要一年以上的时间才能形成产品，而在软件推向市场时，还需要半年时间的磨合，经过众多用户的实际运行考验才能趋向稳定，再需要半年至一年时间才能趋于成熟。用户可以从软件开发与投放市场的时间长短初步判断软件的稳定性，再通过一些实际操作或试运行进一步确定其稳定性程度。

软件的易学易用性对人员培训工作以及软件系统的应用效果也有影响，这也是企业在选购软件时应该考虑的。

（4）了解会计软件对计算机的性能要求及其运行效率。企业应尽可能选购与网络硬件平台无关的应用软件，即除非是专业应用，尽量不选用专用系统。专用系统在某一方面或某一时期可能是有特色的，一旦采用，势必牺牲系统的通用性，使应用软件系统的二次开发和运行局限在某一特定的范围内，很难与其他应用系统进行数据交换。如某企业购买的会计软件只能在苹果机或 AS 400 计算机上运行，而该企业根本就没有这些类型的计算机，或者为了会计软件运行而购置这类计算机，但企业其他应用系统，如办公自动化系统却不能在这些计算机上运行，从而造成数据交换上的困难。另一方面，在长期的系统运行与二次开发过程中，应用软件系统的更新换代以及厂家的前途等问题都有可能影响会计信息系统的建设。

此外，会计软件的运行对计算机硬件性能都有一定的要求。有些软件对计算机硬件性能要求比较高，如果用户的计算机性能不高，也不准备更新设备，则购买的软件可能在自己的计算机无法运行。因此，企业在购买软件时，一定要考虑本企业计算机硬件性能以及可以在该硬件上运行的会计软件。

另外，软件在投入正常运行后，软件的运行效率或运行速度因数据量过大而不断下降。为此，在选择软件时，要了解其他企业在使用该软件时数据量大小对运行速度的影响。

（5）考察软件开发商的发展前景和售后服务体系。软件开发商的技术实力和发展前景也是企业在选择会计软件时应该考虑的一个重要方面。如果软件开发商的技术实力有限或者根本没有稳定的技术开发队伍，则今后软件功能的改进和版本升级都将会存在问题或没有保证。如果企业选择由这样的开发商开发软件，就只能是一种短期行为。为此，企业在选择小公司开发的会计软件时要特别谨慎，虽然小公司开发出的软件由于用户数量少而在技术支持和服务上更令用户满意，但小公司一旦倒闭，用户购买的软件将得不到长期后续技术支持。

此外，某一软件的售后服务体系是否健全、服务水平的高低以及服务态度的好坏，对于选用的软件能否顺利投入实际使用、软件运行过程中出现的问题能否得到及时解决也是至关重要的。如果售后服务和技术支持得不到保证，软件即使投入实际运行，也会由于种种原因而终止使用。特别需要注意的是，选用的软件在企业所在城市或地区设立售后服务机构，对于该软件的长期运行是一个重要保障，也就是说，如果购买的是名牌软件，但在本地区没有售后服务机构，则软件运行出现问题时将很难及时得到解决。

9.2.3　会计软件的招标

当企业对多家商品化软件有了感性认识后，为了保证会计软件选择的公正性和合理性，可以对会计软件进行招标。

一般来讲，企业根据其核算和管理需求设计招标书，并向有关的软件公司发放招标书；投标单位根据招标书要求进行投标；企业经过评标后，选择软件资源的提供商。不同企业其核算和管理的需求不同，招标书的内容也不尽相同。图 9 - 4 给出了典型的招标书的基本格式和内容。

××企业财务管理信息化项目
会计信息系统—会计软件
招
标
书
××集团公司
20××年×月

目录

第一章　招标邀请
第二章　投标须知
　一、投标费用
　二、投标书要求
　三、投标书组成
　四、有关说明
第三章　项目概要
　一、背景描述
　二、项目范围
　三、项目设计原则
　四、项目设计技术要求
第四章　项目需求
　一、总体应用目标
　二、总公司领导应用目标
　三、二级单位应用目标
　四、具体需求
　1. 客户化需求
　2. 账务处理与控制
　3. 采购/应付核算与管理
　4. 存货核算与管理
　5. 销售/收款核算与管理
　6. 全面预算管理
第五章　附件

第一章　招标邀请

各软件公司：

根据××集团公司企业信息化发展总体规划的要求，结合××集团公司会计信息系统应用的实际情况，××集团公司决定对××集团公司会计信息系统的会计软件进行选型和实施。我们认为贵单位基本符合投标条件，特向贵单位发出投标邀请函。

××集团公司财务信息化工作组对××集团公司“会计信息系统”项目进行招标邀请，系统提供商购买一套招标文件需支付人民币××元整，无论中标与否，此款一律不退还。不购买招标文件的系统提供商，不具有投标资格。

一、招标编号：

二、招标内容：《会计信息系统》

三、招标方：××集团公司

四、招标组织部门：××集团公司财务信息化工作组

五、发标时间：20××年2月24日

六、发标地点：北京市三里河路××号××集团大厦

七、投标截止时间：20××年3月19日

八、投标地点：北京市三里河路××号××集团大厦

九、投标形式：投标单位必须在此时间内将投标文件直接送达投标地点，逾期的投标文件将被拒绝。

十、中标通知形式：以书面函件方式发布中标通知。

联系地址：北京市三里河路××号××集团大厦

联系人：张文

电话：××××××××

邮政地址：××××××××

邮编：××××××

第二章　投标须知

一、投标费用

投标方需承担与本投标有关的自身所发生的所有费用，包括标书准备、提交以及其他相关费用。无论投标结果如何，招标方不承担、分担任何相关类似费用。

投标方在招标方规定日期内到招标方领取招标书。

二、投标书要求

1. 投标方在投标之前必须认真阅读本招标书的说明、图表、条件及规范等所有内容，投标方因未能遵循此要求而造成的对本招标书所要求投标方提供的任何资料、信息、数据的遗漏或任何非针对招标书要求项目的报价均需自担风险，并承担其标书可能被招标方废弃的后果。

2. 投标文件必须满足招标文件的全部要求，任何缺项将可能导致投标书被拒绝。

3. 如果投标方拟提供的方案与招标书要求不完全一致，或具有招标书中未提及的其他方案，投标方应在投标书中做出详细说明并提供详尽的技术资料，以便招标方对其做出评价和选择。

三、投标书组成

1. 投标书；

2. 详细的设计方案和对会计信息系统的总体实施计划；

3. 项目质量、服务承诺条款；

4. 投标报价表。

四、有关说明

主要包括投标价格、授权书、投标方资格证明资料、投标书形式、开标、无效投标、评标、保密、授标及签约等方面的具体说明。

第三章　项目概要

一、背景描述

1. ××集团公司简介。

2. ××集团公司会计信息系统现状。

二、项目范围

本项目涉及的对象包括××集团公司及其下属核心企业/骨干企业。

本项目从××年×月起至××年××月止，共历时×年完成会计信息系统的建立。

三、项目设计原则

系统应采用国际先进的开发环境和工具，保持在国内具有领先的技术水平；结合实际业务需求，建设有高性能、低成本的系统。具体来讲，应该提出以下原则：

1. 系统性原则；

2. 实用性原则；

3. 扩展性原则；

4. 可靠性原则；

5. 安全性原则；

6. 集成性原则。

四、项目设计技术要求

所有产品及文档必须符合国家标准与相应的国标标准。

所有产品必须满足现有网络运行状况，采用 B/S（Browser/Server）架构实现各核心企业/骨干企业的集中财务管理。

招标人欢迎投标人根据本招标文件，结合招标人的应用特点，提出最佳设计和建设性意见。

投标人需在投标文件中详细描述其产品的运行、应用所需的软件、硬件以及网络环境。包括：

1. 招标人产品所需的最低网络环境；
2. 所需的各类软件的品牌、版本、报价及其他要求；
3. 所需的各类服务器、终端以及各类设备的性能、最低配置需求等。

第四章　项目需求

一、总体应用目标

能够及时、准确、全面地得到整个××集团公司的财务信息，实现事前预警、事中控制、事后分析评价相结合的目的，由结果控制转变为过程监控。从总体应用角度提出应用目标，主要包括：

为企业提供一个完整的会计信息系统，统一集团会计制度，使集团内的各个企业以及企业的各个部门都在统一的信息系统中实现集中核算与管理，打通各个信息孤岛。

实现集团财务的集中管理，整个集团采用一级集中，即各个分子公司的信息实时传递到集团。

加强集团财务监控职能，满足集团公司总部对其下属公司实时财务管理与监控的要求。

实现全面预算管理，包括各种经营计划及资金预算、费用预算等。合理编制预算，通过对下属各业务单位项目执行情况的跟踪、核算与管理，实现对预算执行情况的跟踪控制，有效控制部门、项目费用，降低成本。利用信息系统细化业务核算与业务考核，核算到每一批，考核到每个人。

提供支持企业集团战略管理的分析报告。从集团管理的视角提供分析信息，包括区域销售分析、产品投入产出分析、事业部损益分析等。

二、总公司领导应用目标

从总公司领导角度提出目标，主要包括：

总公司财务领导依据权限能够随时调阅或查询整个集团资金状况及其分布统计报表，审批资金使用计划。

总公司财务领导依据权限能够及时了解整个系统的经营状况，包括收入、项目成本、应收应付、运营费用等多方面的情况，便于经营决策。

总公司财务领导依据权限能够及时了解整个系统预算的执行状况，分析预算差异的原因，及时采取纠正措施。

总公司财务领导依据权限能够跨单位及时查询各个单位的财务数据，最直接、最快捷地监控下属企业。

总公司财务领导依据权限能够得到多角度的财务分析数据，如按照地区、企业规模、企业性质等多角度汇总统计的报表数据。

总公司财务领导可以及时收到企业经营中的重大事件的预警信息，便于经营决策。

三、二级单位应用目标

根据二级单位的控制要求给出应用目标（略）。

四、具体需求

主要包括客户化、财务处理与控制、采购/应付核算与管理、存货核算与管理、销售/收款核算与管理、全面预算管理等具体需求。

第五章　附件

投标书

致：××集团总公司

根据贵方招标文件的要求，正式授权下述签字人：

姓名：　　　　单位：　　　　职务：

电话：　　　　E-mail：

代表投标方提交下述文件：

1. 应用方案；
2. 技术方案；
3. 实施计划与内容；
4. 用户培训计划（包括基本操作维护、日常业务处理、维护等方面）；
5. 售后服务方案等。

20××年×月×日

图 9-4　招标书

9.3　会计信息系统的实施

9.3.1　会计信息系统实施的意义

随着计算机和现代信息技术的飞速发展，改造企业管理手段和实现企业管理信息化已成为提升企业竞争力的重要措施，会计信息系统就是在企业管理信息化中的典型应用。

研究表明，实施信息系统是一个管理变革的过程，进行管理变革一定会遇到抵制。德勤公司 1999 年对北美 400 位 CIO 的调查资料（见图 9-5）阐述了对变革抵制的程度。

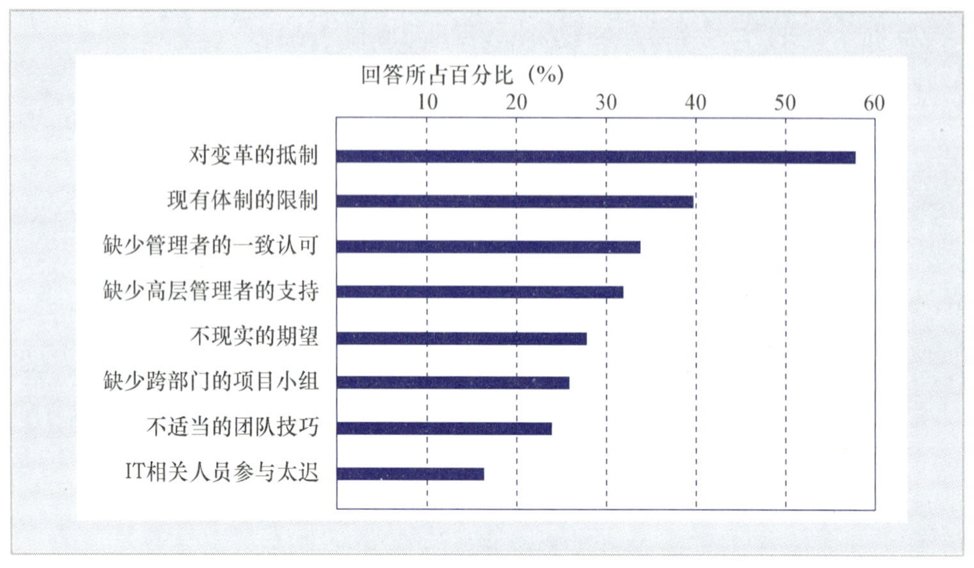

图 9－5　对变革的抵制程度

从上述资料可以看出，如果没有行之有效的实施方法支持，信息系统是很难构建和有效运行的。会计信息系统建设的成败关键在于应用软件系统的实施，这是会计信息系统建设过程中最重要的一个环节。对于中小型会计软件系统，软件功能与结构相对简单，实施这一环节经常被淡化。通常的做法是会计软件开发商或经销商为购买和应用会计软件的用户提供以下实施服务：

（1）指导用户进行软件安装；

（2）指导用户进行软件参数设置与有关编码设置；

（3）辅助用户准备初始化数据并指导用户如何录入这些初始化数据；

（4）培训用户学会会计软件的操作使用；

（5）帮助用户解决运行过程中可能出现的问题。

但是对于大型会计软件而言，会计软件的实施是软件应用能否取得成功的至关重要和必不可少的一个环节。

大型会计软件系统不仅包括账务处理、报表、工资和固定资产功能模块，一般还包括应收账款模块，应付账款模块，资金管理模块，采购、销售和库存管理模块，有的甚至包括生产和成本管理模块。不仅各模块管理的数据信息量大，各模块内部以及各模块之间的数据流程与关联关系也很复杂。要求一个用户掌握所有模块的操作使用是不可能的，也没有必要。一般情况下，操作人员根据自己的岗位职责分工只掌握并应用部分软件功能。对用户的培训是针对不同岗位的用户培训相应的软件功能以及所有用户在应用整套系统时的团队精神。

大型会计软件系统内的业务处理流程与手工业务处理流程之间需要协调。大型会计软件不仅仅提供技术解决方案，更重要的是提供一种先进的管理思想。在特定的管理思想指导下，软件中的功能按照一定的业务流程为业务处理提供解决方案。而手工业务处理也具有一定的流程，但手工业务处理流程肯定不能完全适应计算机业务的处理要求，为此，大型会计软件实施一方面需要对手工业务流程进行重组或优化，理顺和建立合理化业务处理流程；另一方面由于不同行业管理模式与业务处理流程各具特点，需要对大型会计软件系统内的业务处理流程进行设置甚至进行部分调整，以适应特定行业业务处理与管理的需要。只有最终实现重组后的业务流程与大型会计软件功能处理流程的和谐与统一，才能保证软件系统的成功应用。

大型会计软件应用经常需要按照用户特定的需求，对软件系统应用进行客户化改造甚至涉及二次开发工作。

目前，我国企业建立的大型会计信息系统中，一些系统的应用效果不好，问题一般都出在应用软件实施这一环节，失败的教训使人们认识到“三分软件，七分实施”这个道理。

信息系统的实施是指对企业管理与控制目标和需求进行认真分析，对业务流程进行标准化重组，建立项目实施小组，在“一把手”的指挥下，按照先进的实施方法一步步将管理目标、管理思想、管理方法、企业流程、企业员工等与软件有机融合起来，最终建立一个可以运行的系统。大型会计软件的实施需要在科学的方法论指导下按规范化的实施步骤进行。不同的软件开发商或管理咨询公司提供的软件实施方法各不相同，但一般来讲，信息系统的实施分为三个基本阶段：

（1）项目准备；

（2）项目管理；

（3）项目验收。

在各个阶段所采用的特定控制机制和管理方法就是信息系统的实施方法，如图 9－6 所示。

项目管理实施周期 →

项目管理过程的控制机制 ↓

	项目准备	项目管理				项目验收
		制定计划	组建组织	建立控制机制	明确实施步骤	
进度控制						
质量控制						
问题跟踪						
文档管理						
报告控制						
风险控制						

图 9－6　项目实施过程和生命周期

本章结合会计信息系统的实施过程，讨论与其相关的实施方法。

9.3.2 实施前的项目准备

会计信息系统的实施是一项艰巨的系统工程，是企业信息化建设的重要内容。企业是否进行管理信息化建设，完全取决于企业在全球市场环境下的竞争需求。

1. 宏观需求分析

会计信息系统的实施存在一个认识和时机的问题，这就是我们所说的宏观需求分析，可以说，宏观需求分析主要解决企业战略目标的制定问题。首先需要分析是否进行管理信息化的建设，有没有条件进行，什么时候进行，资金和人力是否准备到位，预期效益如何等问题。其次要分析企业在全球一体化竞争中的位置，把企业的竞争状况与主要竞争对手进行逐项对比，明确企业产品和技术的发展趋势，确定希望管理信息化解决的问题。最后还要分析高层领导是否有改革开拓的决心，是否有不断进取和对项目勇于承担责任的精神，这也直接影响管理信息化的成败。如果管理层认为有必要建设管理信息化，则要制定战略目标，确定企业建立会计信息系统所期望达到的目标，并与企业发展战略目标保持一致。

2. 微观需求分析

微观需求分析主要是解决企业实施战术的制定问题。要制定合理的实施战术，必须认真、细致地分析企业存在的问题，对问题进行诊断，并提出新的需求。企业应该成立需求分析小组，对企业存在的问题进行充分的调研，总结和分析企业会计信息系统的需求。

（1）组织结构调整的需求。分析组织结构调整的需求是非常重要的，它影响会计信息建设的正确性。

例如，某企业集团下属若干分子公司，各个分子公司建立自己的财务账套，集团有自己的财务账套，整个集团的财务状况和经营成果通过合并报表进行反映，如图 9-7 所示。

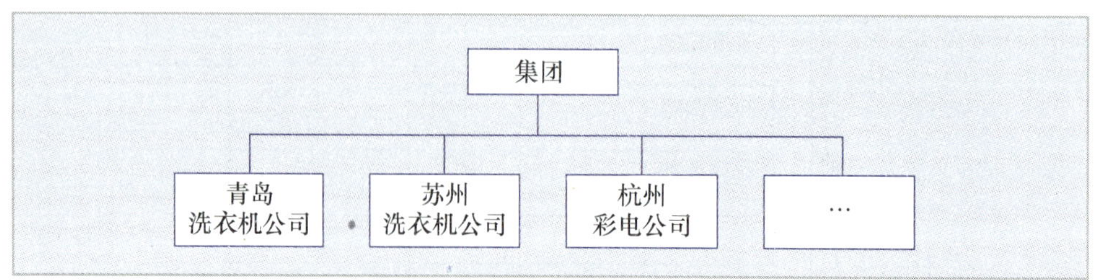

图 9-7　改变前的组织结构

随着市场竞争加剧，企业集团拟改变传统的组织结构为事业部组织结构，如图 9-8 所示。

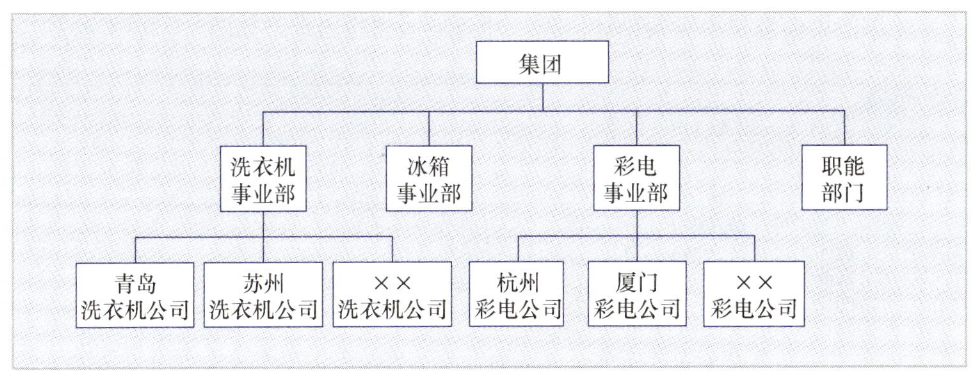

图 9-8 未来的组织结构

这时要求实施人员关注这种企业结构的变更，事业部组织结构不仅要求每个法人实体建立财务账套，而且要按照管理要求，建立事业部账套，动态反映每个事业部的财务状况和经营成果。

如果不了解企业组织结构变更的需求，将会使会计信息系统的实施受到影响。

（2）流程优化的需求。认真分析信息技术对现有流程的冲击和影响，不仅要分析现有流程，而且要利用信息技术改造流程，描绘出新的更合理的流程。

例如，对某企业现行的报销流程描述如图 9-9 所示。

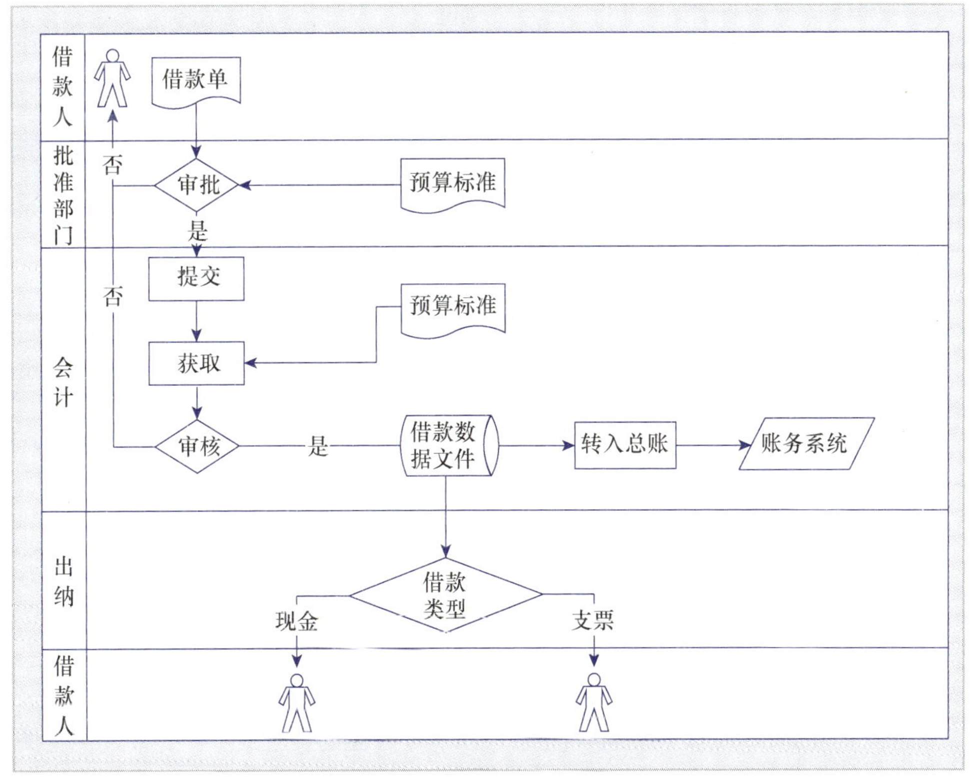

图 9-9 现行借款流程

该企业拟利用信息技术实现网上借款，上述流程无法满足企业管理需要，应该借助信息技术重新设计流程，并清晰地描述出来，如图 9-10 所示。

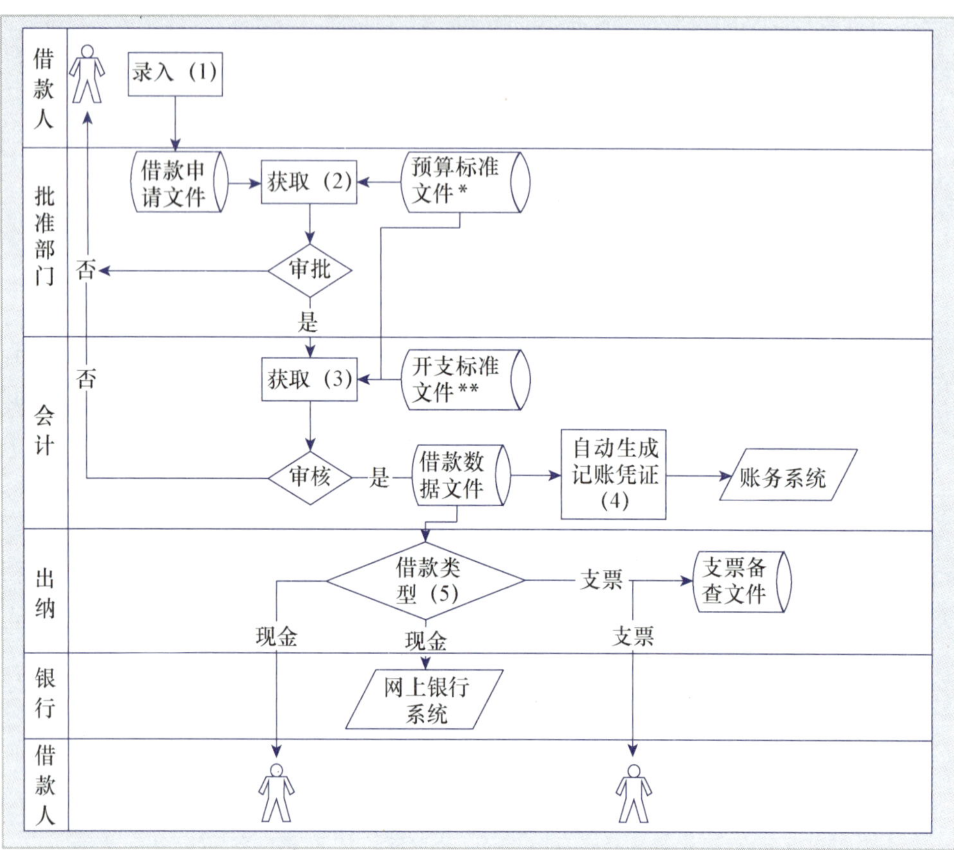

图 9-10　网上借款流程

说明：(1) 借款人网上填写借款申请单，并自动保存在借款申请文件中。

(2) 批准部门通过网络从数据文件中获取借款申请文件和预算标准，并根据预算标准进行审批；审批通过，则由网络自动传递给财务处会计岗位。

(3) 和 (4) 财会人员通过网络从数据文件中获取部门领导审批过的借款申请、预算标准和开支标准，进行实时控制：如果部门预算超标或者借款事项超出开支标准，审核未通过，则将信息反馈给借款人；如果符合要求，则将审核后的借款单保存到借款数据文件中，自动生成记账凭证传递到账务系统。

(5) 出纳通过网络从借款数据文件中获取借款单，根据借款类型做相应处理：如果借款类型是“现金”，一种方式是通知借款人领取现金，另一种方式是将现金传入网上银行系统打入银行储蓄卡；如果借款类型是“支票”，则将支票交给借款人，并将信息保存在支票备查文件中。

* 预算标准文件是由经费处在预算管理系统中编制的反映各部门经费预算总额的数据文件。

** 开支标准文件是由经费处在预算管理系统中编制的反映有关各种借款规定的数据文件。

此外，还要对企业控制模式、商业模式等具体需求进行分析。

3. 制定实施战术

在需求分析的基础上，企业应该制定具体的实施战术，为系统实施提供基础资料。实施战术就是企业为了实现战略目标而制定的具体规划，主要包括项目的目标和范围、流程再造和梳理、分步实施的具体内容、项目实施的评价方法、实施周期估算等。如果企业在需求分析和撰写项目规划方案阶段有难度，可以请咨

询公司、大专院校的研究机构进行管理咨询，与企业一起完成上述工作。

9.3.3　项目管理

项目是一项独特的具有一定风险性的任务，这个任务应该按照一定的时间期限、一定数量的费用，在预期的实施范围内实现项目的预期整体目标，满足各方面既定的需求。项目管理的目标是合理配置项目所需的资源，并保证在规定的时间内保质完成任务。项目管理包括项目实施计划的制定、项目实施组织的建立、项目控制机制的建立等方面的内容。

1. 制定项目实施计划

一个项目的成功实施需要有一个有条不紊的实施过程，而该过程需要通过项目实施计划来指导。一般来讲，由项目组项目经理编制项目实施计划，并在项目实施过程中及时更新与维护。项目实施计划包括：确定详细的项目实施范围，制定项目实施的主要阶段、有关活动和详细任务的时间进度及预算；为每一活动分配所需人力资源，并保证其有足够的时间按进度完成项目；加强项目实施过程中的控制机制。详细实施计划不仅可以作为项目组成员工作安排、绩效考核的依据，而且可以指导实施，作为控制实施进度和实施质量的依据。实施计划模板如表 9-1 所示。

表 9-1　项目实施计划

标识	阶段	阶段中的任务
1	项目准备	
1.1		指派项目经理并成立项目组
1.2		制定具体实施计划和步骤
1.3		系统需求调研与需求确认
1.4		项目涉及的管理课程培训准备
2	项目建设	
2.1		项目启动会议与管理思想和方法培训
2.2		系统安装和产品培训准备
2.3		项目组人员软件产品培训
2.4		系统需求调研
2.5		制定实施解决方案和数据准备方案
2.6		实施方案测试
2.7		二次开发
2.8		制定测试方案和测试数据准备
2.9		用户测试培训
2.10		模块测试、二次开发测试、集成测试
2.11		实施解决方案
2.12		制作标准操作手册
3	项目交付	
3.1		系统切换计划
3.2		最终用户培训
3.3		系统权限设计与分配
3.4		正式账套准备
3.5		系统切换
3.6		现场支持
4	项目验收	
	持续支持	

2. 建立项目实施组织

会计信息系统的建立是一项非常复杂的系统工程，需要成立项目实施组织，在项目经理负责制的前提下实施。

项目实施组织是通过协议、合同等组建的，同时配合各种机制、资源、组织制度完善组织的内涵。项目实施组织建立的基本原则是因事设人，通过不同的实施阶段、实施活动内容设立相关参与人员。项目组织形式多种多样，应该由软件资源提供单位和企业自身的管理与应用人员共同参与，并保证由以下基本人员构成：企业项目负责人、软件资源提供单位项目总监、软件资源提供单位项目经理、管理咨询专家、业务咨询专家、技术咨询专家、企业项目经理、会计信息系统应用组织、系统管理技术组长、企业会计信息系统应用人员等。典型的项目实施组织的结构如图 9-11 所示。

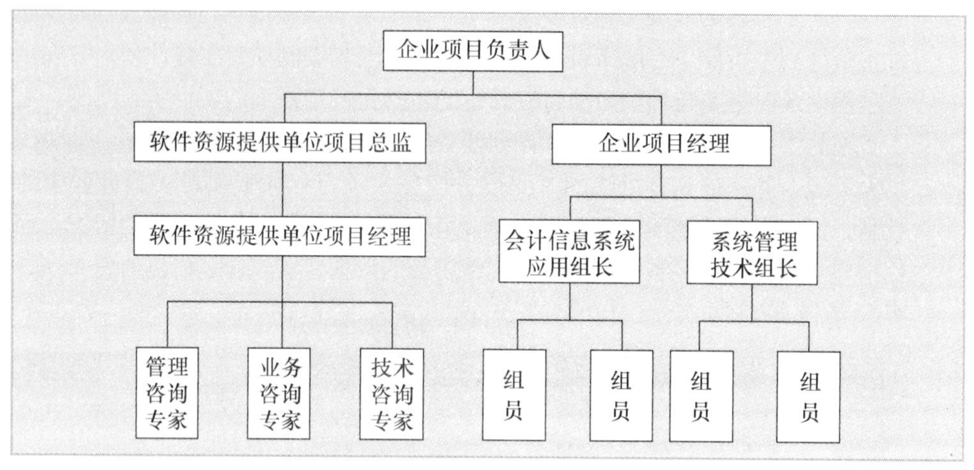

图 9-11　项目实施组织结构

（1）企业项目负责人：对本项目全权负责，一般由企业“一把手”担任。

（2）软件资源提供单位项目总监：负责与项目建设单位的总体协调及实施工作安排。

（3）软件资源提供单位项目经理：负责项目的实施过程，掌握项目实施进度，提交相关实施报告及成果。

（4）管理咨询专家：提供项目的管理咨询。项目的实施是将管理思想、管理方法与信息技术融合的过程，因此，在实施过程中，管理咨询专家应该提供管理改革方面的建议，借助管理优势控制项目风险。一般来讲，管理咨询专家应该聘请具有丰富的行业经验、参与过同类项目实施的人员担任。

（5）业务咨询专家：负责与会计信息系统相关的业务调研、需求分析；负责各模块的培训及系统初始化工作，按计划完成各项实施任务，提交项目状态报告；负责业务流程优化；设置系统测试方案并协助项目组进行各模块测试、集成测试；提交系统应用手册；及时反馈实施过程中的问题。

（6）技术咨询专家：负责数据库及软件资源的配置、安装、调试；对企业相关系统管理技术人员进行培训，提交项目状态报告；提交技术应用手册；提交系统安装报告等。

(7) 企业项目经理：负责与软件资源提供单位协调，管理和监控项目的实施过程，并对项目的实施成败承担直接责任。

(8) 会计信息系统应用组长：从系统应用角度进行把关，与软件资源提供单位的业务咨询专家、管理咨询专家合作，负责对业务流程与会计流程的改造和完善方案的审批、会计控制方法的选择、控制模式的确立，并指导组员参与项目的具体实施等。

(9) 系统管理技术组长：从技术上对项目进行把关，与软件资源提供单位的技术咨询专家合作，完成数据库及软件资源的配置、安装、调试；对项目状态报告、技术应用手册、系统安装报告等进行审批和确认，并指导组员参与项目的具体实施等。

3. 建立项目控制机制

有效的项目控制是项目成功的基本保证。在项目实施过程中，项目的控制应贯穿于项目的全过程，即包括项目实施前的控制、实施过程中的控制和实施完成后的控制。同时，项目在控制过程中要有一系列控制机制把握项目的进程。主要包括以下控制机制。

(1) 进度控制机制。项目有严格的时间期限要求，进度的控制是为了控制时间和节约时间。项目经理应按周检查工作进度，并向项目总监提交进度报告，在报告中简要阐明已完成的工作、工作质量评价、人员评价、工作进展情况、工作中存在的问题以及解决办法。对用户出现的问题要记录在案。

(2) 质量控制机制。质量管理是项目管理的重要方面之一，在整个项目的实施过程中，良好的项目质量管理体系是项目成功的保障，质量控制机制可以最大限度地避免实施过程中出现的总体偏差，保证项目朝着预定目标方向发展。

项目质量管理的关键是建立和执行适当的衡量标准。一般来讲，项目组依据项目计划、项目的整体目标、实施策略和方法来制定项目的衡量标准，其主要标准体现在以下几个方面：1) 企业管理层的满意程度；2) 项目小组、最终用户的满意程度；3) 质量要求及时间的估计和成本的预算。该标准是项目实施过程中质量检验的重要依据。通常情况下，该衡量标准在项目实施过程中保持不变。同时，项目实施小组定期通过衡量标准对项目的进展状况进行评估，使项目决策者能够迅速、有效地对项目实际进展情况、实施状况做出客观、公正的判断，从而及时采取各种必要的措施。如果出现了偏差，采取相关的纠正措施，如调整项目实施计划，调整资源的分配等，及时将项目实施工作引入正常轨道。

(3) 问题跟踪机制。项目小组成员在遇到实施问题时，应首先建立问题书面记录，并有随后的跟踪记录，通过各种方式使问题得到解决以后，形成解决结果记录，以便实施完毕有据可查。问题的跟踪应落实到相关的具体项目组成员，由具体的项目组成员协调资源，及时使问题得以解决，从而保证项目的顺利进展。

(4) 文档管理机制。项目组织应该建立专门的项目文档，包括项目升级方案、计划、阶段成果确认、派工单、问题处理记录、会谈记录、项目变动、培训记录等所有与项目有关的文档。对这些文档进行有效的管理，以项目文档跟踪整个项目实施过程。

（5）报告机制。项目组成员应首先在小组内部讨论、解决问题，并予以记录，对解决问题的效果也要予以记录。如果不能解决，应按照项目组织结构图逐级向项目组长、项目经理等项目领导层汇报，所有重要问题都应有书面材料。

（6）风险控制机制。项目实施过程中可能发生各种风险，风险控制是项目实施过程中的重要内容。对于一个实施项目的风险管理，首先要对项目本身有深刻的认识和理解，通过理解项目去识别项目潜在的各种风险。对各项风险采取专门措施进行风险管理和控制，最大限度地降低风险、控制风险。

4. 明确项目实施步骤

根据项目的目标、范围和计划在不同阶段明确项目实施的具体步骤，并严格按照项目实施步骤进行项目建设。表 9－2 给出了某企业项目实施的步骤。

表 9－2 某企业会计信息系统项目具体实施步骤

阶段	阶段主要任务	所需工作日	投入人数	合计天数
1	项目准备			14
	指派项目经理并成立项目组	0.5	5	2.5
	项目启动会	0.5	5	2.5
	制定并确认项目实施主计划	3	1	3
	需求调研准备和培训准备	3	2	6
2	项目建设			359
	系统安装和系统管理员培训	1	1	1
	项目组成员培训	5	2	10
	需求调研	20	3	60
	需求整理、分析	5	3	15
	制定应用方案和数据准备方案	15	3	45
	系统测试（模块测试和集成测试）	20	2	40
	实施解决方案	3	3	9
	制作客户化标准操作手册	10	2	20
	辅助客户建立内部控制体系	3	1	3
	在两个单位进行项目试点	5	11	55
	正式建立账套	1	1	1
	系统授权	1	1	1
	客户化配置	3	2	6
	静态数据转换和移植	5	2	10
	系统切换准备工作检查	2	2	4
	最终用户培训	10	3	30
	动态数据录入	3	1	3
	权限规划和分配	2	3	6
	辅助客户建立客户内部控制体系	3	5	15
	系统切换	3	5	15
	系统现场维护	1	10	10

续表

阶段	阶段主要任务	所需工作日	投入人数	合计天数
3	项目验收			15
	项目总结	5	2	10
	项目验收	1	5	5
4	转入正常运行与持续支持	1	1	1
合计				389

9.4　会计信息系统的验收

为保证会计信息系统的实施质量，还必须经历一个重要环节——会计信息系统验收。一般验收阶段应该提交以下主要报告：系统安装与运行测试报告、系统客户化配置状况报告、业务需求分析及实施匹配评估报告、系统切换工作报告、培训结果评估报告。

项目验收的程序如下：由项目经理或特别指定的质量控制顾问对交付成果进行审核，再提交给企业项目经理、企业项目负责人审批。审批通过后，召开项目验收大会，对项目进行验收并批准投入正常运行。该阶段的工作是项目实施阶段的里程碑。

1. 为什么要进行会计信息系统的实施？
2. 建立会计信息系统的主要工作环节有哪些？
3. 构建会计信息系统的IT平台应考虑哪些内容？
4. 你怎样选择会计软件？采用哪种策略？为什么？
5. 大型会计软件系统的实施主要有哪些步骤？
6. 你怎样理解会计软件招标？能否根据管理需求给出会计信息系统的具体需求？
7. 你怎样理解项目控制？还应该增加哪些控制？
8. 会计信息系统的验收包括哪些内容？

扫码做题

图书在版编目（CIP）数据

会计信息系统：基于用友新道 U8+V15.0：立体化数字教材版/张瑞君，殷建红，蒋砚章主编. --9版. --北京：中国人民大学出版社，2021.12
中国人民大学会计系列教材
ISBN 978-7-300-29924-2

Ⅰ.①会… Ⅱ.①张… ②殷… ③蒋… Ⅲ.①会计信息-财务管理系统-高等学校-教材 Ⅳ.①F232

中国版本图书馆 CIP 数据核字（2021）第 195728 号

国家级教学成果奖
"十二五"普通高等教育本科国家级规划教材
中国人民大学会计系列教材
会计信息系统（第9版·立体化数字教材版）
——基于用友新道 U8+V15.0
主编　张瑞君　殷建红　蒋砚章
Kuaiji Xinxi Xitong——Jiyu Yongyou Xindao U8+V15.0

出版发行	中国人民大学出版社		
社　　址	北京中关村大街 31 号	**邮政编码**	100080
电　　话	010－62511242（总编室）		010－62511770（质管部）
	010－82501766（邮购部）		010－62514148（门市部）
	010－62515195（发行公司）		010－62515275（盗版举报）
网　　址	http://www.crup.com.cn		
经　　销	新华书店		
印　　刷	北京宏伟双华印刷有限公司	**版　　次**	1994 年 6 月第 1 版
规　　格	185 mm×260 mm　16 开本		2021 年 12 月第 9 版
印　　张	20.75 插页 1	**印　　次**	2025 年 1 月第 6 次印刷
字　　数	446 000	**定　　价**	49.00 元

立体化数字资源使用说明

本书是纸介质教材和数字化资源一体化设计的新形态教材，配备了丰富的立体化数字资源，主要包括近70个实验操作视频讲解和160多道客观题，针对不同用户、不同场景提供不同入口。

1. 手机端教材资源获取方式

为满足读者随时随地学习的个性化需求，打开微信扫描教材封面贴片上的二维码，点击右上角【个人中心】—【兑换中心】，输入【手机端教材资源兑换码】，即可免费获取学习资源。

2. 电脑端教材资源获取方式

为充分发挥新形态教材在课堂教学改革和创新方面的作用，本书同时配备了人大芸窗数字教材。

读者只需登录人大芸窗（www. rdyc. cn）数字教材平台，注册后输入教材封面贴片上的【电脑端教学平台序列号】，即可获取电子教材、实验操作视频讲解、习题等学习资源。

教师可在平台上建班，并布置作业、测试和考试，试卷自动打分，随时查看班级作业完成、知识点掌握情况和成绩排名，进行过程考核和期末考试。

芸窗数字教材平台咨询：

010-62515969，QQ：3382421809（工作日9：00-17：00）

010-62511532，QQ：2292205778（工作日9：00-17：00）

教师教学服务说明

中国人民大学出版社财会出版分社以出版经典、高品质的会计、财务管理、审计等领域各层次教材为宗旨。

为了更好地为一线教师服务，近年来财会出版分社着力建设了一批数字化、立体化的网络教学资源。教师可以通过以下方式获得免费下载教学资源的权限：

在中国人民大学出版社网站 www. crup. com. cn 进行注册，注册后进入“会员中心”，在左侧点击“我的教师认证”，填写相关信息，提交后等待审核。我们将在一个工作日内为您开通相关资源的下载权限。

如您急需教学资源或需要其他帮助，请在工作时间与我们联络：

中国人民大学出版社　财会出版分社

联系电话：010-62515987，62511076

电子邮箱：ckcbfs@ crup. com. cn

通讯地址：北京市海淀区中关村大街甲 59 号文化大厦 1501 室（100872）

人大社财会